D1831371

देवदासी या धार्मिक वेश्या?
एक पुनर्विचार

देवदासी या धार्मिक वेश्या?
एक पुनर्विचार

प्रियदर्शिनी विजयश्री

अनुवाद

विजय कुमार झा

वाणी प्रकाशन

वाणी प्रकाशन

4695, 21-ए, दरियागंज, नयी दिल्ली 110 002

फ़ोन : +91 11 23273167 फ़ैक्स : +91 11 23275710

शाखाएँ

अशोक राजपथ, पटना 800 004, बिहार

कॉफ़ी हाउस कैम्पस, महात्मा गांधी मार्ग, इलाहाबाद 211 001, उत्तर प्रदेश

महात्मा गांधी अन्तरराष्ट्रीय हिन्दी विश्वविद्यालय, वर्धा 442 001, महाराष्ट्र

सुल्तानिया रोड, मोतिया पार्क, भोपाल 462 001, मध्य प्रदेश

www.vaniprakashan.com
marketing@vaniprakashan.in
sales@vaniprakashan.in

Devdasi Ya Dharmik Veshya? : Ek Punarvichar
by Priyadarshini Vijayshri
Translated by Vijay Kumar Jha

ISBN : 978-93-5000-219-3
Social Science/History/Religion

© प्रियदर्शिनी विजयश्री
हिन्दी संस्करण © वाणी प्रकाशन

प्रथम संस्करण 2010
द्वितीय संस्करण 2021

मूल्य : ₹ 595

इस पुस्तक के किसी भी अंश को किसी भी माध्यम में प्रयोग
करने के लिए प्रकाशक से लिखित अनुमति लेना अनिवार्य है।

थॉमसन प्रेस (इंडिया) लि. में मुद्रित

वाणी प्रकाशन का लोगो मक़बूल फ़िदा हुसेन की कूची से

आभार

मैं प्रो. के. एन. पणिक्कर की आभारी हूँ जिन्होंने मुझे धारणाओं के विशाल जगत में विचरण करने, सीखने और लिखने के लिये खुला छोड़ा। उन्होंने मुझे अपनी रफ्तार से आगे बढ़ने में सहयोग किया जो आरम्भ में अत्यन्त धीमा थी। वे अपनी प्रखर अंतर्दृष्टियों से मेरी समझ को आकार प्रदान करते रहे लेकिन मुझे अपने विचारों के बूते आगे बढ़ने की अनुमति भी देते रहे। मैं प्रो. सव्यसाची भट्टाचार्य की भी ऋणी हूँ जिन्होंने मेरे कार्य की अत्यन्त महत्त्वपूर्ण अवस्था में महत्त्वपूर्ण स्रोतों से अवगत कराया एवं अमूल्य सुझाव देकर मेरी धारणाओं के गढ़ने एवं उसमें मूलभूत बदलाव लाने में सहयोग किया। उन्होंने मुझे अपने दिशा-निर्देशन में (हालाँकि अल्प समयावधि के लिये ही) काम करने का जो अवसर दिया। उसके लिये भी मैं उनके प्रति कृतज्ञता व्यक्त करती हूँ। मेरी पाण्डुलिपि को बड़े ही धैर्य से पढ़ने और महत्त्वपूर्ण सुझाव देने, जिनकी वजह से मैं असंगतियों को कम कर सकी, के लिये मैं प्रो. एलिनॉर ज़िलियट की भी कृतज्ञ हूँ।

सेनेगल (दकार) में सामाजिक इतिहास पर युवा इतिहासकारों की कार्यशाला में शिरकत कर अकादमिक कार्य-कलाप से अवगत होने का अवसर उपलब्ध कराने के लिय सेफिस और कोडेसरिया के प्रति यदि मैं आभार व्यक्त न करूँ तो मेरा यह आभार-कार्य अपूर्ण ही रहेगा। डॉ. समिता सेन, डॉ. पैट्रिक हैरिस और प्रो. मैमडाऊ डिऑफ के व्याख्यान और महत्त्वपूर्ण टिप्पणियाँ मेरे लिये काफी मददगार साबित हुईं। मैं उन्हें धन्यवाद देती हूँ। 'दि सेण्टर फॉर स्टडीज इन सोशल साइंसेज वर्कशॉप ने भी मुझे मेरी धारणाओं को ठीक से रखने का अवसर प्रदान किया। खासकर, प्रो. पार्थ चटर्जी की आभारी हूँ जिनके सुझावों के बदौलत मेरे तर्क कुछ रूपाकार ले सके।

प्रो. अमृत श्रीनिवासन के उपयोगी सुझावों के लिये उनकी आभारी होने के साथ-साथ मैं डॉ. विजया रामस्वामी, डॉ. उमा चक्रवर्ती, डॉ. कविता पंजाबी, प्रो. ताप्ती गुहतकुर्ता, प्रो. जोगन शंकर, प्रो. ए. सत्यनारायण, डॉ. आई. तिरुमाली, डॉ. एन. जटराटकर, चन्द्रकान्त एन. वाघमारे, एस. कल्लोलकर, वाई. बी. हिम्मादी और डॉ. श्रीधर की भी आभारी हूँ जिन्होंने मुझे कई बार प्रोत्साहन दिया और मदद की।

मैं परशुराम पद्मन्ना हेगड़े की कृतज्ञ हूँ जिन्होंने उत्तरी कर्नाटक क्षेत्र में हुए अछूत हलचलों की कहानी सुनाई, जिसकी वे खुद एक उपज थे। इसी तरह, सोनाबाई निलन्नावर ने सुधार-अवधि के दौरान के बड़े उत्तेजक (रोचक) किस्से सुनाये, उनके साथ-साथ मैं 'ईंगिल परिवार की भी कृतज्ञ हूँ। इसके साथ ही मैं उन संस्थानों और उनके कर्मचारियों की भी कृतज्ञ हूँ जिन्होंने मुझे आवश्यक सामग्री मुहैया करायी अथवा उन्हें खँगालने की अनुमति दी। वे संस्थान हैं—स्त्री शक्ति संगठन और अन्वेषी, श्री कृष्णा देवरैया आन्ध्र भाषा निलयम, आन्ध्र प्रदेश स्टेट अभिलेखागार (हैदराबाद), विमोचन (अठिनी), कर्नाटक विश्वविद्यालय पुस्तकालय (धरवाड़), शिवाजी विश्वविद्यालय पुस्तकालय (कोल्हापुर); नेहरू मेमोरियल म्यूजियम पुस्तकालय, भारतीय राष्ट्रीय अभिलेखागार, केन्द्रीय सचिवालय पुस्तकालय, भारतीय समाज विज्ञान अनुसन्धान परिषद पुस्तकालय, साहित्य अकादमी, भारतीय इतिहास अनुसन्धान परिषद (नयी दिल्ली); डी. एस. ए. पुस्तकालय और जवाहरलाल नेहरू विश्वविद्यालय का केन्द्रीय पुस्तकालय।

मैं अपने दोस्तों खासकर, डॉ. बाबू, के. जी. बेन, हृदेश, अनसूया चौगला, राघवेन्द्र और अनिल पवार को उनके मदद के लिये धन्यवाद देती हूँ। पिताजी के सहयोग और बहन वानी द्वारा मेरी घरेलू जिम्मेदारियों को उठा लेने की वजह से मैं दबाव रहित रहकर काम कर सकी।

और अन्त में, वाणी प्रकाशन के अरुण माहेश्वरी को इसे प्रकाशित करने के लिये धन्यवाद।

यदि त्रुटियाँ हैं तो उनके लिये मैं जिम्मेदार हूँ।

—प्रियदर्शिनी विजयश्री

अनुक्रम

परिचय / 9

1. धार्मिक वेश्यावृत्ति : एक ऐतिहासिक परिप्रेक्ष्य / 21

2. अस्मिताओं का टकराव / 32

3. सामन्ती व्यवस्था और धार्मिक वेश्यावृत्ति / 87

4. वैधानिक हस्तक्षेप / 127

5. देवदासी : साहित्यिक निरूपण / 146

6. निष्कर्ष / 173

सन्दर्भ-ग्रन्थ / 176

परिचय

धार्मिक वेश्यावृत्ति जिज्ञासा और अकादमिक हस्तक्षेप का विषय बनी हुई है। यहाँ 'धार्मिक वेश्यावृत्ति' शब्द का प्रयोग इस बात पर जोर डालने के लिये किया गया है कि मन्दिर-स्त्री की यौन-अस्मिता का हिन्दू-धर्म में आदर्श के रूप में देखा जाता रहा है। इसलिये इसे शब्दाडम्बर या एक देशी प्रथा को औपनिवेशिक सत्ता द्वारा गलत रूप में समझे जाने का परिणाम न माना जाए। वास्तविकता तो यह है कि आज के समय में प्रचलित शब्द 'देवदासी' का औपनिवेशिक-पूर्व अवधि के दौरान कहीं उल्लेख नहीं मिलता है। प्राचीन और मध्यकाल के साहित्यिक और पुरालेखीय सामग्रियों में इन स्त्रियों के लिये **सुले, सानी, भोगम** और **पात्रा** जैसे शब्दों का प्रयोग हुआ है। कन्नड़ और तेलुगु में इनका अर्थ वेश्या होता है। इन दोनों ही भाषा-क्षेत्रों में इस प्रथा की पुष्टि करने वाले आरम्भिक स्रोतों से ही हम इन शब्दों का प्रयोग होते पाते हैं। इस प्राक् या वास्तविक अस्मिता का खयाल रखते हुए ही 'धार्मिक वेश्यावृत्ति' शब्द का यहाँ प्रयोग किया जा रहा है न कि 'देवदासी' शब्द का, जो अकादमिक जगत में सबसे ज्यादा लोकप्रिय है। दरअसल देवदासी शब्द इन स्त्रियों की वास्तविक या मूल अस्मिता की पर्दापोशी करता है, जबकि धार्मिक वेश्यावृत्ति में यह बची रहती है। औपनिवेशिक अवधि के दौरान ही संस्कृतनिष्ठ शब्द देवदासी के चलन ने जोर पकड़ा। इसे उन बुद्धिजीवियों ने उछाला जो एक निर्णायक ऐतिहासिक घड़ी में अपने सचेत सुधारवादी कार्यक्रम के तहत मन्दिर की वेश्याओं की अस्मिता की पुनर्रचना में जुटे हुए थे। धार्मिक वेश्यावृत्ति उस धार्मिक मान्यता का दृष्टान्त है जो 'सेक्स को आध्यात्मिक मिलन और सम्भोग को मोक्ष का मार्ग' मानती है।

रॉबर्ट ब्रिफो[1], जेम्स फ्रेजर[2] से लेकर मार्गलिन फ्रेडरिक एपेफे और सस्किया केरसेनबुम स्टोरी जैसे नृ-शास्त्रियों के कार्यों ने बौद्धिक कौतूहल का वातावरण तैयार किया। मार्गलिन फ्रेडरिक[3] ने 1985 में प्रकाशित अपने अध्ययन में धार्मिक वेश्यावृत्ति को सांस्कृतिक और धार्मिक रस्मो-रिवाज से जोड़कर देखते हुए आलोचनात्मक दृष्टिकोण विकसित करने का पहला सुसंगत प्रयास किया है। मार्गलिन का अध्ययन उड़ीसा के पुरी स्थित जगन्नाथ मन्दिर पर केन्द्रित है, जिसकी कार्य-व्यवस्था अत्यन्त

पदानुक्रमित और सुगठित रूप लिये हुई थी। इसमें उसने मांगलिकता और अमांगलिकता की धारणाओं का विश्लेषण करने के साथ-साथ औपनिवेशिक-पूर्व आनुष्ठानिक एवं सांस्कृतिक स्थलों (स्पेसों) की पुनर्रचना की है हालाँकि वह ऐसा मानकर चली हैं कि **स्त्री** होने के सिवाय ये स्त्रियाँ जातिजन्य या अन्य विभाजनों के ताने-बाने से मुक्त थीं यानी उनके बीच किसी भी किस्म का पदानुक्रम नहीं था। फिर भी मार्गलिन द्वारा विकसित किये गये वैचारिक साँचे के दायरे में धार्मिक वेश्याओं के विभिन्न प्रतिरूपों को शामिल करने से यह स्पष्ट हो सकेगा कि विवाह के बन्धनों से मुक्त स्त्रीत्व जाति-व्यवस्था के जाले में सम्बन्धों पर किस भाँति प्रभाव डालती है।

सस्किया केरसेनबुम स्टोरी की **नित्यसुमंगली**[4] की धारणा स्त्री और उसके व्यवहार, उसके धर्म, उसकी सोच व उसकी जाति के बीच के अनिवार्य जुड़ाव पर केन्द्रित है। उसने धार्मिक वेश्यावृत्ति के विकास को तीन चरणों में बाँटा है। पहला, मौखिक परम्परा, जो आरम्भिक प्राक्-ऐतिहासिक चलन की अभिव्यक्ति थी। इसका दृष्टान्त ग्रामीण रीतियाँ थीं। सातवीं और बारहवीं सदी के दौरान के अगामिक मन्दिर को स्टोरी ने इस प्रथा का दूसरा चरण माना है। तीसरे चरण के रूप में उन्होंने सातवीं और बारहवीं सदी के दौरान के हिन्दू शासन के साथ-साथ संगम युग की संस्कृति को चिन्हित किया है। **नित्यसुमंगली** में मौखिक परम्परा और हिन्दू-धर्म के बीच के जुड़ाव का खयाल रखते हुए धार्मिक स्त्रीत्व और मांगलिकता की धारणाओं पर विचार किया गया है। सस्किया का कार्य इस पूर्वमान्यता पर आधारित है कि देवदासी को ईसाई नन के समतुल्य मानना भ्रामक और हिन्दू परम्परा के लिये नकारात्मक है। सस्किया के मुताबिक ''देवदासी न तो कुँवारी या सन्यासिन थी और न ही पब्लिक स्त्री (वेश्या) या धार्मिक वेश्या। इन सबके इतर वह, कर्मकांड विशेषज्ञ थी। उसकी विशेषज्ञता उसकी मांगलिकता में निहित थी। ऐसा विश्वास था कि उसकी शक्तियाँ दुर्भाग्य को दूर कर सौभाग्य ला सकती हैं।''[5] दक्षिण भारत के सन्दर्भ में धार्मिक वेश्यावृत्ति पर विचार करने के लिये सस्किया का कार्य उपयोगी है, लेकिन इसे भिन्न सामाजिक-सांस्कृतिक पहल (?) पर पुनर्रचित किया जाना और मौखिक से पाठीय परम्परा तक के विकास की प्रक्रिया के रूप में देखा जाना समस्यामूलक है, कारण बड़ी या मुख्य परम्परा में समाविष्ट होने के क्रम में खुद धार्मिक-स्त्रीत्व की धारणा में निर्णायक बदलाव हुए। इसी तरह, सस्किया द्वारा देवदासी को मुख्यतः अनुष्ठान या कर्मकांड विशेषज्ञ के रूप में प्रस्तुत किया जाना भी समस्याप्रद है, कारण, औपनिवेशिक-पूर्व अवधि में उसकी पहचान मन्दिर की वेश्या के रूप में प्रचलित थी। कर्मकांड-विशेषज्ञ होने के बावजूद उसे उसकी यौनयुक्त धार्मिक अस्मिता से पृथक नहीं किया जा सकता। आखिर खुद नित्यसुमंगली की धारणा इसी पर केन्द्रित है।

औपनिवेशिक अवधि के दौरान के सुधार कार्यक्रमों और वैधानिक प्रावधानों के आलोक में धार्मिक वेश्यावृत्ति पर किये गये कुछ आलोचनात्मक कार्यों में उन अन्तर्विरोधों को चिह्नित करने के प्रयास हुए हैं जिनके तहत उपर्युक्त कार्यक्रम चलाये गये अथवा कानून बनाये गये। अमृत श्रीनिवासन[6] ने औपनिवेशिक सन्दर्भ में इस मसले के अत्यधिक राजनीतिकरण और परस्पर विरोधी बौद्धिक लहरों से लेकर नृत्य के पुनर्प्रवर्तन और गृहस्थ मूल्यों के हावी होने जैसी परिघटनाओं को समझने के लिये दृष्टिकोण (फ्रेमवर्क) विकसित किया है। जानकी नायर[7] ने इस प्रथा में हुए बदलावों खासकर, मैसूर में बीसवीं सदी के आरम्भ में धार्मिक वेश्याओं के कमजोर होने का रेखांकन किया है। वहीं, कल्पना कन्नाबिरन[8] ने सुधार आन्दोलन के अन्तर्विरोधों पर ध्यान केन्द्रित किया है। उन्होंने दिखाया है कि सुधार-कार्यक्रमों ने दक्षिण भारत में उपनिवेशवाद के पूर्व के यौनता के खुले रूपों के बरअक्स वैवाहिक-सम्बन्ध (परिवार के दायरे भर में सीमित) की वैचारिक वर्चस्वता की स्थापना की।

उपर्युक्त अध्ययनों और उनसे विकसित हुए दृष्टिकोणों के साथ सबसे बड़ी खामी उनका मन्दिर की धार्मिक वेश्याओं-भर पर केन्द्रित होना है। इनमें मन्दिरेतर या हाशिये पर स्थित धार्मिक वेश्याओं और औपनिवेशिक अवधि के अत्यन्त संवेदनशील ऐतिहासिक प्रक्रियाओं के तहत उन्हें जिस तरह के परिवर्तन से गुजरना पड़ा, उनके प्रति उदासीनता का आलम रहा। लब्बोलुआब यही कि धार्मिक वेश्याओं के अध्ययन से सम्बन्धित दृष्टिकोण तो संकीर्ण हैं ही, साथ में औपनिवेशिक-अवधि के दौरान पनपी चेतना या शुरू किये गये सुधार-कार्यक्रम विखंडित और अ-पूर्ण थे।

संस्कृति, वर्ग और जेंडर

भारतीय इतिहास-लेखन में अछूतों के प्रति उदासीनता का आलम रहा है।[9] खासकर, अछूत स्त्रियों की अदृश्यता इसकी संकीर्णता को जाहिर करता है। जाति के आधार पर विभाजित समाज में इतिहास के विश्लेषणात्मक और सैद्धान्तिक दृष्टिकोण या धारणात्मक पैराडाईम (खाँचों) की अनेक चुनौतियाँ हैं। खासकर, तब तो और जब अतीत का मसला परस्पर टकराते हितों के आसन्न भविष्य से जुड़ा हो। अछूत, वेश्याएँ और निम्नजातियाँ इतिहास के आभिजात्य दायरे से बाहर धकेल दिये गये हैं। यदि उन्हें कहीं जगह दी भी गयी तो संदिग्ध एवं तुच्छ के रूप में ही। राष्ट्रवादी और नव-मार्क्सवादी इतिहासकारों ने उनकी गतिविधियों या हलचलों को 'विभाजनकारी' व 'संकीर्ण' मानते हुए वहीं छिट-पुट उल्लेख किया है, जहाँ 'राष्ट्रीय' आन्दोलन में वे जन का हिस्सा-से लगते हों।[10] राष्ट्रीय आख्यान में वे हिन्दू साम्प्रदायिक अलगाववादियों के साथ रखे गये है। हालाँकि कैम्ब्रिज स्कूल खाँचे ने इस तरह के राष्ट्रीय आख्यान की आलोचना की है लेकिन ऐसा ऊपर से ही किया गया है यानी

इसमें भी हाशिये की संस्कृति से यदा-कदा ही उलझा गया है। इतिहास-लेखनों के उपर्युक्त ढर्रे से अलग सबआल्टर्न स्कूल वालों ने धारणा और विश्लेषण के स्तर पर जो खाँचा विकसित किया वह अछूतों के इतिहास में गाड़ दिये जाने की स्थिति से उबारने का अच्छा अवसर प्रदान करता है।[11] चुनौती-भरे स्थलों की खोज पर इसका आरम्भिक उल्लास यथोचित नहीं था, कारण इस स्कूल द्वारा विकसित किया गया खाँचा कुछ दृढ़ या जड़ कोटियों पर खड़ा है—मसलन सबआल्टर्न दायरे को अत्यधिक स्वायत्त मानकर चलना। हालाँकि बाद के लेखनों में 'विधिपरक और धारणात्मक संश्लिष्टता' विद्यमान है जो उपर्युक्त खाँचे का दायरा विस्तृत करता है।[12] लेकिन सबआल्टर्न इतिहास लेखन के दायरे में अछूतों का आना अभी बाकी है कारण इसके लिये इसके सरोकारों में रैडिकल विपथन (प्रस्थान) की जरूरत है। खंडन-मंडनात्मक भड़ास निकालने, इतिहास की अलग-अलग अवस्थाओं में पृथक घटनाओं पर पश्चिमी सिद्धान्तों की आजमाइश करने और कुछ आरम्भिक अपवादात्मक प्रयासों में अपनी ताकत की याद दिलाते रहने जैसे करतबों में इसकी संलग्नता में इसके सरोकारों की विपन्नता स्पष्ट दिखाई देती है। इस स्कूल की तरफ से राष्ट्रीय मेटा-आख्यान की मुकम्मल आलोचना होना भी बाकी ही है। इसके लिये जरूरी है कि सबआल्टर्न स्रोतों की महत्ता स्वीकारी जाए। वैसे, पश्चिमी इतिहासकारों[13] और समाजशास्त्रियों[14] के आरम्भिक कार्य और हाल में सचेत अछूतों[15] द्वारा किये गये प्रयास उपर्युक्त कमी को दुरुस्त-सा करते हैं। लेकिन अछूत स्त्री का इतिहास लिखा जाए, इसे स्वीकृति मिलना शेष है।[16]

इतिहास लेखन का यह संकट वस्तुतः अछूत चेतना की अविकसित अवस्था का प्रतिबिम्ब है। इसके लिये कई कारण जिम्मेदार हैं—मसलन, अछूत सांस्कृतिक अस्मिता की पुनर्रचना की तरफ उदासीनता, ऐसी आलोचनात्मक जाति-विरोधी धारणा की अनुपस्थिति जो प्रतिरोध के सम्भावित स्थलों को उजागर करे, ग्रामीण और शहरी अछूतों के बीच फाँक आदि। उत्तर-औपनिवेशिक अफ्रीका में इसी तरह के हालात पर विचार करते हुए मैमाडोई डिऑफ (Mamadoi Diouf) ने कुछ मौलिक सवाल उठाये हैं जिनका सम्बन्ध इतिहास-लेखन से है, "हमारी पीढ़ी के समक्ष जो मूलभूत सवाल है वह है : कौन-सा अतीत? यहाँ से सवालों का सिलसिला शुरू होता है जो आज अफ्रीकी इतिहास-लेखन के सिर पर सवार हैं मसलन, आख्यान या विवरण के कायदे और तरीके, इसकी आधिकारिकता, सत्य की कसौटी, संस्थानीकृत-अकादमिक-राष्ट्रीय इतिहास और समुदाय या व्यक्ति की विच्छिन्न स्मृतियों के बीच का सम्बन्ध आदि।"

अछूतों में ऐतिहासिक चेतना के अभाव ने ऐतिहासिक चेतना और सहज बोध (कॉमन-सेंस) में विद्यमान संरक्षणवादी और छिद्रान्वेषी तत्त्वों का जवाबी विमर्श खड़ा करने में रोड़े का काम किया।

अछूतों के ऐतिहासिक अनुभवों के उत्खनन में राष्ट्रीय और राज्य-स्तरीय अभिलेखागारों अथवा स्थानीय पुस्तकालयों से कुछ भी नहीं मिलेगा। जहाँ अधिकांश उर्वर स्थल गलत रख-रखाव का शिकार हो गये वहीं कई व्यक्तिगत पूर्वाग्रहों[18] और दुर्घटनाओं[19] की वजह से नष्ट हो गये। जो पीढ़ी अपनी स्मृतियों में इस बेदर्ज इतिहास को सँजोये हुई थी वह समाप्ति के कगार पर है।[20] उपनिवेशवाद, राष्ट्रीय आन्दोलनों या अन्य बदलावों के बारे में अछूतों के जो भी मत या विचार हैं उन्हें उद्‌घाटित करने के लिये गम्भीर पहलकदमी जरूरी है। यह कार्य अछूत ही करेंगे। उन्हें अपने इतिहास का अन्वेषण अपने दृष्टिकोण से करना होगा। इसके लिये सांस्कृतिक 'अप्रोच' मददगार होगा। उत्तर-औपनिवेशिक अफ्रीकी स्थिति में (जिसका जिक्र ऊपर हुआ है) इतिहास की पुनर्रचना पर उठाये गये सवालों व वहाँ हुए अनुभवों से बहुत कुछ सीखा जा सकता है। अछूत-इतिहास के लिये स्मृति, मौखिक स्रोत, मिथक, डायरी से लेकर ईसाई मिशनरियों के दस्तावेज अच्छे स्रोत साबित हो सकते हैं। गौरतलब है, इन स्रोतों को इतिहास लेखन के बने-बनाये खाँचे में सन्देह की दृष्टि से देखा जाता रहा है।

भारत में औपनिवेशिक अवधि के बौद्धिक और सांस्कृतिक इतिहास के लिये स्त्री-मुक्ति या सुधार का मसला प्राथमिक मसला रहा है। दरअसल, स्त्री को लेकर जो ऐतिहासिक दृष्टिकोण विकसित हुआ है वह सुधार और साम्राज्यवाद-विरोधी आन्दोलनों से गुँथा हुआ है। यही कारण है कि वर्चस्व प्राप्त मुख्यधारा की ऐतिहासिक व्याख्या 'ऊँची' जाति की स्त्री पर केन्द्रित है। यहाँ मेरा मकसद दृढ़ पितृसत्तात्मक व्यवस्था की शिकार स्त्री पर विचार-विमर्श किये जाने को कम करके आँकना नहीं है। इसकी महत्ता को खारिज न करके मैं यह कहना चाह रही हूँ कि हमारे यहाँ हुए इतिहास लेखन यौनता को महज आभिजात्य दायरे में सीमित कर इसके विभिन्न रूपों का सम्यक विवेचन कर पाने में असफल रहे। अछूत व जनजाति-इतिहास के अन्वेषण की पहलकदमी के अभाव में इन समुदायों की स्त्रियों की अस्मिता ऊँची जातियों की स्त्रियों की अस्मिता के समक्ष धूमिल हो गयी। हालाँकि हाल के वर्षों में कुछ अछूत स्त्रियाँ चेतस हुई हैं और उन्होंने जाति और पितृसत्ता की प्रतिकारी आलोचना प्रस्तुत की है,[21] लेकिन ऐतिहासिक खाँचे के अभाव की वजह से ये आलोचनाएँ 'क्रिटिकल थियरी' के रूप में परिणत नहीं हो पाईं।[22]

पितृसत्ता का कोई एक रूप नहीं है। भिन्न-भिन्न संस्कृतियों में यह भिन्न-भिन्न रूपों में संस्थानीकृत है। इसे ध्यान में रखते हुए अध्ययन करने से उन सामाजिक-संस्कृतिक प्रक्रियाओं की समझ हो पायेगी जो पितृसत्ता को खास रूप देती हैं। इस सन्दर्भ में, ऊँची जातियों और अछूतों, इन दोनों की भिन्न सामाजिक संरचनाओं का खयाल रखते हुए स्त्रियों की स्थिति का अध्ययन किया जा सकता है। इससे 'भारतीय स्त्री' को लेकर गढ़ा गया वह मिथक टूटेगा जिसके तहत यह

माना जाता है कि जाति, धर्म, संस्कृति आदि जैसी विभाजक रेखाओं से बँटी स्त्रियाँ पितृसत्तात्मक वर्चस्व के समक्ष साझे हितों से जुड़े होने के कारण एक ही कोटि के तहत रखी जा सकती हैं।[23] यह उस धारणा को निरस्त करने के लिये गढ़ा गया मिथक है जिसके अनुसार पितृसत्ता की शिकार स्त्री का इसे बनाये रखने या मजबूत करने में कोई भूमिका नहीं है।[24] इस बात का उद्‌घाटन होना जरूरी है कि भारतीय समाज-व्यवस्था की कार्यप्रणाली का तर्क न केवल स्त्रियों के बीच विभाजन पैदा करता है बल्कि एक समूह की स्त्री के ऊपर दूसरे समूह की स्त्री के आधिपत्य के लिये अनुकूल स्थिति भी उत्पन्न करता है।

1980 तक आते-आते मार्क्सवादी नारीवादियों को यह समझ में आने लगा कि पितृसत्ता पूँजीवाद से अभिन्न तौर पर जुड़े होने के बावजूद इससे पहले से ही विद्यमान रही है। ऐसे में, स्त्री-पराधीनता की सही समझ विकसित करने के लिये इसे पूँजीवाद से अलग करके इसके ''विशिष्ट ऐतिहासिक चरणों''[25] के रेखांकन की जरूरत महसूस की जाने लगी।[26] वहीं, रैडिकल और मुख्यधारा की नारीवादी मान्यताओं और विचार-श्रेणियों पर अश्वेत नारीवादियों द्वारा सवाल उठाये जाने से भी विश्लेषण के नजरिए का दायरा विस्तृत हुआ। उन्होंने 'वर्ग, जेंडर और नस्ल के बीच के अन्तःर्सम्बन्धों' को समझने की जरूरत पर ध्यान केन्द्रित किया।[26] पश्चिम में हुए ये बहस-मुबाहिसे भारतीय स्थिति को समझने के लिये विश्लेषणात्मक और पद्धतिपरक औजार मुहैया करते हैं। लेकिन भारतीय स्थिति के लिये इनका प्रयोग करते वक्त यहाँ की विशिष्टता का खयाल रखना जरूरी है।

पितृसत्ता विजय और वर्चस्व के मिजाजोनुकूल ठहरती है। वर्चस्व चाहे जाति आधारित हो, उपनिवेशवाद के रूप में हो या पूँजीवाद के रूप में—विजित या वर्चस्व प्राप्त तबका न केवल स्त्री-यौनता पर दृढ़ नियन्त्रण रखता है बल्कि इस क्रम में पराजितों या पराधीनों की यौनता के कायदों का निर्धारण भी करता है। तात्पर्य यह कि स्त्री सत्ता की धारणा के केन्द्र में है। देश-भर में कहीं भी सामुदायिक या साम्प्रदायिक हिंसा में कमजोर पक्ष की स्त्रियों का यौन-हिंसा का शिकार होना अथवा भूमिपतियों या जमींदारों का भूमिहीन श्रमिकों की स्त्रियों या श्रमिक स्त्रियों के साथ यौन-हिंसा की बढ़ती घटनाएँ इसका स्पष्ट मिसाल हैं। दंड के तौर पर स्त्री को नंगा कर सरेआम घुमाना बलात्कार के बाद सबसे ज्यादा होने वाली परिघटना है।[28]

धार्मिक वेश्यावृत्ति का यौनता की सांस्कृतिक धारणा, जातीय अस्मिता और उत्पादन की पद्धति से गहरा सम्बन्ध है। भारतीय सन्दर्भ में किसी एक पितृसत्ता की बात नहीं की जा सकती। कारण, सांस्कृतिक बहुरूपता लिये भारतीय समाज में एक साथ कई समुदाय अस्तित्त्वान हैं जिनकी अपनी-अपनी धारणाएँ और तदनुसार पितृसत्ताएँ हैं।[29] निम्न जातियों और अछूतों के जीवन-रूपों का अध्ययन संस्कृति-जन्य और जेंडर-जन्य जटिलताओं की समझ में सहायक हो सकता है। कारण, ऊँची

जातियों के ठीक विपरीत इनमें निजी सम्पदा का अभाव और स्त्री व पुरुष दोनों का ही घर के बाहर निकलकर उत्पादन की प्रक्रिया में श्रम प्रदान करना इनके जीवन की मूल्य-संरचना को एकदम से भिन्न रूप प्रदान करता है।

एक पदानुक्रमयुक्त संस्था के रूप में जाति-व्यवस्था दोनों ही जेंडरों को निश्चित जगहों में स्थित करती है। यही वजह है कि पितृसत्ता की वजह से मिलने वाला फायदा सभी पुरुषों को एक जैसा नहीं मिलता अर्थात् किसी पुरुष का पितृसत्तात्मक कद उसके जाति से निर्धारित होता है।[30] इसे नजरअन्दाज करने का मतलब स्थितियों की पदानुक्रमता और स्थानीय खासियतों को नकारना होगा जो पितृसत्ता के निर्धारण और निरन्तरता में महती भूमिका निभाते हैं। ऊँची जातियों के पुरुषों की आक्रामक कामुकता को उनकी जातियों ने बूढ़े पुरुषों और विधुरों के विवाह की छूट के माध्यम से औचित्य प्रदान कर रखा है। इसके साथ ही, जमींदार या भू-स्वामी ने कितनी रखैल रख रखा है उससे उसके ऊँचे कद का निर्धारण होता है। ऊँची जातियों के पुरुषों की अतिशय कामुकता की तुष्टि शूद्र और अछूत स्त्रियों के साथ सम्बन्ध के माध्यम से भी होती है। इसे अनुचित नहीं माना जाता वहीं, ऊँची जातियों के परिवारों के सम्मान की रक्षा की जिम्मेदारी उनकी स्त्रियों पर होती है, कारण यहाँ सम्मान का सीधा सम्बन्ध उनकी यौनता से है। वे यौनता के कायदों का कठोर पालन कर अपनी इस जिम्मेवारी का निर्वाह करती हैं।

जाति-व्यवस्था की कार्य-प्रणाली को समझने के लिहाज से अछूत स्त्रियों की यौनता की निर्मिति की तफ्तीश जरूरी है। इन स्त्रियों की यौनता ऐसा स्थल है जो वर्चस्व और पराधीनता की धारणाओं को पुनरुत्पादित करती है। ऊँची जातियों के पुरुषों के लिये इस स्थल की उपलब्धता और इसे प्राप्त पारम्परिक व धार्मिक औचित्य के दृष्टिकोण से इसे समझा जा सकता है। शूद्र और अछूत स्त्रियों की यौनता पर इस तरह के नियन्त्रण से एक साथ दो हित सधते हैं। एक, तो इससे हिन्दू स्त्रियों की पवित्र और संयमित कामुकता का आदर्श गढ़ने में सहूलियत मिलती है और दूसरा, इस आदर्श को सम्मान के पदों में परिभाषित करने का अवसर प्राप्त होता है।[31] ऊँची जातियों के पुरुषों को अछूत या शूद्र स्त्रियों तक पहुँच बनाने का सबसे ज्यादा अवसर मिलता है जब ये खेती के काम में श्रमिक के तौर पर शिरकत करती हैं। परम्परा या रीति के तौर पर भी उन्हें ऐसा अवसर प्राप्त होता रहा है। मसलन, बिहार में ढोल का आयोजन होता था जिसमें नवविवाहित अछूत स्त्री पर जमींदार या भू-स्वामी अपने अधिकारों को सुनिश्चित करते थे। सबसे ज्यादा व्यवस्थित रूप में धार्मिक वेश्यावृत्ति ने अछूत और निम्न-जातियों की स्त्रियों की अत्यधिक कामुक होने की छवि को पुख्ता किया।[32]

पितृसत्ता और सामन्ती व्यवस्था का आर्थिक आधार जाति-व्यवस्था है, जो कुछ समुदायों की पराधीनता और कुछ खास समुदायों का अधिशेष पर हक को औचित्य

प्रदान करता है।[33] यही वजह है कि अछूत स्त्रियों की श्रम-शक्ति पर नियन्त्रण के उपाय किये गये। आखिर, ऊँची जातियों के घरों से लेकर बाहर खेतों तक उनके हुनर मायने रखते थे। उनकी स्थिति आज भी जस-की-तस है और यही उन्हें अन्य समुदायों की स्त्रियों से अलग करता है।[34]

भारतीय सन्दर्भ में मैक्रो स्तर पर विश्लेषण की कोटि के रूप में वर्ग पर अतिरिक्त बल प्रदान करना राजनीतिक लिहाज से जरूरी हो सकता है, लेकिन धारणात्मक चौखटे को विकसित करने और मुक्ति की रणनीति तय करने के क्रम में उन प्रक्रियाओं को समझना भी जरूरी है जिनके तहत स्त्रीपन और जेंडर-आधारित अस्मिताएँ रचने में 'जाति' एक सक्रिय अवयव की भूमिका निभाता है। मसलन, यह समझना होगा कि किस तरह जाति न केवल लोगों को बल्कि स्त्रियों को भी अलग-अलग समूहों या समुदायों में बाँटता है। इससे स्त्रियों के बीच भी श्रेणीबद्धता उत्पन्न होती है। ऊँची जातियों की स्त्रियों को जो जातिजन्य अधिकार एवं सुविधाएँ हासिल हैं उनसे निम्न जातियों की स्त्रियाँ वंचित हैं और इसी वजह से वे अपेक्षाकृत हीन भी हो जाती हैं। यहाँ, ऊँची जातियों की स्त्रियों को मिले विशेषाधिकारों को उनकी अपनी जातियों के भीतर की पराधीनता की स्थिति के भरपाई के रूप में भी देखा जा सकता है। यह निम्नजातियों के स्त्री व पुरुष दोनों पर ही ऊँची जातियों की स्त्रियों द्वारा सत्ता के इस्तेमाल में स्पष्ट दिखाई देता है। बोल-चाल की दुनिया में भी जाति या सत्ता का राज है। दैनंदिन आचार-व्यवहार के स्तर पर ही गौर करें तो हम पाते हैं कि ऊँची जातियों, खासकर भू-स्वामियों के घरों के स्त्री, पुरुष व बच्चे सभी निम्न जातियों के बुजुर्ग या अपने से बड़े उम्र की स्त्रियों व पुरुषों के लिये ऐसे सम्बोधनों* का प्रयोग करते हैं जिनसे उनके निम्न स्थिति पर होने का बोध होता है। इस तरह हम पाते हैं कि जाति आधारित भेदभाव वाले समाज में सत्ता की भाषा व्यक्ति की अस्मिता के निर्धारण या औचित्यीकरण में महती भूमिका निभाती है।

पितृसत्ता घर के भीतर (व्यक्तिगत पितृसत्ता) और घर के बाहर (सार्वजनिक पितृसत्ता) दोनों ही जगहों पर विद्यमान है, लेकिन इनसे कौन स्त्री कितनी प्रभावित होगी यह उसकी जाति पर निर्भर करता है। मसलन, अछूत स्त्रियों पर व्यक्तिगत पितृसत्ता का शिकंजा उतना कठोर नहीं होता जितना कि ऊँची जातियों की स्त्रियों पर। दरसअल अछूत घरों में आर्थिक विपन्नता की वजह से स्त्री-श्रम-शक्ति किसी सम्पदा से कम नहीं होती।[35] यहाँ स्त्रियों को ऊँची जातियों की स्त्रियों की अपेक्षा ज्यादा स्वायत्तता प्राप्त है। ये तलाक, पुनर्विवाह और विधवा-विवाह[36] के लिये मुक्त हैं। इसके साथ ही, इन पर शुचिता या पवित्रता बनाये रखना जैसे फालतू दबाव[37] भी नहीं होता। लेकिन घरेलू दायरे के बाहर ये स्त्रियाँ ऊँची जातियों के पुरुषों के लिये आसानी से उपलब्ध हो जाने वाली शरीर-मात्र हो जाती हैं। कारण इन्हें घर से

* वोरे/वोसे, इमिरा / इम, रारा / रवे (रये), इत्यादि या नाम के आगे रा / ये का प्रयोग।

बाहर निकलकर श्रम करना पड़ता है और वहाँ ठेकेदार, भू-स्वामी अथवा ऊँची जातियों के पुरुष उन्हें आसानी से हासिल हो जाने लायक यौन-वस्तु के रूप में देखते हैं। अछूत स्त्रियों के ठीक विपरीत ऊँची जातियों की स्त्रियों को घर के दायरे में कठोर संस्थागत पितृसत्तात्मक नियम-कायदों के तहत रहना पड़ता है। लेकिन घर के बाहर इन्हें अछूत स्त्रियों व निम्न जातियों के बरअक्स ज्यादा सम्मान प्राप्त है। दूसरे शब्दों में, ऊँची जातियों की स्त्रियों पर व्यक्तिगत पितृसत्ता का शिकंजा कठोर होता है लेकिन सार्वजनिक पितृसत्ता का शिकंजा ढीला होता है।[38] दरअसल, अछूत स्त्रियों को घरेलू दायरे में जो आजादी मिली होती है उसे अति कामुकता या उच्छृंखलता के रूप में देखते हुए निन्दनीय या घृणास्पद माना जाता है और यही उन्हें दमनात्मक आर्थिक व सामाजिक व्यवस्था में आसानी से उपलब्ध हो जाने वाली यौन-वस्तु भी बनाता है।

धार्मिक वेश्यावृत्ति के दायरे में कई समुदायों की स्त्रियाँ आती हैं। दरअसल, स्थानीय स्तर के वर्चस्वशाली संगठनों से जुड़ाव और इसके विविध रूप इसे लोकप्रिय धार्मिक चलन का सा रूप देते हैं। यही वजह है कि विविध जातियों की स्त्रियाँ इसकी तरफ खिंची चली आती रही हैं।

गौरतलब है, मन्दिर को हम घरेलू दायरे के बाहर स्त्रियों की अस्मिता और यौनता के नियन्ता और नियन्त्रक की पितृसत्तात्मक भूमिका में पाते हैं।

धार्मिक वेश्यावृत्ति की उत्पत्ति और इसके विकास का मुद्दा इतिहासकारों की उपेक्षा का शिकार रहा है। यही कारण है कि किसी खास ऐतिहासिक अवधि में धार्मिक वेश्या की स्थिति आँकने के लिये हमारे पास कोई निश्चित खाँचा नहीं है। साथ ही, औपनिवेशिक अवधि के दौरान नैतिकता, यौनता और अस्मिता में हुए परिवर्तनों की पेचीदगियों को समझ पाना कठिन है। इतिहास लेखन में यदि धार्मिक वेश्याओं पर तवज्जो दी गयी है तो वह केवल ऊँची जातियों के सन्दर्भ में ही। नतीजतन, विवेचन या विश्लेषण के क्रम में पतन, विघटन जैसी धारणाएँ केन्द्र में हैं। मन्दिर के दायरे भर में इस प्रथा के प्रचलित होने की मान्यता पर आधारित होने के कारण उपर्युक्त लेखन-कार्य इसके विविध रूपों यानी मन्दिरेतर धार्मिक वेश्याओं को संज्ञान में नहीं ले सके और इस क्रम में वे इतिहास के विकास के अत्यन्त महत्त्वपूर्ण आयामों, जटिलताओं और प्रतिस्पर्धी धार्मिक अस्मिताओं को नकार गये जो आवयविक तौर पर एक-दूसरे से जुड़े हुए हैं। इस तरह के इतिहास-लेखन के साथ सबसे बड़ी खामी यह है कि ये धार्मिक वेश्यावृत्ति को सांस्कृतिक आधिपत्यता और उत्पादन की पद्धति से जुड़ा हुआ दिखाकर सन्तोष कर लेते हैं। ये इसे (धार्मिक वेश्याओं को प्राप्त स्पेस) औपनिवेशिक-पूर्व अवधि के ऐसे स्थल रूप में देख पाने में असफल रहे जो घरेलू दायरे के बाहर पितृसत्तात्मक और पारम्परिक स्त्री-छवियों का सम्भावित चुनौती-स्थल थी। नतीजतन, औपनिवेशिक सन्दर्भ में धार्मिक

वेश्यावृत्ति को महज सुधार के पदों में और धार्मिक वेश्याओं को सुधार योग्य पात्र के रूप में व्यवहृत किया गया। धार्मिक वेश्याओं का घरेलू दायरे के बाहर की ऐसी स्त्री के रूप में चित्रण जो निश्चित तौर पर अनैतिक या चरित्रहीन थी, वस्तुतः ऊँची जातियों के सुधारवादी धारणाओं की वर्चस्वता के तहत सोचने का ही परिणाम है। यह मान्यता आज भी अधिकांश इतिहास-लेखनों को ग्रसे हुई है। यही वजह है कि मुख्यधारा के समाज-सुधार आन्दोलनों और राष्ट्रीय आन्दोलन के इतर हुए उथल-पुथल इतिहास-लेखन का बाट जोह रहे हैं। इनकी तरफ जब तक उदासीनता का आलम बना रहेगा तब तक हमारी पाठ्यपुस्तकों और शोध में व्यवहृत इतिहास निकट-दृष्टिदोष से ग्रस्त रहेगा।

और अन्त में, इस पूरे अध्ययन-कार्य में प्रयुक्त किये गये धारणात्मक पदों के बारे में। 'धार्मिक वेश्यावृत्ति' शब्द का प्रयोग यौनिक कर्म-कांड और धर्म के बीच के गहरे गठबन्धन के स्पष्ट रेखांकन के लिये किया गया है। चूँकि इसके विकास का ऐतिहासिक आख्यान लिखा जाना अभी शेष है इसलिये इस पर हुए अधिकांश कार्य इस मान्यता पर आधारित हैं कि अपनी आरम्भिक अवस्था में यह पवित्र थी और इसका यौन या सेक्स से कोई सम्बन्ध नहीं था। जबकि यहाँ यह उद्घाटित करने का प्रयास किया गया है कि कैसे यह अपनी उत्पत्ति में ही यौन या सेक्स को आध्यात्मिक मिलन का संकेत और सम्भोग-क्रिया को मुक्ति का मार्ग मानने की धारणा पर आधारित थी।

रॉबर्ट रेडफील्ड की 'बड़ी परम्परा' और 'छोटी परम्परा' की धारणा का तनिक बदलाव के साथ प्रयोग किया गया है। इनका प्रयोग करते वक्त इस बात का खयाल रखा गया है कि इनके मायने कितने सीमित हैं, खासकर इसलिये कि ये श्रेणियाँ मुख्यतः ऊँची जातियों की संरचना के दायरे में ही प्रयुक्त की गयीं। 'छोटी परम्परा' से रेडफील्ड का तात्पर्य 'किसान-संस्कृति'[39] से था, जो भारतीय सन्दर्भ में वस्तुतः शूद्र जातियाँ हैं। इस अध्ययन में 'छोटी परम्परा' का प्रयोग अछूतों, खासकर खेतिहर श्रमिकों के लिये भी किया गया है, जो पदानुक्रम में किसानों से नीचे हैं।

ए. एसमैन[40] द्वारा प्रयुक्त धारणा 'हिन्दूकरण' का प्रयोग अछूतों और वर्चस्वशाली जातियों के बीच के धर्म अकादमिक जगत में लोकप्रिय पदावली की जगह 'आउटकास्ट या अछूत' शब्द के चुनाव का मकसद जाति-व्यवस्था के बाहर एक भिन्न सांस्कृतिक सामूहिकता का स्पष्ट रेखांकन है। यह भिन्नता इस सामूहिकता की सांस्कृतिक और धार्मिक परम्परा में अन्तर्निहित है, जो भिन्न होने के साथ-साथ ऊँची जातियों की विरोधी भी थी। 'आउटकास्ट (अछूत)' का प्रयोग उस धारणा पर जोर डालने के लिहाज से भी किया गया है। जो इस अध्ययन कार्य की नींव है यानी अछूत एक भिन्न धार्मिक व सांस्कृतिक इकाई है और इसलिये हिन्दू नहीं है।[41] इसी खासियत की वजह से वे जाति-संस्कृति का विकल्प ठहरते हैं।

सन्दर्भ एवं टिप्पणियाँ

1. रॉबर्ट ब्रिफो, 1926
2. जेम्स फ्रेजर, 1966
3. फ्रेडरिक अफेल मार्गलिन, 1985
4. सस्किया सी. करसेनबुम स्टोरी, 1986
5. सस्किया सी. करसेनबुम स्टोरी, 1991, पृ. 131-146
6. अमृत श्रीनिवासन, 1985 और 1988
7. जानकी नायर, 1994, पृ. 3156-3166
8. कल्पना कन्नाबिरन, 1995
9. जिनका इतिहास नहीं लिखा जाता वे राजनीतिक और सामाजिक स्तर पर हाशिये पर होते हैं। अछूत ऐसे ही वंचितों में से एक हैं।
10. बिपन चन्द्रा, 1984 और 1989
11. रणजीत गुहा, 1982
12. शाहिद अमीन, 2002
13. एलिनॉर जिलियट, 1992
14. गेल ऑम्वेत, 1994
15. चिन्ना राव यागति, 2003
16. उलरिक हेलेन, 1966; सर्ल चटर्जी, 1981; लिन गैटवुड, 1985; वीरम्मा इत्यादि, 2000।
17. मैमडाऊ डियफ, 1999
18. 1920 के जनआन्दोलन के प्रणेता अछूत सुधारक देवरैया ईंगिल के निजी प्रपत्र गुप्त स्तर पर कुछ लोगों को बाँटे गये। ऐसे और कई उदाहरण हैं।
19. अछूत कवि कुसुम धर्मन्ना के निजी प्रपत्र व संग्रह आगजनी की घटना में जलकर नष्ट हो गये।
20. अग्रज पीढ़ी कई महत्त्वपूर्ण बदलावों की साक्षी रही है।
21. पी. जी. जॉगदंड, 1995
22. कुमकुम संगारी और सुदेश वैद, 1989; निवेदिता मेनन, 1999
23. एस. फायरस्टोन, 1962; जॉन केली, 1924; सिल्विया वैली, 1990; क्रिस्टाईन डेल्फी, 1984
24. भारतीय सन्दर्भ में जाति और जेंडर का प्रतिच्छेदी स्पेस काफी महत्त्वपूर्ण है। कारण स्त्रियाँ सांस्कृतिक हेजमनी के तहत अपने समुदाय के पुरुषों से ज्यादा बढ़-चढ़ कर जातिजन्य कायदों का निर्वाह करती हैं और उन्हें परिपोषित भी करती हैं।
25. मिशेल बैरेट, 1988
26. हेडी हार्टमैन, 1981
27. हैजेल कार्बी, 1982
28. एडगर थर्सटन, हेनरी हाईटहेड इत्यादि।
29. हेडी हार्टमैन, 1981
30. नस्ल के सन्दर्भ में इसी तरह के अनुभवों के लिये देखें, पैट्रिसिया कॉलिन्स, 1990

31. लिंडा जे. एप, 1962, पृ. 1465-168
32. एस्टर बोसेरप, 1960
33. मैरी सर्ट-चटर्जी, 1981; जेम्स एम. फ्रीमैन, 1969 : पी. जी. जॉगदंड, 1995; ह्यूमैन राइट्स वाच, 1999; लिन गेट वुड, 1985; उलरिक हेलेन ई. 1966
34. औपनिवेशिक अवधि के दौरान अधिकांश जगहों पर प्रचलित कन्या-शुल्क की रीति के लिये यह अच्छा तर्क था।
35. एम्मा रैशेनबुश-क्लॉफ, पृ. 99
36. लिन गेटवुड, 1985
37. सिल्विया वैल्वी, 1990, पृ. 23
38. उड़ीसा के पुरी मन्दिर पर मार्गलिन द्वारा किया गया कार्य; बी. आर. पाटिल, 19965, पृ. 5; सस्किया करसेनबुम स्टोरी, 1986, पृ. 2020-203
39. रॉबर्ट रेडफील्ड, 1955
40. ए. एसमैन, 1968
41. वाइ. चिन्नाराव, 2000 तथा 2000 (अ)

1

धार्मिक वेश्यावृत्ति : एक ऐतिहासिक परिप्रेक्ष्य

यौन (सेक्स) का मुद्दा सभी प्राचीन समाजों में धार्मिक चिन्ता का विषय रहा है। धार्मिक वेश्यावृत्ति इसका एक ठोस नमूना है। भारत में तो यह अस्तित्वपरक हकीकत के रूप में हिन्दुओं के सांस्कृतिक और धार्मिक जीवन को बड़े पैमाने पर प्रभावित करती हुई बनी व बची रही। लेकिन अकादमिक जगत में इसके प्रति उदासीनता का आलम रहा है। जो थोड़े बहुत अध्ययन हुए हैं उनकी व्याख्याएँ एकांगी और असंगत हैं। नतीजतन, इन्होंने धार्मिक वेश्याओं की नकारात्मक व असामान्य छवि की रचना की। इसकी जड़ें उन्नीसवीं सदी के आखिरी और बीसवीं सदी के आरम्भिक दौर के दरम्यान के सुधार-आन्दोलनों की वैचारिक प्रभुता में हैं। वस्तुतः धार्मिक वेश्यावृत्ति को समग्रतावादी नजरिए से देखने की जरूरत है। इसके लिये इसे व्यापक खाँचे में रखकर विचार करना होगा यानी जाति आधारित सामन्ती अर्थ-व्यवस्था से आबद्ध धार्मिक संस्थान से जुड़े मुद्दों का खयाल रखते हुए विचार करने पर हमें धार्मिक वेश्यावृत्ति की बेहतर समझ मिल सकती है।

धार्मिक वेश्यावृत्ति की उत्पत्ति

इस प्रथा की उत्पत्ति के सूत्र अनार्यों के धार्मिक आचार-व्यवहार में पाये जा सकते हैं, जहाँ स्त्रियाँ दैवी शक्ति से सम्पन्न मानी जाती थीं। देश के उत्तरी भाग से आर्यों के दक्षिण की ओर बाढ़ ने यहाँ मौजूद अनार्यों की धार्मिक मान्यताओं पर गहरा प्रभाव डाला। इसने दक्षिण भारत की संस्कृति का कायान्तरण कर दिया, जिसमें जाति व पितृसत्ता से जुड़ी धारणाएँ हावी थीं। पाँचवीं और छठी सदी के दरम्यान बड़ी परम्परा (ब्राह्मण-परम्परा) की सांस्कृतिक रीति में निर्णायक बदलाव आये। इसने प्राक् या आदिम संस्कृतियों के कई महत्त्वपूर्ण विश्वासों को समाविष्ट व आत्मसात किया। बाद में ये आदिम संस्कृतियाँ अछूत के रूप में तिरस्कृत व अलग-थलग कर दी गयीं।[1] अगस्त्य[2] आर्य धारणाओं के दक्षिण में फैलने का प्रतीक है। आदिम संस्कृतियों के

आर्य-संस्कृति में समा जाने ने दक्षिण भारत के हिन्दूकरण और सांस्कृतिक-आर्थिक दायरे में एक नयी ताकत के उदय का मार्ग प्रशस्त किया। पाँचवीं सदी के आस-पास हम हिन्दू धर्म को स्त्रैण तत्त्वों का आदर एवं लोकप्रिय परम्परा (छोटी-परम्परा) से दैवी या धार्मिक स्त्रीत्व को आत्मसात करते हुए पाते हैं। रोमिला थापर ने इस सदी और इसके बाद की दो सदियों के दौरान तांत्रिक मतों में प्रजनन से जुड़ी धारणाओं से सम्बन्धित एक 'नए एवं अनूठे पन्थ' के उभरने का जिक्र किया है जिसका हिन्दू पूजा-पद्धति एवं हिन्दू-विचारधारा पर गहरा प्रभाव पड़ा। इस क्रम में देवताओं को पत्नियाँ प्रदान की गयीं और उनकी दुर्गा एवं काली की भाँति पूजा भी होने लगी।[3]

आर्यों के धार्मिक ग्रन्थों[4] में अनार्यों के रीति-रिवाज के प्रति घृणा और अवहेलना के कतिपय जिक्र मिलते हैं, जबकि 'भारतीय संस्कृति' के निर्माण में उनका महत्त्वपूर्ण योगदान है।[5] अनार्यों में प्रचलित लिंग-पूजन के सन्दर्भ में ऋग्वेद में कहा गया है, "इन शत्रुओं पर इन्द्र विजय प्राप्त करें। जो शिश्न को अपना देवता मानते हों उन्हें हमारे धार्मिक व पवित्र आयोजनों में नहीं आने दिया जाए।"[6] अथर्ववेद में व्रत्य का प्रयोग अवैदिक प्रजनन पंथ के पुरोहित के लिये हुआ है। एक स्त्री एवं एक वादक के साथ गाड़ी में सवार हो वह जगह-जगह जाकर अनुष्ठान आयोजित करता था। उसके इस आयोजन में वादक गाता-बजाता[7] था और स्त्री, जिसे पुमश्चली[8] कहते थे, वेश्यावृत्ति करती थी। शायद पुमश्चली धार्मिक सेवा-भाव के तहत ऐसा किया करती थी और इसलिये धार्मिक वेश्यावृत्ति की पृष्ठभूमि तैयार करने वाली प्रक्रियाओं की समझ बनाने में यहाँ से मदद मिल सकती है।[9]

बड़ी और छोटी परम्पराओं के बीच के मिश्रण की कई सांस्कृतिक प्रवृत्तियाँ पाई जा सकती हैं। इस मिश्रण के नतीजे के रूप में हम 'स्थानीय परम्परा'[10] का विकास एवं ब्राह्मणवादी परम्परा का विसरण (जिसे एम. एन. श्रीनिवास ने संस्कृतिकरण का नाम दिया) होते पाते हैं। इस क्रम में धार्मिकता और अनिष्ट सम्बन्धी धारणाएँ हिन्दू धर्म का हिस्सा बनीं। सबसे महत्त्वपूर्ण था अनियन्त्रित या उन्मुक्त ऐन्द्रिक स्त्रीत्व का पुरुष-नियन्त्रित, धार्मिक तौर पर हाशियाकृत और नैतिक तौर पर अस्पष्ट देवियों में कायान्तरण[11]। वैदिक देवियाँ, जिनके उत्पत्ति के सूत्र अछूतों यानी छोटी परम्परा में पाये जा सकते हैं, ब्राह्मणवादी पितृसत्तात्मक मूल्यों के अनुरूप ढाली गयीं। दुर्गा, भूदेवी, चामुण्डेश्वरी और महाकाली ऐसी देवियों की श्रेणी में रखी जा सकती हैं।[12] ये देवियाँ कामुक (ऐन्द्रिक) और अतिउग्र होने की वजह से खतरनाक मानी गयीं।[13] दैवी-स्त्रीत्व और उग्रता, शारीरिक और यौनिक आक्रामकता का द्विभाजन पुरुष और स्त्री के हिन्दू प्रतिमानों के प्रतिकूल था। इससे निपटने के लिये उन्हें उनके पतियों के अधीन करने के साथ-साथ तांत्रिक मिथकों और कर्मकांडों का सहारा लिया गया जिसमें पुरुष-सत्ता और स्त्री-शक्ति के बीच के तनाव के मुक्ति की गुंजाइश थी।[14]

उर्वरता की धार्मिक धारणा और स्त्री के साथ धार्मिक शक्ति के जुड़े होने की

जोरदार अभिव्यक्ति हम छठी शताब्दी के आसपास तांत्रिक-मतों[15] में होते पाते हैं।[16] तांत्रिक-धारणा में स्त्री शक्ति (उत्पादन-क्षमता) का प्रतिरूप मानी गयी है। यही कारण है कि तांत्रिक आचार-व्यवहार में मैथुन (स्त्री के साथ यौन समागम) का स्थान केन्द्रीय है।[17] तांत्रिक ग्रन्थ मोक्ष प्राप्त करने के लिये उचित यौन-क्रियाओं के विस्तृत विवरण से भरे पड़े हैं।[18] ये आचार-व्यवहार ग्यारहवीं सदी के आसपास काफी लोकप्रिय हुए। इस अवधि के दौरान कुछ तांत्रिक आचार वैदिक आचार-व्यवहार का हिस्सा हो गये थे जबकि ब्राह्मणवादी ग्रन्थों में ये अभी भी त्याज्य या अवरेण्य ही थे। वहीं, यौनिक-कर्मकांड वैदिक धार्मिक आचार-व्यवहार के लिये बाहरी चीज नहीं थे।[19] लेकिन स्त्रियों की कर्मकांडीय भूमिका पैट्रियार्क या शासक के वर्चस्व की सुरक्षा का ही हेतु थी। इस सबका परिणाम यह हुआ कि तंत्र धार्मिक मामलों के अधिकृत आधार या स्रोत हो गये। पौराणिक आचार-व्यवहार पर भी उनका प्रभाव पड़ा। स्मृति संहिताओं[20] में केन्द्रीय तांत्रिक तत्त्व बरकरार रहे। गैविन फ्लड[21] ने बताया है, ''देश के दक्षिणी भाग में तांत्रिक मत बचे रहे। ये वहाँ के सामाजिक ताने-बाने में रच-बस गये। इनका प्रयोग मन्दिर के ग्रन्थ के रूप में होता है। तमिलनाडु और केरल में तो इन्हें खासा श्रद्धा प्राप्त है कारण यहाँ नम्बूदिरी ब्राह्मण तांत्रिक होते हैं।''

इस परिघटना पर हिन्दू विचारधारा की प्रतिक्रिया तांत्रिक आचार-व्यवहार के दक्षिणी और वामाचारी दो समूहों में बँटने में स्पष्ट हुई। दक्षिणी यानी दायें हाथ के पुजारी पौराणिक-रीति से पूजा करते हैं जबकि वामाचरी गुहृय (Esoteric) धार्मिक पन्थ है। वाम का अर्थ होता है **काम** यानी सेक्स और आचार का अर्थ होता है आध्यात्मिक सिद्धि की विधि यानी कर्मकांडीय रस्म।[22] इस तरह, वामाचार से स्त्री और यौन से सम्बन्धित कर्मकांडीय आचार-व्यवहार का बोध होता है इसके अनुयायी बाएँ हाथ के पुजारी हैं।[23] जॉन वुडरॉफ ने **पंचतत्त्व** (पाँच मूल द्रव्य) का जिक्र किया है जिनके माध्यम से मनुष्य जीवन का आनन्द पाता है, उसकी रक्षा करता है और उसे पुनरुत्पादित करता है। वे इस प्रकार हैं :

1. मादक पेय या मदिरा, जो मनुष्य के लिये औषधि है कारण यह दुःखों का अन्त कर खुशियाँ लाता है।
2. जानवरों का मांस, जो पोषक खाद्य है और तन व मन दोनों को मजबूत करता है।
3. मछली, जो स्वादिष्ट है और पुनरुत्पादक क्षमता बढ़ाती है।
4. भुना अनाज, जो आसानी से उपलब्ध है, भूमि से उत्पन्न होता है और तीनों लोकों में जीवन का स्रोत है।
5. शक्ति के साथ अश्लील (filthy) मिलन, जो सभी जीवों के आनन्द का स्रोत, सृजन का कारण और निरन्तरता की जड़ है।[24]

ये कर्मकांडीय धारणाएँ **पंचमकार** में अभिव्यक्ति हुई हैं जो हैं—मद्य, मत्स्य, मांस, मुद्रा और मैथुन।

तांत्रिक विचारधारा का धार्मिक सम्प्रदायों, खासकर शैव-मत और वैष्णव-मत, पर बड़ा प्रभाव पड़ा।[25] शैव-मत में विद्यमान शिव-शक्ति की धारणा इस तांत्रिक मत पर आधारित थी कि पुरुष की शक्ति जिस ऊर्जा के माध्यम से आकार लेती है उसका चरित्र स्त्रैण हे। इस विश्वास ने शैव-मत को शक्तिवाद के नजदीक लाया जिसकी परिणति शिव-शक्ति की धारणा में हुई।[26] इसे वीरशैववाद की बढ़ती लोकप्रियता ने गति प्रदान की।[27] बारहवीं सदी के आसपास वीर शैववाद ने एक रैडिकल दृष्टिकोण से अपना आध्यात्मिक बन्धन स्थापित करते हुए अपने आपको ऑर्थोडॉक्स धार्मिक पंथों से भिन्न व अलग घोषित किया। जैन पीटर शूटे कहते हैं कि इस आन्दोलन ने अछूतों को कर्मकांडीय भूमिकाओं के साथ अपने दायरे में समाविष्ट किया।[28] वे आध्यात्मिक समुदाय में एक नयी अस्मिता चलावड़ी के साथ स्वीकृत किये गये हालाँकि उन्हें सभी लिंगायत कर्मकांडों का हक नहीं था।[29] वीरशैववाद[30] पर तांत्रिक-मत का प्रभाव 'धार्मिक भिक्षुकों' की एक भिन्न कोटि के अस्तित्व में भी स्पष्ट है जिन्हें "भिंडा जंगमा, वीटा जंगमा या सुखी जंगमा नामों से जाना जाता था।"[31] ये जंगमा तंत्र सम्प्रदाय के अनुयायी थे और वेश्याओं के घरों में रहते थे। ऐसी मान्यता है कि कल्याण की कुछ गुफाएँ भी वेश्याओं और उनके जंगमा का आवास-स्थल रही थीं।[32]

मन्दिर में स्त्री के अर्पण का चलन हम सभी प्राचीन समाजों में पाते हैं। यूनान,[33] , बेबिलोनिया, मिस्र, सीरिया और पश्चिम अफ्रीका में मन्दिरों में स्त्रियाँ कई तरह के कार्य किया करती थीं।[34] इन स्त्रियों के बीच विद्यमान पदानुक्रमता से तो यही इंगित होता है कि अर्पण की रीति ने संस्था का रूप ले लिया था।[35] भारत में धार्मिक वेश्यावृत्ति की जड़ें बड़ी परम्परा के धार्मिक रीति-रिवाजों पर तांत्रिक मत के प्रभाव में पाई जा सकती हैं। यहाँ विभिन्न जातियों के बीच **शक्ति** की धारणा का भिन्न-भिन्न रूपों में विद्यमान होना ध्यानतलब है। यह मिथकों[36] में साफ जाहिर है। बड़ी परम्परा में शक्ति दो स्तरों में व्यक्त हुई है। एक तो घरेलू दायरे से बाहर की स्त्रियों में और दूसरा घरेलू दायरे की स्त्रियों में। शक्ति के इन दोनों ही रूपों में गुणात्मक भिन्नता है। घरेलू दायरे की स्त्री पर **शक्ति** प्राप्त करने और उसे नियंत्रित करने के लिये कर्मकांडों से गुजरने की महती भूमिका है।[37] शक्तिधारिणी होने की वजह से स्त्रियाँ भय का सबब हैं। पुरुष के नियन्त्रण और पतिव्रता का धर्म निबाहकर हिन्दू स्त्री अपनी खतरनाक शक्तियों पर नियन्त्रण कर उसे परिवार के हित की दिशा में लगाती है। अपने जीवन-यात्रा के विभिन्न पड़ावों (मसलन, वयःसंधि, मासिक स्राव, विधवा) पर स्त्रियों को अलग-अलग कर्मकांडों या रस्मों का पालन करना पड़ता है।[38] वयःसन्धि के अवसर पर तय किये गये रस्मों का उद्देश्य स्त्री में उदित हो रही यौनता का नियन्त्रण और इस क्रम में उसकी शक्ति का

नियन्त्रण कर उसे परिवार (खासकर पुरुष सदस्यों) की सुख-समृद्धि के लिये निर्देशित करना है।[39] ब्रेंडा बेक का कहना है कि पिता, भाई, पति और बेटा, परिवार के इन चार पुरुषों पर स्त्री के नियन्त्रण की जिम्मेदारी रहती है ताकि वह अपनी शक्ति का सर्जनात्मक उपयोग करे।[40] उसमें निहित खतरनाक या अनिष्टकारी क्षमता विनाश ला सकती है यदि वह नाराज हो जाए, ऐसी मान्यता है।[41]

घरेलू दायरे के बाहर की स्त्री में सहयोग की भावना ज्यादा है, जिसका उपयोग वह समूचे समाज की उन्नति के लिये करती है। ध्यानतलब है, मन्दिरों में विद्यमान **स्त्रीचक्र**[42] मन्दिर की पूजा पद्धति में तांत्रिकता और तांत्रिक कर्मकांडों के हावी होते जाने के द्योतक हैं। बड़ी परम्परा में ऐसी धार्मिक स्त्रियाँ मन्दिर-व्यवस्था का अंग थीं। उन्हें तांत्रिकता या यौनता से जोड़कर देखा जाना उनके **सुले, भोगम**, और **सानी** जैसे नामों में स्पष्ट जाहिर होता है। आरम्भिक मध्यकालीन अवधि में वे इन्हीं नामों से जानी जाती थीं जिसका अर्थ था—वेश्या। ऐसी स्त्रियाँ निम्न जातियों की ही होती थीं। अधिकांश तांत्रिक कर्मकांड अछूतों और निम्न जातियों से जुड़े थे। मसलन, **शवसाधना** जैसे तांत्रिक कर्मकांड के लिये चांडाल (अछूत) उपयुक्त माने जाते थे।[43] तांत्रिक-मत के वामाचारी सम्प्रदाय में नर्तकी, भक्तिन, वेश्या, धोबिन, चांडालिन और शूद्र स्त्री को कर्मकांड के उपयुक्त माना गया है। इसी तरह, निम्न जातियों की सभी स्त्रियाँ तांत्रिक कर्मकांड के लिये स्वभावतः उपयुक्त मानी गयी हैं।[44] दरअसल, धारणा यह है कि स्त्री जितनी ही ज्यादा नीच और भ्रष्ट होगी, कर्मकांड के लिये वह उतनी ही उत्तम और उपयुक्त होगी। इस तरह हम पाते हैं कि देवी/देवता को अर्पित की गयी स्त्रियाँ मुख्यतः निम्न शूद्रों और अछूतों से होती थीं।

स्थानीय परम्परा का विकास

देवदासी प्रथा की रूपरेखा प्रस्तुत करने के लिये सस्किया केरसेनबुम स्टोरी ने एस्चमैन की 'निरन्तरता' की धारणा का सहारा लिया है।[45] उसने इसे मौखिक से अगामिक और अगामिक से दरबारी (Court) संस्कृति की यात्रा के रूप में देखा है।[46]

वामाचार का प्रभाव बड़ी परम्परा में मन्दिरों में **सुले/सानी** (मन्दिर-स्त्रियाँ) और स्थानीय परम्परा में **जोगती** या **बासवी** के रूप में व्यक्त हुआ। स्थानीय परम्परा में बड़ी और छोटी दोनों परम्पराओं के तत्त्व घुलते-मिलते गये।[46] स्थानीय परम्परा की इस्चमैन की धारणा धार्मिक वेश्याओं के अन्य रूपों के विकास के अध्ययन के लिये महत्त्वपूर्ण सूत्र प्रदान करती है।

स्थानीय परम्परा के माध्यम से वामाचार गाँवों से लेकर अर्द्ध-शहरी क्षेत्रों के ऊँची जातियों, निम्नजातियों और अछूतों सबके जीवन का महत्त्वपूर्ण हिस्सा बना। स्थानीय परम्परा की जो एक चारित्रिक विशेषता है वह है कुछ अछूत देवियों का

हिन्दूकरण या हिन्दू देवी-देवता के समूह में उनका समावेशन। उदाहरण के लिये, येल्लम्मा, दाइमव्वा या दुर्गाष्वा।[48] इस तरह के बदलाव का अछूतों के धार्मिक-जगत पर कोई रैडिकल बदलावकारी प्रभाव नहीं पड़ा[49] यानी अछूतों के अपने देवी-देवता, रस्म, उनकी मिथकीय धारणाएँ और स्त्री/पुरुष दोनों ही कर्मकांडीय विशेषज्ञों की एक कोटि बने व बचे रहे। नतीजतन, जाति व्यवस्था के ताने-बाने में अछूतों की अपनी अलग सांस्कृतिक अस्मिता अक्षुण्ण रही हालाँकि इसके मूल्य या इसकी धारणाएँ समय-समय पर हिन्दू-परम्परा में विनियोजित की जाती रही हैं। दरअसल हिन्दू-विचारधारा के वर्चस्व की कुंजी इसका 'लचीलापन' है, जिसकी वजह से यह अंतर्विरोधी मूल्यों को भी समायोजित करने में सफल रहता है। यह हाशिये पर स्थित समूहों के मूल्यों से अपनी मर्जी के तत्त्वों का चुनाव कर उन्हें पदानुक्रमित ढाँचे में सम्मिलित कर देता है। नतीजतन, इन समूहों की धारणाएँ या रीतियाँ विरूपित और हीनतर रूपों में प्रस्तुत होने लगती हैं।

दक्षिण भारत : धार्मिक वेश्यावृत्ति का गढ़

दक्षिण भारत धार्मिक वेश्यावृत्ति का मजबूत गढ़ रहा है। वैसे, पूर्वी भारत खासकर उड़ीसा में भी इसकी समृद्ध परम्परा रही है हालाँकि वहाँ इसकी व्याप्ति समाज के विभिन्न तबकों (जातियों) में थी या नहीं, इस बाबत निश्चित तौर पर कुछ भी नहीं कहा जा सकता।[50] दक्षिण भारत में, खासकर तमिलनाडु में यह प्रथा औपनिवेशिक अवधि के अन्त तक अस्तित्व में थी। वहीं कर्नाटक और आन्ध्र इसके नाभीय केन्द्र माने जा सकते हैं। इन क्षेत्रों में यह प्रथा सर्वव्यापी परिघटना थी यानी ऊँची जातियाँ हों या निम्न जातियाँ या फिर अछूत, सभी इससे प्रभावित थीं।

उत्तरी भारत में इस प्रथा की व्याप्ति के कुछ जिक्र तो मिले हैं, लेकिन पर्याप्त आँकड़ों व विवरण के अभाव की वजह से इसके बारे में सावधानी से पड़ताल की जरूरत है। मोन्टोमेरी मार्टिन ने बनारस और जयपुर के मन्दिरों में नर्तकियों के मौजूद होने का जिक्र किया है। मार्टिन के मुताबिक, "ये स्त्रियाँ मन्दिर के व्यवस्थापकों द्वारा मुहैया किये गये आवासों में रहती थीं और धार्मिक आयोजनों एवं उत्सवों में अपनी सेवाएँ प्रदान करती थीं।"[51] हैवेल भी बताते हैं कि विशेष उत्सवों और धार्मिक आयोजनों के अवसर पर वे राम-सीता के प्रेम पर तुलसीदास के रचे गीत या कृष्ण-लीला से सम्बन्धित तनिक ज्यादा विषयासक्त गीत गाया करती थीं।[52] चाँदगाँव मे, "मन्दिर के बड़े हिस्से में व्यवस्थापक, कर्मी और नाच लड़कियाँ (नर्तकियाँ) रहती थीं जबकि पूजा या धार्मिक कार्यों के लिये अपेक्षाकृत काफी छोटा हिस्सा आबंटित था।[53] वे समाज के किस तबके से होती थीं यह स्पष्ट नहीं है हालाँकि हिन्दुओं में गरीब माता-पिता अपने देवी-देवता या पुरोहित की सेवा के लिये अपनी बेटियाँ अर्पित करने के लिए आसानी से तैयार हो जाते थे। इसके साथ ही,

अनाथ बच्चे ब्राह्मणों द्वारा गोद लिये जाते थे। मन्दिर में धार्मिक उत्सवों या आयोजनों में सहयोग करने के उद्देश्य से उनका पालन-पोषण किया जाता था। ऐसे बच्चों में वे पहला शिकार होती थीं जो कम उम्र की एवं सुन्दर हुआ करती थीं।[45] वे अपनी कला और रूप का प्रदर्शन[55] करती थीं लेकिन वास्तव में उनकी कर्मकांडीय भूमिका क्या थी यह स्पष्ट नहीं है। एम. मार्टिन का कहना है कि वे नीच एवं अश्लील कर्मकांड के लिये नियुक्त की जाती थीं और ब्राह्मणों के काम-तुष्टि का पात्र बनती थीं। यह धारणा वस्तुतः मन्दिरों पर चित्रित उत्तेजक चित्रों के आधार पर निर्मित हुई होगी। पी. थॉमस ने भी कुछ इसी तरह की बातें कही हैं, ''उत्तरी भारत में मन्दिरो के भग्नावशेष बताते हैं कि उनमें से अधिकांश में यौनिक कर्मकांड प्रचलित थे। मध्यकालीन लूट-खसोट से बचे अमूमन सभी मन्दिर कामोद्दीपक चित्रों/मूर्तियों से सजे हुए हैं। इनमें वात्स्यायन द्वारा वर्णित मुद्राओं से लेकर 'विकृत्याचार' और जानवरों व पक्षियों के बीच यौन-क्रियाओं का चित्रण मिलता है। कोणार्क के सूर्य मन्दिर कामुक मूर्तियों के लिये विख्यात थे। भारत में अब कुछ ही सूर्य मन्दिर बचे हैं लेकिन एक समय था जब सूर्य की पूजा व्यापक स्तर पर होती थी। सूर्य-मन्दिरों की चारित्रिक खासियत कामुक मूर्तियाँ थीं।''[56]

दक्षिण भारत मुगलों के प्रभाव से बचा रहा। उत्तर भारत में मुगल-शासन की वजह से हिन्दू रीति-रिवाजों का प्राचीन व शुद्ध रूप नहीं बच पाया, जबकि दक्षिण भारत में ये शुद्ध रूप में अक्षुण्ण बचे रहे। गेविन फ्लड के अनुसार, ''मुस्लिम शासन के दायरे से बाहर दक्षिण में तांत्रिकता का वजूद बना रहा और सामाजिक ताने-बाने में यह घुलता-मिलता गया। तमिलनाडु और केरल में तंत्रों का बड़ा सम्मान है।''[57] पूर्वी भारत के उड़िया भाषी इलाके के लिये भी ऐसा ही कहा जा सकता है। दक्षिण के सन्दर्भ में केरसेनबुम स्टोरी कहती हैं[58] :

> ''विजयनगर साम्राज्य ने हिन्दू संस्कृति का संरक्षण और पोषण करके उत्तर-दक्षिण की द्विध्रुवीयता को पुनः जन्म दिया। आरम्भ में एक तरफ दक्षिण की द्राविड़ संस्कृति थी और दूसरी तरफ उत्तर की आर्य संस्कृति। लेकिन दोनों के आपस में मिलने के उपरान्त स्थिति बदल गयी थी। इस नयी द्वि ध्रुवीयता में एक तरफ दक्षिण की हिन्दू संस्कृति हो गई और दूसरी तरफ उत्तर की मुस्लिम संस्कृति। विजयनगर साम्राज्य को दक्षिण की विविध क्षेत्रीय संस्कृतियाँ, जिनमें केरल, कर्नाटक, आंध्रा और तमिलनाडु शामिल हैं और चोलों की सम्पत्ति धरोहर के रूप में मिले। इन दो आधारों ने विजयनगर साम्राज्य को अपनी अलग दक्षिण भारतीय अस्मिता रचने एवं उसे बनाये रखने के काबिल बनाया।''

दक्षिण भारत में धार्मिक वेश्यावृत्ति की उत्पत्ति और बड़े पैमाने पर व्याप्ति का सबसे महत्त्वपूर्ण कारण यहाँ प्रचलित वह धारणा है जिसमें स्त्री-यौनता शक्ति-सम्पन्न मानी जाती रही है। संगम साहित्य में ऐसे अनेक प्रसंग मिलते हैं जिनमें स्त्री-शरीर में दैवी शक्ति के निवास की बातें की गयी हैं। इसकी रचना ईसा की आरम्भिक सदियों के दौरान हुई। उस दौर के सभी साहित्य स्त्री-स्तन के दैवी सत्ता के निवास-स्थल होने के जिक्र से भरे पड़े हैं।[59] वस्तुतः स्त्रियों में धार्मिक सत्ता (अनाकू) के निहित होने की मान्यता द्राविड़ों की धार्मिक व्यवस्था की बुनियादी विशेषता है।[60] अछूतों में इस धार्मिक सत्ता को स्वायत्त एवं जीवन्त माना गया है जबकि ऊँची जातियों में पितृसत्तात्मक घरेलू ढाँचे से नियन्त्रित।

सिन्दूर और प्रकृति के उत्पादक पक्ष[61] के बीच के सम्बन्ध का रॉबर्टब्रिफो द्वारा किया गया विश्लेषण स्त्री को धार्मिकता से जोड़े जाने की समझ के लिये महत्त्वपूर्ण है। जी. थॉमस के अनुसार,[62] "विवाह के अवसर पर दुल्हन का माथा लाल रंग से पोत दिया जाता है जो उसके कोख की उर्वरता का द्योतक है। लाली जीवन का पुनर्नवीकरण हैं। यह धारणा दक्षिण में धार्मिक और सांस्कृतिक आस्था-जगत का अभिन्न अंग है। यहाँ तो लड़कियाँ कम उम्र से ही सिन्दूर लगाना शुरू कर देती हैं, जबकि उत्तरी भारत में विवाहोपरान्त ही सिन्दूर लगाना मायने रखता है। कारण दक्षिण में यह मान्यता है कि प्रजनन की क्षमता लड़कियों में अन्तर्निहित होती है यानी इसके लिये वह किसी बाहरी सत्ता पर निर्भर नहीं है जबकि उत्तर में यह धारणा है कि प्रजनन या जीवन के पुनरुत्पादन की क्षमता लड़कियाँ विवाहोपरान्त प्राप्त करती हैं। वंश की संरचना के स्तर पर भी उत्तर एवं दक्षिण के बीच फर्क है। दक्षिण भारत में बेटी को परिवार की समृद्धि का स्रोत माना जाता है जबकि उत्तरी भारत में स्थिति इसके विपरीत है।"[63] इसी तरह, उसकी चपलता और अनजानी यौनता एक तरह के शक्ति के रूप में देखी जाती है जिन्हें परिवार की उन्नति और समृद्धि की दिशा में लगाया जा सकता है।[64] हॉली बेकर रिनॉल्ड्स ने औवेयर नोन्यु की व्याख्या लड़की के भाईयों के परिवार की सुरक्षा व समृद्धि के हेतु के रूप में की है।[65] इसके विपरीत, उत्तरी भारत में स्त्रियाँ अपनी सुरक्षा के लिये भाईयों पर निर्भर हैं। इसकी स्पष्ट अभिव्यक्ति रक्षा-बन्धन और भैया दूज जैसे त्योहारों में होती है। लड़की के वयःसन्धि की अवस्था में पहुँचने पर दक्षिण में खुशियाँ मनाई जाती है जबकि उत्तर में ऐसा नहीं है।

दक्षिण और उत्तर के बीच के इस फर्क का कारण दक्षिण की मातृवंशीय व्यवस्था है, जहाँ लड़कियाँ नजदीकी या परिचित परिवारों में ब्याही जाती हैं। बल्कि, अमूमन क्रॉस-कजिन शादियाँ ही होती हैं। जबकि उत्तर में लड़कियाँ दूर के अजनबी परिवारों में ब्याही जाती हैं।[66] इसके साथ ही, उत्तर के बरअक्स दक्षिण में बेटियों के जन्म का स्वागत होता है।[67] दक्षिण में स्त्रियाँ कुंवारी और दुल्हन दोनों ही रूपों में प्रजनन

की क्षमता धारण की हुई मानी जाती हैं। हॉसमिथ और स्प्रिंग्स के मुताबिक,[68] ''कुँवारी और दुल्हन दोनों ही स्थितियों में प्रजनन की क्षमता धारण करने के कारण स्त्रियाँ धार्मिकता से जुड़ जाती हैं। कर्मकांडों, मिथकों और संकेतों में यौन स्तर पर परिपक्व स्त्रियों पर ज्यादा तवज्जो दिया गया है कारण उसकी 'प्रजनन' की क्षमता अत्यन्त सकारात्मक और नकारात्मक मानी जाती है जिसे नियन्त्रित करना अनिवार्य है।''

सन्दर्भ एवं टिप्पणियाँ

1. राधाकृष्ण चौधरी, 1964, दी चौखम्बा संस्कृत स्टडीज, खंड-38, पृ. 64-65
2. ए. एल. बाशम, 1953, पृ. 154
3. रोमिला थापर, 1966, पृ. 160-161
4. एडगर मूर, 1960, पृ. 299
5. डेविड किंग्सले, 1987, परिचय; डेविड शुलमैन, 1980, परिचय; स्टैनले राईस, 1936, पृ. 212-214; सुधाकर चट्टोपाध्याय, 1960, पृ. 11
6. एडगर मूर, 1960, पृ. 299
7. मोती चन्द्र, 1963, पृ. 2
8. अथर्ववेद में व्रत्य यही इंगित करता है। ए. एल. बाशम (1953, पृ. 243) ने इसका प्रयोग एक आर्य के लिये किया है, जबकि राधाकृष्ण चौधरी (1964) ने इस शब्द का प्रयोग कुछ लोगों के एक समूह के लिये किया है जिनकी जीवन-शैली उनसे भिन्न थी जो खुद को आर्य कहते थे।
9. जे. डब्ल्यू, हेयर के मुताबिक **पुंमश्चली** का ही क्रमिक विकास देवदासी के रूप में हुआ। मोतीचन्द्र (1973, पृ. 2) द्वारा उद्धृत।
10. ए. एशमान, 1978, पृ. 83
11. लीन गेटवुड, 1985, परिचय।
12. डेविड शलमैन (1980) ने हिन्दू देवियों की उत्पत्ति और उनके विकास का विस्तृत विवेचन किया है।
13. वेंडी डॉनिगर ओ' फ्लैटी, 1981, पृ. 77-78। इन देवियों की वर्चस्वता का बखान पुराणों में मिलता है।
14. वही।
15. आर. एस.शर्मा, 1974, पृ. 180
16. तांत्रिकता और उसका अछूत समुदायों से सम्बन्ध के बारे में विस्तार से जानने के लिये देखें–एन. एन. भट्टाचार्य (1982) और पी. थॉमस, 1959, पृ. 121-126
17. हर्बर्ट वी. गुएटर, 1969, पृ. 188-190
18. एच. एच. विल्सन, 1862, पृ. 257
19. वेंडी डॉनिगर ओ' फ्लार्टी (1980); एन. एन. भट्टाचार्य, 1982, पृ. 123-127; जॉन बुड्रोफे, 1956, पृ. 66, एम. केलवेर्ट, 1995, पृ. 61-96

20. आर. सी. हजरा, 1940, पृ. 260-264
21. गैविन फ्लड, 1996, पृ.161-162
22. देवीप्रसाद चट्टोपाध्याय, 1968, पृ.278
23. डब्ल्यू. जे. विल्किन्स, 1887, पृ. 92-93
24. महानिर्वाण तंत्र, 4, 29-31, 5.141, जॉन बुड्रोफे (1956, पृ. 77) द्वारा उद्धृत
25. ज्यादा विस्तार के लिये देखें, एन. एन. भट्टाचार्य, 1982; रोमिला थापर, 1966, पृ. 260-263
26. बाबा मिश्रा, 1995, पृ. 102; देखें एस. बी. दासगुप्ता, 1977
27. वीरशैववाद 12वीं सदी में उत्तर पश्चिम कर्नाटक में एक जोरदार आन्दोलन के रूप में उभरा और आन्ध्र के विभिन्न हिस्सों में फैला। इसके प्रवर्तक बासव थे। हालाँकि उनका जन्म तो ब्राह्मण परिवार में हुआ था, लेकिन वे स्वभाव से विद्रोही थे। इस आन्दोलन के क्रान्तिकारी पक्ष के बारे में विस्तृत जानकारी के लिये देखें–जैन पीटर शूटेन, 1991। भौतिक आयामों के लिये देखें–आर. एन. नन्दी, 2000, पृ. 469-486। स्त्री या उससे जुड़े तमाम पहलुओं पर इसके प्रभाव के लिये देखें–विजय रामास्वामी, 1997।
28. जैन पीटर, 1991। पीटर ने वीरशैव मत के अनुयायी अछूतों को 'एफिलियेटेड लिंगायत' कहा है, पृ. 129
29. वही, पीटर ने उन्हें 'अर्द्ध-लिंगायत' भी कहा है।
30. विस्तार के लिये देखें, एन. एन. भट्टाचार्य, 1982, पृ. 257-261
31. वही, पृ. 184
32. वही, पृ. 184-186
33. यूनान में जेनोफॉन के एक अमीर अभिजात (नॉबुल) ने ओलंपिक खेलों में अपनी जीत के बाद मन्दिर को भारी संख्या में लड़कियों के अर्पण किये जाने की अपनी प्रतिज्ञा पूरी की। हैंस लिक्त द्वारा उद्धृत-1952, पृ. 341
34. अल्फ्रेड बी. इलिस, 1958
35. एन. एम. पेन्जर, 1972, खंड-प्रथम, पृ. 270; देखे रिचर्ड लेविन्सन, 1958; मि-कि, 1973; रोबर्ट ब्रिफाउल्ट, 1927, खंड-द्वितीय, पृ. 358-571
36. रेणुका और मातंगी से सम्बन्धित।
37. सस्किया करसेनबुम स्टोरी, 1987, पृ. 6
38. सुजन एस. वाडली, 1980, परिचय।
39. वही, पृ. 162
40. ब्रेण्डा, ई.एफ. बेक, 1974
41. एच. पी. हायस, 1972
42. शंकर नारायण, 1979
43. एन. एन. भट्टाचार्य, 1982, पृ. 137
44. वही, पृ. 136; देखें एच. एच. विल्सन, 1862; गेविन फ्लूड, 1996, पृ. 191
45. अन्नकार्लोट ऐशमन, 1978
46. सस्किया केरसेनबूम-स्टोरी, 1987, पृ. 49

47. अन्नकार्लोट ऐशमन, 1978, पृ. 82-83
48. ये देवियाँ यहाँ के मिथकों में केन्द्रीय चरित्र हैं।
49. ग्रामदेवता और उनसे जुड़े कर्म-कांड उनके धार्मिक-विश्वासों में केन्द्रीय बने रहे। विस्तार से जानने के लिये देखें—गैजेटियर्स और इथनोग्राफिक नोट्स।
50. एडगर थर्सटन (1909) ने उड़ीसा में ऐसी नृत्यांगनाओं का उल्लेख किया है जो मन्दिर से नहीं जुड़ी थीं। उन्हें गुनी कहा जाता था। खंड 7, पृ. 129
51. मोण्टगोमेरी मार्टिन, 1984, पृ. 46
52. इ. बी. हेवेल, 1905, पृ. 87
53. मोण्टगोमेरी मार्टिन, 1984, पृ. 8
54. वही, पृ. 81
55. वही
56. पी. थोमस, 1959, पृ. 138
57. गैविन फ्लड, 1996, पृ. 161
58. सस्किया करसेनबुम स्टोरी, 1986, पृ. 34-35, के. ए. नीलकांत शास्त्री, 1966; टी. वी. महालिंगम, 1975; रॉबर्ट सिवेल, 1970
59. ए. एल. बाशम, 1953, पृ. 470-475
60. ए. के. सुर, 1973, पृ. 117-118
61. रॉबर्ट ब्रिफॉ, 1927, खंड-II, पृ. 412। सिन्दूर और हल्दी की महत्ता के बारे में जानने के लिये देखें—डब्ल्यू, वैडले, 1980, पृ. 153
62. उद्धृत, एन. एन. भट्टाचार्य, 1982, पृ. 134; देवीप्रसाद चट्टोपाध्याय, 1968, पृ. 305-306
63. वही, पृ. 156
64. होली बेकर रेयनोल्ड्स, 1980
65. मिशेल जे. लिब्बी और डेविड ई. सोफर, 1971, पृ. 347-359
66. विस्तार के लिये देखें बार्बारा डी. मिलर, 1978
67. जुडिथ होश्मिथ और अमिता स्प्रिंग्स 1978, परिचय।

2

अस्मिताओं का टकराव

धार्मिक वेश्यावृत्ति का मसला उपनिवेशितों के मानस-पटल पर लम्बी अवधि तक छाया रहा। औपनिवेशिक अवधि के अत्यन्त उथल-पुथल भरे माहौल[1] में जो बहसें चलीं उनमें धार्मिक वेश्याओं की अस्मिता में पुनर्रचना का प्रश्न केन्द्रीय था। वस्तुतः यह यौनता और संस्कृति की धारणाओं में आ रहे बदलाव का संकेत था।[2] लेकिन, उन बहसों और उनसे उपजे दृष्टिकोणों अछूत धार्मिक वेश्याओं के प्रति उदासीनता थी, कमोबेश आज भी बनी हुई है। ऐसे में धार्मिक वेश्यावृत्ति के विभिन्न रूपों का रेखांकन हमें उस क्षेत्र से रू-ब-रू होने का अवसर देगा जो मुख्यधारा के इतिहास लेखन की उपेक्षा का शिकार रहा।

उपनिवेशवाद के आरम्भिक दिनों में ही धार्मिक वेश्याओं की बड़ी संख्या धार्मिक वेश्यावृत्ति के व्यापक स्तर पर पसरे होने का संकेत है। मद्रास प्रेसीडेंसी के अधिकांश तेलुगुभाषी क्षेत्रों में इन्हें भोगम, दासी और सानी के नाम से जाना जाता था। 1891 के दौरान केवल मद्रास में बीस हजार एक सौ चौबन **भोगमें** थीं।[3] 1921 में यह संख्या बढ़कर छब्बीस हजार नौ सौ सत्तावन हो गयी।[4] इनमें तेलुगु भाषी और कन्नड़ भाषी दासियों की संख्या क्रमशः एक हजार इक्यासी और आठ सौ इक्कीस थी।[5] 1931 में ये गंजम क्षेत्रों में बड़ी तादाद में मौजूद थीं।[6] 1981 की जनगणना में निजाम शासित इलाके में भोगमों की बड़ी संख्या (लगभग छब्बीस हजार नौ सौ बत्तीस) में होने की सूचना दर्ज है।[7]

मैसूर रजवाड़े[8] में इनकी संख्या सात हजार चार सौ उनचालीस थी।[9] गौरतलब है, मद्रास प्रेसीडेंसी के तेलुगुभाषी हिस्सों और निजाम शासित इलाके व मैसूर रजवाड़े में हुई जनगणना में बैसवी और जोगती का जिक्र नहीं है, जबकि आदिलाबाद, करीमनगर, वारांगल, रायचुड़, गुलबर्ग, बेलगाम, धारवाड़ और बीजापुर में ये अच्छी-खासी संख्या में मौजूद थीं। जनगणना में इन्हें **भोगम** मानकर शामिल किया गया था या नहीं, यह स्पष्ट नहीं है। 1884 के धारवाड़ गैजेटियर में हम **बैसवी** की बड़ी संख्या के छिटपुट सन्दर्भ पाते हैं। इसमें इनकी संख्या दो हजार है।[10] वहीं कूर्ग में इन्हें

गायिका और नर्तकी की श्रेणी में रखा गया जहाँ इनकी संख्या आठ थी,[11] जबकि बैसवी, जोगती और मतांगी के जो जिक्र यहाँ हैं वे अपर्याप्त हैं कारण गणना के क्रम में इनके बीच भेद नहीं बरता गया। तथापि ये जानकारियाँ हमें इनकी अच्छी-खासी मौजूदगी का खाका देती हैं।

सुधार, बुद्धिजीवी और स्त्रियाँ

उन्नीसवीं सदी की आखिरी अवधि के औपनिवेशिक भारत में परम्परा को पुनर्जीवित करने के तीव्र बौद्धिक प्रयास हुए। इस दौर के सुधार-अभियानों के केन्द्र में स्त्री थी। सती-प्रथा, बाल-विवाह और विधवाओं की स्थिति जैसे मसले सुधारवादियों के लिये प्राथमिक थे। के. एन. पणिक्कर[12] इसे दो संस्कृतियों के बीच के सम्पर्क से उत्पन्न 'संश्लिष्टता' की स्थिति नहीं मानते। उनके अनुसार, यह एक कमजोर संस्कृति पर औपनिवेशिक संस्कृति के जबरन लादे जाने का परिणाम और औपनिवेशिक प्रभुत्वीकरण की बड़ी परियोजना का हिस्सा थी। संस्थानों और अन्य माध्यमों के जरिए औपनिवेशिक ताकत के जबरन घुसपैठ की स्थिति से जो चेतना उपजी वह सांस्कृतिक स्तर पर आत्मरक्षावादी और पुनरुत्थानवादी थी।[13] वस्तुतः यह चेतना उदित हो रहे मध्य वर्ग[14] अथवा 'नए पेटी बुर्जुआ'[15] से नाभिनालबद्ध थी। इस दौरान व्याप्त विविध और परस्पर-विरोधी बौद्धिक-लहरों के बीच से जो बुद्धिजीवी सामने आये वे जाति/संस्कार, वर्ग, शिक्षा और सरोकार के स्तर पर बँटे हुए थे। नतीजतन, साझे मसलों पर 'आवयविक' और 'पारम्परिक' बुद्धिजीवियों के बीच अकसर तनाव की स्थिति बनी रहती थी। विदेशी सत्ता की वजह से ऊँची जातियों की स्थिति कमजोर हुई। सुधार-कार्यक्रम इसी शक्तिहीनता से उपजी दुविधा की अभिव्यक्ति था।[16] औपनिवेशिक घुसपैठ[17] की खिलाफत अ-राजनैतिक क्षेत्रों (धर्म और संस्कृति) में ही की जा सकती थी। यह खिलाफत सुधार-कार्यक्रम की उत्तर-अवस्था में अपेक्षाकृत ज्यादा मुखर हुई, कारण आरम्भिक सुधारकों का औपनिवेशिक सत्ता की कल्याणकारी और सभ्यताकारी दावों में विश्वास था।[18]

अछूतों में पनप रही बौद्धिक प्रवृत्तियाँ नयी ऐतिहासिक स्थिति के प्रति उनके बीच गहराती चेतना का नतीजा थीं। दरअसल यह नयी ऐतिहासिक स्थिति उपनिवेशवाद की वजह से सम्भव हो पाई थी। औपनिवेशिक शासन की मानवतावादी और सभ्यताकारी भूमिका (ईसाई मिशनरी जिसके प्रतीक थे) में विश्वास ने अछूतों के बीच परिवर्तन की उम्मीद पैदा की। उन्होंने इसे ऐसे ऐतिहासिक अवसर के रूप में लिया जो उनकी पारम्परिक पहचान से उन्हें मुक्त करतस। इस नयी ऐतिहासिक स्थिति में अछूतों के बीच सत्ता के बोध का संचरण हुआ।[19] लेकिन इसी सन्दर्भ में विभिन्न वर्गों के समक्ष अस्मिता संकट की स्थिति भी उत्पन्न हुई। इसकी बड़ी ही सटीक अभिव्यक्ति जवाहर लाल नेहरू की इस आत्मस्वीकृति में हुई है :

''मैं पूरब और पश्चिम का अजीब घोल हो गया हूँ, सभी जगह से उखड़ा हुआ। जीवन के प्रति सोच और रुख के स्तर पर मैं पश्चिमी ही माना जाऊँगा, लेकिन अपनी सभी सन्तानों की भाँति भारत मुझे आगोशित किये हुए है...न तो मैं अपने अतीत की सम्पदा छोड़ सकता हूँ और न ही वर्त्तमान की उपलब्धियाँ...पश्चिम में मैं अजनबी और पराया हूँ, मैं इसका कभी नहीं हो सकता। लेकिन यहाँ अपने वतन में भी मैं कभी-कभी निर्वासित-सा महसूस करता हूँ।''[20]

शायद, उदीयमान अछूत-बुद्धिजीवी वर्ग भी ऐसी ही दुविधा से गुजर रहा था। अपनी स्थापित/प्रचलित अस्मिता और नयी स्थिति के बीच फँसा उनमें से कोई नेहरू स्वीकार करता कि :

मैं हिन्दू और आदि-हिन्दू का अजीब घोल हो गया हूँ,[21] सभी जगह से उखड़ा हुआ। जीवन के प्रति सोच और रुख के स्तर पर मैं हिन्दू माना जाऊँगा न कि आदि-हिन्दू, लेकिन आदि-हिन्दू (अस्मिता) अपनी सभी सन्तानों की भाँति मुझे आगोश में लिये हुए है...हिन्दू समाज में मैं पराया और अजनबी हूँ, मैं इसका कभी नहीं हो सकता। लेकिन अपने आदि-हिन्दू समाज में भी मैं कभी-कभी निर्वासित-सा महसूस करता हूँ।

यहाँ, ग्रामीण और शहरी अछूतों के बीच बढ़ता फाँक गौरतलब है। शहरी अछूत तबका जहाँ पारम्परिक 'अपमानजनक' और 'निम्न' आचार-व्यवहारों से मुक्त अस्मिता की रचना में लगा हुआ था वहीं उसकी ग्रामीण बिरादरी इन परिवर्तनों से बेखबर अपनी पुरानी अस्मिता को गले लगाये हुए थी। वेश्यावृत्ति को इन प्रवृत्तियों के साथ रखकर देखने पर अछूतों के सुधारवादी प्रयासों में निहित जटिलताएँ उजागर होकर सामने आयेंगी। बम्बई प्रेसीडेंसी के तेलुगु-भाषी क्षेत्रों और कन्नड़-भाषी क्षेत्र के उत्तरी हिस्सों में धार्मिक वेश्यावृत्ति के खिलाफ सबसे तीखी प्रतिक्रिया देखने को मिलती है। वहीं, मैसूर जैसे देशी रजवाड़े में मजबूत सुधार-प्रयासों के अभाव में राज्य की तरफ से ही पहल किये गये।

धार्मिक वेश्यावृत्ति स्त्रियों से जुड़े अन्य मुद्दों की तुलना में ज्यादा अवधि तक विवाद का विषय बनी रही। इसका एक कारण इसका मंदिर लोगों की धार्मिक भावना से जुड़ा होना हो सकता है। दूसरी वजह एक मजबूत आवयविक बुद्धिजीवी वर्ग के अभाव में परिवर्तन या मुक्ति के लिये इस समुदाय का बाहरी कारकों पर निर्भरता हो सकता है। उस दौर के अमूमन सभी बौद्धिक बहसों की भाँति धार्मिक वेश्यावृत्ति पर भी राष्ट्रीय पुनर्निर्माण की परियोजना के आलोक में ही विचार किया जा रहा था। इस परियोजना के मुताबिक 'नयी' स्त्री (ऊँची जाति/वर्ग की स्त्री) स्त्रीत्व का आदर्श थी[22]।

खुद नाच-विरोधी आन्दोलन इसी धारणा के इर्द-गिर्द मँडराता रहा। औपनिवेशिक-पूर्व भारत में स्त्रीत्व की अनंतिम आदर्श मानी जानेवाली धार्मिक वेश्या को अब इस आदर्श का अनुसरण करना था। औपनिवेशिक-अवधि के दौरान हुए सुधारों की प्रकृति पर विचार करते हुए के. एन. पणिक्कर ने उन सीमाओं का उद्घाटन किया है जिनके दायरे में रहते हुए परिवर्तन के प्रयास किये गये। पणिक्कर के अनुसार, ''सुधारकों की दृष्टि घरेलू दायरे में ही घूमती रही। उनकी चिन्ता बस इतनी थी कि स्त्रियाँ बेहतर माँ और बेहतर पत्नी बनें, ताकि बच्चों की अच्छी परवरिश हो सके और पुरुषों को जागरूक पत्नी का साहचर्य मिल सके। उनके उद्देश्य काफी संकीर्ण थे। स्त्रियाँ परिवार के अन्य सदस्यों के सापेक्ष में आँकी जा रही थीं। उन्हें एक व्यक्ति के रूप में नहीं देखा जा रहा था। 19वीं सदी का स्त्री-मुक्ति कार्यक्रम पितृसत्तात्मक सोच से ग्रस्त था। इसका उद्देश्य स्त्री को परिवार के दायरे एवं उसके मुखिया (पुरुष) के नियन्त्रण में लाना था।[23] इस तरह हम पाते हैं कि अपने उत्तर-चरण में साम्राज्य-विरोधी संघर्ष से गहरे प्रभावित सुधार कार्यक्रम का स्त्री से जुड़े प्रश्नों के प्रति रुख 'पितृसत्तात्मक, उपेक्षा-भरी और भेदभाव से ग्रस्त' था।[24] स्त्री-शिक्षा पर हुए बहस में यह स्पष्ट जाहिर हुआ।

ईसाई मिशनरियों की तरफ से धार्मिक वेश्यावृत्ति की तीखी निन्दा हुई[25]। यहाँ के 'विचित्र' और 'आदिम' सांस्कृतिक रीति-रिवाजों पर एबड्यूबोईस के लिखे नोट्स काफी ज्यादा प्रभावी साबित हुए। अच्छे-खासे विवरण भरे ये नोट्स उन्नीसवीं सदी के आरम्भ में प्रकाशित हुए थे। इसे ईस्ट इंडिया कम्पनी को समर्पित किया गया था। इसमें उठाये गये मसलों की विविधता, व्यापकता और गहराई से प्रभावित कम्पनी ने इसे दो हजार पगोड़े में खरीदा। तब तक कम्पनी खासा वैधता प्राप्त कर चुकी और देश के बड़े भू-भाग पर काबिज हो चुकी कंपनी के ब्रिटिश अधिकारियों (कर्मियों) के लिये ये नोट्स हिन्दू रीति-रिवाजों के मद्देनजर कार्य करने में पथ-प्रदर्शक बन गए। ड्यूबोईस के अवलोकन यहाँ उपनिवेश में ही नहीं बल्कि ब्रिटेन में भी काफी गम्भीरता से लिये गये और बड़े ही प्रशंसा-भरे[26] भाव से स्वीकृत किये गये। इसका कारण, उसके अवलोकन में हिन्दू धर्म के प्रति हिकारत या निंदा-भाव का होना हो सकता है। तांत्रिक कर्म-कांडों पर टिप्पणी करते हुए ड्यूबोईस ने लिखा[26]:

> ''ब्राह्मण हों या परिया, सभी जातियाँ इनमें शरीक होने के लिये आमन्त्रित की जाती हैं...मांस-सेवन के बाद सुरा का दौर चलता है...अफीम और अन्य नशीले पदार्थ चट करने के उपरान्त नशे में धुत्त स्त्री और पुरुष बेहिचक और बेफिक्र हो एक-दूसरे के संग रात बिताते हैं...कभी-कभी चढ़ावे की वस्तु के रूप में देशी सुरा से भरे पात्र

> और नवयौवना लड़की प्रयुक्त होते हैं। लड़की निर्वस्त्र हो अत्यन्त अश्लील मुद्रा में खड़ी रहती है। सुरा से भरे पात्र और लड़की के शरीर की सवारी करने के लिये देवी का आह्वान किया जाता है।
> सभी मामलों में अतिचारी हिन्दू धार्मिक कर्म-कांडों के आयोजन के क्रम में इतने अनैतिक हो जाते हैं कि प्राचीन से लेकर आधुनिक सभ्यताएँ शर्मसार हो जाएँ।"

विल्किन ने शक्ति-आयोजन की जो निन्दा की वह ऐसे ही अवलोकनों पर आधारित था। उसने गौर किया कि, "पूजा की वस्तु के रूप में नर्तकी लड़की, पुजारिन, वेश्या, धोबिन, नाइन या शूद्र-स्त्री, मालिन या ग्वालिन प्रयुक्त होती है।"[28] उपनिवेशकों के बीच यह धारणा आम थी कि शक्ति-आयोजन के बाद यौनाचार और अजाचार[29] का दौर चलता है। धर्म के नाम पर अश्लीलता के इस नंगे नाच के आलोचक भारतीय भी थे। आर. एल. मित्रा ने इन कृत्यों की निन्दा "अमानुषिक सोच की घिन्नतम उपज"[30] कह कर की। लोगों पर इन धार्मिक रीतियों की जकड़ की चिन्ता जताते हुए बी. टी. भट्टाचार्य ने कहा : "हिन्दुओं का दैनंदिन जीवन 1300 साल पहले जन्मे तंत्र आदि जैसे रोगों से आज भी ग्रस्त है।"[31] इन सबमें ड्यूबोईस ने धार्मिक वेश्याओं के सम्बन्ध में जो कुछ लिखा उसका पश्चिम के शुद्धतावादियों और यहाँ भारत में शुद्धता आन्दोलन के झंडाबरदारों पर गहरा प्रभाव पड़ा। उसने लिखा:[32]

मन्दिर में सबसे महत्त्वपूर्ण स्थान नर्तकियों का है, जो खुद को देवदासी यानी ईश्वर की दासी कहती हैं। लेकिन लोगों में ये वेश्या के नाम से ही जानी जाती हैं। मन्दिरों में व्याप्त कर्म-कांडीय आयोजनों का खुलासा करते हुए ड्यूबोईस ने सीधे हिन्दू धर्म पर इन शब्दों में प्रहार किया : "तो ऐसी है हिन्दुओं के धार्मिक आयोजनों की रूपरेखा। इससे ज्यादा अश्लील और शर्मनाक धर्म सभ्य मनुष्य ने शायद ही कहीं और कभी देखा हो।"[33]

ड्यूबोईस द्वारा व्यक्त गये विचारों का यहाँ भारत में सुधार का बीड़ा उठाये जागरूक तबके पर प्रत्यक्ष प्रभाव पड़ा। देवदासियाँ मन्दिर के पवित्र वातावरण को दूषित करती हैं, उनके नृत्य कामुक-मुद्रा से भरे होते हैं, उनके गीतों में अश्लीलता होती है—ये सभी बातें सुधार-आन्दोलन में न केवल बार-बार दुहराई ही नहीं गयीं बल्कि यह इन्हीं पर आधारित था। नर्तकियाँ समाज की नैतिकता के लिये खतरा हैं, यह उस दौर में व्याप्त प्रबल धारणा थी। ईसाई मिशनरी नाच आयोजनों में अंग्रेजों के शरीक होने के विरोधी थे। विरोध के रूप में उन्होंने नाच के बहिष्कार का रास्ता अपनाया।[34] निन्दा और बहिष्कार का सबसे ज्यादा निर्णायक प्रभाव जागरूक भारतीयों के सुधार कार्यक्रम में देवदासी-मसले में देखने को मिला। वे ईसाई मिशनरियों से प्रभावित थे।[35] यह हमें सुधार आन्दोलन के विरसालिंगम से लेकर मुथुलक्ष्मी तक विभिन्न चरणों में देखने को मिलता है।

समाज-सुधार की आरम्भिक अवस्था

धार्मिक वेश्यावृत्ति एक बुराई है, यह धारणा सुधार-आन्दोलन की आरम्भिक अवस्था में ही दोनों ही क्षेत्रों में पनप चुकी थी। इसी धारणा ने विकसित होकर नाच-विरोधी आन्दोलन का रूप लिया। लेकिन आरम्भिक दौर की यह अल्प-विकसित धारणा शहरी हिस्सों और ऊँची जातियों/वर्गों तक ही सीमित रही। सुधार-आन्दोलन के बाद वाली अवस्था में अछूत-चेतना के विकास ने इसे ग्रामीण इलाकों एवं अवाम से जोड़कर विकल्प प्रस्तुत किया। इस अवस्था में आकर यह विश्वास भी मजबूत होने लगा कि धार्मिक-वेश्यावृत्ति के उन्मूलन के लिये सरकारी-हस्तक्षेप जरूरी है। उपनिवेशवाद की वजह से हिन्दू विचारधारा पर छाए संकट की स्थिति ने परिवर्तन की जरूरत को जन्म दिया। भले ही इस परिवर्तन की प्रक्रिया ने ईसाई मिशनरियों के बौद्धिक तर्कों और 'देशी' ज्ञान की प्राच्यवादी व्याख्या से 'बौद्धिक विवाद/संवाद'[36] के क्रम में ही गति पकड़ा।[37] ऊँची जातियों के लिये हिन्दू विचारधारा प्राण वायु थी।[38] औपनिवेशिक नीति ने इसकी आधिपत्यकारी सम्भावना को संरक्षण ही प्रदान किया। इसमें पुनर्नियोजन की जरूरत महसूस हुई तो खामियों के रेखांकन से लेकर इसके मूलात्मा की पुनर्प्राप्ति की प्रक्रिया की रूपरेखा तय करने में यूरोपीय आलोचना (दृष्टिकोण) ने प्रमुख भूमिका निभाई।

नतीजतन, वैदिक आर्य स्त्री आदर्श स्त्री के रूप में प्रस्तुत की गयी जो पश्चिम की आधुनिक स्त्री के समतुल्य थी। वस्तुतः यह प्राचीन भारतीय ब्राह्मणवादी संस्कृति में पुनः प्राण फूँकने के कार्यक्रम का नतीजा थी। इसे तनिक उदारवादी और सुधारवादी ढाँचे के दायरे में पुनर्रचित करने में ऊँची जाति के सुधारकों और गाँधी के नेतृत्व में राजनीतिक स्तर पर सक्रिय लोगों की महत्त्वपूर्ण भूमिका रही। धार्मिक वेश्याओं की अस्मिता की पुनर्रचना इसी कार्यक्रम का एक हिस्सा थी।

धार्मिक वेश्यावृत्ति से निबटने का पहला ठोस प्रयास 1881 में वीरसालिंगम की पहलकदमी से हुआ[39]। मद्रास में "ईसाई एवं हिन्दुओं के संयुक्त सहयोग" से इसने रफ्तार पकड़ी।[40] नैतिक मसलों पर ईसाई मिशनरी काफी मुखर थे। वे उन ईसाई अधिकारियों से मुखातिब थे जिन्होंने नर्तकियों को संरक्षण प्रदान कर रखा था। लोगों की राय और नाच-विरोधी मुहिम की धारणा पर उनका प्रभाव था।[41] 1893 में, मद्रास हिन्दू सोशल रिफार्म एसोसिएशन (मद्रास हिन्दू समाज सुधार संगठन) द्वारा मद्रास-शासन को सौंपे गये ज्ञापन के पक्ष में विरसालिंगम ने लोगों का समर्थन जुटाया।[42] यह ज्ञापन बाद में शुरू हुए नाच-विरोधी आन्दोलन के लिये आधार बना। दो हजार लोगों के हस्ताक्षर भरे इस ज्ञापन में कहा गया कि–

1. भारतीय समाज में स्त्रियों का एक खास वर्ग है, जिन्हें 'नाच' लड़कियों के नाम से जाना जाता है।

2. ये वेश्याएँ हैं।
3. इन्हें लोगों का समर्थन और प्रोत्साहन प्राप्त है। विवाह और अन्य अवसरों पर ही नहीं बल्कि (उन) अतिथियों के सम्मान में (जो हिन्दू नहीं होते) मनोरंजन प्रदान करने के लिये इन्हें बुलाया जाता है। इससे इन्हें अच्छा रुतबा मिला हुआ है।
4. ये समाज में नैतिक पतन के लिये जिम्मेदार हैं। साथ ही इनकी वजह से पारिवारिक जीवन भी तहस-नहस होता है जिस पर राष्ट्रीय मजबूती टिकी होती है। ये पुरुष के जीवन में चारित्रिक और आर्थिक बदहाली लाती हैं।
5. यह महज चलन (फैशन) है। प्राचीन काल में इसके प्रचलन का कोई प्रमाण नहीं है और न ही यह धर्म-सम्मत है। इसलिये यह राष्ट्रीय (पारम्परिक) होने का दावा नहीं कर सकती और न ही तदजन्य सम्मान का।
6. भारत के शिक्षित वर्ग में इस प्रथा के प्रति तीव्र रोष पनप रहा है। इसका एक उदाहरण, 5 मई 1883 को मद्रास में हुई आमसभा में इसे लेकर चली बहस है।
7. इस ज्ञापन पर हस्ताक्षर करनेवाले इस चलन के अनैतिक और नुकसानदेह चरित्र के प्रति इतने संजीदा हैं कि इन्होंने किसी भी उत्सव या मौके पर नाच लड़कियों को नहीं बुलाने और ऐसे किसी भी आयोजन में शरीक नहीं होने का निर्णय लिया है जिनमें ये लड़कियाँ बुलायी गयी हों।
8. हमें पक्का यकीन है कि किसी भी तरह की सामाजिक बुराई को मिटाने के प्रयास में आपकी ओर से यथासम्भव सहयोग मिलेगा।
9. हम आपको मद्रास प्रेसीडेंसी के आधिकारिक और मान्य प्रमुख के साथ-साथ माननीया महारानी (शुद्धता/पवित्रता की मिसाल) का प्रतिनिधि मानते हुए ऐसे किसी भी आयोजन में शरीक नहीं होने का निवेदन करते हैं, जिसमें नाच लड़कियाँ बुलायी गयी हों। इससे हम जैसे लोग मजबूत होंगे जिन्होंने सामाजिक-बुराइयों को मिटाने का बीड़ा उठाया है।

सुधारकों के अनुरोध पर सरकारी रुख ने आगामी कार्यवाही का निर्धारण किया।[43] सरकार पर बाहरी ताकतों का भी दबाव था। इनमें इवैंजिलवादी (Evangelical) और शुद्धतावादी आन्दोलन सबसे प्रमुख थे।[44] छावनी वाले इलाकों में 'वेश्यावृत्ति विनियमन' मामले में सरकार पहले से ही कठघरे में खड़ी थी। आन्तरिक तनाव का कारण हो चुके[45] इस मसले पर ईसाई मिशनरियों ने सरकार का घेराव किया और 'हाउस ऑफ कॉमन' (ब्रिटिश संसद) से जवाब माँगा। ब्रिटिश संसद की तरफ से

पड़े दबाव में औपनिवेशिक सरकार ने मिलिट्री वेश्यावृत्ति पर रोक लगा दिया होगा, ऐसा मान लिया गया।[47] लेकिन ब्रिटिश उन्मूलनवादी इसे लेकर सशंकित थे। स्थिति में तनिक भी सुधार नहीं हुआ होगा, ऐसा उनका विश्वास था। खुद को आजमाने और वैसे भी मिलिट्री वेश्यावृत्ति के तफतीश के लिये उन्होंने अपने दो प्रतिनिधियों, कैथरिन बुशमेल और एलिजाबेथ एंड्रयू को भारत भेजा। दोनों ईसाई मिशनरी अमेरिकी थे। इस अभियान में संसद की मदद से नारीवादी उन्मूलनवादी और उदारवादी भी साथ लग लिये।[46] आगामी कार्रवाई और तमाम दबावों से औपनिवेशिक अधिकारी हलके में रोष व्याप्त था। स्वदेश में नैतिकता के मसले पर हो रहे हंगामे ने उन्हें मुश्किल में डाल दिया। इस स्थिति की चीफ-कमांडर जी. व्हाइट के 1893 के बयान में बड़ी सटीक अभिव्यक्ति हुई है : 'शुद्धता के यूटोपिआई बिम्ब के पीछे पड़े ये अभियानकर्ता हमारी व्यवस्था में वास्तव में सड़ाँध ला देंगे।''[48] इस तरह के दबाव और हस्तक्षेप औपनिवेशिक सरकार के लिये 'अपमानजनक' थे।[49] नारीवादियों का भारतीय राष्ट्रीय कांग्रेस के साथ लग लेना उसके लिए सबसे ज्यादा बेचैन करने वाली बात थी। नारीवादियों का उद्देश्य कांग्रेस के मंच का उपयोग कर अपना संदेश फैलाना, अपने पक्ष में जन-समर्थन जुटाना और उपनिवेश में सरकारी नीति पर निगाह रखना था। लेकिन काँग्रेस ही अपनी 'आलोचना/निन्दा करो' नीति के दायरे से बाहर निकलकर सरकार से संवाद करने या अन्य उपाय करने के लिये तैयार नहीं थी। वह सामाजिक मुद्दों के प्रति गम्भीर नहीं थी।[50] इस तरह 1890 तक वेश्यावृत्ति पर चल रहा विवाद अनियन्त्रित हो चुका था। इसके साथ ही यह साम्राज्यवादी नीतियों के साथ-साथ साम्राज्यवादी शासन (ब्रिटेन) और औपनिवेशिक शासन के बीच के सम्बन्ध के लिये खतरनाक साबित हो रहा था। महाविरोधी संघ, मिशनरी, उन्मूलनवादी संगठन और उदारवादी सांसदों के साथ-साथ नारीवादी ब्रिटेन में लोगों और सरकार दोनों को प्रभावित करने और औपनिवेशिक मामलों में दखल देने वाली ताकतें साबित हो रही थीं। ऐसे समीकरण, विभिन्न साम्राज्यवादी गुटों के बीच तनाव, अपमान के क्षण और नैतिक जीत के माहौल में 1893 का ज्ञापन मद्रास शासन के पास भेजा गया था। इसमें ईसाई मिशनरियों की महती भूमिका थी। इस पर औपनिवेशिक सरकार की अविलम्ब प्रतिक्रिया सरकारी नीति में बढ़ रहे मिशनरी हस्तक्षेप के प्रतिरोध या चुनौती के रूप में ली जा सकती है। साथ ही, इसे वह विशुद्ध 'देशी' समस्या मान रही थी। नाच-विरोधी माँग के सन्दर्भ में भी औपनिवेशिक-अधिकारी काफी सतर्कता बरत रहे थे। इन माँगों के प्रति उसकी तनिक सदाशयता से मन्दिर और स्थानीय राजनीति के प्रति उसकी रणनीति प्रभावित होती। वायसराय लैन्सडाउने ने ज्ञापन में व्यक्त की गयी चिन्ताओं की नेकनीयत से सहमति जताई, लेकिन सुझाये गये निर्देशों पर किसी तरह का निर्णय लेने में अपनी असमर्थता व्यक्त की। इसका कारण बताते हुए उन्होंने कहा कि अपने दौरे के क्रम में एक-दो बार उन्हें

भी ऐसे आयोजन देखने को मिले, लेकिन उन्होंने कहीं कुछ आपत्तिजनक नहीं पाया। उन्हें कलाकार रीतिगत नृत्य प्रस्तुत करते मिले।[51] वायसराय की भाँति गवर्नर ने भी अपनी असमर्थता व्यक्त करते हुए स्पष्ट किया कि वह भी कई नाच-आयोजनों में शरीक हुआ है और उसने भी कहीं कुछ अनुचित होते नहीं पाया। उसने तो यहाँ तक कहा कि नैतिकता के स्तर पर उसे इनमें और यूरोप या भारत में पेशेवर नृत्य या एथलीटों के प्रदर्शन में कोई अन्तर नहीं दिखता।[52] शासक-प्रजाति के नैतिक अनुशासन के प्रबल हिमायती लार्ड कर्जन के पास सुधारक पहुँचे तो उनकी तरफ से भी ठण्डी प्रतिक्रिया मिली। उन्होंने कहा : ''वायसराय खुद इन आयोजनों में दिलचस्पी नहीं रखते और वे इसे ऐसा मुद्दा नहीं समझते जिस पर उन्हें कुछ कहने या पहल करने के लिये कहा जाए।''[53] यह दुःखद और अनुचित माना गया कि सरकार के प्रतिनिधि ऐसी स्त्रियों का प्रदर्शन देखने जाएँ जो सबकी नजर में वेश्या[54] हैं। ज्ञापन पर सरकार की जो प्रतिक्रिया थी वह वस्तुतः उसकी 'अहस्तक्षेप की नीति' का ही हिस्सा थी। उसकी निगाह में धर्म अत्यन्त विस्फोटक मसला था। उसका हित इसी में था कि वह उन मामलों से कोई भी ताल्लुक न रखे और न ही ऐसे नियम-कानून बनाये जिनसे धार्मिक भावनाएँ आहत होती हों[55]। सुधारकों की माँगों के प्रति सरकारी उदासीनता ने तेलुगु-भाषी क्षेत्रों में सहसा उसकी आर्थिक-नीति और प्रशासनिक कमजोरियों की आलोचना को जन्म दिया। दरअसल, ''गवर्नरों को रैयतों से जबरन वसूले गये धन पर साल के छह महीने हिल स्टेशनों पर मौज-मस्ती करते हुए एवं निरीक्षण के बहाने देश-भर के दौरे पर निकल नीच स्त्रियों के नाच-गाने से मन बहलाते हुए पाया गया; लेकिन अब उनके ऐय्याशी के दिन खत्म होने थे।''[56]

स्त्री-पुनरुत्थान पर हुई बहस

समाज के पतन के लिये अज्ञानता जिम्मेदार मानी गयी और इसलिये इसके पुनरुत्थान के लिये शिक्षा जरूरी था। घरेलू दायरे से लेकर 'राष्ट्र' तक में पुनः प्राण फूँकने हेतु स्त्री-शिक्षा अनिवार्य माना गया। लेकिन इस क्रम में ऊँची जाति की स्त्रियों को सामान्य एवं नीच स्त्रियों के कुप्रभावों से बचाना जरूरी था। इन नीच स्त्रियों में ''नौकरानी, धोबिन, नाइन, फेरीवाली'' जैसी स्त्रियाँ शामिल थीं।[57] आधुनिकता और सुधार कार्यक्रम के इस दोचित्तेपन का अन्वेषण जरूरी है।

तेलुगु-भाषी क्षेत्रों में के. विरसालिंगम ने स्त्री-शिक्षा का अभियान शुरू किया। वे दूसरे उत्साही सुधारकों के लिये प्रेरणा-स्रोत थे। उनके प्रेरणाकारी कार्य के लिये पीठापुरम के महाराज ने उन्हें संसाधन मुहैया किया। उनके विचारों का उस क्षेत्र में उभर रहे मध्य-वर्ग पर खासा प्रभाव पड़ा। विभिन्न हिस्सों, खासकर मछलीपत्तनम, राजामुंद्री, कुड्डाप्पा और गुंटुर में लड़कियों के लिये स्कूल खोले गये। कन्नड़-भाषी क्षेत्रों में, खासकर मैसूर में चमराज वोडेय्यार के शासन-काल में स्त्री-शिक्षा को अच्छा

प्रोत्साहन मिला। इसी अवधि में मैसूर में महारानी गर्ल्स स्कूल की स्थापना हुई। स्त्री शिक्षा के उद्देश्य और उसकी नीति पर दीवान रंगचारलू ने कहा—"बाद में और भी स्कूल खोले गये।"[59] लेकिन उन स्त्रियों को लेकर दुविधा की स्थिति उत्पन्न हो गयी जो घरेलू नियन्त्रण के बाहर थीं। शैक्षिक कार्यक्रमों को न केवल रूढ़िवादियों[60] ही नहीं बल्कि आम लोगों की आशंकाओं का भी सामना करना पड़ रहा था। उनके मन में जो सबसे बड़ा भय था उसकी अभिव्यक्ति कृष्ण मोहन के बेश्यून को भेजे पत्र में हुई है, "मुझे नहीं लगता है कि हिन्दुओं का सम्मानित वर्ग अपनी लड़कियों को पब्लिक स्कूल भेजने का जोखिम मोल लेगा, जहाँ जाति और धर्म की परवाह किये बिना सभी से एक समान बर्ताव किया जाएगा।"[61] इस तरह के भय की व्याप्ति दोनों ही क्षेत्रों में थी। नतीजतन, निम्न जातियों और अछूतों की लड़कियों के लिये पब्लिक संस्थानों के दरवाजे बन्द कर दिये गये। इसी मनोस्थिति में धार्मिक वेश्याओं की शिक्षा का मुद्दा भी गम्भीर चिन्ता का विषय बना।

औपनिवेशिक अवधि के शुरुआती दौर में राजघरानों की स्त्रियों के सिवाय केवल धार्मिक वेश्याएँ ही शिक्षित की कोटि में आती थीं।[62] खासकर, मध्यकाल में तो वे कुशल लेखिकाएँ और कवयित्री थीं। 1883 में डब्ल्यू. डब्ल्यू. हंटर ने पाया कि भारत में गणिकाओं की बौद्धिकता, तर्कशक्ति और स्मरणशक्ति का अक्सर जिक्र होता है और यह उनके प्रचलित आकर्षण की एक वजह है।[63] लेकिन, जागरूक तबकों ने इन स्त्रियों की जो पहचान निर्धारित की, उसी के आधार पर शिक्षा-नीति आकार ले रही थी। स्त्री-शिक्षा के अवसर का लाभ जब नर्तकियों ने उठाना चाहा तो उन्हें भारी विरोध का सामना करना पड़ा। 'अच्छे परिवार' की स्त्री के लिये इसे खतरे के रूप में लिया गया। नतीजतन, 1915 में नीतिगत निर्णय लिया गया जिसके मुताबिक अछूतों और वेश्याओं को शैक्षिक-संस्थानों से बाहर रखने का अधिकार स्कूल समिति को सौंप दिया गया।[64]

19वीं सदी के उत्तरार्द्ध से स्त्री की नैतिकता पर खतरे के आधार पर शिक्षा-नीति के विरोध होते दिखे। ये विरोध ईसाई मिशनरियों द्वारा 'असभ्य' आचार-व्यवहार के खिलाफ चलाये गये अभियानों से बनी मानसिकता की उपज थे। खासकर, ऐसी 'असभ्यता' धार्मिक-वेश्यावृत्ति के रूप में जगजाहिर थी। स्कूल जैसे पब्लिक स्थलों से ऐसी स्त्रियों को बाहर ही रखने की माँग हम 1878 के एक अखबार में छपे आलेख में पाते हैं। यह आलेख उस परिवर्तित हो रही स्थिति का सटीक नमूना है जिसमें घर और बाहर के बीच की दीवार के टूटने से उत्पन्न खतरे की आशंकाएँ मँडरा रही थीं। इसलिये इसे थोड़ा लम्बा उद्धृत कर रही हूँ। इसके मुताबिक[65] "सभी तरफ माता-पिता बच्चों को स्कूल भेज रहे हैं, ताकि वहाँ मिल रही सुविधाओं का फायदा मिल सके। हमें इससे कोई हर्ज नहीं—लोगों में ज्ञान फैले, सरकार की इस सदिच्छा का स्वागत है...लेकिन हम चाहते हैं कि लड़कियों के स्कूल में सुधार हो...यहाँ दोष

है...जबकि इन्हें खत्म करने के लिये निवेदन पत्र सरकार के पास भेजा जा चुका है....यदि हमारे बच्चे नर्तकियों के बच्चों के साथ पढ़ेंगे तो वे गलत रास्ते पर चल पड़ेंगे... ।''

ऊँची जातियों के मस्तिष्क पर शिक्षा से जाति आधारित नियमों के उल्लंघन और स्त्रियों के गलत/अनचाहे जगत से संसर्ग होने का भय सवार था। आसन्न खतरे के प्रति वक्तव्य दिया गया कि, ''सरकार इस कुरीति के खिलाफ चलाये जा रहे अभियान को प्रोत्साहित करने की जगह वेश्याओं के बच्चों को हमारी वैध सन्तानों के साथ पढ़ने की अनुमति दे रही है...यह (वैध लड़की के) माता-पिता के लिये ही नहीं वरन इनके भावी पतियों के लिये भी चिन्ता का विषय है।''[66] कारण यह बताया गया कि[67] ''हमारे ऋषि-मुनि कह गये हैं–सत्संगे गुणा दोषाः–यानी बुरी संगत के असर में हम बुरे बनते हैं...यह हम सभी जानते हैं कि नर्तकियाँ जो गीत या कवित्त गाती हैं वे अश्लील होते हैं। क्या इस तरह के गीत गाने या गुनगुनाने वाली माँ अपने बच्चे को इसे सीखने से बचा सकती है? यदि हमारे बच्चे ऐसे गीतों को सुर में गाते सुनेंगे तो क्या वे इन्हें गाने/गुनगुनाने से बच पायेंगे? क्या उनमें इन गीतों को सीखने की इच्छा नहीं जगेगी? नर्तकियों के बच्चों से हम नैतिकता की उम्मीद नहीं कर सकते, जो स्कूल से घर लौटने के बाद रोज नृत्य ही देखेंगे। वेश्याएँ अपने बच्चों को बचपन से ही दूसरों को फँसाने का गुर सिखाती हैं। ऐसे में हम अपने बच्चों को उनके बच्चों के साथ पढ़ने की अनुमति कैसे दे सकते हैं?'' साथ ही ''शर्मीलापन, लज्जा, सरलता और कोमलता ये चार स्त्री के आभूषण हैं; लेकिन यदि नर्तकी में ये हों तो उसका पेशा छिन जाएगा और उसके खाने के लाले पड़ जाएँगे... अंग्रेज़ होने के नाते हमारे शासक (इस देश की) वेश्याओं के कपट से परिचित नहीं होंगे...जाँच करना हो तो सरकार ऐसा करे कि हर डिविजन में एक ऐसा स्कूल खोले जो केवल वेश्याओं के बच्चों के लिये हो, देखने को यह मिलेगा कि लोग अपनी बच्चियों को डर के मारे दूसरे कन्या-विद्यालय में भेजेंगे।''[68]

मैसूर स्टेट में भी इसी तरह की बातें हो रही थीं, ''स्कूलों में नर्तकी लड़कियों को दाखिला नहीं मिलना चाहिए क्योंकि वे गंदे पेशे से जुड़ी हैं। अन्य घरेलू लड़कियाँ उनकी संगत में बिगड़ जाएँगी।'' तनिक भी उदारता नहीं पनप सकी, जबकि यह मान्यता व्याप्त थी, ''शिक्षा मूल स्वभाव/संस्कार को नहीं बदल सकता। शिक्षार्थी के संस्कार के अनुसार ही इसका प्रभाव पड़ता है, फिर भी नर्तकी लड़कियों को अच्छी शिक्षा से वंचित रखना अनुचित है...कारण वे अपने उम्र के दसवें पड़ाव से पहले ही स्कूल छोड़ देती हैं यानी जिस अनैतिक पेशे का हवाला दिया जा रहा है उसके संसर्ग में वे स्कूल छोड़ने के बाद आती हैं, इसलिये हमारी घरेलू लड़कियों के साथ स्कूल में उनके होने में हम कोई समस्या नहीं पाते।''[69]

धार्मिक वेश्याओं की शिक्षा के प्रति सुधारकों की भाव-शून्यता स्पष्ट थी।

यहाँ तक कि विरसालिंगम जैसे सुधारक भी इस प्रवृत्ति से नहीं बच सके जिनके लिये शिक्षा स्त्री-जागरण का अनिवार्य माध्यम था। दरअसल यह रुख शुद्धता-आन्दोलन की सोच व उसके कार्यक्रम में अंतर्निहित था। इसके तहत धार्मिक वेश्याएँ अपने पेशे की वजह से बहिष्कृत की गयीं। साथ ही भारतीय स्त्रीत्व की पतित व अनैतिक कोटि के लिये उनकी भर्त्सना भी की गयी। ऐसी स्थिति में घरेलू स्त्री के साथ उनकी शिक्षा के समर्थन का जोखिम मोल नहीं लिया जा सकता था। घरेलू नियन्त्रण से मुक्त स्त्री की शिक्षा के खतरे की अभिव्यक्ति राधिका सन्तवनम् प्रकरण में हुई। मुड्डु फलानी[70] की काव्यात्मक कृति **राधिका सन्तवनम्** को नागरत्नम्मा[71] द्वारा प्रकाशित किये जाने ने उग्र विरोध को जन्म दिया। यह एक भक्तिपरक रचना थी, जिसमें ऐन्द्रिकता के इर्द-गिर्द ताना-बाना रचा गया था।

1910 में इसके प्रकाशन की विरसालिंगम ने कटु आलोचना की। इसके प्रकाशन पर क्षोभ व्यक्त करते हुए उन्होंने लिखा कि एक **वेश्या** की रचना होने की वजह से इसमें तनिक भी शील के होने की उम्मीद नहीं की जा सकती। इस काव्यात्मक कृति पर भोंडे सेक्स से भरे हुए होने का आरोप लगाते हुए विरसालिंगम ने इसे मुड्डु फलानी के जीवन से जोड़कर देखा। उनके अनुसार जारिणी होने की वजह से मुड्डु फलानी में स्त्रियोचित शील (विनम्रता) का अभाव था। परिणामतः किताब पर प्रतिबन्ध लगा दिया गया और भारतीय दंड संहिता की धारा 293 के तहत इसके प्रकाशन को गैर-कानूनी घोषित किया गया।[72] विरसालिंगम की आलोचना पर कड़ी आपत्ति दर्ज करते हुए नागरत्नम्मा ने मुँहतोड़ जवाब दिया—"वेश्या होने की वजह से वह कवि की भर्त्सना करता है...उसका आरोप कविताओं में भोंडे सेक्स परोसने को लेकर है...(लेकिन) कई महान लोगों ने कहीं ज्यादा भोंडेपन से ही सेक्स पर लिखा है"[73] उसने जोर डालकर पूछा कि यदि एक वेश्या के लिये ऐसा लिखना निंदनीय है तो उन पुरुषों के लिये क्यों नहीं?

इस तरह, धार्मिक वेश्याओं का शिक्षा द्वारा सशक्तीकरण 'सभ्य व सुसंस्कृत तबके' और खुद सुधारवादी आन्दोलन के लिये आसन्न संकट हो जाता। इसलिये उन्हें घरेलू दायरे में लाना प्राथमिकता बन गयी न कि घरेलू स्त्री के बराबर रखते हुए शिक्षित करना। इन स्त्रियों की शिक्षा की जरूरत के मामले से समाज-सुधारक जान बूझकर मुँह चुराते रहे जो अन्यथा स्त्री उत्थान के लिये शिक्षा को महत्त्वपूर्ण मानते थे। तो, 'जागरूक' तबके द्वारा जो कठोर निंदापरक रुख अपनाया गया उसने धार्मिक वेश्याओं से बुद्धिमत्ता और सुसंस्कृत होने के पारम्परिक अधिकार छीन लिये। 1872 में 'निम्न' व पब्लिक स्त्रियों ने ऊँची जाति के रवैये के विरोध में एक अखबार को पत्र भेजा था जिसमें पब्लिक स्त्रियों के हस्ताक्षर थे। पत्र का मजमून यूँ था[74] :

> "उनकी लड़कियों और स्त्रियों को सरकारी महिला विद्यालयों में दाखिला नहीं देना उनके साथ अन्याय है। वे अन्य लोगों की भाँति सारे टैक्स भरती हैं। इसलिये उनके बच्चे भी सरकारी स्कूलों में पढ़ने

का उतना ही अधिकार रखते हैं जितना कि अन्य। यह सर्वमान्य है कि ज्ञान और शिक्षा लोगों को अज्ञानता और पाप के अन्धकार से बाहर निकालने के लिये सबसे ज्यादा शक्तिशाली माध्यम है और इस आधार पर उनके बच्चों के लिये शिक्षा और ज्यादा जरूरी हो जाता है।''

कला-प्रेमियों की एक याचिका लड़कियों और स्त्रियों की दयनीय स्थिति का चित्रण हुआ है। उनमें से एक के अनुसार, ''क्या नाच-विरोधियों को इनके लिये संरक्षणालय या हॉस्टल मुहैया कर अच्छी शिक्षा और जीवन के उच्चतर मूल्यों से रू-ब-रू नहीं करना चाहिए...क्या आप एक और अस्पृश्य वर्ग तैयार करना चाहते हैं।''[75] नर्तकियों के प्रति लोगों के रुख और उनके बहिष्कार ने शैक्षिक-क्षेत्र में उनको किनारा करना शुरू कर दिया। साथ ही, ब्रिटिश सरकार की शिक्षा-नीति पुरुषों के मत से निर्धारित हो रही थी यानी स्त्री-शिक्षा का चरित्र क्या होना चाहिए यह पुरुष तय कर रहे थे।

धार्मिक वेश्याओं के लिये सामान्य वैवाहिक/दाम्पत्य सम्बन्ध निषिद्ध था। ऐसे में उनके बच्चे की पहचान (यानी पिता कौन है) अनिश्चित थी। नियमतः ऐसे बच्चे शैक्षिक संस्थानों में प्रवेश नहीं पा सकते थे। उदाहरण के लिये, 1910 में धारवाड़[76] में महिलाओं के प्रवेश में ''विवाहितों के लिये पति और विधवाओं एवं अविवाहितों के लिये उनके कानूनी पुरुष संरक्षक की लिखित सहमति अनिवार्य शर्त थी।''[77] साथ ही, ''आवेदक को अपने अच्छे चरित्र का प्रमाण-पत्र भी जमा करना था जिस पर दो सम्मानित लोगों का हस्ताक्षर हो''[78] इस तरह, औपनिवेशिक नीतियों की वजह से वर्चस्व प्राप्त जनमत ही और ज्यादा मजबूत हुआ। यह विडम्बना ही थी कि बुद्धि-विद्या में वर्षों से निपुणता प्राप्त करती आ रही धार्मिक वेश्याएँ अलग-थलग कर दी गयीं और स्त्री-सशक्तीकरण के दौर में पीछे रह गयीं। शैक्षिक संस्थानों और उनकी नीतियों ने न केवल सामाजिक असमानता का पुनरुत्पादन किया बल्कि वर्चस्व प्राप्त मूल्यों को वैधता भी प्रदान की। शैक्षिक संस्थानों में प्रवेश से लेकर नीतियों के निर्धारण तक की समूची प्रक्रिया उस पूर्वाग्रह से ग्रस्त थी स्त्रियाँ को घर से लेकर सरकारी संस्थानों तक के नैतिक माहौल के लिये खतरनाक जिसके मुताबिक ये थीं।

धार्मिक वेश्याओं पर विरसालिंगम के विचार दोनों ही क्षेत्रों में इस मसले पर बढ़ रहे असन्तोष व तनाव का प्रतिबिंब हैं। विरसालिंगम का मत था कि किसी भी देश की राजनीतिक उन्नति उस समुदाय पर निर्भर करतस है जो बौद्धिक, नैतिक और मानव संसाधन मुहैया करतीा है।[79] हालाँकि पवित्रता और मद्यत्याग व्यक्तिगत मामले माने गये लेकिन उनसे परिवार और तदोपरान्त समाज के प्रभावित होने की बात की गयी।[80] विरसालिंगम ने इन स्त्रियों और इनके पेशे की कड़ी निन्दा की। उन्होंने इस पर खूब लिखा और अपने जर्नल के माध्यम से लोगों तक अपनी बात पहुँचाने का प्रयास किया।[81] इस प्रथा की बुराइयों के प्रति लोगों को लामबंद करने

के उद्देश्य से उन्होंने वेश्याप्रिय प्रहसनम[82] नाम से एक नाटक भी लिखा। नतीजतन, धार्मिक वेश्याओं के खिलाफ कई व्यक्तिगत और सामूहिक बहिष्कार एवं विरोध देखने को मिले।

मैसूर में सुधार-प्रयास

नाच-विरोधी आन्दोलन, उसमें भी खासकर जन-मनोरंजन[83] के लिये नाच लड़कियों को बुलाये जाने के विरोध किये जाने के पक्ष में मैसूर-स्टेट की तरफ से प्रबल समर्थन मिला। प्रतिरोध के तौर पर यहाँ 'नाच/तपस' को बढ़ावा नहीं देने का निर्णय लिया गया।[84] डी. वी. गुण्डप्पा सुधारक थे। उनके बारे में कहा जाता है कि प्रतिरोध के चिह्न के रूप में उन्होंने अपने दायें बाजू पर काला फीता बाँधा और नाच-बहिष्कार की शपथ ली।[85] साहित्य-संगठन ने जागरूक उच्च वर्ग के लिये ऐसा मंच मुहैया किया हाँ वे नाच से जुड़े मामलों पर बहस कर सकते थे। इसके सदस्यों ने **'नाच'** को प्रोत्साहन न देने की शपथ भी ली।[86] मैसूर के बुद्धिजीवियों की चिन्ता थी तत्काल विकल्प/समाधान प्रस्तुत करना। उन्होंने दो उपाय सुझाए।[87] एक, तो राज्य/सरकार हस्तक्षेप करे और दूसरा जनमत तैयार किया जाए। तेलुगु-भाषी क्षेत्रों में सुधारवादी उत्साह की जड़ें नर्तकियों के प्रति व्याप्त नफरत में थीं। नफरत का कारण लोगों में व्याप्त यह धारणा थी कि नर्तकियों (खासकर मद्रास में) ने काफी धन-जुटा रखा है और इसके बल पर वे नये राजनीतिक परिदृश्य में पुरुष-वर्चस्व के लिये चुनौती खड़ा कर सकती हैं। लोगों की शिकायत थी कि ''मद्रास की नर्तकियाँ काफी अमीर हैं, ये आलीशान घरों में रहती हैं, इनके पास अपना वाहन है और म्युनिसिपल टैक्स के रूप में ये भारी रकम जमा करती हैं। इस आधार पर ये म्युनिसिपल कमिश्नर के चुनाव में वोट देने की हकदार हैं।'' मद्रास मेल के एक संवाददाता ने मशविरा दिया कि, ''इन्हें वोट देने के हक से वंचित किया जाए, कारण कई प्रतिष्ठित लोग कमिश्नर के लिये अपनी उम्मीदवारी इस डर से छोड़ रहे हैं कि उन्हें इन 'नीच' स्त्रियों से वोट माँगना पड़ेगा जिसे ये बिना खुशामद के नहीं देंगी। इसलिये सरकार का यह दायित्व बनता है कि वह इस 'स्कैंडल' पर रोक लगाये।''[88]

वेश्यावृत्ति की निरन्तरता बरकरार रखने के लिये नर्तकियों द्वारा लड़कियों के खरीदे जाने के चलन की शिकायत और इसके खिलाफ अधिकारियों से प्रभावी कदम उठाने की माँग की गयी।[89] मैसूर के शासक परिवार द्वारा इस रिवाज को संरक्षण देने और उत्सवों के अवसर पर नर्तकियों को बुलाये जाने पर आपत्ति दर्ज की गयी। नतीजतन, 1895 में महाराज ने नर्तकियों को मन्दिर से बाहर निकालने और इस तरह मन्दिरों को पवित्र करने का आदेश जारी किया।[90] इस पहल की वजह से मैसूर एक ऐसे हितैषी देशी-राज्य के रूप में सामने आया जिसने ब्रिटिश भारत को पीछे छोड़ दिया था। साथ ही, इस दिशा में सबसे पहले कानून बनाने की वजह से मैसूर

न केवल देशी सुधारवादियों के लिये आदर्श हो गया बल्कि आने वाले दिनों में सुधार और उन्मूलन पर होने वाले बहस-मुबाहिसा का सन्दर्भ-बिन्दु भी।

1883 में मन्दिरों में सुधार का बीड़ा उठाने वाले **मुजरई** विभाग के सुपरिंटेंडेंट ए. श्रीनिवास चारलू ने धार्मिक वेश्याओं की 'आनुष्ठानिक अस्मिता'[91] पर सवाल खड़ा किया। अनुष्ठान या पूजा-कर्म को ज्यादा विधिवत, प्रभावी और हिन्दू-धर्म की आत्मा (आधिकारिक पण्डितों द्वारा व्याख्यायित) के अनुकूल ठोस रूप प्रदान करने के लिये सुधार जरूरी था।[92] नजीजतन, तास्दिक पट्टियों के पुनरीक्षण और तदनुसार नियोजन की जिम्मेदारी धर्मादासियों/धर्मकरातों पर डाली गयी ताकि धार्मिक वेश्याओं को दिये गये दान का मूल उद्देश्य बहाल किया जा सके। 1892 में, इन स्त्रियों द्वारा प्रस्तुत किये जाने वाले नृत्य के औचित्य पर सवाल उठाते हुए इसे अनुचित घोषित किया गया। 1898 में, मुजरई मन्दिरों ने धार्मिक वेश्याओं की सेवाओं का अन्त करने एवं भविष्य में और नियुक्ति नहीं करने का निर्णय लिया। अब उनका तर्क वैधानिक/अवैधानिक की पदावली में नहीं बल्कि नैतिकता/अनैतिकता की पदावली में गुँथा हुआ था।[93] यद्यपि शास्त्रीय मत धार्मिक वेश्याओं की इस बात का अनुमोदन कर रहे थे कि **नृत्य या तैफे** सेवाएँ उनकी जिम्मेदारियों का महत्त्वपूर्ण हिस्सा हैं।[94] 1909 में, मैसूर शासन की तरफ से मुजरई मन्दिरों में देवदासियो की सेवाओं के अंत करने का आदेश दिया गया। अपने निर्णय के पक्ष में इसने सुधारवादी और शुद्धतावादी धारणाओं का हवाला दिया। मैसूर की इस पहलकदमी से नाच-विरोधी आन्दोलन को मजबूती मिली। इस तरह, मैसूर परिष्कृत हिन्दू धर्म का गढ़ बना और समूचे औपनिवेशिक अवधि के दौरान सन्दर्भ-बिन्दु बना रहा।

गौरतलब है, यहाँ धार्मिक वेश्यावृत्ति के उन्मूलन के प्रयास सुधार-आन्दोलन की वजह से नहीं, बल्कि प्रशासन की तरफ से हुए। दरअसल, मुजरई सुपरिंटेंडेंट पश्चिमी शिक्षा (ऊँची जाति) प्राप्त जागरूक आभिजात्य का प्रतिनिधि था। उस पर पड़ोसी प्रेसीडेंसियों मद्रास और बम्बई में चल रहे सामाजिक शुद्धता आन्दोलन का काफी गहरा प्रभाव था। उन्मूलन का आदेश केवल मुजरई मन्दिरों के लिये था।

मद्रास प्रेसीडेंसी में सुधारवादी गतिविधियाँ

विरसालिंगम द्वारा शुरू किये गये आन्दोलन ने तेलुगु-भाषी क्षेत्रों में वेंकटरत्नम नायडू (1862-1939) के नेतृत्व में जोर पकड़ा। हालाँकि नायडू का जन्म मचिलिपत्तनम में हुआ था, लेकिन उत्तरी भारत में लम्बे प्रवास और बाद में मद्रास में प्रवास का उन पर गहरा प्रभाव पड़ा। ब्रह्म समाज के कुछ सदस्यों से उनका व्यक्तिगत सम्पर्क था। इसी दौरान पश्चिम में, खासकर अमेरिका और इंग्लैंड में, शुद्धता पर चल रहे बहस में तेजी आ रही थी। वहाँ वेश्यावृत्ति और मद्यपान के खिलाफ विकसित हुई धारणाओं का यहाँ उपनिवेश में बड़ा प्रभाव पड़ा। वेंकटरत्नम जोसेफिन बटलर,[95] ग्लैडस्टोन,

टेनिसॉन, कार्लाई और मिल्टन जैसे पश्चिमी चिन्तकों से खासा प्रभावित थे।[96] मद्रास में मद्रास क्रिश्चियन कॉलेज के प्रिंसिपल डॉ. मिलर ने शुद्धता और मद्यत्याग जैसी धारणाओं से वेंकटरत्नम नायडू का परिचय कराया। अपने मद्रास प्रवास के दौरान वे मेट्रोपॉलिटन मद्यत्याग और शुद्धतावादी संगठनों में सक्रिय रहे। शुद्धता सम्बन्धी उनकी धारणाएँ **पिपुल्स फ्रेंड, दि फेलो वर्कर,** जैसी पत्रिकाओं के माध्यम से सामने आईं।[96]

नाच-विरोधी आन्दोलन के समक्ष उजागर हुईं। अन्य बुराइयों ने शुद्धता-आन्दोलन के लिये मार्ग प्रशस्त किया।[98] 'सामाजिक शुद्धता' आन्दोलन ने जीवन के अन्य पक्षों में भी शुद्धता की माँग की। सामाजिक शुद्धता इन शब्दों में परिभाषित की गयी : ''यह इच्छाओं का इस तरह नियोजन है जो सम्पूर्ण विकास की ओर उन्मुख हो। यह तन और मन दोनों ही स्तर पर संयम बरतना, जो कुछ भी अश्लील या अनैतिक है उसका निर्भीक होकर विरोध करना... है।''[99]

वेंकटरत्नम नायडू ने एक सुव्यवस्थित खाके का प्रस्ताव रखा जिससे घर और देश दोनों का कायाकल्प हो सकता था। उनका कहना था, सरकार का यह दायित्व बनता है कि वह लोगों के बीच के जटिल एवं बहुआयामी सम्बन्धों पर नजर रखे और उनमें हस्तक्षेप करे[100]। वे मानते थे कि समाज व्यक्तियों के बीच के सभी प्रकार के सम्बन्धों की निगरानी और उनका नियन्त्रण-निर्धारण कर सकता है, लेकिन उनका ज्यादा जोर व्यक्ति में निहित क्षमता पर था जिसमें उनके मुताबिक उन्नति और खुशी लाने की अनन्त सम्भावनाएँ होती हैं। आन्दोलन में इसे व्यक्ति के 'मन, वचन और कर्म' की शुद्धता के रूप में सूत्रबद्ध किया गया[101]। इस तरह की रणनीति के पक्ष में तर्क प्रस्तुत करते हुए नायडू ने कहा, ''कानून बनाकर दण्ड दिया जा सकता है, लेकिन यह स्वभाव/प्रवृत्ति नहीं बदल सकता। लोगों में यह भावना पनपनी चाहिए कि ऐसे कृत्यों पर अंकुश लगाना उनकी जिम्मेदारी है। कानून के समक्ष लोग सहयोगी बनकर नहीं बल्कि बेबस होकर ही कोई पहल करते हैं[102]। इस तरह नायडू की रणनीति में 'हृदय-परिवर्तन' का केन्द्रीय स्थान था। साथ ही, वे 'नाच' की समस्या को आदर्श दाम्पत्य और देश की सभ्य-अस्मिता के पुनरोत्थान जैसे वृहत्तर मसले के अभिन्न अंग के रूप में प्रस्तुत कर रहे थे। नाच लड़कियाँ या धार्मिक वेश्याएँ घरेलू दायरे के भीतर के विभिन्न (जायज) सम्बन्धों के लिये खतरनाक थीं।[103] नायडू का मत था कि किसी भी देश की मजबूती उसके घर-परिवार की शान्ति पर टिकी होती है और इस शान्ति के लिये दाम्पत्य-सम्बन्ध की शुद्धता या पवित्रता अनिवार्य शर्त है।[104] इस तरह, उन्होंने देश की मजबूती और उसके नव-निर्माण के व्यापक मसले के साथ 'नाच' की समस्या को जोड़ते हुए उसे राष्ट्रीय समस्या के रूप में प्रस्तुत किया।[105] नाच-स्त्रियों और नाच-आयोजनों का बहिष्कार सुधार-कार्यक्रम के साथ अभिन्न रूप से जुड़ गया था। उस समय इन स्त्रियों का बहिष्कार

आसान/साधारण नहीं था। उनकी स्थिति/महत्ता के बारे में नायडू ने लिखा है[106] : मन्दिर में पुजारी / मैनेजर के बाद उसी का दर्जा है; शहर में सबसे ज्यादा सम्मानित इलाके में वह बस सकती है; ऊँचे-से-ऊँचे लोगों के बीच उसका उठना-बैठना होता है; कोई भी त्योहार या उत्सव उसके बिना पूरा नहीं हो सकता; अतिथि-सत्कार करना हो या दोस्त के साथ खुशियाँ मनाना हो, बच्चे को अक्षर ज्ञान शुरू करने का अवसर हो या विवाह का...सबमें वह नाच-गाने के लिये बुलाई जाती है; धार्मिक अवसरों पर वह कमान सँभालती है और पुजारी दूर कोने में सिमटा हुआ रहता है।''

मचिलिपत्तनम के सामाजिक शुद्धता संगठन ने भी सुधार के लिये एक रूपरेखा तैयार की[106]। 1891 में, नायडू के नेतृत्व में दो शपथ-पत्र तैयार किये गये। इनमें से एक वयस्कों के लिये और दूसरा कम उम्र के लड़कों के लिये था। वयस्कों के लिये ये शपथ तय किये गये:[108]

1. मैं ऐसे किसी भी जमावड़े में नहीं जाऊँगा जहाँ नाच का आयोजन हो; मैं नाच-लड़कियों को न तो कभी आमन्त्रित करूँगा और न ही कुछ भी ऐसा करूँगा जिससे इनका उत्साह-वर्धन हो।
2. मैं गन्दी भाषा का प्रयोग या भद्दा मजाक नहीं करूँगा और न ही इन्हें कभी सुनूँगा; मैं न तो अश्लील गीत गाऊँगा और न ही सुनूँगा।
3. मैं अश्लील तस्वीर, दृश्य आदि नहीं देखूँगा।
4. महज गन्दे मजे के लिये मैं ऐसा कुछ भी नहीं पढ़ूँगा और न ही ऐसी बातचीत करूँगा जिनसे गन्दे खयाल आते हों और पूरी कोशिश करूँगा कि ऐसे खयाल मेरे मन में न उठें।
5. मैं तन और मन से पवित्र बना रहूँगा।

कम उम्र के लड़कों को पुंश्चलियों की ओर आकर्षित होकर बर्बादी की ओर बढ़ने से रोकने के लिये यह शपथ-पत्र तैयार किया गया :[109]

अपनी पवित्रता बनाये रखने के साथ-साथ दूसरों को भी इसके प्रति जागरूक करने और बढ़ावा देने के लिए मैं

1. ऐसी आदतें विकसित करूँगा जो मन, वचन और कर्म से मुझमें पवित्रता और शुद्धता लायें।
2. ऐसे कार्य-कलाप से दूर रहूँगा जो मेरी व्यक्तिगत शुद्धता के लिये हानिकारक हों।
3. अपने दोस्तों और स्कूल साथियों को भी इसी राह पर चलने के लिये तैयार करूँगा।

नायडू की योजना में बचाव या रोकथाम प्राथमिक स्थान रखता था।

उनका मानना था, कि "हमारा ध्यान बीमारी की रोकथाम पर केन्द्रित होना चाहिए न कि हठात्/बलात् इलाज पर"[110] दरअसल, नायडू पक्के भाववादी थे। प्रगति या परिवर्तन के लिये सामाजिक या राजनीतिक/वैधानिक हस्तक्षेप से ज्यादा विश्वास उन्हें व्यक्ति में निहित परिवर्तनकामी क्षमता पर था। वे हृदय-परिवर्तन के हिमायती थे।[111] धार्मिक वेश्यावृत्ति की उत्पत्ति की रूपरेखा प्रस्तुत करने के क्रम में उन्होंने इसे जाति-प्रथा और पेशे के पुश्त-दर-पुश्त हस्तान्तरण की रीति से जोड़कर देखा।[112]

विरसालिंगम और नायडू द्वारा शुरू किये गये अभियान को राष्ट्रीय सोसल कान्फ्रेंस का भी समर्थन मिला। 1895 में, अपने नौवें कान्फ्रेंस में इसने अपने सदस्यों से मन, वचन और कर्म तीनों ही स्तरों पर शुद्धता बरतने का आह्वान किया।[113]

मिशनरियों ने इसे नैतिकता की दिशा में ठोस कदम मानते हुए इसका स्वागत किया।[115] 1899 में, इंडियन सोसल कान्फ्रेंस ने अपनी हिचकिचाहट छोड़ते हुए नाच-लड़कियों की निंदा और उनके बहिष्कार का महत्त्वपूर्ण कदम उठाया। इसने लड़कियों को मन्दिर में अर्पित करने के नाम पर उन्हें वेश्यावृत्ति में धकेले जाने की निंदा की।[116] धार्मिक वेश्याओं से अपने पारम्परिक पेशे को छोड़ सामान्य/घरेलू जीवन अपनाने और पुरुषों से आत्मचेतस होने और 'परजीवी' का जीवन जीने की प्रवृत्ति छोड़ने का आह्वान किया गया।[117]

एस. मुथुलक्ष्मी रेड्डी और उनकी गतिविधियाँ

एस. मुथुलक्ष्मी रेड्डी ने विरसालिंगम और वेंकटरत्नम द्वारा प्रचारित धारणाओं पर ही जोर दिया। वह उस क्षेत्र के शुद्धतावादी सुधार आन्दोलनों एवं विदेशी नारीवादियों से गहरे प्रभावित थीं। उनकी वेश्यावृत्ति सम्बन्धी धारणा पर लेडिज नेशनल एसोसिएशन के माध्यम से वेश्यावृत्ति के खिलाफ मुहिम छेड़े हुईं जोसेफाइन बटलर का प्रभाव था।[118] साथ ही, आजादी की लड़ाई में उनकी सक्रिय भागीदारी थी। हिन्दू धर्म पर लगे धब्बों को मिटाने के प्रयास में वे 'सन्त/सुधारक' गाँधी से निर्देश और प्रेरणा ले रही थीं।[119]

गाँधी जी का इस प्रथा पर क्या सोचना था यह जानना जरूरी है, कारण यहाँ के सुधारक उनसे गहरे प्रभावित थे। 'आदर्श स्त्री' की छवि की पुनर्रचना में गाँधी जी पारम्परिक धारणाओं में विद्यमान 'स्त्रीत्व' की छवियों में से अत्यन्त सावधानी से जरूरत अनुसार चयन कर रहे थे। हिन्दू धर्म-ग्रन्थों में स्त्री-यौनता पर विद्यमान धारणाओं के अन्तर्विरोध के सुलझाने के उनके प्रयास में यह स्पष्ट दिखाई देता है। उन्हें सुझाया कि जितने भी धर्म-ग्रन्थ हैं उनका आधिकारिक विद्वान संशोधन करें। उनमें जो भी कुछ नैतिक नहीं है अथवा हमारे धर्म या नैतिकता की मूलात्मा के विरुद्ध है उन्हें छाँटकर वे उनका ऐसा संस्करण प्रस्तुत करें जो हिन्दुओं के लिये पथ-प्रदर्शक का कार्य करें। कारण, गाँधी जी का मत था कि हर किसी में अच्छे-बुरे अथवा

उचित-अनुचित की समझ नहीं होती।[120] उनके मुताबिक पत्नी 'अर्द्धांगना' और 'सहधर्मिणी' थी।[121] धार्मिक वेश्यावृत्ति, खासकर 'यौन को वे प्रजनन' भर से जोड़कर देखते थे।[122] उनका मत था कि स्त्री को पार्ट टाईम वर्कर होना होगा, कारण उसका मुख्य दायित्व घर सम्भालना है।[123]

गाँधी जी ने वैवाहिक जीवन में सन्तानोत्पत्ति के अलावे कायम किये गये यौन-सम्बन्ध को **व्यभिचार** माना।[124] 'यौन' पर उनके उपयोगितावादी दृष्टिकोण के अनुसार संयमित यौनता का समाज (हिन्दू) के पुनरुत्थान से गहरा जुड़ाव था।[125] गाँधी ने स्त्री को साहस, सहिष्णुता, ज्ञान और त्याग का प्रतीक मानते हुए उसे पुरुष से श्रेष्ठतर प्राणी माना।[126] इसलिये शास्त्रों में इन गुणों के विरुद्ध ठहरने वाले इबारतों का हटाया जाना जरूरी था। साथ ही, स्त्रियों के लिये सीता, दमयन्ती, द्रौपदी...जैसी स्त्रियों के अनुरूप खुद को ढालना भी जरूरी था, तभी उन्हें इन महान स्त्रियों की भाँति सम्मान मिलना सम्भव होता।[127]

वेश्याओं के प्रति गाँधी का रुख काफी उदार और सहानुभूति भरा था। उनकी दृष्टि में ये स्त्रियाँ पुरुषों के अनैतिक और अनुचित भोग-लिप्सा की शिकार थीं।[128] उन्होंने देवदासी प्रथा को दोहरा अपराध माना, कारण हम 'ईश्वर के नाम पर अपनी बहनों का अपनी काम-तृप्ति के लिये इस्तेमाल करते हैं।'[129] गाँधी जी का मत था कि यदि लोगों ने चाहा होता तो इस प्रथा का अन्त बहुत पहले हो गया होता। उन्होंने खेद व्यक्त करते हुए कहा, "इस देश में लोगों का विवेक तन्द्रावस्था में है।"[130] इस अवस्था से जागने का आह्वान करते हुए गाँधी ने लोगों से इस कीड़े से मुक्त होने के लिये प्रेरित किया।[131] इस प्रथा से मुक्त होने के लिये उन्होंने एक साथ दो-स्तरों पर पहल करने का रास्ता सुझाया। एक तो उनके बीच जाना जो अपने नीच स्वार्थ की पूर्ति के लिये देवदासियों की नियुक्ति करते हैं और दूसरा देवदासी समाज के बीच जाकर काम करना।[132] नासमझ जनता के बीच जागरूकता लाने का दायित्व सुधारकों के ऊपर था।[133] गाँधी ऐसी स्त्रियों के आन्दोलन में सहभागी होने के खिलाफ थे जो घरेलू दायरे से बाहर हों। उनके लिये सुधार और पुनर्वास की प्रक्रिया से गुजरना जरूरी था। इस सन्दर्भ में काँग्रेस पार्टी में इन स्त्रियों की सदस्यता को गाँधी जी द्वारा नकारा जाना गौरतलब है। उन्होंने कहा[134] :

> "मैं पूरे हृदय से इन बहनों के साथ हूँ। लेकिन बारिसल (जहाँ इन स्त्रियों को काँग्रेस का सदस्य बनाया गया था) में अपनाये गये तरीके से खुद को जोड़ पाने में असमर्थ हूँ। इन बहनों ने जो छवि बना रखा है वह समाज की नैतिकता के लिये अनुचित है। हम उस उद्देश्य के लिये जाने-पहचाने चोरों के संगठन को शामिल नहीं कर सकते हैं। ये तो चोरों से भी ज्यादा खतरनाक हैं; इसलिये इनके समायोजन का प्रश्न ही नहीं उठता। यह सच है कि इनके लिये पुरुष जिम्मेदार हैं

लेकिन इन्होंने जो खतरनाक ताकतें हासिल कर रखी है उन्हें नजरअन्दाज नहीं किया जा सकता। मुझे पता चला है कि इन स्त्रियों से बारिसल के युवा भ्रष्ट होने लगे हैं। मैं इनसे किसी भी प्रकार की सेवाएँ या दान लेने, अथवा इन्हें काँग्रेस का सदस्य बनाने के लिये चयनित करने के पक्ष में नहीं हूँ जब तक कि ये अपनी जिल्लत भरी जिन्दगी से बाहर नहीं निकलती हैं। काँग्रेस में उनके प्रवेश पर कोई कानूनी पाबन्दी नहीं है, लेकिन मुझे उम्मीद थी कि लोग उन्हें ऐसा नहीं करने देंगे और खुद उनमें भी इतनी हया शेष होगी कि वे काँग्रेस की सदस्यता की बात न सोचें। मैं उम्मीद करता हूँ कि उन तक मेरी बात जरूर पहुँचेगी।

मैं उनसे काँग्रेस से अपना नाम वापस लेने, अपने संगठन के बारे में भूल जाने और जल्द-से-जल्द अपने अनैतिक व्यापार को छोड़ने का आग्रह करता हूँ। वे सूत कातने या बुनाई या अन्य स्वस्थ पेशे को अपनायें तभी ऐसा कुछ सम्भव हो पायेगा।''

इस तरह, पुरुष का शिकार होने की वजह से गाँधी को इन 'अधम बहनों' से सहानुभूति थी, लेकिन वे इन्हें समाज की नैतिकता, खासकर युवकों के लिये खतरनाक मानते थे। इसका इस क्षेत्र में हुए परिवर्तनों पर व्यापक असर पड़ा। उक्त धारणाओं के आधार पर इन्हें जन-स्थलों और सक्रिय सामाजिक हस्तक्षेप से भी दूर रहने के लिये कहा गया। लेकिन वे पुरुष जिन्होंने इन स्त्रियों को संरक्षण प्रदान कर रखा था या जो इनकी संगत में थे उन पर इस तरह की कोई पाबन्दी नहीं लगायी गयी। इस तरह का अन्तर्विरोधी और एकपक्षीय रुख उस दौर के सांस्कृतिक और राजनीतिक परिवर्तनों की खासियत बना रहा। इस तरह ये स्त्रियाँ सुधार-कार्यक्रम के लिये वस्तु-मात्र थीं जिनके लिये सामाजिक हलके में सक्रिय भागीदार के रूप में स्वीकृत होने के लिये शुद्धता की परीक्षा से गुजरना जरूरी था।

मुथुलक्ष्मी रेड्डी ने आदर्श हिन्दू स्त्री की जो छवि गढ़ी उसे उनके तमाम राष्ट्रीय/अन्तर्राष्ट्रीय सक्रियताओं के सन्दर्भ में समझने की जरूरत है। पश्चिमी नारीवादी आन्दोलन के करीब रही रेड्डी पर इसका गहरा प्रभाव था। स्त्री-आन्दोलन के साथ-साथ उनकी कई अन्य राजनीतिक आन्दोलनों में सक्रिय भागीदारी थी। इससे निर्मित छवि उन्हें पश्चिम में हिन्दुओं के प्रतिनिधि का अधिकारी बनाती थी। उन्होंने अपनी आत्मकथा में इस बात का जिक्र भी किया है कि अमेरिका में सम्मान से उन्हें 'जेन आदम्स ऑफ इंडिया' कहा गया।[135] मुथुलक्ष्मी की आदर्श स्त्री हिन्दू मत द्वारा प्रचारित 'अर्द्धनारी' थी।[136] पश्चिम के समक्ष स्त्री सम्बन्धी जो भी विचार उन्होंने रखे उनमें ऊँची जाति द्वारा प्रचारित धारणा की ही गूँज थी। उन्होंने कहा,

''मैं आपका ध्यान भारत की प्राचीन सभ्यता की ओर दिलाना चाहती हूँ जहाँ स्त्रियों को पुरुषों के समान अधिकार और रुतबा प्राप्त थे। मुझे अपनी इस सभ्यता पर गर्व है। हमारे पूर्वज स्त्री-शक्ति के प्रति ऊँची धारणा रखते थे (इसका उदाहरण अर्द्धनारीश्वर की कल्पना है)...हमारी स्थिति तो मध्यकाल में आकर बिगड़ी—जो केवल आक्रमणों और आन्तरिक कलह का काल है।''[137] अमेरिका में उन्होंने कैथरिन मायो की पुस्तक **'मदर इंडिया'** में भारत के आपत्तिजनक चित्रण को लेकर क्षोभ व्यक्त किया।[138] पेरिस में उन्होंने हिन्दू धर्म का पक्ष लिया, भले ही परम्परा को उन्होंने स्त्री के उत्पीड़न का स्रोत माना।[139] धार्मिक वेश्यावृत्ति पर मायो ने जो विचार व्यक्त किये उस पर प्रतिक्रिया जताते हुए उन्होंने कहा कि, ''आप यह सच जान लें कि इस प्रथा की व्याप्ति कुछ समुदायों तक सीमित है न कि समूचे भारतीय समाज में।''[140]

मायो की मदर इंडिया की सबसे आक्रामक और तीखी राष्ट्रवादी प्रतिक्रिया रंगा ऐय्यर की पुस्तक **फादर इंडिया** के रूप में हुई।[141] ऐय्यर इस काम के लिये उचित भी थे। एक तो वे ब्राह्मण थे, जिसके कारण हिन्दू परम्परा और धर्म की उनकी व्याख्या पर सन्देह का प्रश्न ही नहीं पैदा होता था। दूसरा, भारतीय विधान सभा के सदस्य होने के नाते उनकी राष्ट्र के प्रति प्रतिबद्धता भी सन्देह से परे थी। मायो की इस किताब को ऐय्यर ने एक महान और सरल हृदय वाले प्राचीनतम सभ्यता का अपमान माना और इसमें वर्णित झूठ का पर्दाफाश करने का आह्वान किया।[142] उन्होंने अमेरिका के विवाहित स्त्री-पुरुषों के बीच विद्यमान फरेब का जिक्र करते हुए धार्मिक वेश्याओं को ज्यादा विश्वसनीय एवं इसलिये श्रेष्ठतर कहा।[143]

कैथरिन मायो द्वारा चित्रित भारत की राष्ट्रवादी प्रतिक्रिया जो भी रही हो, उसे तेलुगु क्षेत्रों में नारीवादियों के बीच भिन्न रूप में लिया गया। मिसाल के तौर पर, सरस्वती[144] ने गृह-लक्ष्मी में लिखा, ''इस बात पर काफी हंगामा मचा हुआ है कि किताब की विषय-वस्तु तथ्यपरक नहीं है और न ही इसका प्रस्तुतीकरण सही है। मैं यह नहीं कहती कि इस तरह से लिखा जाना अच्छी बात है लेकिन इसमें कही गयी बातों में सच्चाई है। आत्म-सम्मान की रक्षा के लिये रक्षात्मक रुख अपनाना उचित है लेकिन हम इसे एकदम से गलत या असत्य साबित नहीं कर सकते... मायो की किताब से हम अपनी स्त्रियों की स्थिति जान सकते हैं।''

ईसाई मिशनरियों की तरफ से भी मायो को प्रतिक्रियाएँ मिलीं। हेनरी व्हाइटहेड ने मायो को लिखा[145] : ''आपने जिस तरह सामाजिक बुराइयों का हिन्दू-धर्म के साथ जुड़ाव दिखाया है उस पर और ज्यादा जोर डाला जा सकता था...मसलन यौनिक-अनैतिकता का मुद्दा। मैं ऐसा नहीं मानता कि पश्चिम के लोग भारतीयों की तुलना में स्वभावतः ज्यादा नैतिक हैं। लेकिन हमारा धर्म हमें डिगने से बचाए हुए है। हमारे धर्म का उद्देश्य ही है नैतिकता और अच्छाई की रक्षा करना...दक्षिण

भारत में देवदासी स्त्रियाँ और छोटी लड़कियाँ ईश्वर से ब्याह दी जाती हैं और फिर वे वेश्या का जीवन जीती हैं...यह सदियों से होता चला आया है। आपने इस बारे में जो लिखा है वह एकदम सच है।''

मदर इंडिया की राष्ट्रवादी प्रतिक्रिया का कारण इसमें मुस्लिमों के बरअक्स हिन्दू धर्म और हिन्दुओं का हुआ हीनतर चित्रण था। मायो ने मुस्लिमों को ज्यादा उन्नत और परिष्कृत नस्ल के रूप में प्रस्तुत किया। चौथे साउथ इंडियन सोशल रिफॉर्म कान्फ्रेंस के रिसेप्शन समिति के अध्यक्ष एम. के. रेड्डी ने कहा कि मायो के किताब के प्रति गुस्सा और विरोध इसमें वर्णित तथ्यों या वास्तविकता की वजह से नहीं बल्कि हिन्दुओं और उनके धर्म को सन्दर्भ बनाये जाने की वजह से है।[146] 1929 में मायो की दूसरी किताब **स्लेब्स ऑफ दी गॉड** प्रकाशित हुई। मायो ने इसे अर्द्ध-गल्पात्मक कृति कहा और इसे लिखने का एक मात्र उद्देश्य ''**मदर इंडिया** में विकसित किये गये मुख्य विचारों की पुनर्व्याख्या करना और कुछ विशेष उदाहरणों के हवाले से उन पर बल प्रदान करना'' कहा। **स्लेब्स आफ दी गॉड** किताब में संकलित एक कहानी का शीर्षक है। कहानी बाल-धार्मिक-वेश्या पर केन्द्रित है। इसमें मायो ने उनके त्रासद जीवन के कड़वे अनुभवों जैसे—बलात्कार, अकाल मृत्यु आदि का जिक्र किया है। इनसे मुक्ति या छुटकारा के एक मात्र रास्ते के रूप में वे ईसाई मत प्रस्तावित करती हैं।[147]

सुधार-आन्दोलन के आरम्भिक चरण में धार्मिक वेश्यावृत्ति को 'घर की स्त्री' की सुरक्षा के दृष्टिकोण से अच्छा ही माना गया। लेकिन बाद में इस नजरिए में बदलाव आया। यह मुथुलक्ष्मी रेड्डी द्वारा स्त्री-मसले को 'गरिमा और स्थिति' के पदों में उठाये जाने में स्पष्ट देखा जा सकता है।[148] यह बदलाव मद्रास प्रेसीडेंसी में नारीवादी आन्दोलन द्वारा लाये गये परिवर्तनों का ही नतीजा थी। धार्मिक वेश्याओं के समक्ष प्रस्तुत किया गया आदर्श पितृसत्तात्मक ढाँचे के दायरे में ही आता था यानी उन्हें ''समर्पित पत्नी, अच्छी माँ और अच्छे नागरिक'' के रूप में ढलना था।[149] इस आदर्श की तलाश हेतु पश्चिम की ओर ताकने की जरूरत नहीं थी। कारण, ध्येय अतीत की उस भारतीय स्त्री की पुनर्स्थापना था जो पश्चिम के आधुनिक स्त्री से कमतर नहीं थी।[150] परिवार के भीतर पातिव्रत्य की धारणा में नयी प्राण-वायु झोंकी गयी जबकि इस दौरान खुद परिवार का भी कायान्तरण हो रहा था। भारतीय स्त्री के समक्ष तात्कालिक दायित्व केवल धार्मिक वेश्याओं का विरोध करना नहीं बल्कि उनमें सम्पूर्ण सुधार लाना भी था।[151] भारतीय स्त्रीत्व के पुनरुत्थान के लिये रेड्डी ने सन्त सुधारक गाँणी से गुहार लगाई।[152] इस दौरान, उन्होंने धार्मिक वेश्यावृत्ति के उन्मूलन की मुहिम चलायी। उनके हस्तक्षेप ने उन्मूलन अधिनियम के चरित्र निर्धारण में महती भूमिका निभाई।

मुथुलक्ष्मी ने इस प्रथा के उन्मूलन को 'मन्दिरों और हिन्दुओं' पर लगे धब्बे

के मिटाने के रूप में प्रचारित किया। हिन्दू धर्म अनैतिकता की निन्दा करता है, ऐसा कहते हुए उन्होंने धर्म के हवाले से सुधार का प्रस्ताव किया।[153] धर्म का हवाला देने का उद्देश्य था—इस धारणा का खंडन करना कि धार्मिक वेश्यावृत्ति धर्म-सम्मत है।[154] मुथुलक्ष्मी ने धार्मिक वेश्याओं का जो चित्रण किया वह युगान्तकारी साबित हुई, कारण इससे उनके और साधारण वेश्याओं के बीच की विभाजक रेखा धुँधली होती गयी और वे पाप की वाहक एवं समाज के नैतिक पुनरुत्थान में बाधक मानी जाने लगी। उन्होंने लिखा कि, "ये ऐसी वेश्याएँ हैं जो धर्म, रीति, परम्परा, कर्म के नाम पर टिकी हुई हैं।"[155] ये परिष्कृत वेश्याएँ समाज के लिये खतरनाक हैं।[156] इसके उन्मूलन की माँग रखते हुए उन्होंने मैसूर का उदाहरण दिया जहाँ सरकारी अधिकारियों ने इन स्त्रियों के पापमय और अनैतिक जीवन के खिलाफ पहल की।

मद्रास में 1927 में हुए चालीसवें 'इंडियन नेशनल सोशल कान्फ्रेंस' में मुथुलक्ष्मी ने लड़कियों के अर्पण को वेश्यावृत्ति नहीं मानने के सरकारी निर्णय के प्रति गहरा रोष प्रकट किया। उन्होंने कमजोर/शोषितों एवं उनके जागरूक प्रतिनिधियों को मजबूती प्रदान करने में सरकारी अक्षमता की कड़ी आलोचना की।[156] उन्होंने इस रिवाज की बुराई का लड़कियों के नारकीय जीवन के हवाले से भी स्पष्टांकन किया, जो बचपन से ही एक अधम पेशे का ग्रास बनने और पाप, अपराध एवं जिल्लत की जिन्दगी जीने के लिये मजबूर होती हैं। इसके साथ ही, उन्होंने इन पर हर पल खतरे के रूप में मँडराने वाले संक्रामक रोगों की तरफ भी ध्यान दिलाया।

देवदासी समुदाय में बच्चे गोद लेने का व्यापक चलन था। इसकी भी कड़ी निन्दा की गयी। वे खुद अपने ही समुदाय से या अन्य समुदाय से छोटी बच्चियों को गोद लेते थे ताकि पेशे और पुश्तैनी सम्पत्ति पर अधिकार बना रहे।

मंदिर की नर्तकियों एवं धार्मिक वेश्याओं द्वारा बच्चे का गोद लिया जाना वस्तुतः उनका स्त्रियों की पारंपरिक भूमिका प्रजनन से मुँह फेरना था। पेशे और समुदाय दोनों ही दृष्टिकोण से गर्भधारण एवं प्रसव उनके लिए नुकसानदेह साबित होते। उनकी कामुक एवं स्वतंत्र स्त्री-अस्मिता की राह में ये काँअै साबित होते। लेकिन मातृत्व में ऐसी कोई बाधा न थी। वे माँ हो सकती थीं। ऐसी धार्मिक वेश्याओं के कई उदाहरण मिलते हैं। तिरुपति मंदिर के 1545 ई. के एक अभिलेख में लिंगासनी एवं तिरुवेंकटमनिक्कम को तिरुवेंकटदासी की पुत्री बताया गया है। इसी तरह, 1563 ई. के एक अन्य अभिलेख में सेव्वुसानी मंदिर-नर्तकी अंगालि की पुत्री बताई गई है।[158] इस संदर्भ में सुधारकों (मुत्तुलक्ष्मी रेड्डी जिन्हें प्रतिनिधित्व प्रदान कर रही थी) और जागरूक कलावंतुलु पुरुषों द्वारा कलांवतुलु[159] के बच्चे गोद लेने की बात को प्रस्तुत करने का तरीका गौरतलब है। साथ ही, स्वयं-सहायता आंदोलन द्वारा इस मसले का आभ्यंतरीकरण भी महत्वपूर्ण है। सप्रेसन ऑफ ब्रदेल एंड इम्मोरल ट्रैफिक विधेयक पर जनमत का पता लगाने के लिए मद्रास सरकार द्वारा वितरित

प्रश्नावली पर आंध्र देश कलावंतुलु संगठन की प्रतिक्रिया से यह जाहिर होता है।

इसे इस तरह कहा गया, "नर्तकी समुदाय की स्त्रियाँ सामान्यतः बाँझ होती हैं, इसलिये ये उन स्त्रियों से लड़कियाँ खरीदती हैं जो या तो अपने पति छोड़ चुकी हों या विधवा हों। इनका पालन-पोषण ये गोद ली गयी सन्तति की भाँति करती हैं।"[160] धार्मिक वेश्याओं के नाम ईमामों के स्थायी करने के पक्ष में मुथुलक्ष्मी ने कहा, "मन्दिरों से मिली जमीन का ये प्राचीन समय से ही पीढ़ी-दर-पीढ़ी उपयोग करती आई हैं। यही वजह है कि बाँझ होने की स्थिति (जो इनमें सामान्य परिघटना है) में ये दूसरे समुदायों से लड़कियाँ खरीदकर उन्हें मन्दिरों में अर्पित करने की सीमा तक चली जाती हैं। इससे मन्दिर से मिली जमीन पर उनका कब्जा बना रहता है। वैसे उनमें यह अंधविश्वास भी व्याप्त है कि यदि वे ऐसा नहीं करेंगी तो भगवान उन्हें सजा देगा।"[161] लेकिन आगे मुथुलक्ष्मी ने लिखा, "इसी समुदाय की कई ऐसी अच्छी स्त्रियों से मेरा मिलना हुआ है जो आरम्भ में इस पेशे में प्रशिक्षित होने के बावजूद योग्य वर मिलने का अवसर हाथ से नहीं जाने दिया और समर्पित पत्नी एवं अच्छी माँ साबित हुईं।"[162]

यह कहना कठिन है कि समुदाय की कितनी प्रतिशत स्त्रियाँ बाँझ होती थीं और कितने को 'योग्य वर' के सहारे माँ और पत्नी की सुधरी भूमिकाओं में आने का अवसर मिल पाता था। गौरतलब है बाँझपन की बात केवल स्त्रियों के लिये की गयी, जबकि इस समुदाय के पुरुषों द्वारा लड़की गोद लेने के अनेकों उदाहरण ज्ञात थे। उदाहरण के लिये, कलावंथुलु रिफॉर्म एसोसिएशन द्वारा प्रस्तुत की गयी रिपोर्ट। बहरहाल, सुनिश्चित मेडिकल रिपोर्ट जैसे प्रमाण के बिना धार्मिक वेश्याओं में से बहुलांश को बाँझ कहना या मानना उचित नहीं।

अपने एक पत्र में मुथुलक्ष्मी रेड्डी ने लिखा, "सरकार के लिये यह समझना जरूरी है कि इस समुदाय को इसकी वर्तमान पिछड़ी स्थिति से निकालने का एकमात्र रास्ता देवदासी विधेयक है और इसे लाने की जिम्मेदारी उसी की है। साथ ही, उसे इनके लिये शिक्षा और रोजगार की व्यवस्था भी करनी होगी जैसा कि उसने हरिजनों और अपराधी जनजातियों के मामलों में किया है।"[163] दरअसल रेड्डी मैसूर में किये गये उपायों से प्रभावित थी। लेकिन, वह धार्मिक वेश्यावृत्ति की बुराइयों पर बात करने के क्रम में इसे शोषक धार्मिक-व्यवस्था से एकीकृत कर देख पाने में असफल रही। हालाँकि, वह मन्दिर के संरक्षकों और प्रधान पुरोहितों का जिक्र करती है। लेकिन ऐसा वह बड़े मन्दिरों में अर्पण की व्यवस्थापकों द्वारा सहमति प्रदान करने और इस क्रम में इसे वैधता प्रदान करने के सन्दर्भ में करती है। छोटे मन्दिर बड़े मन्दिरों का अन्धानुकरण करते हैं। इस तरह धार्मिक-व्यवस्था के आकाओं का धार्मिक वेश्यावृत्ति की निरन्तरता में हाथ होने का मुथुलक्ष्मी संकेत करती है, लेकिन यह पहलू उसकी आलोचना का फोकस या मुख्य सरोकार नहीं है।[164] जबकि वह इस पहलू के प्रति

सचेत है। इसकी स्पष्ट अभिव्यक्ति उसके एक पत्र में हुई भी है, "हमें मन्दिर के संरक्षकों के विरोध का भय है। ये अशिक्षित (नासमझ) हैं और स्थानीय एवं इम्पिरियल दोनों ही एसेम्बली में अपने प्रतिनिधियों के माध्यम से मुश्किल खड़ी कर सकते हैं।"[165] इस तरह की हिचकिचाहट की वजह से यह धारणा और मजबूत हुई कि धार्मिक वेश्याएँ ही अनैतिकता और पाप की वाहक हैं, वही इस प्रथा (धार्मिक वेश्यावृत्ति) के लिये जिम्मेदार हैं। इसके साथ ही, उन्हें आदर्श भारतीय स्त्री के प्रतिकूल और विरोधी के रूप में प्रचारित किया गया।

पश्चिमी शिक्षा प्राप्त ऊँची जाति के हिन्दुओं द्वारा चलाया गया सुधार-आन्दोलन मन्दिर-व्यवस्था के दायरे की धार्मिक वेश्याओं के इतर देख पाने में असफल रहा। नतीजतन, हाशिये पर स्थित **जोगती** और **बैसवी** इसकी दृष्टि से ओझल ही रहे। सुधार प्रयासों का उद्देश्य 'सच्चे' हिन्दू धर्म को पुनर्जीवित करना और मन्दिरों में सुधार लाना था। इसका सरोकार शहरी मध्यवर्ग के पतित हो चुके नैतिक मूल्यों के पुनरुत्थान से था। यह मन्दिरों से **पिसाची स्टार या द्वामस दासी**[166] को निकाल बाहर करने में कामयाब रहा। इस आभिजात्यवादी सुधार-आन्दोलन का ग्रामीण इलाकों में स्थित छोटे मन्दिरों/देवी-देवताओं से जुड़ी **जोगतियों** और **बैसवियों** से कोई लेना-देना नहीं था। नतीजतन, यह अछूत स्त्रियों के बड़े हिस्से को संज्ञान में ले पाने में असफल रहा जिनका इसकी नाक के नीचे अर्पण होना जारी रहा। इस तरह हम पाते हैं कि सुधारवादी आधुनिकता की अपनी परियोजना के तहत स्त्रियों के जीवन में बदलाव लाने के प्रयास में 'उच्च' जाति/मध्य वर्ग के दृष्टिकोण की सीमाओं को नहीं लाँघ सके।

अछूतों की तरफ से हुईं सुधारवादी गतिविधियाँ

क्षेत्रीय रैडिकलता : देवरैया ईंगिल : उत्तरी कन्नड़-भाषी हिस्से में चला रैडिकल सुधारवादी आन्दोलन मैसूर में हुए सुधार-प्रयासों और मुख्यधारा के सुधार आन्दोलन से नितान्त भिन्न था। दरअसल, यह इलाका ज्योतिबाराव फुले के अ-ब्राह्मण आन्दोलन से गहरे प्रभावित था। **ऐतिहासिक** दस्तावेजीकरण के अभाव की वजह से इस आन्दोलन की जानकारी के लिये हमें क्षेत्रीय बोली में लिखी गयी डायरियों और लोक-स्मृतियों पर निर्भर रहना पड़ेगा। साथ ही, आन्दोलन से जुड़े लोगों और **जोगतियों/बैसवियों** के साक्षात्कार सहायक स्रोत हो सकते हैं। हालाँकि लोक-स्मृति में आन्दोलन का स्पष्ट चित्रांकन मिलता है, लेकिन यहाँ अतिशयता का खतरा भी है। फिर भी विभिन्न स्थानीय स्रोतों से सूचनाएँ एकत्रित कर इस क्षेत्र के दस्तावेज-हीन अतीत के रेखांकन का प्रयास किया गया है।

बीसवीं सदी के आरम्भ में धार्मिक-वेश्या विरोधी मुहिम अछूतों के सुधार आन्दोलन का अभिन्न अंग था। यहाँ देवरैया ईंगिल प्रेरणा स्रोत थे। देवरैया का जन्म

1889 में रोदबल[167] में हुआ। वे होलेया थे। माँ का नाम जीजाबाई और पिता का नाम रामार्य महार था।[168] वे इस क्षेत्र में देबू के नाम से जाने जाते हैं। उनकी आरम्भिक शिक्षा गाँव के स्कूल में हुई।[169] स्थानीय बोली में पाँचवीं तक पढ़ाई करने के बाद आगे पढ़ने की चाह उन्हें कोल्हापुर ले गयी। वहाँ उन्होंने कन्नड़, मराठी और अंग्रेजी सीखी।[170] वे शिक्षक बनकर गाँव लौटे और वहाँ कुछ दिनों तक स्कूल में पढ़ाया।[171] अपने बौद्धिक विकास के आरम्भिक अवस्था में ही वे जोतिबा फुले के कार्यों—विशेषतः **बाहमनच्य कासब** और **गुलामगिरी** से प्रभावित थे।[172] साथ ही, सत्यशोधक समाज और अ-ब्राह्मण आन्दोलन के नेताओं—जे कांबले, मद्रास प्रेसीडेंसी के पेरियार रामास्वामी नायकर और कोल्हापुर के शाहू महाराज का उनकी विकसित हो रही बौद्धिक चेतना पर गहरा प्रभाव पड़ा। उस समय धार्मिक वेश्यावृत्ति[173] के खिलाफ अंग्रेजों, ईसाई मिशनरियों, हिन्दू व मुस्लिमों के साथ-साथ ऊँची जातियों एवं अछूतों के कई जागरूक तबके सक्रिय थे। कन्नड़-भाषी क्षेत्रों खासकर धारवाड़ और हुबली में वी. आर. शिंदे के सुधार-कार्य मिसाल थे। शिंदे इस प्रथा के व्यापक फलक के प्रति चिन्तित थे, लेकिन उनका रुख एकदम 'संरक्षणवादी' था। उनके मुताबिक सम्बन्धित समुदाय में 'घरेलू नियन्त्रण' और 'नैतिक बल' का अभाव इस प्रथा की निरन्तरता के कारण थे।[174] उनका मानना था कि केवल शिक्षा, आर्थिक सुधार या नैतिक उत्थान के सहारे जल्द ही बदलाव नहीं लाया जा सकता। उन्होंने कानूनी दखल की वकालत की।[175] इसी सन्दर्भ में, देवरैया ईंगिल के विचार ज्यादा मुक्तिकामी और 'रैशनल' नजर आते हैं। उनके विचार विद्वत्ता या दार्शनिकता भरे नहीं, लेकिन ठोस यथार्थ के करीब और रैडिकल थे। अपने ऊर्जावान सुधार कार्यों के माध्यम से उन्होंने अछूतों में आत्मसम्मान का भाव लाया और उन्हें चेतस किया। 1924 में जब अंबेदकर कानून की डिग्री हासिल ही कर रहे थे तब तक देवरैया जाति आधारित शोषण के खिलाफ खासा मुहिम चला चुके थे। उत्तरी कन्नड़ भाषी इलाकों में लोगों से अंबेदकर का परिचय कराने वाले वही थे।[176] 1922 में उन्होंने बेलगाम में **कर्नाटक बहिष्कृत संघ** की स्थापना की[177] 1962 में उनका देहावसान हुआ।

समाज-सेवा के लिये देवरैया ने अपनी नौकरी[178] तक छोड़ दी। उन्होंने अछूतों में व्याप्त गन्दी और अन्धविश्वास-भरी रीतियों पर प्रहार किया। इसके साथ ही, उन्होंने अपमान या गन्दगी की प्रतीति कराने वाले नामों के बदले सम्मानसूचक नाम रखने,[179] मृत जानवर के कंकाल[180] के किसी भी प्रकार के उपयोग से बचने, बच्चों को पढ़ाने-लिखने और लड़कियों का अर्पण[181] बन्द करने जैसे कुछ महत्त्वपूर्ण मुद्दों पर अभियान चलाया। बम्बई प्रेसीडेंसी में हो रहे राजनीतिक हलचलों के प्रति सचेत ईंगिल अक्सर अंबेदकर से सलाह-मशविरा लिया करते थे। उन्होंने उभरती हुई जागरूकता का मार्गदर्शन किया और अपने नेतृत्व में सांस्कृतिक प्रतिरोध की परम्परा का वसीयत छोड़ गये। अंबेदकर के प्रति उनके मन में प्रशंसा और सम्मान का भाव

था जो उनके अंबेदकर से अकसर सलाह-मशविरा लेने और उन्हें उद्धृत करने में स्पष्ट है।

जोगती और बैसवी प्रथा के खिलाफ उनके आन्दोलन की रणनीति अनूठी थी। साथ ही, उनकी धारणा की रैडिकलकता भी स्पष्ट थी। भले ही वह भ्रूणावस्था में रही हो। अछूतों में अर्पण की रीति अन्धविश्वास के रूप में काफी गहराई तक जड़ जमाए हुई थी। आस्था की इस मजबूत जकड़ से मुक्ति के लिये देवरैया ने बहुआयामी रणनीति बनाई, जो आभिजात्यवादी सुधार कार्यक्रम से भिन्न थी। आरम्भ में, उन्होंने इस प्रथा के बुरे परिणामों से लोगों को वाकिफ कराने के लिये प्रचार-प्रसार का सहारा लिया। तदोपरान्त नाटकों एवं गीतों के माध्यम से उन्होंने सुधार की बातों का प्रसार किया और उन वस्तुओं या आचार-व्यवहारों की सांकेतिक अवमानना की जो देवत्व या पवित्रता के या तो द्योतक थे या उससे किसी रूप में वास्ता रखते थे। इस तरह, त्रि-आयामी रणनीति अपनाकर उन्होंने अर्पित स्त्रियों, अछूत पुरुषों एवं बच्चों को जगह दी और आन्दोलन जन-आन्दोलन का रूप ले सका।

अपने अभियान में उन्होंने उन घरों पर ध्यान केन्द्रित किया जहाँ अर्पण होते थे। वे उन्हें इस कृत्य के बुरे परिणामों के प्रति सचेत करते और उनसे इसे छोड़ देने का अनुरोध भी करते। उन्होंने इसे समुदाय पर धब्बा[182] और मिथ्या चेतना कहा जिसे फैलाने का काम ऊँची जातियों ने किया था।

उन्होंने पूछा कि आखिर देवी किसी ब्राह्मण या लिंगायत लड़की के अर्पण की माँग क्यों नहीं करती है?[183] इसके जवाब तलाशने के क्रम में वे देवी येलम्मा की धार्मिक अस्मिता की तहकीकात करने तक की रैडिकल स्थिति तक चले गये। लेकिन, दुर्भाग्यवश वे इसे अविकसित ही छोड़ गये। उन्होंने कहा कि येलम्मा ऊँची जातियों की देवी हैं न कि अछूतों की। यह उनकी एक कविता में स्पष्ट हुआ है[184]:

> ''येलम्मा हमारी नहीं हैं
> उनमें विश्वास मत करो''

अपने एक गीत में वे पुरुषों से मुखातिब हैं :[185]

> ''हे मित्र, तुम पागल क्यों होते जा रहे हो,
> अपनी माँ, बहन, बेटी को
> जोगती के रूप में अर्पित करते हो–
> जो वेश्यावृत्ति करने को मजबूर होती है–
> तुम क्यों नरक के भागी बनते हो?''

नाटकों के आयोजन द्वारा लोगों के बीच अपनी बात पहुँचाने का उनका तरीका सबसे ज्यादा कारगर रहा। येलम्मा या **जोगती अत्ता** (जोगती नाटक) के नाम से लोकप्रिय नाटक **कर्नाटक बहिष्कृत बोधिनी** का मंचन 1918 तक बेलगाम जिले

के लगभग सभी गाँवों में हो चुका था।[186] सामान्यतः रात में मंचित[187] इस नाटक को देखने के लिये भारी भीड़ एकत्रित होती थी। इसके लेखक और निर्देशक देवरैया थे।[188] नाटक में भाग लेने वाले कलाकार वैसे तो चिकोड़ी के विभिन्न भागों से थे लेकिन सबसे ज्यादा बेदिकीहाल से थे, इसलिये लोग इसे नाट्य-गतिविधियों का मुखयालय मानते थे।[189] नाटक के शुरू होने से पहले देवरैया अछूत स्त्रियों की बदहाल स्थिति पर बोलते थे और यह भी बताते थे कि किस तरह इस प्रचलन की वजह से स्त्रियाँ नगरों के वेश्यावृत्ति अड्डों में जा फँसती हैं।[190] इसी तरह, जोगती और अन्य पुरुष भी इस प्रचलन की बुराइयों पर अपनी राय व्यक्त करते थे।

नाटक का आरम्भ ऐसे होता था: "मंच पर एक युगल प्रवेश करते, जिसमें स्त्री गर्भवती होती। अपने होने वाले बच्चे के बारे में वह कहती कि अगर लड़की हुई तो उसे वह येलम्मा को अर्पित करेगी। पति विरोध करता।" जरूरत के अनुसार कथानक में फेर-बदल भी किया जाता था। फेर-बदल जगह कैसी है, लोगों की जरूरत क्या है और किस मसले को उठाना है, इन कारकों पर निर्भर करता था।

पवित्र वस्तुओं की सांकेतिक अवमानना का सबसे गहरा असर पड़ता था। यह नवोन्मेष था, जो मद्रास प्रेसीडेंसी में जस्टिस पार्टी की कार्यशैली में भी विद्यमान था। **पर्डी** (भिक्षा-पात्र) और **जग** (जिसमें देवी, सिन्दूर और हल्दी रखे जाते थे) दैवी गुणयुक्त माने जाते थे, और अर्पण के समय इन्हें अभिषिक्त किया जाता था। पवित्र चीजों की सांकेतिक अवमानना में इन पात्रों को पानी में या गन्दी जगहों पर फेंकने जैसे कृत्य शामिल थे। इस कृत्य में बच्चे भी शामिल किये जाते थे। उन्हें इन पात्रों पर पेशाब, पाखाना करने के लिये कहा जाता था।

इन कार्य-कलापों ने लोगों के मन से अवमानना या देवी के क्रुद्ध हो जाने के भय और अन्धविश्वासों के छँटने में बड़ी भूमिकाएँ निभायीं[191]। इन गतिविधियों ने ऊँची जातियों में व्यापक गुस्से को जन्म दिया। उन्होंने अछूतों के जमावड़े के तितर-बितर करने के कई प्रयास किये। नाटक के कुछ हिस्सों पर ऊँची जातियों ने आपत्ति दर्ज की, इसलिये नाटक को जिला-अधिकारियों की कड़ी निगरानी से गुजरना होता था। नतीजतन, नाटक के सफल और निर्विघ्न मंचन के लिये देवरैया पुलिस की सहायता भी लेते।

शोषण भरे रिवाज के खिलाफ उनके निरन्तर संघर्ष ने अपना रंग लाया और कई परिवर्तन होते दिखे। 12 नवम्बर 1924 को देवरैया ने एक मीटिंग के सम्बोधन हेतु अंबेदकर को आमन्त्रित किया।[192] इस मीटिंग में अर्पण करना पाप माना गया, चाहे वह येलम्मा को किया जाता हो या खंडोबा को या अन्य देवी-देवता को। 12 अप्रैल 1925 के दिन निपानी में आयोजित मुम्बई इलाका प्रान्तिक बहिष्कृत परिषद के 111वें अधिवेशन के अवसर पर बोलते हुए अंबेदकर ने इस समुदाय की जीवन शक्ति के ह्रास होने के जो कारण गिनाये, उनमें से एक था—लड़कियों का मुरली

के रूप में अर्पण। उन्होंने अछूत पुरुषों की फटकार लगाई जो अपनी बहनों और बेटियों की जिस्मफरोशी के सहारे जीवन-यापन करते थे। उन्होंने ऐसे लोगों को अपनी बहन-बेटियों का ही नहीं बल्कि पूरे समाज का शत्रु कहा।[193] देवरैया के मार्गदर्शन में सक्रिय कई जागरूक युवक कार्यकर्त्ता अर्पित की जा चुकी लड़कियों से विवाह हेतु स्वयं आगे आये।[194]

चिकोड़ी के अकोला गाँव में तो उनके रैडिकल विचारों से प्रभावित होकर एक युवक ने अपने 'अर्पित' बहन के गले से पवित्र **ताली** तोड़ फेंका और उसकी शादी कर दी।[195]

गौरतलब है, दलित आन्दोलन के अत्यन्त महत्त्वपूर्ण चरण में धार्मिक वेश्याओं का मसला बड़े चिन्ता का विषय थी। धार्मिक वेश्यावृत्ति पर कानूनी लगाम लगाने की वजह से सामाजिक और धार्मिक क्षेत्रों में आये परिवर्तनों ने धार्मिक वेश्याओं की स्थिति बदल दी। तीस व चालीस के दशक में हुए सूखे के कारण जोगती और बैसवी ने महानगरों की ओर रुख किया। दक्षिणी मराठा क्षेत्र की बैसवियों को बम्बई में 'बाजार बैसवी' का नाम दिया गया। वी. आर. शिंदे[196] ने इस अलग कोटि का जिक्र किया है जो बेलगाम, धारवाड़ और बीजापुर जिलों की बैसवियों से निर्मित हुई थी।

बीसवीं सदी के आरम्भिक दशक के दौरान दलित आन्दोलन के समक्ष अछूत धार्मिक वेश्या की अस्मिता का मसला दिक्कततलब हो गया। बदले हुए सामाजिक-राजनीतिक परिदृश्य में उन्हें स्त्रीत्व की धारणा के साथ जोड़कर देखा गया, जो देवरैया के नेतृत्व में हुए आन्दोलन के विपरीत था। शायद, यह धार्मिक वेश्यावृत्ति के खिलाफ ऊँची जाति के सुधार-आन्दोलन की भाँति शुद्धता/पवित्रता की धारणा का दलित-चेतना में मजबूत जगह बना लेने का परिणाम थी। ऊँची और अछूत दोनों ही जातियों के सुधार-आन्दोलन में धार्मिक वेश्याएँ घरेलू स्त्री और समुदाय के अभिमान के सन्दर्भ में प्रस्तुत की जा रही थीं। यह बम्बई के दामोदर हॉल में कमाठीपुरा के पाँच सौ मुरलियों के जमावड़े को अम्बेदकर द्वारा किये गये सम्बोधन में स्पष्ट देखा जा सकता है।[197] 1935 के येओला सम्मेलन से प्रभावित हो बम्बई में मुरलियों ने धार्मिक शोषण से मुक्ति पाने के लिये बौद्ध धर्म के शरण में जाने की इच्छा प्रकट की। इसी सिलसिले में वे अम्बेदकर को सुनने के लिये दामोदर हॉल में एकत्रित हुई थीं। अंबेदकर ने उनके समक्ष गन्दी आदतों और उस पेशे को छोड़ने की शर्त रखी जिसमें वे लिप्त थीं। उन्होंने धर्म-परिवर्तन के लिये शरीर, वाणी और हृदय की पवित्रता की जरूरत की बात की। यहाँ स्त्रीत्व पर उन्होंने जो विचार रखे वे ऊँची जातियों की स्त्रीत्व की धारणा से मिलते-जुलते थे। शुचिता का महिमामंडन करते हुए अम्बेदकर ने कहा, "स्त्री समाज का गहना होती हैं। स्त्री-शुचिता को सभी समाजों में ऊँचा स्थान प्राप्त है। अमूमन सभी समुदायों में यही चाहत होती है कि पत्नियाँ सुसंस्कृत घराने की हों। परिवार की प्रतिष्ठा पत्नी के व्यवहार पर ही निर्भर

करती है।" मुरलियों को फटकार लगाते हुए अंबेदकर ने उन्हें स्त्रीत्व और समाज दोनों पर धब्बा कहा। साथ ही, उन्होंने आरोप लगाया कि मुरलियों की करतूतों ने पूरे महार समुदाय का सिर नीचा किया है। मिसाल के तौर पर उन्होंने एक वाकया सुनाया जहाँ खुद उन्हें चुप रहना पड़ा था। कमाठीपुरा में शिक्षा की व्यवस्था के मुद्दे पर एक मुस्लिम से बातचीत के क्रम में जब उन्होंने कहा कि सरकार महारों को उतनी सुविधाएँ नहीं दे रही हैं, जितनी मुस्लिमों को तो उस मुस्लिम ने जवाब दिया कि मुस्लिमों के प्रति इस तरह नफरत की जरूरत नहीं है कारण वे तीन-चार रखैल (मुरलियाँ) रखते हैं। अम्बेदकर ने कहा कि उस मुसलमान के जवाब ने उन्हें शर्मसार कर दिया और उनकी बोलती बंद हो गयी। इसके बाद अंबेदकर ने मुरलियों से अनैतिक गतिविधियों को छोड़ सुधर जाने के लिये कहा और ऐसा नहीं करने पर उन्होंने एक हजार स्वयंसेवियों को भेजकर जबरन कमाठीपुरा खाली कराने की धमकी दी। लेकिन वहीं वे मुरलियों के पुनर्वास की जिम्मेदारी लेने से बचते रहे। उल्टे उन्होंने मुरलियों को आलसी होने और बिना मेहनत के ऐशो-आराम की जिन्दगी जीने की लत का शिकार कहा। अंबेदकर के विचार से उन्हें फैक्ट्रियों और खेतों में जाकर काम करना चाहिए, जैसा अधिकांश महार स्त्रियाँ कर रही थीं।[198]

यहाँ जातियों के बीच की विभाजक रेखाओं से निरपेक्ष स्त्रीत्व के एक प्रारूप के वर्चस्वशील होने की परिघटना महत्त्वपूर्ण है, कारण यह औपनिवेशिक-पूर्व अवधि की स्थिति के ठीक विपरीत थी। इस प्रारूप के अनुसार धार्मिक-वेश्याएँ दोष/विपथन थीं और इसलिये समुदाय के सम्मान और जीवन्तता के लिये हानिकारक थीं। गौरतलब है, जहाँ सुले/सानी उदित हो रही राष्ट्रीयतावादी चेतना के लिये समस्याप्रद थी वहीं जोगती, बैसवी और मुरली उदित हो रहे दलित सम्मान और चेतना के लिये उलझन का सबब थीं।

हैदराबाद में सुधारवादी चेतना

हैदराबाद में निजाम-शासित इलाका रैडिकल अछूत गतिविधियों और तीव्र सामाजिक-राजनीतिक कार्यक्रमों का केन्द्र था।[199] 1906 में **जगन मित्र मंडली** के नाम से शुरू हुए समाज-सुधार संगठन ने जिन अछूत गतिविधियों की प्रक्रिया को जन्म दिया उनकी परिणति 1917 में आदि-आन्ध्र आन्दोलन में हुई। इस प्रक्रिया में धार्मिक वेश्याओं का मुद्दा काफी महत्त्वपूर्ण था, कारण इसमें दमित अछूतों की स्त्री-यौनता अन्तर्निहित थी। जगन मित्र मंडली की स्थापना मदारी भाग्य रेड्डी वर्मा (1888-1939) ने की थी।[200] मंडली के एजेंडे में मद्यत्याग का मसला था, जिसे वेंकटरत्नम नायडू और शुद्धता आन्दोलन ने तरीके से तूल दिया था। इसके साथ-साथ मंडली ने अछूतों में व्याप्त अन्धविश्वासों और बुराइयों के प्रति जागरूकता लाने का भी बीड़ा उठाया।[201] 1911 में स्थापित मान्य सगम ने जगन मित्र मंडली

के एजेन्डा को आगे बढ़ाया। इसने शाकाहार[202] की वकालत और विवाह या अन्य जमावड़े के अवसर पर नशे के प्रयोग के चलन एवं बाल-विवाह की निन्दा की। इसके साथ ही, इसने **मुरलियों या जोगतियों** के रूप में लड़कियों के देवार्पण पर भी आपत्ति जताई।[203] बुराइयों के प्रति अज्ञानी अछूतों के बीच सजगता लाने के लिये सामाजिक कार्यकर्ताओं ने **हरिकथा कलाक्षेपम** (उनके बीच मनोरंजन का एक लोकप्रिय/प्रचलित रूप), जन-भाषणों और पत्र-पत्रिकाओं के प्रकाशन (तेलुगु में) का सहारा लिया।[204] निजाम शासित इलाके के विभिन्न भागों में मान्य संगम के साथ-साथ और भी कई समाज-सुधार संगठन उग आये। उदाहरण के लिये, नामपल्ली में मतांगी महासभा और सिकंदराबाद में अरिगे रामास्वामी द्वारा स्थापित सुनीता बाल समाजम ने जोगिनी/मुरली प्रथा के उन्मूलन की दिशा में काम किया।[205]

आदि-आन्ध्र आन्दोलन ने अछूतों की अपमानजनक और पारम्परिक अस्मिता के विखंडन का सचेत प्रयास किया। उसने अछूतों के नाम के साथ **'गड्डु'** के प्रयोग और व्यक्ति को उसके जाति से जोड़कर देखे जाने के घटिया चलन पर अपनी आपत्ति दर्ज की।[206] इस क्रम में उदित हो रही चेतना ने अछूतों को **पंचम वर्ण** का दर्जा देने वाली पारम्परिक/प्रचलित धारणा का प्रतिकार किया और उन्हें यहाँ का आदि/मूल निवासी कहा। इसके मुताबिक अछूत यहाँ की 'धरती के असली लाल' थे जबकि सवर्ण बाहर से आये और इन पर अपना वर्चस्व स्थापित कर लिया।[207] 1922 में हैदराबाद में हुए प्रथम ऑल इंडिया आदि-हिन्दू सोशल कान्फ्रेन्स में मान्य संगम का नाम 'आदि-हिन्दू सोशल सर्विस लीग' कर दिया गया। इसका उद्देश्य दक्षिण क्षेत्र के आदि-आन्ध्रों, आदि-कर्नाटकों, आदि-हिन्दुओं, आदि-द्राविड़ों और आदि-महाराष्ट्रियों (भूमि-पुत्र) की स्थिति में सुधार लाना था।[208] कान्फ्रेन्स में पारित प्रस्तावों में सबसे महत्त्वपूर्ण प्रस्ताव यह था कि, ''देवदासी (जो जोगिनी, मुरली और अन्य नामों से जानी जाती हैं) के रूप में लड़कियों के देवार्पण को अनैतिक माना जाए और इस रीति पर रोक लगाई जाए।''[209] धार्मिक वेश्यावृत्ति का मुद्दा अधिकांश सम्मेलनों (राजनीतिक और सामाजिक दोनों) में महत्त्वपूर्ण स्थान लिये रहा।[210]

आदि-आन्ध्र सुधारकों ने लड़कियों के अर्पण की रीति की अनैतिक कहकर निन्दा की।[211] जोगिनी/मुरली प्रथा की उत्पत्ति पर उनका मत था कि, ''गाँव से गुजर रहे साधुओं, संन्यासियों और धार्मिक भिक्षुकों की सेवा के लिये प्राचीन समय में, देवता के नाम पर कुँवारी कन्या को चुनना लोग अपना धार्मिक दायित्व मानते थे। यह एक पवित्र व्यवस्था थी, लेकिन ऐय्याश किस्म के लोगों ने इसे खराब कर दिया।''[212] लोगों में गहरे जड़-जमाये इस रीति को उखाड़ फेंकने के लिये लीग ने गाँव-गाँव में बैठकों का आयोजन कर इससे जुड़ी बुराइयों के प्रति लोगों में जागरूकता लाने का अभियान चलाया।[213] इसमें अछूत पंचायतों ने महत्त्वपूर्ण भूमिका निभाई।[214] उन्मूलन के अभियान में मुरलियों का सक्रिय सहयोग है, इसे पक्का करने के लिये

उन्हें लिखित सहमति देने के लिये राजी किया गया। इस सहमति की पंचायत द्वारा पुष्टि के उपरान्त लीग की तरफ से एक सर्टिफिकेट देने का प्रावधान था, जो यह तय करती थी कि कोई मुरली सामाजिक और धार्मिक आयोजनों में सामान्य जन के रूप में शरीक हो सकती है या नहीं। जो मुरलियाँ सर्टिफिकेट नहीं दिखा पातीं उन्हें ऐसे आयोजनों से निकाल बाहर कर दिया जाता।[215] लीग को कई जगहों पर कड़े विरोध का सामना करना पड़ा। इस सबके बावजूद प्रभावी वैधानिक प्रावधानों[216] और पुनर्वास के उपायों के अभाव में धार्मिक वेश्यावृत्ति अपना जड़ जमाये रही।

भोगम के बजाय जोगिनी और मुरली का प्रयोग अछूतों में भिन्न कोटि की धार्मिक वेश्याओं की मौजूदगी का सूचक है। जहाँ तक धार्मिक वेश्यावृत्ति के प्रति सोच की बात है तो वह कन्नड़ भाषी क्षेत्रों और निजाम-शासित इलाके में एक-सी नहीं थी, लेकिन यह धारणा दोनों ही जगहों पर थी कि इस सबकी जिम्मेदार ऊँची जातियाँ ही हैं। बहरहाल, मुद्दे के प्रस्तुतीकरण की बात हो या धार्मिक वेश्यावृत्ति को चुनौती देने के तरीके की, हैदराबाद में छेड़ा गया आन्दोलन देवरैया के नेतृत्व में चले आन्दोलन जैसा मजबूत रूप नहीं ले सका। इस पर कुछ भी कहना कठिन है कि आदि-आन्ध्र समाज-सुधारकों की गतिविधियाँ धार्मिक वेश्यावृत्ति को प्रभावित करने में किस हद तक सक्षम थीं, लेकिन लीग द्वारा अपनाया गया सर्टिफिकेट वाला तरीका दिक्कततलब था। कारण, एक तो सर्टिफिकेट धार्मिक वेश्या की वास्तविक छवि या जीवन-शैली में कोई बदलाव नहीं लाता था और दूसरा, वे अपनी नैतिकता पर मुहर के लिये पंचायत का मोहताज थीं। वैसे भी, लीग इसके अलावा और भी बहुत सारे सामाजिक-सांस्कृतिक मसलों में उलझी थी। यह भाग्य रेड्डी वर्मा द्वारा लीग में अन्य विभिन्न मसलों खासकर, मद्यत्याग और शुद्धता, पर ज्यादा बल प्रदान करने में स्पष्ट थी। दरअसल, शुद्धता आन्दोलन अन्य सांस्कृतिक संगठनों, खासकर आर्य समाज, को मिले अनुभवों की अभिव्यक्ति थी। मद्यत्याग और शुद्धता जैसे मसले देवरैया के नेतृत्व में हुए अछूत आन्दोलन को कन्नड़-भाषी क्षेत्र के अछूत आन्दोलन से अलग करती थी।

आदि-आन्ध्र समाज-सुधारकों ने धार्मिक वेश्यावृत्ति में आये पतन के लिये ऊँची जातियों को जिम्मेदार माना, लेकिन कन्नड़-भाषी क्षेत्र की भाँति वे मजबूती से धार्मिक वेश्याओं को 'शिकार' के रूप में प्रस्तुत नहीं कर सके। इसकी साफ वजह आदि-आन्ध्र सोशल सर्विस लीग द्वारा मद्यत्याग और शुद्धता जैसे मसलों को प्राथमिकता देना थी।[217] अछूतों की असभ्य/गंदे जीवन-शैली में 'शुद्धता' के तयशुदा मानदंडों के अनुकूल बदलाव लाने की राह में धार्मिक वेश्याएँ बाधा थीं। हालाँकि **संघ संस्कारन नाटक मंडली** (ड्रामा एसोसिएशन फॉर सोशल रिफॉर्म) सक्रिय थी, लेकिन जोगिनी-विरोधी अभियान में थियेटर की भूमिका पर यथेष्ट सूचनाओं की अनुपलब्धता की वजह से अभी कुछ नहीं कहा जा सकता।[218] ए. बी. गौतम ने जिक्र

किया है कि एच. ई. एच. निजाम-शासित इलाके में जोगिनी/मुरली प्रथा के उन्मूलन के लिये वैधानिक प्रावधान लाने का कारण भाग्य रेड्डी के प्रयास थे।[219] हैदराबाद में अछूत आन्दोलन में धर्म और यौनता से जुड़े सांस्कृतिक मसले अन्दरूनी अलगाववादी राजनीति और जाति-जन्य पूर्वाग्रहों के समक्ष धुँधला गये थे।[220] बहरहाल, जो भी बदलाव या परिवर्तन हुए उनकी पेचीदगियों की पड़ताल होना शेष है कारण अभिलेखात्मक स्रोतों के इतर धार्मिक वेश्याओं के अनुभवों को अभी तक आधार नहीं बनाया गया है।

कलावंथुलु और उनकी चेतना

दोनों ही क्षेत्रों में सुधार और उन्मूलन पर चले बहस-मुबाहिसा में धार्मिक वेश्याओं ने बढ़-चढ़ कर हिस्सा लिया। गौरतलब है, यहाँ सुधार या उन्मूलन अभियान में बनाये जा रहे संगठनों में धार्मिक वेश्याओं के ज्यादा सम्मानसूचक नामों का प्रयोग किया जा रहा था। नतीजतन, सुले, सानी और भोगम जैसे नाम किनारे पड़ते गये और देवदासी और कलावंथुलु[221] जैसे नामों की लोकप्रियता बढ़ी। ये लोकप्रिय हो रहे नाम धार्मिक वेश्याओं के पारम्परिक और पेशेवर नर्तकी होने के द्योतक थे जिनका दायित्व और रुतबा आनुष्ठानिक था और जो कामुक छवि से मुक्त थे। 1920 के दौरान, कलावंथुलु समुदाय में सुधार और पुनर्वास के विचारों ने उत्तेजना की लहर उत्पन्न कर दी। उनकी गतिविधियाँ मुख्यधारा के सुधार-आन्दोलन से जुदा थीं। अधिकांश तेलुगु-भाषी क्षेत्रों में कई स्वयं-सेवी समूह उभर आये। सम्मेलन और वार्षिक जमावड़े सामान्य बातें हो गयीं जो उनकी बढ़ती जागरूकता और प्रस्तावित विधेयक में अपनी माँगों को शामिल करने की उनकी तीव्र आकांक्षा का इजहार थे। विरसालिंगम और वेंकटरत्नम नायडू के विचारों और मुथुलक्ष्मी रेड्डी के प्रयासों में उनकी गहरी आस्था थी। 'कलावंथुलु के नैतिक उत्थान, मन्दिरों की पवित्रता बनाये रखने और शेष भारत के लिये एक आदर्श राह दिखाने में योगदान' के साथ-साथ 'सहानुभूति' के लिये उन्होंने मैसूर के महाराज एवं गाँधी के प्रति अपनी कृतज्ञता व्यक्त की।[222]

स्वयंसेवी संगठनों में रखे जाने वाले प्रस्तावों में इस तरह की माँगें उठाई गयीं : सभी कलावंथुलुओं के मौजूदा सम्बन्ध सिविल मैरिज एक्ट के तहत वैध किये जाएँ; कम उम्र की लड़कियों को अनैतिक जीवन के गड्ढ़े में गिरने से बचाया जाए; विभिन्न अवसरों पर नाच-प्रदर्शन को रोजगार/पेशे के रूप में मान्यता दी जाए[223] समुदाय के लड़कों के लिये शिक्षा की व्यवस्था हो; इमामों और **पट्टों** का स्थायी बन्दोबस्त किया जाए।[224]

समुदाय के पुरुषों ने पारित किये गये प्रस्तावों के कार्यान्वयन हेतु प्रयास की जिम्मेदारी सम्भाली।[225] स्वयं-सेवी संगठनों ने समुदाय में राजनीतिक जागरूकता

लाने का काम किया। समुदाय के अधिकांश सदस्य काँग्रेस के नेतृत्व में चल रहे साम्राज्यवाद-विरोधी संघर्ष से जुड़े हुए थे। यामिनी पूर्नतिलकराम जैसे समर्पित और प्रतिबद्ध कार्यकर्ता तो काँग्रेस के जिला-स्तरीय समितियों में जिम्मेदारी-भरा काम सम्भाले हुए थे।

स्वयं-सेवी अभियान हो या सुधार-प्रयास, दोनों ही के एजेण्डे पर गौर करने पर कलावंथुलु पुरुषों के स्वार्थ दिखाई देते हैं। सुधार-अभियान की वजह से या इसके माध्यम से तैयार हो रही मानसिकता में कलावंथुलु समुदाय के पुरुषों के प्रति हिकारत का भाव उत्पन्न होना ही था, कारण वे 'परजीवी और निखट्टू' के रूप में प्रस्तुत किये जा रहे थे। इसका एक निहितार्थ यह भी था कि पुरुष सुधरें और अपना गौरव या सम्मान हासिल करें। यह कलावंथुलु विद्या संगम द्वारा तेलुगु-भाषी क्षेत्रों में स्थापित किये गये स्कूलों में स्पष्ट दिखा जिनका उद्देश्य समुदाय के गरीब लड़कों को शिक्षा प्रदान करना था।[226] साथ ही, इमाम के स्थायी बन्दोबस्त की माँग का सीधा जुड़ाव स्त्रियों को घर के दायरे में बाँधने से था। वहीं, समुदाय के पुरुषों ने वेश्या-जीवन जी रही स्त्रियों की लड़कियों से विवाह करने की जिम्मेदारी ली और देश भर में फैली अपनी बिरादरी के पुरुषों से ऐसा ही करने का अनुरोध किया।[227] घर की स्त्री के लिये चलाये जा रहे सुधार-अभियान में मौजूद सावधानी और उत्साह यहाँ गायब थे। स्वयं-सेवी आन्दोलन वर्चस्वशाली विमर्श द्वारा कलावंथुलु की गढ़ी गयी अनैतिक अस्मिता के बरअक्स सम्मान-भरी अस्मिता खड़ा करने में भी असफल रहा। कारण साफ था। इस अनैतिकता के लिये कलावंथुलु-स्त्रियाँ जिम्मेदार ठहराई गयी थीं न कि कलावंथुलु पुरुष। इसलिये उन्होंने कोई जवाबी पहल करना जरूरी नहीं समझा। वैसे भी, पुरुष सदस्य मुख्यधारा के सुधार-अभियान में महत्त्वपूर्ण सहयोगी थे। यह उनके नैतिकता का प्रमाण-पत्र होने के साथ-साथ उन्हें धार्मिक वेश्याओं के नैतिक स्तर को ऊँचा उठाने का अधिकारी भी बनाता था।[228]

इस तरह, हम पाते हैं कि सुधार आन्दोलन घरेलू-दायरे के बाहर की स्त्री की श्रेणी की रचना में अत्यन्त फूँक-फूँक कर कदम रख रही थी। कारण, धार्मिक वेश्यावृत्ति से जुड़े समुदाय की स्त्रियाँ औपनिवेशिक अवधि के दौरान भी पुरुष-सत्ता के लिये चुनौती बनी हुई थीं। उनकी ताकत कम होने का मतलब समुदाय के पुरुषों का सम्पत्ति और यौनता पर नियन्त्रण एवं अधिकार स्थापित होना था। 'पाप और अनैतिकता' की वाहक धार्मिक वेश्याएँ नैतिकता और पवित्रता का प्रमाण-पत्र पाने के लिये पुरुष-संरक्षण के हवाले कर दी गयीं। यामिनी पूर्नतिलकम एक मात्र कलावंथुलु-स्त्री थी जो लेखन के माध्यम से सुधार की बातें अभिव्यक्त कर पाने की काबिलियत हासिल कर सकी। वह राष्ट्रीय आन्दोलन में सक्रिय थी। आन्ध्र प्रोविंसियल समिति की सदस्य तिलकम काँग्रेस की समितियों की बैठकों में हिस्सा लेती थीं।[229] उन्होंने अर्थार्जन के अन्य द्वार खोलने पर जोर डाला और अपने विचार

पाक्षिक पत्रिका **हिन्दू-युवती** के माध्यम से व्यक्त किये। तिलकम ने मद्रास में एक अनाथाश्रम और हिन्दू युवती शरणालयम की स्थापना की। पुनर्वास के उपाय के रूप में उन्होंने कताई, सिलाई, बुनाई, टोकरी-बिनने जैसे काम में प्रशिक्षण की व्यवस्था की। इन कार्यों में दासी चेंचैया ने उनकी वित्तीय मदद की।[230] वैसे, वह विवाह को पुनर्वास का समुचित उपाय मानती थी। वाक्पटु तिलकम ने लोगों के बीच अपनी बात पहुँचाने के लिये तेलुगु भाषी क्षेत्रों में भ्रमण कर जगह-जगह भाषण दिये।[231]

पुनरुत्थानवादी और उनकी प्रतिक्रियाएँ

सुधार-आन्दोलन की तरह-तरह की आलोचनाएँ हुईं। वेंकटरत्नम नायडू के मुताबिक : 'किसी ने इसमें नर्तकियों के प्रति बढ़ती घृणा देखी, तो किसी ने इसे संगीत के खिलाफ विद्रोह माना, कोई इसे एक छोटी-सी राष्ट्रीय कमजोरी को 'राई का पहाड़' बनाने जैसा मान रहा था, तो कोई इसे 'असाध्य' को साधने का वायवीय प्रयास कह रहा था।''[232] सुधार-प्रयासों का पुनरुत्थानवादियों और उन लोगों ने विरोध किया जो भारतीय परम्परा में मौजूद महान कला के संरक्षण के हिमायती थे। इनमें वर्चस्वशाली जातियाँ, राष्ट्रवादी और मन्दिर-स्त्रियाँ शामिल थीं, जिनके अपने-अपने हित थे। औपनिवेशिक सरकार भी विरोध करने वालों की ताकत से भली-भाँति वाकिफ थी और इसलिये वह हस्तक्षेप करने से बच भी रही थी। नाच-विरोधी आन्दोलन की आलोचना सदियों पुरानी हिन्दू रीति के विध्वंशसक के रूप में की गयी। इसमें ईसाई मिशनरियों के हाथ होने की भी शंका जताई गयी। सुधार-विरोधियों ने आरोप लगाया कि ''नाच-विरोधी आन्दोलन की नींव कुछ ईसाई मिशनरियों और तथाकथित हिन्दू-सुधारकों ने मिलकर डाली जो हिन्दुओं की धार्मिक-व्यवस्था का ध्वंस चाहते हैं।''[233] ...उन्होंने सरकार से नाच विरोधियों का पक्ष नहीं लेने की माँग की।

गुंटुर जिले के मादला गाँव (सत्तेनपल्ली तालुका) के धोबियों ने धार्मिक वेश्याओं के खिलाफ धरना दिया। उन्हें मन्दिर के संरक्षकों/ व्यवस्थापकों का समर्थन प्राप्त था। जे. सेसगिरी राव द्वारा बढ़ाये गये आवेदन में कहा गया कि[234] ''धार्मिक वेश्याओं के इस समुदाय ने पिछले दो-तीन सालों से हमारे गाँव के सागरेश्वर स्वामी और वेनुगोपाल स्वामी मन्दिरों में नृत्य करना बन्द कर रखा है, जबकि इन्हें **पट्टे** मिले हुए हैं। इन मन्दिरों के संरक्षकों के लाख कोशिशों के बावजूद ये अपनी पारम्परिक जिम्मेदारी निभाने की ओर नहीं लौटीं। हाल में, मन्दिर के संरक्षकों ने गाँव के के साथ मिलकर इनके खिलाफ धोबियों के धरने का आयोजन किया और इस तरह वे इस समुदाय के बहुसंख्य पर मन्दिर में और दारसा के अवसर पर नृत्य करने के लिये दबाव बनाने में सफल रहे।'' इसी गाँव में नहीं बल्कि सभी जगह सुधार की राह में मन्दिरों के संरक्षक/व्यवस्थापक रोड़ा थे[235]। व्यवस्थापकों और प्रधान

पुजारियों की सह पर लड़कियों का अर्पण जारी रहा।[236] जो कलावंथुलु अपने पारम्परिक पेशे में बने रहना चाहते थे उन्होंने अपने संगठन बनाये और सम्मेलनों का आयोजन किया। तेलुगु-भाषी क्षेत्रों में इन्हें बाहर से भी सहानुभूति और मित्रों का समर्थन प्राप्त था।[237]

1905 और 1909 में मैसूर के महाराज को सौंपे गये ज्ञापन में भी **तैफे** सेवाओं और भत्ते की निरन्तरता की अनुमति माँगी गयी थी।[238]

1939 में 'देवदासी एसोसिएशन ऑफ साउदर्न इंडिया' ने मद्रास-शासन के सचिव से अनुरोध किया कि उनके पारम्परिक पेशे को वैधता प्रदान की जाए।[239] इससे पहले एसोसिएशन ने 1927 में अनुरोध-पत्र दिया था। जागरूक ऑर्थोडॉक्स तबके के प्रतिनिधि सत्यमूर्ति ने पूछा, ''क्या आप एक लड़की के अर्पण पर भी मानने के लिये तैयार नहीं हैं?''[240] अपनी सत्ता/सहूलियत खोने के भय की वजह से ही शायद परम्परावादी समझौते की इस स्थिति में आने के लिये तैयार थे। विरोध के लिये उनके द्वारा प्रस्तुत किये गये तर्क में यह स्पष्ट भी है, ''आज हम यह प्रथा बन्द करें, कल कुछ अ-ब्राह्मण हम पुजारियों से ही बाहर जाने की माँग करने लगेंगे।''[241]

नाच-विरोधी आन्दोलन का विरोध परिष्कृत-कला की दयनीय स्थिति पर चिन्ता जताने के रूप में प्रस्तुत किया गया।[242] कला की चिन्ता बम्बई प्रेसीडेंसी के विधान सभा में उन्मूलन पर हुए बहस के दौरान भी दिखी। सामाजिक शुद्धता और कला की चिन्ता पर हुई बहस में मौटे तौर पर दो तरह के मत प्रस्तुत किये जा रहे थे। एक तरफ नाच-विरोधी थे। उनका प्रतिनिधित्व सुधारवादी कर रहे थे। उनके मुताबिक नृत्य-संगीत देवदासियों के पुश्तैनी पेशे के रूप में सीमित होकर रह गया था इसलिये, कला के रूप में पुनःप्रतिष्ठित करने के लिये इसे देवदासियों से अलग करना जरूरी था। मुथुलक्ष्मी ने लिखा, ''कलावंथुलु के बीच कलाएँ अपनी ऊँचाई पर हैं। लेकिन इनकी लड़कियाँ नृत्य संगीत सीखकर एक बार लोगों के बीच प्रदर्शन कर लें तो कोई भी पुरुष (कलावंथुलु के बीच से भी) इनसे विवाह नहीं करता। ऐसे में ये रखैल या वेश्या के रूप में जीवन-बसर करने के लिये मजबूर हो जाती हैं।'' मुथुलक्ष्मी ने ऐसे उपाय की माँग की जो 'कला' को उसका अपना स्वायत्त रूप और प्रतिष्ठा दे सके।[243]

दूसरी तरफ, नाच-विरोधी आन्दोलन के आलोचक थे। गौरतलब है, नाच-विरोध की आलोचना का मतलब यह नहीं कि वे सुधार-कार्यक्रम के भी आलोचक थे। उन्हें नाच-विरोध शब्द पर ही आपत्ति थी। इनके मत की सटीक अभिव्यक्ति मुथुलक्ष्मी के विचारों पर ई. कृष्णा ऐय्यर द्वारा व्यक्त की गयी प्रतिक्रिया में हुई है। ऐय्यर के मुताबिक, ''हालाँकि देवदासियों का प्रोत्साहन उचित नहीं...लेकिन नाच-विरोधियों ने क्या पाया? पिछले पचास साल के दौरान वे नाच-पार्टियों का अन्त करने में सफल

रहे लेकिन इस क्रम में उन्होंने कला के एकमात्र साधकों का भी अन्त कर दिया। पचास-साल में तो कलाओं में निपुण अच्छी स्त्रियों की तीन पीढ़ियाँ तैयार हो जानी चाहिए थीं। लेकिन ऐसी एक भी स्त्री नहीं दिख रही जो अच्छे घर से भी हो और भरतनाट्यम में पारंगत भी हो।'' ऐय्यर ने पूछा:[244]

''समाज के किसी दोष के लिये क्या कला को दण्ड मिलना चाहिए? क्या सुधारक नर्तकियों को ही रखैलपन या वेश्यावृत्ति से मुक्त कर पत्नी या परिवार की स्त्री बनाने का अभियान नहीं चला सकते ताकि उनके साथ कला भी बची रहे? प्रतिष्ठित लोगों द्वारा कला अपनाने की ओर रुख करने से भी कला और नैतिकता के बीच के सम्बन्ध से जुड़े सवाल का समाधान तो नहीं हो जाता? क्या पश्चिम का उदाहरण हमें रास्ता दिखा सकता है?...हमारी कला की हमारे लिये उनकी व्याख्या ने इसे न भारतीय रहने दिया और न ही विदेशी...किसी संस्कृति की वर्षों में निर्मित धरोहर का विनाश आसान है लेकिन निर्माण मुश्किल। यदि भारत आज भी इतने पतनकारी माहौल में सीधा तना हुआ खड़ा है तो यह हमारी संस्कृति और कला के ही कारण न कि राजाओं, मंत्रियों और कानून की वजह से।

भरतनाट्यम जैसे बड़े धरोहर कुछ अति-उत्साही सुधारकों के जिम्मे नष्ट होने के लिये नहीं छोड़े जा सकते, जिनके पास न तो निश्चित उद्देश्य है और न ही स्पष्ट कार्यशैली और साथ ही, जो भारतीय संस्कृति का ज्ञान नहीं रखते।''

इस तरह, हम पाते हैं कि सुधारकों पर विध्वंशक होने और शून्य में काम करने का आरोप लगाया गया। इसके साथ ही, उन विदेशियों की भी आलोचना की गयी जो भारतीय कला की नुक्ताचीनी कर रहे थे और इसके पतन पर संरक्षणवादी टोन में हल्के-फुल्के वक्तव्य दे रहे थे।

नाच-विरोधी आन्दोलन और इसके नेताओं की उनकी अदूरदर्शी नीति के लिये आलोचना हुई, जो कला को जीवित रखने का कोई भी इन्तजाम किये बगैर इसके एकमात्र संरक्षक/वाहक का अन्त करने में लगे हुए थे। इस तरह की आलोचना के क्रम में एक सुझाव यह दिया गया कि धार्मिक वेश्याए अस्थायी तौर पर तब तक बनी रहें जब तक कि कला साधक तैयार नहीं हो जाते। तर्क यह दिया गया कि ''इस व्यवस्था से न तो दुनिया पलट जाएगी और न ही नैतिकता का अन्त हो जाएगा। कुछ पारंगत कलाकार तो इस हेतु संरक्षित किए ही जा सकते हैं, जब तक कि अच्छे लोग इन कलाओं को नहीं थाम लेते। ऐसे कुछ कलाकारों से तो डॉक्टर (मुथुलक्ष्मी रेड्डी) भी वाकिफ होंगी।''[245] एक और सुझाव आया जो ज्यादा बेहतर था, लेकिन लोगों का समर्थन प्राप्त करने या उन्हें प्रभावित कर पाने में असफल रहा। इसमें धार्मिक वेश्याओं के पुनर्वास जैसी व्यवस्था की बात की गयी। इससे ये घरेलू-स्त्री बनने मात्र की विवशता से बच सकती थीं। एम. एस. रामास्वामी ऐय्यर

ने कहा : ''क्या नाच-विरोधी अभियानकर्ता इन लड़कियों/स्त्रियों के लिये हॉस्टल या राहत-आवास, शिक्षा और अच्छी जिन्दगी मुहैया कर कला की साधना और उसके प्रसार में उनकी मदद नहीं कर सकते? आखिर कला का पुश्त-दर-पुश्त संरक्षित होते जाना छोटी बात नहीं।''[246]

बहरहाल, मुथुलक्ष्मी ने कला के अन्त पर चिन्ता करने वालों द्वारा सुझाये गये उपायों में निहित खतरों की ओर संकेत करते हुए लिखा : ''देवदासियाँ अविवाहित होती हैं। लोग उन्हें वेश्या के रूप में लेने और तदनुसार व्यवहार करने से तनिक भी नहीं हिचकते, भले ही इनमें कुछ अच्छी और सद्गुण सम्पन्न हों।'' ऐसे में देवदासियों और कला के बीच विच्छेद ही उपयुक्त पहल हो सकता था। इसके साथ ही, कला की पवित्रता और मौलिकता की पुनःप्रतिष्ठा के लिये यह जरूरी समझा गया कि सम्मानित और घरेलू स्त्रियाँ आगे बढ़ कला सीखें, इसे साधें और समाज को सोच एवं कर्म के स्तर पर ऊँचा उठाएँ।[247] जिस स्त्री पर ये जिम्मेदारियाँ डाली गयीं वह 'आदर्श' स्त्री यानी 'ऊँची' जाति की हिन्दू स्त्री थी जो थियोसोफिकल सोसाइटी के प्रस्ताव में स्पष्ट था। मुथुलक्ष्मी रेड्डी के लेखन में घरेलू दायरे की स्त्री, खासकर ऊँची जाति की स्त्री की नैतिकता में गहरा विश्वास और बाहर की स्त्री की अनैतिकता के बीच का द्वन्द्व स्पष्ट है।

उपर्युक्त पहलकदमी की कुछ अमेरिकी स्त्रियों ने सराहना की। उनसे मुथुलक्ष्मी चेतन अथवा अवचेतन स्तर पर प्रभावित थीं। मार्गरेट ई. काउजिन्स ने 1941 में श्रीमती रुक्मिणी देवी के बारे में लिखा जो भारत की आधुनिक, आदर्श और आध्यात्मिक मन्दिर-स्त्री मानी गयी।[248] वह भरतनाट्यम जैसी अन्यन्त प्राचीन कला की साधना कर पुनरोदित हो रहे भारत की सेवा कर रही थी।[249] यहाँ, नृत्य-संगीत के पुनरुद्धार प्रयास में निहित अंतर्विरोध द्रष्टव्य है। एक तरफ जहाँ इससे कला देवदासियों-मात्र तक सीमित होने की स्थिति से मुक्त हुई, वहीं वह पवित्रता के नाम पर 'ऊँची' जाति की स्त्रियों के बीच जाकर सीमित हो गयी। इसके साथ ही, वह 'निम्न' जातियों की पारम्परिक धरोहर-पवित्रता और आध्यात्मिकता का आवरण प्राप्त कर उनसे अलग भी हो गयी।[250]

धार्मिक वेश्याओं की अस्मिता की पुनर्रचना

धार्मिक वेश्याओं की अस्मिता की पुनर्रचना आदर्श भारतीय स्त्रीत्व की रचना-परियोजना का अभिन्न अंग थी। इसकी स्पष्ट अभिव्यक्ति 1923 में मद्रास शासन द्वारा ब्रिटिश साम्राज्य के प्रदर्शनी में नाच लड़कियों के भेजे जाने के निर्णय के विरोध में उत्पन्न व्यापक प्रतिक्रिया में हुई।[251] इसमें आदर्श स्त्री की अस्मिता और प्राचीन भारतीय संस्कृति के प्रति गम्भीर चिन्ता दिखी। औपनिवेशिक शासन के इस कदम को देशभर में जागरूक तबकों ने अपमानजनक मानते हुए कहा कि, ''सरकार भारतीयों

को जंगली भालू और बन्दर से भी हीन मानती है। प्रदर्शनी में नाच-लड़कियों को भेजकर वह पूरे विश्व के समक्ष यह जाहिर करना चाहती है कि भारतीय पिछड़े एवं अर्द्धबर्बर हैं। इससे हमें कोई लाभ नहीं होगा, उल्टे गुलामी का शिकंजा और मजबूत होगा। ऐसी स्थिति में हम सभी का कर्तव्य है कि अपने देश की मर्यादा की रक्षा करें। हालाँकि हमारी सम्पत्ति, नैतिकता और दस्तकारी बिक चुकी हैं, लेकिन हम अपना सम्मान नहीं बिकने देंगे। हमें सरकार के इस प्रपंच में फँसने से बचना होगा।''[252]

1923 की उपरोक्त प्रतिक्रिया से जुड़े राजनीतिक और आर्थिक पहलू व्यापक राष्ट्रवादी आन्दोलन की उपज थे। साम्राज्य-विरोधी संघर्ष के पक्ष में अन्तर्राष्ट्रीय स्तर पर समर्थन प्राप्त करने के महत्व के प्रति राष्ट्रवादी सचेत थे। साथ ही, उन्हें इस बात का गहरा अहसास था कि भारत का पिछड़े एवं अर्द्ध-सभ्य के रूप में प्रस्तुतीकरण उनके अभियान में बाधक साबित होगा। इसलिये, 'राष्ट्रीय नमूने'[253] के तौर पर नाच-लड़कियों के भेजने जैसे अपमानजनक सरकारी पहल का तीव्र विरोध हुआ। गौरतलब है, मुस्लिमों के तरफ से भी ऐसी ही प्रतिक्रियाएँ आयीं। उनका मानना था कि, ''यूरोप की भाँति भारत में नृत्य उच्च-कला की श्रेणी में नहीं आता। बल्कि हकीकत तो यह है कि हमारी संस्कृति में इसके लिये कोई जगह नहीं है... हम पराधीन हैं और इसलिये हमें इस तरह से अपमानित किये जाने वाले कृत्यों का विरोध करना होगा, जब तक कि हम अपने कन्धों से गुलामी का जुआ उतार नहीं फेंकते।''[254] वास्तव में, इस तरह की निन्दा या भर्त्सना आधे दशक से भी ज्यादा समय से चले शुद्धता आन्दोलन से उपजी भावनाओं का परिणाम थी। सरकार के उपरोक्त निर्णय को भारतीय संस्कृति पर धब्बा लगाये जाने के रूप में लिया गया, ''महान स्त्रियों की धरती भारत प्रदर्शनी में नर्तकियों के भेजे जाने में गौरवान्वित महसूस करे यह असम्भव है।''[255]

इस प्रथा के बारे में बोलने-समझाने का काम अन्ततः सुधारकों का था। इस क्रम में जो धारणाएँ प्रस्तुत की गयीं उनका सीधा सम्बन्ध 1923 की उपर्युक्त विस्फोटक प्रतिक्रिया से था। इन धारणाओं के मुताबिक धार्मिक वेश्याएँ 'बाहरी कारणों' का नतीजा थीं। गौरतलब है, धार्मिक वेश्याओं के लिये 'स्पेस' नहीं होने की स्थिति में औपनिवेशिक-पूर्व अवधि की स्त्रीत्व की आदर्श गिरी हुई, अनैतिक और पेशेवर वेश्याओं की कोटि में विघटित करके रख दी गयी।

धार्मिक वेश्यावृत्ति की औपनिवेशिक अथवा पश्चिमी व्याख्या का आत्मालोचन या आत्मसमझ की प्रक्रिया पर निर्णायक प्रभाव पड़ा। साथ ही, यहाँ धार्मिक आचार-व्यवहार की ईसाई मिशनरियों ने जो व्याख्या की और तदोपरान्त जो सोच विकसित की उनका यहाँ के जागरूक तबके पर गहरा प्रभाव पड़ा। जबकि औपनिवेशिक समझ या व्याख्या उपनिवेशितों की संस्कृति के प्रति पक्षपात पूर्ण

नजरिए से प्रेरित और ग्रस्त थी। प्रथा की 'देशी' समझ पर 'यूरोपीय प्रशासक-इतिहासकारों' का भी प्रभाव पड़ा जो औपनिवेशिक शासन की सभ्यताकारी भूमिका[256] से ग्रस्त थे। वैसे भी धार्मिक वेश्यावृत्ति उपनिवेशकों की इस धारणा का उम्दा नमूना थी कि भारत पिछड़ा हुआ एवं अर्द्ध-सभ्य है।[256] सारी दुनिया के समक्ष धार्मिक वेश्याओं के माध्यम से यहाँ की आदिम और असभ्य अवस्था का प्रदर्शन औपनिवेशिक सरकार के लिये मजेदार वाकिया होता। धार्मिक वेश्यावृत्ति की औपनिवेशिक व्याख्या का स्त्रीत्व एवं यौनता पर हुए बहस पर भी प्रभाव पड़ा। लेकिन बीसवीं सदी के आरम्भिक दशक तक आते-आते इस प्रथा की औपनिवेशिक व्याख्या में हम 'शिफ्ट' सा होते पाते हैं। इस समय तक साम्राज्यवाद विरोधी संघर्ष की स्थिति मजबूत हो चुकी थी। बदली हुई औपनिवेशिक धारणा के मुताबिक धार्मिक वेश्यावृत्ति में आई अनैतिकता या कामुकता ब्रिटिश-पूर्व भारत के अराजक स्थिति का परिणाम थी।[258] यानी आरम्भ में मन्दिर की स्त्री 'भक्ति' का प्रतिरूप थी, लेकिन मुस्लिमों के आक्रमण और उनके शासन की वजह से उसका पतन हुआ और वह साधारण वेश्या होकर रह गयी।

विरसालिंगम ने इस प्रथा की आरम्भिक लोकप्रिय व्याख्या प्रस्तुत की।[259] उनके मुताबिक इसकी शुरुआत कला को संरक्षण प्रदान करने के हिन्दू उपक्रम में हुई। बाद में कला का पतन होता गया और यह वेश्यावृत्ति होकर रह गयी। कमोबेश यही सामान्य समझ भी थी।[260] इसी आधार पर 1947 में इस प्रथा के उन्मूलन के विरोधियो ने अपनी यह चिन्ता जाहिर की कि इसके साथ 'महान' कला भी लुप्त हो जाएगी।[261] वेंकटरत्नम नायडू ने इस प्रथा की व्यवस्थित व्याख्या प्रस्तुत की। उन्होंने भी इसे मूलतः 'भक्ति/सेवा' की अभिव्यक्ति[262] कहा, जो क्षरित होकर गन्दे पेशे में बदल गयी। यह दिखाने के लिये कि इस पतन का कारण 'बाहरी' थे,[263] उन्होंने इस के ऐतिहासिक यात्रा की रूपरेखा प्रस्तुत की। उसके अनुसार यह प्रथा चार चरणों से गुजरी। पहले चरण (प्राचीन/आरम्भिक अवस्था) में ये स्त्रियाँ (धार्मिक वेश्याएँ) ईश्वर की सेवा में समर्पित कुँवारी कन्याएँ थीं, जिनके नजदीक पहुँचना भी पाप था।[264] दूसरा चरण बुद्ध का समय है जब ये स्त्रियाँ गाँव की चारदीवारी से बाहर मछुआरों और मेहतरों के साथ रहने के लिये मजबूर की गयीं। तीसरे चरण 'नाटकों के युग' में उन्होंने अपनी खोई हुई हस्ती प्राप्त की। और अन्त में (चौथे चरण) इनके बीच जाति की घुसपैठ हुई।

थियोसोफिकल सोसाइटी ने भी कुछ इसी तरह की व्याख्या की। एनी बेसेंट के अनुसार :[265]

"प्राचीन समय में हिन्दुओं के मन्दिरों में पवित्र कुँवारी कन्याओं का एक दल होता था। वे अन्य धार्मिक गुरुओं की भाँति मन्दिर में पूजा करने आये भक्तों को धार्मिक उपदेश दिया करती थीं। उन दिनों उन्हें खासा सम्मान प्राप्त था और उनकी

अच्छी साख थी। वे अपना समय ईश्वर व भक्तों की सेवा में बिताती थीं, जो कि 'दासी' शब्द से स्पष्ट है। वे संन्यासी वस्त्रों में (अवसर के अनुकूल) पवित्र मंत्रोच्चार के साथ ईश्वर की आराधना में लगी रहती थीं।''

एनीबेसेंट की इस व्याख्या में मुथुलक्ष्मी रेड्डी का गहरा विश्वास था। आखिर इसके मुताबिक 'दासी' रोम के कैथोलिक नन के समकक्ष ठहरती थीं। ध्यान, भक्ति और धार्मिक सेवा उनके जिम्मे था।[266] बेसेंट के अनुसार दासियाँ साहवी स्त्रियाँ थीं जिन्होंने ईश्वर की सेवा के लिए घर-संसार और उससे जुड़े सुखों का त्याग कर रखा था। इस व्याख्या का धार्मिक वेश्यावृत्ति की पश्चिमी समझ, उसमें भी खासकर उदीयमान नारीवादी चेतना पर भारी प्रभाव पड़ा। रेड्डी विदेशों में जनमत तैयार करने में लगी हुई थीं। विदेशियों के लिये उनका सन्देश स्पष्ट था। उन्होंने देवदासियों को रोम के कैथोलिक नन के समकक्ष बताया। यह इस धारणा पर आधारित था कि रोम के मन्दिरों में धार्मिक सेवाएँ प्रदान करने हेतु कुँवारी लड़कियाँ अर्पित की जाती थीं।[267]

वहीं अनन्त कृष्ण ऐय्यर ने धार्मिक वेश्यावृत्ति को घरेलू स्त्री के लिये सुरक्षा कवच कहा।[268] लेकिन ऐय्यर यह नजरअन्दाज कर गये कि वेश्यावृत्ति का अलग से भी वजूद था। साथ ही, वे यह भी स्पष्ट नहीं कर पाये कि यह प्रथा मन्दिर का अभिन्न अंग क्यों बनी? दरअसल वे धार्मिक वेश्या को साधारण वेश्या मानकर चल रहे थे। इसी तरह, उन्होंने **बैसवियों** की उत्पत्ति का कारण पुरुष-विहीन परिवार में पुश्तैनी सम्पत्ति पर अधिकार बनाये रखने की जरूरत में देखा।[269] जबकि **बैसवियों/जोगतियों** में से बहुलांश श्रमिक परिवारों की थीं और उनकी आय का स्रोत भिक्षा और मजदूरी थे। ऐसे में सम्पत्ति पर अधिकार का तर्क आधारहीन लगता है।

मुजरई अगामिकों द्वारा प्रस्तुत प्रशासनिक मान्यता के मुताबिक धार्मिक वेश्याएँ मूलतः ईश्वर की सेविकाएँ और हिन्दू मन्दिरों में पूजा-पाठ का अभिन्न अंग थीं। उनकी महत्त्वपूर्ण धार्मिक जिम्मेदारी देवता के समक्ष नृत्य और गायन थे। उन्हें शुद्धता, ब्रह्मचर्य और संयम का कठोर जीवन जीना पड़ता था। लेकिन, ''समय के साथ धीरे-धीरे ये ऊँचे मूल्य विघटित होते गये और ईश्वर की दासियाँ पतित चरित्र की स्त्रियाँ बन कर रह गयीं।''[270] मन्दिरों को पवित्र करने के उद्देश्य से इन स्त्रियों के बाहर निकाले जाने का आदेश जारी करते वक्त खुद मैसूर-प्रशासन द्वैध की स्थिति में था। उसके मुताबिक, ''मन्दिरों में देवदासियों के नियुक्त किये जाने के जो भी उद्देश्य रहे हों, आज ये अनैतिकता के जिस गर्त में फँसी हुई हैं उसे देखते हुए इन्हें मन्दिर जैसे पवित्र स्थल से दूर करने का निर्णय उचित है।''[263]

महादेव गोविन्द रानाडे ने धार्मिक वेश्यावृत्ति की उत्पत्ति की जो व्याख्या प्रस्तुत की वह ज्यादा वाग्मिता-युक्त थी। उन्होंने इसे दक्षिण भारत में हिन्दू धर्म में हुए विघटन के साथ जोड़कर देखा। यह 1898 में मद्रास में हुए बारहवें सोशल कान्फ्रेंस में दिये गये उनके भाषण का प्राथमिक विषय था।[272] उसमें उन्होंने सुधार प्रयासों

पर पुनर्विचार की जरूरत पर बल दिया। उनका प्रस्थान बिन्दु हिन्दू रीति-रिवाजों और ब्राह्मण पुरोहितों पर एब ड्यूबोईस द्वारा की गयी टिप्पणियाँ थीं, जिनमें उसने हिन्दू चरित्र, संस्कृति और क्षमता की हताशाजनक स्थिति का जिक्र किया था।[273] हालाँकि ड्यूबोईस के तिरस्कार-भरे अवलोकन पर उनका रुख रक्षात्मक था, लेकिन उसके द्वारा प्रस्तुत किये गये विवरणों को 'सामान्य-स्तर पर सही' मानते हुए उन्होंने उन्हें विघटित या भ्रष्ट हो चुकी अवस्था का चित्रण कहा और इस विघटन के लिये दक्षिण भारतीय 'मूल-निवासियों/निम्न जातियों को जिम्मेदार ठहराया।'

रानाडे ने जो खाका खींचा उसके मुताबिक इतिहास ब्राह्मणवाद (हिन्दू-मत) के इर्द-गिर्द घूमता हुआ इन चरणों से गुजरा : 1. शुद्धता-ब्राह्मण सभ्यता ने फल-फूल कर ऊँचाइयों को छुआ। यह स्त्री की स्थिति खासकर आदर्श दाम्पत्य मूल्यों, चारों वर्णों के बीच सामंजस्यता और धार्मिक विचारों में स्पष्ट है। 2. पतन-मूल निवासी द्राविड़ों के उफान के प्रभाव की वजह से उत्पन्न निराशा की स्थिति। 3. पुनरुद्धार और अवनयन–बौद्ध और जैन मतों से मुकाबले के लिये ब्राह्मणवाद का 'तिरस्कृत' मूल निवासियों के साथ रणनीतिक गठबन्धन और इस क्रम में इसका अपनी 'आदिम शुद्धता' खोकर 'खोटे रूप' में पुनर्उफान। शुद्धता की क्षति के लिए रानाडे ने मूलनिवासी द्राविड़ों को जिम्मेदार ठहराया। रानाडे के मतानुसार दक्षिण भारत में बसने आये ब्राह्मण अल्पसंख्यक होने की वजह से यहाँ के मूल निवासी द्राविड़ों के समक्ष कमजोर ठहरे[274] और मजबूरन उन्हें इन बर्बरों के साथ गठजोड़ करना पड़ा। 'सभ्य और सुसंस्कृत' साधु-सन्तों का पतन हुआ। सत्ता-लाभ के लिये वे अपनी स्वायत्तता की बलि देकर निम्न दर्जे के पुजारी और पुरोहित बन गये। इस के साथ ही, जहाँ दस्युओं या राक्षसों (मूल-निवासी द्राविड़) के देवी-देवताओं का जुड़ाव ब्राह्मणों के त्रिदेव से हुआ, वहीं स्त्रियों की स्थिति में गिरावट आई। रानाडे के मुताबिक सती, बहुपत्निक विवाह, बहुपति विवाह जैसी बुराइयों को इसी काल में वैधता मिली।[275] 4. विरोध का युग और मुस्लिम वर्चस्व–''महान साधु-सन्तों का पुरोहिताई के पतन के खिलाफ जाने'' में प्राचीन सभ्यता की अपराजेय जीजिवषा की झलक। भले ही इनका विरोध मुस्लिम शासन की वजह से सफल नहीं हो पाया। पुरानी बुराइयों का मुस्लिमों के शासन में परवान चढ़ा। ब्राह्मणवाद अपनी पुरानी साख की पुनर्प्राप्ति के लिये अवसर की ताक में। 5. मुक्ति का युग : 19वीं सदी ने जरूरी मौका उत्पन्न किया, जिसकी ताक में ब्राह्मणवाद था। रानाडे ने कहा[276] ''हमें पीछे मुड़कर पतन के दौर के उन क्षणों का उत्खनन करना होगा, जब ब्राह्मणवाद ने ''मजबूरन अज्ञानता और अन्धविश्वास से समझौता किया था। कारण उस समझौतेजन्य गठजोड़ के अलग कर देने पर अपनी समस्त शक्ति और शुद्धता के साथ ब्राह्मणवाद पुनः हमारे सामने होगा। इसे उन्होंने पुनरुत्थान या पुनर्नवीकरण न कहकर मुक्ति का नाम दिया, ''मुक्ति उन जकड़नों से, जिनकी गिरफ्त में एक श्रेष्ठ धर्म तब फँस गया

जब अपने स्वार्थों...आकांक्षाओं की पूर्ति के लिये हमने बर्बरों से समझौता किया था। हमें अभी-अभी बीते हुए अतीत से ध्यान हटाकर सुदूर अतीत पर फोकस करना होगा जो पवित्र और महान है। यह जिम्मेदारी समाज-सुधारकों की है, जो पिछले तीस वर्षों से इसे बखूबी निभाते आये हैं।''[277]

रानाडे की इस व्याख्या पर उनके समकालीनों की जो भी प्रतिक्रिया रही हो इसमें दो राय नहीं कि यह नस्लगत घृणा और ब्राह्मणीय श्रेष्ठताबोध से ग्रस्त थी। लखनऊ में आयोजित अगले सोशल कान्फ्रेंस में यही सब दुहराया गया, बल्कि वहाँ आर्य बनाम द्राविड़ द्वैत पर और ज्यादा बल दिया गया।[278] सभ्य और बर्बर के पदों में अतीत की यह व्याख्या पूर्वग्रह भरी तो थी ही, साथ में इसमें उपनिवेशकों की सांस्कृतिक श्रेष्ठता और सभ्यताकारी भूमिका की स्वीकृति भी थी। सांस्कृतिक रक्षात्मकता का उद्देश्य जड़ों की ओर लौटना नहीं बल्कि ब्राह्मणों की श्रेष्ठता की स्थापना करना था। इसमें ब्राह्मणवादी धारणा की आधिपत्यता, सामाजिक परिवर्तन की ऐतिहासिक भूमिका के लिये 'ऊँची' जाति की स्वाभाविक नेतृत्व क्षमता और बर्बर/असभ्य समुदायों को विकास के मार्ग पर लाने की ऊँची जाति की जिम्मेदारी का अनुमोदन था। गौरलतब है, इस व्याख्या के मुताबिक धार्मिक वेश्यावृत्ति असभ्य शूद्रों में विद्यमान स्वच्छन्दता की उपज थी (यह स्वच्छन्दता उनमें प्रचलित बहुपत्निक, बहुपतिक और विवाह में क्रय-विक्रय जैसे आचार-व्यवहार से जाहिर है) और इसका समाधान ब्राह्मणों की सभ्यताकारी-क्षमता थी। इस तरह, दक्षिण भारत में स्त्रियाँ ब्राह्मण, योद्धा और व्यापारी सभी 'बर्बरों के शिकार' थे। इन सबकी मुक्ति ब्राह्मण-राज में ही सम्भव थी।

आन्दोलन की उत्तरावस्था में (20 के दौरान) आकर इस प्रथा की प्रचलित समझ की वैकल्पिक समझ स्पष्ट रूप में उजागर हुई। इसे हम कैथरिन मायो की मदर इंडिया के जवाब में लिखी रंगा ऐय्यर के फादर इंडिया में भी पाते हैं। ऐय्यर ने इतिहास की ऐसी रूपरेखा प्रस्तुत की जो या तो पश्चिम के टक्कर का हो या उससे श्रेष्ठ। भले ही उसमें असंगतियाँ थीं।[279] फादर इंडिया में वे पश्चिम (खासकर अमेरिका) में विवाह और परिवार जैसी संस्थाओं के 'नैतिक खोखलेपन' का भांडा फोड़ते हुए उसकी श्रेष्ठता के दावे को चुनौती देते हैं। ऐय्यर के मुताबिक असहयोग आन्दोलन पूरे औपनिवेशिक ढाँचे के लिये चुनौती बना हुआ था, ऐसे में औपनिवेशिक सत्ता के समक्ष अपनी 'नैतिक श्रेष्ठता' की पुनर्स्थापना करने की जरूरत आ पड़ी थी।

जहाँ 'यौन-स्वेच्छाचारिता' असभ्यता या पिछड़ेपन के प्रतीक के रूप में प्रस्तुत की जा रही थी, वहाँ ब्रह्मचर्य की धारणा ऐसा 'स्पेस' थी जिससे इस प्रस्तुतीकरण का प्रतिकार किया जा सकता था। ऐय्यर ने पश्चिमी रीति-रिवाजों और संस्थानों की आलोचनात्मक पड़ताल करते हुए उसे खारिज किया और यहाँ की रीति-रिवाजों को श्रेष्ठतर दिखाया। ऐय्यर एक साथ पारम्परिकता और आधुनिकता दोनों के प्रतीक

थे। उन्होंने धार्मिक वेश्यावृत्ति की जो व्याख्या की वह प्राक्-राष्ट्रवादियों और उनके समकालीनों दोनों से जुदा थी। उनके मुताबिक, देवदासियाँ 'सम्मानित या अच्छे परिवारों' की नहीं होती हैं, वे मूलतः वेश्याएँ होती हैं। जहाँ तक वेश्या-समुदाय के छोटी बच्चियों के अर्पण का सवाल है तो यह इसलिये किया जाता है कि वे मन्दिर के पवित्र वातावरण में पलेंगी, उनमें धर्म का भाव जाग्रत होगा और ईश्वर का भय होगा, ताकि बड़ी होने पर वे यौन-स्वेच्छारिता में न फँसकर किसी एक पुरुष के प्रति समर्पित रहें।'[280]

ऐय्यर ने समाज सुधारकों पर अंग्रेजी शिक्षा की सन्तान होने का आरोप लगाया, जो वस्तुतः भारतीय संस्कृति के अमेरिकीकरण में जुटे हुए थे। जबकि जज लिन्डसे अमेरिकी संस्कृति की नैतिकता के खोखलेपन का उद्‌घाटन कर चुके थे। लिन्डसे के अनुसार, न्यूयार्क में कम-से-कम ऐसी पचास हजार लड़कियाँ थीं जो विवाह किये बिना ही पुरुषों के साथ रह रही थीं और लिहाजवश माँ बनने की उम्र हो जाने के बावजूद सन्तानहीन स्थिति में थीं।[281] इसलिये ऐय्यर के मुताबिक ऐसी सामाजिक बुराइयों का उन्मूलन 'जनता की सरकार' (पीपुल्स गवर्नमेण्ट) ही हो सकता था।[282]

फादर इंडिया में अमेरिका के 'सभ्य और अमीर' वर्ग के यौन-मूल्यों और आचार-व्यवहारों के हवाले से उसका चित्रण एक खोखली संस्कृति के रूप में हुआ है।[283] जज लिन्डसे ने जो तथ्य उद्‌घाटित किये थे उसके आधार पर 'मदर अमेरिका' की स्थिति मायो द्वारा प्रस्तुत किये गये सच्चे-झूठे तथ्य वाले 'फादर इंडिया' से ज्यादा बुरी थी।[284] रंगा ऐय्यर ने धार्मिक वेश्यावृत्ति की जो व्याख्या प्रस्तुत की वह प्रचलित...वेस्टल वर्जिन थियरी से हटकर थी। उनके द्वारा धार्मिक वेश्याओं के पुनर्वास हेतु मन्दिर को ही पुनर्वास स्थल के रूप में चिन्हित किया जाना भी अपने आप में लीक से हटकर था। उनका प्रस्ताव था कि प्रत्येक वेश्या एक समय में केवल एक पुरुष से जुड़े रहकर मन्दिरों में ही तब तक ठहरे जब तक कि वह किसी की पत्नी न बन जाए। लेकिन वह पुरुष कौन होना चाहिए इस बाबत ऐय्यर ने कुछ नहीं कहा। दरअसल उनका उद्देश्य मायो द्वारा प्रस्तुत किये गये तस्वीर के बरअक्स ऐसी देशी (भारतीय) व्याख्या खड़ा करना था जो मायो के चित्रण को खारिज करता हो। इसलिये वे पश्चिमी जगत से मुखातिब थे। उनका ध्येय जन-जागरण नहीं था। यही कारण है कि उनकी व्याख्या न तो लोगों के बीच लोकप्रियता हासिल कर सकी, न विद्यमान व्याख्याओं को प्रभावित कर सकी और न ही एक वैकल्पिक समझ के रूप में टिक पायी। वहीं मुथुलक्ष्मी रेड्डी भी धार्मिक वेश्यावृत्ति की मायो की व्याख्या की निन्दा कर रही थी। **वेस्टल वर्जिन थियरी** में विश्वास रखने वाली रेड्डी अर्पित स्त्रियों के कष्ट भरे जीवन और नैतिक पतन की वजह से दुःखी थीं। किसी जननक्षमता-युक्त वेश्या का पत्नी बनने और स्वस्थ व सुन्दर बच्चों के मातृत्व सुख का सौभाग्य प्राप्त करना उनकी नजर में संयोग की बात थी न कि रीति या ढर्रे की

जैसा कि ऐय्यर कह रहे थे। ऐय्यर ने अमेरिका में बिना विवाह किये साथ-साथ रहने वाले स्त्री-पुरुषों से देवदासियों की जिस तरह तुलना की, वह भी दिक्कततलब थी। उनके मुताबिक देवदासियाँ अमेरिकनों में व्याप्त निष्ठाहीनता और यौन-स्वच्छन्दता की तुलना में कमतर ही ठहरती थीं।

जहाँ तक अछूत नेतृत्व की बात है, उसे हम इस विवाद में उलझते हुए नहीं पाते कि आरम्भ में धार्मिक वेश्यावृत्ति पवित्र रही है या नहीं। कारण, वे इसे शोषक या दमनकारी सामन्ती व्यवस्था की उपज मान कर चले। उनकी नजर में हिन्दू विचारधारा ही इस यौन-दासता का आधार थी। उसका सरोकार धार्मिक वेश्याओं की अस्मिता के विखंडन से था। अपनी एक कृति सेत्करयच्या असुल (किसान का **चाबुक**) में जोतिबाराव फुले ने कर्म-कांडों और उत्सवों के बहाने शूद्रों के शोषण और उनके संसाधनों के दोहन के लिये पंडितों की कड़ी निन्दा की है। उन्होंने हिन्दुओं के सभी उत्सवों को खर्चीला और शोषणपरक कहा। भक्तों या तीर्थयात्रियों की लूट में पंडितों के साथ धार्मिक वेश्याओं की साँठ-गाँठ की बात फुले की आलोचना में सबसे ज्यादा अपीलपरक और महत्त्वपूर्ण है। उन्होंने तीर्थ-स्थलों को शोषण का केन्द्र कहा, जहाँ 'खल्लड़' मुरलियाँ, भट्ट (ब्राह्मण पंडित) और वानिज (छोटे ग्रामीण व्यवसायी) मिलकर लूट-खसोट करते हैं। इतना ही नहीं, वे धार्मिक वेश्याओं को ब्राह्मणवादी-तंत्र का एजेंट तक कहते हैं। फुले की धार्मिक वेश्यावृत्ति संबंधी दृष्टिकोण इसलिये महत्त्वपूर्ण है कि उन्होंने धार्मिक वेश्याओं को सुदृढ़ जाति-आधारित शोषणपरक धार्मिक-व्यवस्था में स्थित करते हुए विचार किया। देवरैया इंगिल के मुताबिक जोगती या बासवी प्रथा दमनकारी हिन्दू धार्मिक व्यवस्था द्वारा अछूत स्त्री के यौन-शोषण के अनुमोदन का प्रतीक थी। आदि-आन्ध्र दृष्टिकोण पर वर्चस्वप्राप्त सुधार-आन्दोलन की 'उत्पत्ति की धारणा' का प्रभाव था, लेकिन धार्मिक वेश्या को ऊँची जातियों के पुरुषों की काम-पिपासा के शिकार के रूप में प्रस्तुत करके वे इससे मुक्त हो गये।

एक और रैडिकल दृष्टिकोण ब्राह्मणेतर परम्परा से पनपा। इसके प्रतिनिधि तापी धर्माराव ने धार्मिक वेश्यावृत्ति को ऐसी परिघटना के रूप में देखा जो सभी प्राचीन सभ्यताओं में विद्यमान रहा है। धार्मिक वेश्या की अस्मिता की पुनर्रचना के क्रम में उन्होंने धार्मिक विकास की विभिन्न अवस्थाओं में इसकी उत्पत्ति का रेखांकन किया, मन्दिर की भूमिका पर बात की, इन सबमें स्त्रियों की वर्चस्वशाली भूमिका का उद्घाटन किया और (सबसे महत्त्वपूर्ण यह कि) धर्म और यौन (सेक्स) के बीच के गठजोड़ का उद्घाटन किया जो न केवल मन्दिर-व्यवस्था में बल्कि लोगों के दैनिक जीवन के ताने-बाने में रचा-बसा है। गौरतलब है, उन्होंने धार्मिक वेश्या को घरेलू दायरे के बाहर स्त्रीत्व के पारम्परिक प्ररूप या आदर्श के रूप में देखा हैं, तापी धर्माराव के मुताबिक धार्मिक वेश्याएँ हिन्दू-धार्मिक व सांस्कृतिक व्यवस्था का अभिन्न हिस्सा थीं और इसलिये वे परम्परा का ही नैरन्तर्य थीं।

सन्दर्भ एवं टिप्पणियाँ

1. अमृत श्रीनिवासन, 1988
2. जानकी नायर, 1994
3. वही, पृ. 29
4. सेंसस ऑफ इंडिया, 1921, खंड-13, मद्रास, भाग-2, पृ. 110
5. वही, पृ. 111
6. सेंसस ऑफ इंडिया, 1931, मद्रास, भाग-एक।
7. सेंसस ऑफ इंडिया, 1891, खंड-23, हिज हाईनेस दी निजाम डोमिनियन्स, भाग-दो, पृ. 183। इस इलाके में बोगम के लिये एक और नाम कंचिनी का भी प्रचलन था।
8. सेंसस ऑफ इंडिया, 1931, खंड-22, एच. ई. एच. दी निजाम डोमिनियन्स।
9. सेंसस ऑफ इंडिया, 1891, खंड-2, पृ. 6
10. गैजेटियर्स ऑफ बम्बई प्रेसीडेंसी, धारवाड़, खंड-3, 1884, पृ. 191
11. सेंसस ऑफ इंडिया, 1891, खंड-2, पृ. 32
12. के. एन. पणिक्कर, परिचय, पृ. 1-8
13. वही।
14. के. एन. पणिक्कर, 1975
15. एस. भट्टाचार्य, 1979, पृ. 99
16. के. एन. पणिक्कर (1975) ने इसे 'तेजी से फैल रहे औपनिवेशिकों शहरों (कलकत्ता, बम्बई, मद्रास) में अस्मिता पर आये संकट की स्थिति' कहा है।
17. के. एन. पणिक्कर, 1988, पृ. 89
18. के. एन. पणिक्कर, 1975, पृ. 15-17
19. पीटर रॉब, 1996; डंकन बी. फॉरेस्टर, 1991
20. के. एन. पणिक्कर, 1975
21. पार्था चटर्जी, 1989, पृ. 245
22. के. एन. पणिक्कर, 1987, पृ. 6
23. वही, पृ. 7
24. फ्रेडरिक एम्फेल मार्गलिन, 1987, खंड-6, पृ. 308-309
25. एब ड्यूबोईस की भूमिका में हेनरी के. ब्यूचैम्प की टिप्पणी। यह टीपू सुल्तान के शासन काल में मैसूर और बंगलौर में ईसाई मिशनरी था।
26. एब. जे. ए. ड्यूबोईस, 1928, पृ. 286-289
27. विलियम जे. विल्किन्स,1887, पृ. 342
28. ई. डब्ल्यू. हॉपकिन्स, 1970, पृ. 82
29. एन. एन. भट्टाचार्य, 1932, पृ. 26-28 में उद्धृत।
30. बी. टी. भट्टाचार्य, 1932, भूमिका; जॉन वुडरॉफे (1956) ने तांत्रिकता पर हो रहे ऐसे आक्रमणों का प्रतिवाद किया और इसके पक्ष में तर्क प्रस्तुत किये, पृ. 4621 चार्ल्स इलियट (1921) ने भी तांत्रिकता में निहित प्रगतिकामी आयाम की प्रशंसा की, खंड-1, पृ. 285

31. एब जे. ए. ड्यूबोईस, 1928, पृ. 387-389
32. वही
33. केनेथ बालहैचेट, 1979, पृ. 156-159
34. वही, पृ. 69; कल्पना कन्नाबिरन, 1995
35. एंथनी गुड, 2001, पृ. 821-870
36. नैन्सी कैसेल्स, 1991, पृ. 1-18
37. के. एन. पणिक्कर, 1988, पृ. 82-90
38. वी. रामकृष्णा, 1983, पृ. 139
39. जी. ए. ओडी, 1979, पृ. 102-103
40. वही, पृ. 106
41. 'हिन्दू' के सम्पादक सुब्रमणियम ऐय्यर ने मद्रास प्रेसीडेंसी में एक बैठक बुलाई थी। विचार-विमर्श के उपरान्त गवर्नर और गवर्नर जनरल को भेजने के लिये एक ज्ञापन तैयार किया गया, जिसमें नाच-विरोधी कार्यक्रम का समर्थन किया गया। देखें, केनेथ बालहैचेट, 1979, पृ. 158।
42. सत्यसम्बंर्धिनी, खंड-2, सं. 12, जून 1893
43. कल्पना कन्नाविरन, 1992 और 1995
44. ऐसा छावनी वाले इलाके में वेश्यावृत्ति पर हामी भरने और संक्रामक रोग एक्ट की प्रतिक्रिया में किया गया।
45. फिलिप्पा लेविन, 1996, पृ. 591
46. वही, पृ. 595
47. वही।
48. वही।
49. वही, पृ. 604-605
50. वायसराय के निजी सचिव की तरफ से हिन्दू सुधार संगठन (मद्रास) के सचिव को, ता. 23 सितम्बर 1893
51. गवर्नर के निजी सचिव की तरफ से हिन्दू सुधार संगठन (मद्रास) के सचिव को, ता. 4 अक्तूबर 1893; 9 अक्तूबर 1893 का हिन्दू भी देखें।
52. के. बालाहैचेट, 1979, पृ. 156-159 में उद्धृत।
53. इंडियन सोशल रिफॉर्मर, 14 अक्तूबर, 1893
54. फ्रैंकलिन ए. प्रेसलर, 1987, परिचय।
55. शशिलेखा, 16 नवम्बर 1894
56. 29 जुलाई 1869 के महाराष्ट्र मिश्रण में इसकी स्पष्ट मिसाल है। लेखक ऊँची जातियों की स्त्रियों के लिये रेलों में अलग डिब्बे की माँग रखते हुए लिखता है, "इस तरह का प्रस्ताव रखते हुए मैं जाति-विभाजन का पक्ष ले रहा हूँ ऐसा नहीं सोचा जाना चाहिए।" लेखक का तर्क यह है कि ऊँची जातियों की स्त्रियाँ साफ-सुथरी और व्यवहार कुशल होती हैं और इसलिये उन्हें निम्न जातियों की स्त्रियों के साथ बैठने में घृणा होती हैं, जो अमूमन गन्दी और व्यवहार में उच्छृंखल या असभ्य होती हैं, ये ऊँची जातियों की स्त्रियों के साथ न केवल बैठने के काबिल नहीं हैं, बल्कि उनके लिये खतरनाक भी हैं।

57. एच. वी. श्रीनिवास मूर्ति, 1979, पृ. 378 में उद्धृत।
58. आर. दिवाकर, 1968, पृ. 815-830।
59. स्त्री-शिक्षा को लेकर यह डर कि इससे स्त्रियाँ विधवा हो जाएँगी और अन्य आपत्तियों के लिये देखें–जोसफ डि बोना (1983) में ''डब्ल्यू. आदम्स ऑवजर्वेशन्स ऑन फीमेल एजुकेशन।''
60. दी बंगाली, 13 जनवरी 1863; दिनवर्तमानी, 7 फरवरी 1874।
61. जी. ए. ओडी, 1979, पृ. 104; इस पक्ष पर और ज्यादा विस्तृत जानकारी के लिये देखें–अमृत श्रीनिवासन, 1988, पृ. 190
62. डब्ल्यू. डब्ल्यू. हंटर, 1883, पृ. 522
63. ''रिजोल्यूशन ऑन फीमेल एजुकेशन'', दिनांक 2 जुलाई 1915; ज्यादा विस्तृत जानकारी के लिये देखें–सव्यसाची भट्टाचार्य, 2001, डॉक्यूमेण्ट नं. 81, पृ. 376-378।
64. यात्रधावासिनी, 7 अगस्त, 1878
65. वही।
66. वही।
67. वही।
68. कर्नाटक प्राक चीशिक्षा, 15 अगस्त 1887
69. नागरत्नम्मा बंगलौर की नामी गणिका थी और साहित्य पर उसका अच्छा अधिकार था।
70. मुड्डु फलानी तंजौड़ के राजा प्रताप सिंह की दरबारी गणिका व नृत्यांगना थी। एक बड़ी तेलुगु कवयित्री मानी जाने वाली मुड्डु फलानी को खासा सम्मान प्राप्त था। देखें–सिस्ता लक्ष्मीकान्त शास्त्री, तंजावुरु तेलुगु, कवुलु, (मद्रास : श्री अरुणा बुक हाउस, 1981), पृ. 289-332।
71. मुड्डु फलानी, 1950 पृ. 3
72. कृष्णा स्वामी ऐयंगर।
73. बेलगाम समाचार, 4 मार्च 1872
74. डॉ. (श्रीमती) एस. मुथु लक्ष्मी रेड्डी के निजी पेपर्स, पांडुलिपि खंड (निजी पेपर्स का संकलन) नेहरू मेमोरियल म्यूजियम एंड लाइब्रेरी, तीन मूर्ति भवन, देखें, फाइल नं. 12, पृ. 270 (यहाँ के बाद मुथुलक्ष्मी रेड्डी पेपर्स के नाम से उद्धृत किया जाएगा।)
75. गवर्नमेण्ट ऑफ बम्बई, एजुकेशनल डिपार्टमेण्ट कम्पाइलेशन्स, सं. 80, भाग-1, 1-11,-1913, पृ. 616-621
76. वही, पृ. 617
77. वही
78. बारहवें सोशल कान्फ्रेंस में सी. वाई. चिंतामणि का भाषण, 1901, पृ. 202
79. वही, पृ. 205
80. विवेक वर्द्धिनी उनकी पत्रिकाओं में से एक थी। 1874 में शुरू की गयी इस पत्रिका का फोकस सामाजिक समस्याओं पर था। देखें, डी. व्ही. सिवराव, 1987, पृ. 23-40; तरकम, 1968; वी. रामकृष्णा, 1991, पृ. 80-87
81. के. विरसालिंगम, 1917, पृ. 370-420
82. वृत्तांत पत्रिका, 11 मई, 1893

83. कर्नाटिका प्रकाशिका, 20 और 29 मई 1892
84. बी. लीला, 1985, पृ. 190-191
85. वही।
86. वही।
87. वृत्तांत चिंतामणि, 14 अक्टूबर, 1891
88. कर्नाउटिका प्रकाउशिका, 16 जनवरी, 1893
89. दी सन्मार्ग बोधिनी, 17 जून, 1893
90. मन्दिरों में व्याप्त अव्यवस्था और अनुचित कार्य-व्यापारों में सुधार लाने के इसी तरह की जोरदार आवाजें तेलुगु भाषी क्षेत्रों और पूरे मद्रास प्रेसीडेंसी में उठाई गयीं। देखें—स्वदेशमित्रम, 25 अप्रैल, 1888।
91. वही; जानकी नायर, 1994, पृ. 3154।
92. वही।
93. मुथुलक्ष्मी रेड्डी पेपर्स, फाइल सं. 2, (भाग-2), पृ. 252-254।
94. जोसेफिन बटलर लेडिज नेशनल एसोसिएशन नामक नारीवादी संगठन से जुड़ी थीं।
95. वी. रामकृष्णराव, 1923, पृ. 70; ज्यादा विस्तृत जानकारी के लिये देखें—रोजालिंड ओ'हैनलॉन, 1985, पृ. 55-56; आर. वेंकटरत्नम नायडू, 1901, पृ. 249-281।
96. वी. रामकृष्ण, 1983, पृ. 136-138।
97. आर. वेंकटरत्नम नायडू ने शुद्धता-आन्दोलन के नाच-विरोधी आन्दोलन से शुरू होने पर खेद व्यक्त किया था। नायडू, 1901, पृ. 270।
98. वही, पृ. 259
99. वही, पृ. 250-251
100. वही, पृ. 271
101. वही, पृ. 251
102. वही, पृ. 277
103. वही, पृ. 254
104. वही, पृ. 256
105. वही, पृ. 272
106. वी. रामकृष्णराव, 1923, पृ. 70
107. वी. वेंकटरत्नम नायडू, 1901, पृ. 281
108. वही, पृ. 269-70
109. वही, पृ. 270
110. वही, पृ. 278
111. वही, पृ. 271-275
112. वही, परिशिष्ट।
113. वही, भाग-ए, पृ. 271
114. वही।
115. मारकूस बी. फुलर, 1900, पृ. 137

116. आर. वेंकटरत्नम नायडू, 1901, पृ. 275
117. एस. मुथुलक्ष्मी रेड्डी, 1964, पृ. 140
118. वही, पृ. 149
119. हरिजन, 28 नवम्बर, 1936
120. हरिजन, 12 अक्तूबर 1934; एम. के. गाँधी, 1958, पृ. 3
121. जिल जॉनसन, 1982, पृ. 56
122. वही, पृ. 11, हरिजन, 16 मार्च, 1940
123. वही, पृ. 76-81; हरिजन, 29 अप्रैल, 1937
124. एम. के. गाँधी, 1964
125. यंग इंडिया, 15 सितम्बर, 1921 और 10 अप्रैल 1930
126. वही, पृ. 13
127. वही, पृ. 106-107; यंग इंडिया, 16 अपैल 1925
128. मुथुलक्ष्मी रेड्डी, 1964, पृ. 56
129. यंग इंडिया, 29 अगस्त, 1929
130. मुथुलक्ष्मी रेड्डी, 1964, पृ. 56
131. हरिजन, 14 सितम्बर, 1934
132. वही।
133. यंग इंडिया, 25 जून, 1925
134. मुथुलक्ष्मी रेड्डी, 1964, पृ. 92-93
135. वही, 53-54। गाँधी ने भी मद्रास में 9 सितम्बर 1927 को इसी तरह के विचार व्यक्त किये थे।
136. पेरिस इंटरनेशनल कान्फ्रेंस ऑफ वीमेन में भारतीय प्रतिनिधि के तौर पर भाषण दिया था; वही, पृ. 41-42
137. मदर इंडिया के सन्दर्भ में कैथरिन मायो और ब्रिटिश सरकार के बीच के साँठ-गाँठ पर विस्तृत विवरण के लिये देखें—मनोरंजन झा, 1971।
138. मुथुलक्ष्मी रेड्डी, 1964, पृ. 44
139. मुथुलक्ष्मी द्वारा 29 सितम्बर, 1927 को नेविल रॉल्फे के नाम भेजा गया पत्र, देखे—मुथुलक्ष्मी रेड्डी पेपर्स, फाइल सं. 2, भाग-2।
140. रंगा ऐय्यर, 1927। इस स्रोत के मुहैया करने के लिये मैं प्रो. दीपक कुमार (जाकिर हुसैन सेण्टर फॉर एजुकेशन स्टडीज, जे. एन. यू.) की आभारी हूँ।
141. वही, पृ. 10-11
142. वही, पृ. 50-55
143. सरस्वती, गृह लक्ष्मी, 1929, पृ. 917-919
144. कैथरिन मायो, 1929, पृ. 12-15।
145. वही, पृ. 220।
146. वही, पृ. 123
147. मुथुलक्ष्मी रेड्डी पेपर्स, खंड-2, भाग-2, क्र. सं. 116-154।

148. वही, पृ. 349-351
149. मुथुलक्ष्मी रेड्डी, 1964, पृ. 47
150. देवलपल्ली वेंकटरत्लम्मा, 1940, पृ. 277-278
151. मुथुलक्ष्मी रेड्डी, 1964, पृ. 47
152. 'देवदासीज एंड टेम्पुल्स', स्वराज्य, 16 अक्तूबर 1931
153. मुथुलक्ष्मी रेड्डी, 1964, पृ. 45
154. मुथुलक्ष्मी रेड्डी पेपर्स, फाइल सं. 2, भाग-2, मद्रास गवर्नमेण्ट के सचिव मैक इवेन को लिखा पत्र, पृ. 284
155. वही।
156. वही, पृ. 825-827
157. वी. विजयराहवाचार्य, 1938, खंड-6, भाग-2।
158. ज्यादा-से-ज्यादा धार्मिक वेश्याएँ खुद को कलावंथुलु कहने लगे जिसका अर्थ है—नृत्य-संगीत की साधना में रत लोग।
159. मुथुलक्ष्मी रेड्डी पेपर्स, फाइल संख्या, 13, पृ. 317
160. वही, भाषण और लेखन, खंड-2, भाग-2, क्र. सं. 116-154
161. वही
162. एस. मुथुलक्ष्मी रेड्डी का मिसेज केटोन को 23 फरवरी, 1930 को लिखा पत्र।
163. स्वराज्य, 16 अक्तूबर, 1931
164. मुथुलक्ष्मी रेड्डी पेपर्स, फाइल सं. 2, क्रम सं. 2, पृ. 337
165. ध्वंस का अर्थ विनाशकारी होता है। एचेर्ला जयप्रसाद राव, 1941, पृ. 770-771
166. देवरैया इंगिल के छोटे भाई देवराय के. इंगिल से बातचीत।
167. देवरैया अपने माता-पिता के प्रथम पुत्र थे। उनसे छोटे उनके चार भाई हुए।
168. चन्द्रकान्त वाघमारे, 1997, पृ. 2
169. वही।
170. देवराय इंगिल और सुब्बाराव कल्लपा इंगिल से बातचीत।
171. चन्द्रकान्त वाघमारे, 1997
172. वी. आर. शिंदे, 1973, पृ. 137
173. वही।
174. वही, पृ. 138
175. चिकोरी तालुका के सदलगा के परशुराम पद्मन्ना हेगड़े से 11 जुलाई, 2000 को लिया गया साक्षात्कार।
176. चन्द्रकान्त वाघमारे, देवरैया इंगिल, पृ. 3-5
177. पी. पी. हेगड़े और सोनाबाई निलन्नावर से बातचीत।
178. अछूत अपने जातिगत पारम्परिक पेशों के नाम से जाने जाते थे। मसलन, चमाड़, मदिगा, होलेया, माँग। चिकोड़ी तालुका में बुलाये गये बैठक में उन्होंने अछूतों से अपने नाम के साथ लगे अपमानसूचक उपनामों को छोड़ देने का आह्वान किया। चिकोड़ी तालुका में आज अछूतों के नामों से साफ जाहिर होता है कि उपर्युक्त आह्वान का असर पड़ा भीमनाईक, थामनाईक, धामनाईक और मेघनाईक जैसे उपनामों का चलन शुरू हुआ।

179. समाज सुधार कार्यक्रम के तहत उन्होंने मृत जानवरों...

180. धरवाड़ में उन्होंने बहिष्कृत छात्रावास नामक एक छात्रावास बनाया। अछूत छात्रों की आवश्यकताओं की पूर्ति के लिये उन्होंने भीख माँगने तक का भी रास्ता अपनाया। पी. पी. हेगड़े से बातचीत के आधार पर। इस तरह के उदाहरण तेलुगु-भाषी क्षेत्रों में भी मिलते हैं—चिन्नाराव यागति, 2002, पृ. 84-120।

181. सोनाबाई निलन्नावर से साक्षात्कार।

182. चन्द्रकान्त वाघमारे, 1997

183. वही, पृ. 5-6

184. वही।

185. देवैरैया ने शायद नाटक लिखने से पहले अंबेदकर से सलाह माँगी थी। अंबेदकर की तरफ से कोई प्रतिक्रिया नहीं मिलने के बावजूद उन्होंने नाटक लिखने से पैर नहीं पीछे किया। सरजू काटकर, 2000, पृ. 35 में इसका जिक्र है।

186. बेलगाम जिले के चिकोड़ी के एक स्थानीय दलित नेता मारुति तुकाराम घट्टी से साक्षात्कार।

187. सुनते हैं उन्होंने खुद भी नाटक में भूमिका निभाई थी।

188. नाटक से जुड़े लोग ये थे—यशवंत वारले, रत्नप्पा सूर्यवंशी, भीमप्पा यद्दुर, तम्मन्ना मजरी, गंगाराव सूर्यवंशी और सुबाराव कांबले।

189. चन्द्रकान्त वाघमारे, 1997। सोनाबाई निलन्नावर, मारुति तुकाराम घट्टी और हेगड़े से साक्षात्कार।

190. चन्द्रकान्त वाघमारे, 1997, पृ. 9

191. वही, पृ. 12

192. बी. आर. अम्बेदकर पेपर्स, फाइल-13, सं. आर. 292 (ये नेहरू मेमोरियल म्यूजियम एंड लाइब्रेरी, नयी दिल्ली के पांडुलिपि सेक्सशन में हैं।)

193. पहले जोगती थी। एक कार्यकर्ता ने इनसे विवाह किया। बाद में वे एक स्कूल में शिक्षिका बनीं।

194. चन्द्रकान्त वाघमारे, 1997, पृ. 9

195. वी. आर. शिंदे, 1973, पृ. 137-138

196. कमातीपुरा मुम्बई में एक रेड लाइट एरिया है। जनता, 4 जुलाई, 1936, प्रदीप गायकवाड़, 2000, खंड-2, पृ. 46-48 में उद्धृत।

197. वही, पृ. 47-48

198. एम. बी. गौतम, 1991, पृ. 7-8

199. भाग्य रेड्डी वर्मा के बारे में ज्यादा विस्तार से जानने के लिये देखें—एम. बी. गौतम, 1991

200. चिन्ना राव यागति, 1999, पृ. 164-165, गेल ऑम्बेत, 1994

201. एम. बी. गौतम, 1991, पृ. 9

202. वही, पृ. 11

203. वही

204. वही, पृ. 26, यागति चिन्ना राव, 1999, पृ. 166

205. एम. बी. गौतम, 1991, पृ. 4-9

206. वही।

207. वही, पृ. 11-12

208. वही, परिशिष्ट सं. 6

209. उदाहरण के लिये, आदि-आन्ध्र कान्फ्रेंस का आयोजन 1925 में अनन्तपुर में किया गया, देखें—वही, परिशिष्ट सं. 12।

210. सेंसस ऑफ इंडिया, 1931, खंड-23, एच. ई. एच. दी निजाम्स डोमिनियन्स हैदराबाद स्टेट, भाग-1, पृ. 257

211. वही।

212. वही। एम. बी. गौतम, 1991, परिशिष्ट सं. 6

213. अछूतों के जीवन-जगत में पंचायतों की भूमिका का अध्ययन किया जाना अभी शेष है।

214. सेंसस ऑफ इंडिया, 1931, पृ. 257।

215. वही।

216. आदि-हिन्दू सम्मेलन में भाग लेने वालों द्वारा लिये गये शपथों में यह स्पष्ट है।

217. एम. बी. गौतम, 1991, पृ. 11

218. वही।

219. पी. आर. वेंकटस्वामी, 1955, खंड-1, पृ. 30

220. यह शब्द मन्दिर की नर्तकियों/स्त्रियों के लिये प्रयुक्त हुआ है।

221. छठा आन्ध्र देश कलावंथुलु समाज सुधार सम्मेलन, एल्युट, 1927। एस. श्रीनिवासलु ने बैठक की अध्यक्षता की थी। देखें, मुथुलक्ष्मी रेड्डी पेपर्स, फाइल सं. 2, भाग-2, पृ. 369।

222. वही, पृ. 370-371

223. कलावंथुलु कान्फ्रेंस, बेल्लरी, 7 अगस्त 1927। देखें, मुथुलक्ष्मी रेड्डी पेपर्स, फाइल सं. 12, पृ. 65

224. वही।

225. कलावंथुलु विद्यासंगम, गुंटुर के सचिव का 15 नवम्बर 1929 को मुथुलक्ष्मी रेड्डी को लिखा गया पत्र, देखें—मुथुलक्ष्मी रेड्डी पेपर्स, सब्जेक्ट फाइल-2।

226. आन्ध्र देश देवदासीज संघ संरक्षण सभा, तिरुपति, 1927। वही, पृ. 332

227. समुदाय में जिस चेतना का प्रसार किया गया। वह पितृसत्तात्मक कायदों के दायरे में व उसके तहत ही सीमित रही। आन्दोलन का नेतृत्व मुख्यतः पुरुषों के हाथों में था और सुधरी हुई देवदासियों को उनके द्वारा चलाये जा रहे अभियान में साथ देना था। वे इस प्रथा के उन्मूलन के लिये पारित किये जाने वाले बिल (विधेयक) के पक्ष में ज्यादा-से-ज्यादा समर्थक जुटा रहे थे।

228. एम. वेंकटरंगैया, 1965, खंड-3, पृ. 443-444

229. दार्सी चेंचैया, 1985, पृ. 77

230. वही, पृ. 177-178

231. वेंकटरत्लम नायडू, 1901, पृ. 271

232. निलोचरी (नेगापत्लम की), 26 जून, 1893

233. मुथुलक्ष्मी रेड्डी पेपर्स, भाषण और लेखन, फाइल सं. 2, (क्र. सं. 2), पृ. 315

234. दी हिन्दू, 14 अक्तूबर, 1938

235. स्वराज्य, 16 अक्तूबर, 1931

236. मुथुलक्ष्मी रेड्डी पेपर्स, फाइल सं. 2 (क्र. सं. 2) पृ. 49

237. वही, पृ. 252

238. वही, पृ. 284-285

239. वही, पृ. 344

240. एस. मुथुलक्ष्मी रेड्डी का 20 नवम्बर, 1927 को सम्पादक को लिखा पत्र।

241. उदाहरण के लिये, अपने संस्मरण में डी. वी. गुंडप्पा ने सुधार कार्यक्रमों की प्रशंसा की है लेकिन इसके साथ ही एक महान कला के लुप्त होने पर खेद भी व्यक्त किया है। देखें, एच. एम. नायक, 1996, पृ. 179।

242. मुथुलक्ष्मी रेड्डी पेपर्स, फाइल सं. 12, (अखबार के कटे अंश), पृ. 48

243. वही।

244. वही।

245. वही, पृ. 47

246. वही, पृ. 48

247. मार्गरेट ई. काउजिन्स, 1947, पृ. 158; ज्यादा विस्तार के लिये देखें, अमृत श्रीनिवासन, 1985; सस्किया करसेनबुम स्टोरी, 1991, पृ. 131-147।

248. वही, पृ. 108

249. इस पहलू की तरफ ध्यान दिलाने के लिये मैं पार्था चटर्जी की आभारी हूँ।

250. प्रदर्शनी साम्राज्य के व्यापार में तेजी लायेगी और इससे भारत को फायदा होगा, ऐसा विश्वास था।

251. राजहंस, 30 सितम्बर 1923

252. दी न्यू टाइम्स, आठ अक्तूबर, 1923

253. अल वाहिद, 14 अक्तूबर, 1923; सिंदवासी, 17 अक्तूबर, 1923

254. सिंधी, 13 अक्तूबर, 1923

255. के. एन. पणिक्कर, 1995, पृ. 45-46

256. विश्व-स्तर पर वेश्यावृत्ति के इतिहास लेखन में भारत को अर्द्ध-सभ्य देशों की श्रेणी में रखा गया है। 1937 में किया गया श्रेणीकरण अकादमिक-लेखन पर साम्राज्यवादी धारणा के वर्चस्व का उदाहरण है। देखें—विलियम डब्ल्यू. सैंगर, 1986।

257. के. एन. पणिक्कर, 1995, पृ. 36

258. "इसका मूल ध्येय ललित कलाओं को संरक्षण प्रदान करना था लेकिन इसकी परिणति वेश्यावृत्ति में हुई।" वी. रामकृष्णा, 1983, पृ. 139 में उद्धृत।

259. अपने नाटक वेशप्रियहसनमु में भी विरसालिंगम इतिहास में नहीं जाते हैं, नतीजतन वे इस प्रथा के धारणात्मक आधार के परिप्रेक्ष्य में कुछ नहीं कहते हैं। उनका ध्यान सुधार आदि की तरफ है।

260. इंडियन एक्सप्रेस, 1946; मुथुलक्ष्मी रेड्डी पेपर्स, फाइल सं. 12, पृ. 32

261. डब्ल्यू. मॉन-विलियम्स, आर. वेंकटरत्नम नायडू, 1901, पृ. 274।

262. वही, पृ. 264
263. वही, पृ. 273
264. मुथुलक्ष्मी रेड्डी, 1964, पृ. 141-142
265. वही, पृ. 112। एक तेलुगु पत्रिका गृहलक्ष्मी में मुथुलक्ष्मी रेड्डी ने लिखा कि, "शुरू में देवदासियाँ कुँवारी रह पवित्र जीवन जीती थीं। वे भजन-कीर्तन में अपना समय गुजारती थीं। दुर्भाग्यवश, उनका पतन होता गया और अब वे अशिष्ट जीवन जी रही हैं। वे भोग-विलास में लिप्त लम्पट समुदाय का रूप ले चुकी हैं।" गृह लक्ष्मी (1941), (दीपावली संचिका), परिशिष्ट, पृ. 1-2।
266. मुथुलक्ष्मी रेड्डी पेपर्स, खंड-2, (भाग-2), क्र. सं. 116-154।
267. मार्गरेट ई. काउजिन्स, 1947, पृ. 106
268. देवपल्ली वेंकटरत्नम्मा का गृहलक्ष्मी (1941 दीपावली संचिका) में 'देवदासी' शीर्षक से छपा आलेख।
269. एल. ए. अनन्तकृष्णा ऐ—यर, 1936, खंड-4, पृ. 423
270. एल. अनन्तकृष्णा ऐयर, 1927, पृ. 7
271. मुथुलक्ष्मी रेड्डी पेपर्स, पृ. 252
272. वही, पृ. 253
273. सी. वाई. चिन्तामणि, 1901, दूसरा भाग, पृ. 96-111 में संकलित रानाडे का 1898 का भाषण।
274. वही, पृ. 76
275. वही, पृ. 102
276. वही।
277. वही, पृ. 105
278. वही, पृ. 106
279. वही, पृ. 111-125
280. के. एन. पणिक्कर, 1995, पृ. 112
281. रंगा ऐय्यर, 1927, पृ. 50-52
282. वही, पृ. 52
283. वही, पृ. 54
284. वही, पृ. 53

3

सामन्ती व्यवस्था और धार्मिक वेश्यावृत्ति

एक सुगठित और जटिल संस्था के रूप में धार्मिक वेश्यावृत्ति की व्याप्ति हम मुख्यतः दक्षिण भारत, उसमें भी खासकर तेलुगु और कन्नड़ भाषी क्षेत्रों में पाते हैं। यहाँ आदर्श पारम्परिक हिन्दू स्त्री के विकल्प के तौर पर मन्दिर-स्त्री का अस्तित्व था। जोगिमाड़ा के गुफा-अभिलेख में आये देवदासी शब्द के आधार पर कुछ लोगों ने देवदासी-संस्था के तीसरी सदी ईसा पूर्व में विद्यमान होने का दावा किया है। जबकि कुछ अन्य लोग इसे महज एक नाम मानते हैं न कि किसी खास धार्मिक अस्मिता का द्योतक।[1] पर्याप्त स्रोत के अभाव की वजह से इस बारे में निश्चित तौर पर कुछ भी नहीं कहा जा सकता। धार्मिक स्त्रियों के आरम्भिक सन्दर्भ प्राचीन काल के उत्तर-अवधि में मिलते हैं। यहाँ सात किस्म की दासियों का जिक्र हुआ है, जो प्रकार हैं[2]—

दत्ता—जो बतौर चढ़ावा के रूप में खुद को मन्दिर के हवाले करती हैं;

विक्रित—जो खुद को मन्दिर के लिए बेचती हैं;

भृत्य—जो अपने परिवार की समृद्धि के लिये मन्दिर-सेविका बनती है;

भक्त—जो श्रद्धा या भक्ति-भाव से मन्दिर-व्यवस्था में शामिल होती हैं;

हृत—जिसे बहला-फुसलाकर मन्दिर में अर्पित किया गया हो;

अलंकार—जो अपने पेशे में पारंगत हो और राजा और अभिजनों द्वारा मन्दिर में भेंट की गयी हो;

रुद्र-गणिका या गोपिका—जिसे नाचने और गाने के लिये नियुक्त किया गया हो और इसके लिये मन्दिर से नियमित मजदूरी मिलती हो;

वैसे तो, रुद्र-गणिका या गोपिका की पहचान देवदासी के आद्यरूप के रूप में हुई है। लेकिन ये सातों कोटियाँ उन विभिन्न तरीकों को उद्घाटित करती हैं जिनके माध्यम से स्त्रियाँ मन्दिर-व्यवस्था के दायरे और नियन्त्रण में लाई जाती थीं।

कन्नड़ भाषी क्षेत्रों में इस प्रथा का सबसे प्राचीन सन्दर्भ बीजापुर जिले में आठवीं सदी[3] का है। मन्दिर-निर्माण के कार्य में तेजी के साथ ही इसके सन्दर्भ में भी हम वृद्धि पाते हैं, जो दसवीं सदी में अपनी ऊँचाई पर पहुँचा।[4] कर्नाटक के

अभिलेख आधारित सर्वेक्षण बताते हैं कि यूँ तो इस प्रथा की व्याप्ति समूचे क्षेत्र में थी लेकिन धरवाड़, बीजापुर, बेलगाम, बेल्लाड़ी, मैसूर, दक्षिण कैनड़ा, बैंगलोर, टुमकुर और चित्रदुर्गा में इसकी बुनियाद ज्यादा मजबूत थी। ए. के. प्रसाद के अनुसार, धरवाड़ जिले के अभिलेख नौ तालुकों–नवलगुंड, हवेरी, हायरकेरूर, रेनबेनर, श्रीहट्टी, हुबली, दम्बल, बांकपुर और रॉन–में बिखरे हुए थे। इसी तरह, कोलार जिले के मुलबागल, मोलुर और बॉवरिंगयेट; हसन जिले के बेलूर और बेल्लरी जिले[5] के हैडगल्ली से प्राप्त अभिलेख इस प्रथा के चलन की पुष्टि करते हैं। तेलुगु भाषी क्षेत्रों में यह प्रथा कृष्णा, गुंटुर और नेल्लौर जिलों में प्रचलित थी। इस क्षेत्र में सबसे आरम्भिक सन्दर्भ नेल्लौर जिले में सातवीं सदी का है।[6] गोदावरी जिले में भीमवरम, द्राक्षरामम और पलाकोलु; विशाखापत्तनम में सिम्हाचलम और दत्तादा तथा गंजम जिले में श्रीकुरमम इस प्रथा से जुड़े अन्य महत्त्वपूर्ण क्षेत्र थे।[7]

जिन क्षेत्रों में यह प्रथा ज्यादा लोकप्रिय हुई वे राजनीतिक ताकत के भी केन्द्र बने। इसकी एक वजह इन क्षेत्रों की ज्यादा उर्वरता भी थी। छठी और सातवीं सदी के दौरान पूरे क्षेत्र में अनेक छोटे-छोटे रजवाड़े उभरे। कर्नाटक[8] में चालुक्य, कदम्ब, राष्ट्रकूट, होयसाल, आन्ध्र[9] में चालुक्य, राष्ट्रकूट, इक्ष्वाक और कैकतिया और इनके साथ-साथ अनेकों स्थानीय सामन्तों या चीफों का मौजूद होना इस अवधि की राजनीतिक अस्थिरता का प्रतीक है। इस दौरान मन्दिर राजनीतिक गतिविधियों के केन्द्र में थे और इनकी महत्त्वपूर्ण भूमिका थी। बड़ी मात्रा में भू-दानों[10] और स्थानीय चीफों की वर्चस्वता की वजह से मजबूत केन्द्रीकृत सत्ता-व्यवस्था का विकास नहीं हो पाया।

डोरा, गुड़ी और सानी/सुले[11]

धार्मिक वेश्यावृत्ति का सम्बन्ध जाति की धारणा से निर्देशित अर्थ-व्यवस्था से है। यह आर्थिक पहलू उत्पादन के विभिन्न परस्पर-विरोधी सम्बन्धों के घनीभूतीकरण की समझ का अवसर प्रदान करता है। उत्पादन के विभिन्न सम्बन्धों की वजह से धार्मिक वेश्याओं के अलग-अलग रूप विकसित हुए। प्राचीन काल के उत्तर-अवधि के दौरान विद्यमान उत्पादन के सम्बन्धों की गर्भ से नए सम्बन्ध जन्मे जो समकालिक सत्ता-संरचना में गुँथे हुए थे। औपनिवेशिक अवधि के आरम्भिक दौर में उत्पादन सम्बन्धों की यह जटिल स्थिति मौजूद थी। इसमें अत्यन्त कठोर दास-सम्बन्धों से लेकर अपेक्षाकृत नरम सम्बन्ध (जिसकी वजह से स्वतन्त्र और स्थान्तरीय श्रम-शक्ति का अस्तित्त्व था) मौजूद थे।

धार्मिक वेश्यावृत्ति प्राचीन काल के उत्तर चरण में महत्त्वपूर्ण हुई और मध्यकाल के दौरान विकसित होकर इसने अत्यन्त विशेषीकृत और पदानुक्रमित संस्था का रूप लिया, इस धारणा पर सहमति-सी है। लेकिन सवाल है–इस प्रथा की उत्पत्ति और

इसके विकास का उस अवधि के राजनीतिक अर्थव्यवस्था में रेखांकन कैसे किया जाए, जिस अवधि का जिक्र ऊपर हुआ है? औपनिवेशिक-पूर्व अवधि के सामाजिक ढाँचों का सैद्धान्तीकरण बहस का विषय रहा है। इस बहस में बिना उलझे, लेकिन समकालीन शोध के आधार पर इसे अर्द्ध-सामन्ती मानकर चलना श्रेयस्कर रहेगा। सामन्त, महादंडनायक, महासामन्त, नायक, महामण्डलेश्वर जैसे शब्द यही इंगित करते हैं कि स्थानीय चीफों का अस्तित्व था और राजनीतिक-व्यवस्था में उनका केन्द्रीय स्थान था। रेड्डी, वोक्का लिग जैसे वर्चस्वप्राप्त किसान समुदाय के ये चीफ ब्रिटिश शासन की स्थापना से पहले तक स्थानीय स्तर पर नियन्ता की भूमिका में थे।[12] चौदहवीं से सत्रहवीं सदी के बीच कर्नाटक में कई छोटे-छोटे रजवाड़े उभर आये। विदेश नीति के अलावा अन्य सभी मामलों पर निर्णय लेने के लिये ये स्वतन्त्र थे। विदेश नीति केन्द्रीय सत्ता के हाथों में थी।[13] राजाओं की भाँति इन स्थानीय चीफों ने भी बड़ी संख्या में मन्दिरों का निर्माण तथा **ब्रह्मदेय** और देवदान के रूप में इन मन्दिरों को भू-दान किया। नतीजतन, गाँव-के-गाँव और बड़े भू-भाग मन्दिरों के नियन्त्रण में आते गये।[14] हयवदन राव ने इसे दक्कन क्षेत्र में आन्तरिक और बाहरी दोनों ही व्यापार में हुई गिरावट की वजह से उत्पन्न आर्थिक संकट की स्थिति में वन्य-भूमि को कृषि के लिये उपयोग में लाने की जरूरत से जोड़कर देखा है।[15] मन्दिरों को व्यक्तिगत[16] सामूहिक[17] सभाओं की तरफ से भारी दान और चन्दे मिलते थे। दक्षिण भारत में, मन्दिरों के नियन्त्रण में बड़े भू-भाग थे। इसी वजह से वे स्थानीय स्तर पर ताकतवर सत्ता का रूप लेते गया[18] और आबादी का बड़ा हिस्सा भूमि-हीन किसान और बँटाईदार होकर रह गयी।[19] आनुष्ठानिक (धार्मिक) और सेकुलर दोनों ही दायरों में मन्दिर की प्रधान भूमिका का चित्रण डर्क ने इस तरह किया है[20] :

> मन्दिर महत्वपूर्ण संस्थान के रूप में उभरे। ये ऐसे केन्द्र थे जहाँ पूजा की विकसित हुई नयी विधियाँ लोगों के बीच नए कर्मकाण्डों और मिथकों के प्रसार का स्रोत थीं। यहाँ होने वाले पूजा-पाठ पहले से होने वाले कर्मकांडों, जैसे बलि आदि से ज्यादा महत्त्वपूर्ण होते गये।

भू-दान के साथ-साथ परिचारिका के परिवार का मन्दिरों को आबंटित किया जाना ध्यानतलब है, कारण यह स्त्रियों के सामन्तीकरण के साथ गूँथने की प्रक्रिया पर रौशनी डाल सकती है। भू-दान को सर्वोच्च भेंट का दर्जा प्राप्त था। ऐसा विश्वास था कि इससे सारे पाप धुल जाते हैं और पुण्य की प्राप्ति होती है। भू-दान के साथ ही वेश्याओं का अर्पण भी महत्त्वपूर्ण होता गया। इससे **सूर्यलोक** मिलता है, ऐसा विश्वास था।[21] **मत्स्य पुराण** में युद्ध में देवताओं से हारे हुए **राक्षसों** की असहाय पत्नियों के समक्ष वेश्यावृत्ति के अलावा मन्दिर में 'पतित' स्त्री के रूप में सेवा करने का विकल्प रह जाता है।[22] दसवीं सदी के बाद लड़कियों के मंदिर में अर्पित किए

जाने के व्यवहार ने रीति का रूप ले लिया। अभिलेख और विदेशी यात्रियों के वृतान्त इसकी पुष्टि करते हैं। मार्कोपोलो ने लड़कियों को मंदिर में अर्पित किए जाने का जिक्र किया है।[23] वेलपुरु से प्राप्त अभिलेख में कोटा गणपति देव द्वारा अक्काम्मा के भगवान रामेश्वर को **सानी** के रूप में अर्पित किये जाने का जिक्र है।[25] इसी तरह स्त्रियों के मन्दिरों को बेचे जाने के भी दृष्टान्त हैं।[26] उदाहरण के लिये, चित्रदुर्ग जिले के मलकेर में चार सुले मालेस्थान भगवान को, शिमोगा में एक कुँवारी और बीजापुर में एक नौकरानी सकलेश्वर भगवान को अर्पित की गयी।[26] मन्दिरों में स्त्रियों की उपस्थिति की वजह से भरपूर दान आये।

दसवीं और ग्यारहवीं सदी के दौरान मन्दिर-निर्माण में आयी तेजी की वजह से शूद्र कारीगरों की माँग में भारी वृद्धि हुई। इसी के साथ जंगल और पहाड़ों पर रहने वाले बेदर जैसे समुदाय जाति-व्यवस्था में शामिल किये गये। यह समुदाय पीढ़ी-दर-पीढ़ी मन्दिरों में वेश्याएँ मुहैया करता था। कारीगर समुदाय कन्नड़-क्षेत्रों में **पंचलड़** और तेलगु-क्षेत्रों में **कामासली** नाम से जाने जाते थे। अनुमानतः ये आर्य-पूर्व कारीगर-समुदाय थे और इनका दर्जा निम्न था। मन्दिर-निर्माण गतिविधि में तेजी आने पर इनकी जरूरत पड़ी तो इनका दर्जा भी उच्च होता गया।[27] भारतीय सामन्तवाद पर विचार-विमर्श करने के लिये यूरोपीय सामन्तवाद को मॉडल मानकर चलना समस्यामूलक है, कारण भारत में यूरोप के तरह की शोषक भू-स्वामी और दास-कृषक वाली सामन्ती संरचना नहीं थी। इसके लिये 'स्वतन्त्र किसान वर्ग' और पारिस्थितिकी, खासकर भूमि की उर्वरता[28] जिम्मेवार माने गये हैं। हालाँकि, पारिस्थितिकी वाले तर्क पर सवाल उठाये गये हैं और जहाँ तक 'स्वतन्त्र किसान वर्ग' की बात है तो वे वर्चस्वशाली जातियों के ही थे।[29] ऐसे में जरूरी है कि यूरोपीय मॉडल के सन्दर्भ में विचार करने के ढर्रे से हटकर सोचा जाए, कारण तभी मध्यकालीन भारत की सामाजिक संरचनाओं की खासियतें उद्घाटित होंगी।

भारत में जाति-व्यवस्था के नियम-कायदों के तहत ही अछूत पीढ़ी-दर-पीढ़ी अपना श्रम प्रदान करते रहे हैं।[30] ऐसी परिस्थिति में भू-स्वामियों को उनके प्रति दमनात्मक रुख अख्तियार करने की जरूरत ही नहीं पड़ी होगी। औपनिवेशिक-पूर्व अवधि के दौरान तक अछूत जातियाँ बँधुआ मजदूरी की बेड़ी में जकड़ी हुए थीं।[31] किसान और भू-स्वामी दोनों ही श्रम प्रदान करने वाले अछूत श्रमिकों के दोहक थे। हालाँकि ये बँधुआ मजदूर ही थे लेकिन बँधुआपन की कई किस्में थीं। मसलन, मन्नलु। ये ऐसे श्रमिक थे जो जमीन से बँधे होते थे।[32] ये जमीन जोतने, पशुपालन, अनाज ढोने जैसे कृषि और गैर-कृषि दोनों ही तरह के काम करते थे।[33] काम करने की कठोर परिस्थितियाँ जाति-जन्य दायित्व के तहत सहज व स्वाभाविक मान ली जाती थीं। मजदूरी और इसका रूप ऐसा था कि ये वर्चस्वशाली जातियों का मोहताज बने रहें।[34]

इन उत्पादन-सम्बन्धों ने श्रमिक समुदाय के निजी दायरे को जिन रूपाकारों में ढाला वह ध्यानतलब है। कारीगर और श्रमिक समुदाय के स्त्री-यौनता को मन्दिर व्यवस्था के दायरे में समाविष्ट कर और उन्हें वैधता देकर धार्मिक वेश्यावृत्ति ने अपने लिये असीम स्रोत की व्यवस्था कर ली। श्रम करने के साथ-साथ ये समुदाय रीतिगत काम भी किया करते थे।[35] मसलन, ऊँची जातियों को चमड़े की बनी चीजें मुहैया करना, जन्म, मृत्यु आदि जैसी दूषित घटनाओं के संदेशवाहक का काम...इत्यादि।[36] ये निजी या आम मौकों पर गाने-बजाने का भी काम काम करते थे। इनकी सेवाओं के बदले में इन्हें अनाज मिलता था। साथ ही, पर्व-त्योहार के अवसर पर ये भोजन आदि माँगते थे।[37] इसे प्राक् कालीन समाज में प्रचलित विनिमय का अवशेष माना जा सकता है। इन तमाम कार्य-व्यापारों पर मन्दिर वैधता की मुहर लगाते थे। खासकर, श्रमिक समुदाय की स्त्रियों की यौनता पर नियन्त्रण इनके जीवन-यापन पर नियन्त्रण का महत्त्वपूर्ण माध्यम थी। अछूत स्त्रियाँ सामन्ती ढाँचे का महत्त्वपूर्ण अंग थीं। यही वजह है कि भूस्वामियों के घर से लेकर कृषि-व्यवस्था तक के लिये इन पर नियन्त्रण जरूरी था। इनकी यौनता पर ऊँची जाति के पुरुषों का विशेषाधिकार था। जोगती या बासवी को इसी विशेषाधिकार पर मन्दिर द्वारा वैधता प्रदान करने के रूप में देखा जा सकता है। गौरतलब है, अर्पण के उपरान्त अछूत स्त्री जोगती या बासवी के रूप में शुद्ध हो जाती थी और इसलिये उससे शारीरिक सम्पर्क या स्पर्श से ऊँची जाति के पुरुष दूषित नहीं हो सकते थे। हालाँकि अर्पण की वजह से उस समुदाय की सामाजिक स्थिति में कोई परिवर्तन नहीं होता था जो जोगती/बासवी मुहैया करता था और न ही अर्पित स्त्री यानी जोगती या बासवी अछूत अस्मिता से मुक्त हो जाती थी।

गुडी (मन्दिर) : स्त्री-यौनता के नियन्त्रक के रूप में

जाति या समुदाय के दायरे में छोटे स्तर पर परिवार या घर और बड़े व व्यवस्था के स्तर पर मन्दिर स्त्री-यौनता का नियन्त्रक-स्थल थे। धार्मिक वेश्यावृत्ति मन्दिर-व्यवस्था द्वारा घरेलू दायरे के बाहर स्त्री-यौनता के नियन्त्रण के माध्यम के रूप में चिन्हित की जा सकती है। मन्दिर से जुड़ी वेश्याओं के साथ धार्मिकता का जोड़ा जाना ध्यानतलब है। ऐसी स्त्रियों को प्रदत्त कर्मकाण्डीयता, मांगलिकता और दैवी-गुण घरेलू स्त्रियों के लिये निषिद्ध थे।

एम. शमा राव ने लिखा है,[38] "मैसूर में व्यभिचार की दोषी स्त्रियों की नीलामी आम बात थी। सरकार को इससे राजस्व मिलता था। 1843 में एक आदेश जारी कर इस पर पूरी तरह प्रतिबन्ध लगा दिया गया। ब्राह्मणों और वैश्यों में ऐसी स्त्रियाँ बेची नहीं जाती थीं बल्कि उन्हें जाति से निष्कासन की सजा का प्रावधान था। इसके साथ ही, उनकी बाँहों पर वेश्या लिख दिया जाता था।" व्यभिचारी स्त्री से निबटने

के लिये मराठों में प्रचलित रीति के बारे में एन्थोवन ने लिखा है,[39] ''कोंकण क्षेत्र में **भाविन** नाम की स्त्रियों का एक वर्ग है जिन्हें देवता के कटार से ब्याहा जाता है। उन्हें **देव योशिता** भी कहा जाता है जिसका अर्थ होता है—देवता को अर्पित वेश्याएँ। वे जिस जाति की होती हैं उस जाति का नाम भाविन के साथ बरकरार रखती हैं मसलन, मराठी भाविन, भंडारी भाविन इत्यादि। स्त्री यदि विवाहिता होती है तो अर्पण के बाद उसका अपने पति से कोई सम्बन्ध नहीं रहता। वह आजाद हो जाती है। विवाह के बन्धन में बँधने की इच्छा नहीं रखने वाली इनकी बेटियाँ माँ के पेशे को ही अपनाती हैं...वैसे तो ये मन्दिर में सेविका का काम करती हैं लेकिन इनका वास्तविक पेशा लोगों का मनोरंजन (वेश्यावृत्ति) ही है। इसके लिये इन्हें लोग घृणा या नीच निगाहों से नहीं देखते।''

तुलुवा प्रदेश में प्रचलित ऐसी ही एक रीति के बारे में फ्रांसिस बुचानन ने लिखा है,[40] ''तुलुवा के मन्दिरों में एक अनूठी रीति का चलन है, जिसने **मोयलर** नाम की स्त्रियों के एक वर्ग को जन्म दिया है। ब्राह्मण, क्षत्रिय, वैश्य और शूद्र इन चारों ही जातियों में अपने पति को छोड़ने की इच्छा रखने वाली स्त्री और विधवा-जीवन से मुक्ति चाहने वाली स्त्री मन्दिर जाती है और भगवान को चढ़ाये गये चावल में से थोड़ा-सा चावल खाती है। ऐसी स्त्री सरकारी अधिकारियों के पास ले जायी जाती है, जो उसकी जाति के कुछ लोगों को इकट्ठा कर उसके द्वारा उठाये गये कदम के कारण का पता करते हैं। यदि स्त्री ब्राह्मण है तो उसे मन्दिर या उसके अहाते में रहने का विकल्प दिया जाता है। मन्दिर में रहने पर उसे हर रोज चावल एवं साल में एक बार कपड़ा मिलता है। वह मन्दिर में झाड़ू-पोंछा करती है और देवता की प्रतिमा पर पंखा झलती है। वह केवल ब्राह्मण पुरुष से ही अपना सम्बन्ध बना सकती है। सामान्यतः वह राजस्व अधिकारी की रखैल होती है, जो किसी और से उसके सम्बन्ध की स्थिति में उसकी पिटाई कर सकता है। इनके बेटे मोयलर ही कहलाते हैं, लेकिन वे खुद स्तानिक कहलाना पसन्द करते हैं और जनेऊ पहनते हैं। इनमें से अधिकांश मन्दिर के काम-काज मसलन, साफ-सफाई, गाय के गोबर से मन्दिर का प्रांगण और अगल-बगल लीपने आदि द्वारा ही जीविकोपार्जन करते हैं। जो मन्दिर से नहीं जुड़ते वे खेती या अन्य रोजगार का सहारा लेते हैं। इन स्त्रियों की बेटियाँ माँ के ही नक्शे कदम पर चलती हैं और जो ऐसा नहीं करतीं उन्हें स्तानिकों से ब्याह दिया जाता है।

ऐसी ब्राह्मण स्त्रियाँ जो मन्दिर में रहने की इच्छा नहीं रखतीं और अन्य तीनों जातियों—क्षत्रिय, वैश्य और शूद्र—की स्त्रियाँ अपनी मर्जी के किसी भी शुद्ध रक्त के पुरुष के साथ रह सकती हैं, लेकिन उन्हें हर वर्ष पगोड़े के सोलहवें हिस्से से लेकर आधे तक मन्दिर को देना होता है।''

इन रीतियों में हम जो एक चीज सबमें पाते हैं वह है स्त्री का ही विवाह के

बन्धन से बाहर निकलकर मन्दिर के आश्रय में जाने का पहल करना, जिस पर समुदाय और मन्दिर की तरफ से सामूहिक मुहर लगता है। वस्तुतः यहाँ मन्दिर ऐसी स्त्रियों की यौनता के नियन्त्रक की भूमिका में आ जाता है, जो खुद से निम्न जाति के पुरुष से अधार्मिक सम्बन्ध बनाने की ओर रुख कर सकती थी। वह किससे यौन-सम्बन्ध बनाएगी यह उसकी जाति का खयाल रखते हुए तय किया जाता था। तो हम पाते हैं कि घरेलू दायरे के बाहर की स्त्री के लिये मन्दिर पितृसत्तात्मक नियन्त्रण की भूमिका निभाते थे। ये स्त्रियाँ वेश्या की भाँति कई पुरुषों से सम्बन्ध बनाती थीं लेकिन उन्हें वेश्या की भाँति घृणा या नीची निगाहों से नहीं देखा जाता था।

धार्मिक वेश्याओं के विभिन्न रूप

धार्मिक वेश्यावृत्ति पर किये गये अध्ययन सभी धार्मिक वेश्याओं पर एक ही अस्मिता लादने के क्रम में इनके बीच विद्यमान भिन्नताओं के उद्घाटन में असफल रहे हैं। हालाँकि लिखित और लोक परम्परा के बीच के जुड़ाव के आधार पर सस्किया ने ऐसा दृष्टिकोण विकसित करने का प्रयास किया है ताकि भिन्नताएँ सामने आ सकें, लेकिन मुख्यतः लिखित स्रोत पर निर्भर रहने और तमिलनाडु तक ही सीमित रहने की वजह से सस्किया द्वारा जाहिर किये गये विभिन्न रूप न केवल अविकसित बल्कि स्थिर इकाई के रूप में ही सामने आये।

मतांगी रूप

सस्किया को छोड़कर बाकी किसी भी अध्येता ने मतांगी को एक अलग कोटि (रूप) के रूप में चिन्हांकित नहीं किया है। वैसे भी मतांगी के बारे में बहुत कम आँकड़े उपलब्ध हैं और वे भी ऑफिसियल व नृशास्त्रीय दस्तावेजों में बिखरे हुए से हैं।

एडगर थर्सटन ने मदिगा स्त्रियों के बीच मतांगी, मतम्मा या मता नाम की वेश्याओं के होने का जिक्र किया है, जिन्हें खासा सम्मान प्राप्त था।[41] वे मदिगा समुदाय की अविवाहित स्त्रियों के रूप में भी चिह्नित की गयी हैं, जो देवियों की प्रतिनिधि थीं।[42] करसेनबुम मतांगी प्रथा को उत्तर-संगम युग की कर्मकांडीय-रीति की निरन्तरता के रूप में ही देखती है।[43] उनका मत है कि मतांगी पवित्र/दैवी स्त्रीत्व का प्रतीक थी, जिसे वह पुरोहिताइन की भूमिका में क्रियान्वित करती थी। वे मुख्यतः अछूतों में ही मौजूद थीं। मिथकीय स्तर पर, मतांगी रेणुका और जमदाग्नि की कथा में केन्द्रीय स्थान रखती है। स्थानीय परम्परा में वह देवी के रूप में रेणुका (जमदाग्नि की पत्नी) से निम्न दर्जे पर स्थित है।[44] स्थानीय मिथक मतांगी की धार्मिक अस्मिता एवं जोगती/बासवी के बीच के जुड़ाव को स्पष्ट करते हैं।[45]

मतांगी की रीति ने स्त्रियों के लिये स्वायत्त जगह बनाये रखा। वह 'प्राक्'

पुरोहिताइन की प्रतीक थी।[46] एम्मा राउसेनबफ का कहना है कि[47] ''इस रीति की जड़ें सुदूर अतीत में मातृप्रधानयुगीन मातृ-पूजा में है। उस समय की धार्मिक कर्म-कांडों की अभिव्यक्ति आज के शक्तिपंथ में हुई है...मतांगी की रीति में अति प्राचीन मानवीय आचार-व्यवहार एक साथ हो गये हैं।'' मतांगी में दैवी और दानवी दोनों शक्तियाँ निहित थीं। ऐसी धारणा व्याप्त थी कि उसका क्रोध दुर्भाग्य और विनाश लाता है।[48] मतांगी की इस तरह की क्षमता में ऊँची जातियों का भी गहरा विश्वास था। यही कारण है कि मतांगी की रीति को उपेक्षा की दृष्टि से देखने वाली ऊँची जातियाँ उस अपमान को चुपचाप बर्दाश्त करती थीं जो कर्मकांडीय भ्रमण के क्रम में मतांगी के उनके घरों में पहुँचने से होता था।[49]

औपनिवेशिक अवधि के दौरान आन्ध्र के कुर्नूल जिले[50] और मैसूर में मतांगी प्रथा विद्यमान थी।[51] उपलब्ध स्रोतों के मुताबिक तेलुगु-भाषी क्षेत्रों के विपरीत कन्नड़-भाषी क्षेत्रों में यह प्रथा अपनी आदिम या प्राक् (प्रिस्टाईन) अस्मिता खो चुकी थी। यहाँ इसका रूप **जोगिनी** प्रथा के समान हो गया था। **मतांगी, मतम्मा** या **मता** नामों से जानी जाने वाली ये स्त्रियाँ चुकलेर पुरोहिताइन के रूप में लोकप्रिय थीं। अर्पित वेश्याओं की श्रेणी में रखी जाने वाली इन स्त्रियों को मदिगाओं के बीच खासा सम्मान प्राप्त था।[52] मतांगी की वैवाहिक स्थिति पर मतभेद की स्थिति है। कुछ स्रोत बताते हैं कि मतांगी की अलौकिक शक्तियों के प्राप्त करने की राह में स्त्री का विवाहित होना आड़े नहीं आता है[53], वहीं कुछ स्रोत ऐसे हैं जिनमें मतांगी के लिये स्त्री का अविवाहित होना अनिवार्य शर्त बताया गया है।[54] हालाँकि मतांगी पर ब्रह्मचर्य या अन्य कठोर बंदिशें नहीं थीं।

सुले/सानी रूप

दक्षिण भारत के विभिन्न भागों में प्रचलित सुले/सानी प्रथा नृशास्त्रीय, समाजशास्त्रीय और ऐतिहासिक अन्वेषण का विषय रही है। इस क्रम में देवदासी से लेकर कलावंथुलु तक का प्रयोग किया गया है। हालाँकि कलावंतुलु ज्यादा लोकप्रिय नहीं हो पाया। आरम्भिक स्रोतों में कन्नड़-भाषी क्षेत्रों में **सुले**[55] और तेलुगु-भाषी क्षेत्रों में **सानी**[56] का प्रयोग हुआ है।

मन्दिर की **सानी** के लिए **सम्प्रदाय सानी** का प्रयोग हुआ है ताकि सामान्य **सानी** से उसकी अलग अस्मिता की अभिव्यक्ति हो सके।[57] उदाहरण के लिये, तिरुपति के अभिलेख में ऐसी मन्दिर-स्त्रियों का उल्लेख है जिनके नाम में सानी जुड़ा हुआ है—**लिंगासानी, हनुमासानी, टिप्पासानी, नागासानी** और **सेव्वुसानी**।[58] लेकिन ऐसा कोई नियम नहीं था कि सानी लगाया ही जाए।[59] निजाम शासित तेलुगु-भाषी हिस्सों में ये स्त्रियाँ **बोगमवरु** नाम से जानी जाती थीं।[60] दरअसल इस नाम का प्रयोग मन्दिर-व्यवस्था के दायरे के बाहर की नर्तकियों के लिए भी होता था।

इस समुदाय की लड़कियों को सात-आठ साल की उम्र में ही नृत्य, संगीत, शृंगार और साहित्य का प्रशिक्षण दिया जाता था। अर्पण के बाद वे मन्दिरों से जुड़ जाती थीं।[61] हैदराबाद में हिन्दू बोगम या दासी के लिये **'कंचिनी'** शब्द का प्रयोग प्रचलित था। वे स्थानीय देवता की सेविका मानी जाती थीं।[62] पश्चिमी भारत में नर्तकी और गायिका के लिये **कंचिनी** का प्रयोग किया जाता था। कुछ अभिलेखों में देवता के समक्ष **मंगलहराती**[63] गाने के लिये **लंजाओं**[64] को दान-दक्षिणा देने के जिक्र मिलते हैं।[65] बाद में दसवीं सदी के आसपास **पात्रा, कलावंथुलु** जैसे नामों का प्रचलन बढ़ा।[66] धरवाड़ में, इन्हें सामान्य वेश्या से भिन्न जताने के लिये **देवरबोगक्केन्देव** या **पिरियारवालासुले** जैसे विशिष्ट नाम नवाजे गये थे, जिनका अर्थ था—देवताओं को यौनानन्द देने के लिये नियुक्त वेश्याएँ।[67] मन्दिर-निर्माण कार्य में हुई तेजी के साथ-साथ **सुले/सानी** प्रथा की भी लोकप्रियता बढ़ी।[68] औपनिवेशिक अवधि के दौरान मन्दिर-स्त्रियाँ तेलुगु-भाषी क्षेत्रों में **कलावंथुलु**[69], **बोगम**[70] और **सानी**[71] नामों से और कन्नड़-भाषी क्षेत्रों में **पात्रादवरु** और **सुले**[72] नामों से जानी जाती थीं।

जोगिनी/बासवी

अपर्याप्त ऐतिहासिक प्रलेखन और जोगती/बासवी को अन्य धार्मिक वेश्याओं से अलग करके नहीं देखने की वजह से इनकी पहचान में गड़बड़ी हुई।[73] बासवी 'बासव' का स्त्रीलिंग है।[74] बासव यानी बैल (साँड़)। **हिन्दूमत** में यह जननक्षमता का सूचक है।[75] बासवी शब्द का सबसे आरम्भिक जिक्र हम नौवीं सदी के शिलालेख (अभिलेख) में पाते हैं।[76] उन्हें 'लिंगायत स्त्री भक्त' कहा गया है।[77] यह धार्मिक अस्मिता जोगती को बासवी से अलग करती है। जोगती[78] शब्द 'जोगी' का स्त्रीलिंग है, जिसकी व्युत्पत्ति 'योगी' से हुई है। योगी, जो सांसारिक बन्धनों से मुक्त हो और जिसे सत्य का ज्ञान हो। योगिनी योगी का स्त्रीलिंग है।[79] दक्षिणी मराठा क्षेत्रों—धारवाड़, बेलगाम और बीजापुर में ये मुरली के नाम से जानी जाती थीं।[80] निजाम शासित क्षेत्र में ये जोगिनी नाम से लोकप्रिय थीं।[81] अठारहवीं सदी में ये दोनों क्षेत्रों में विद्यमान थीं। बासवी पर सब-ड्यूबोइस के अवलोकन में हम इन्हें एक भिन्न कोटि की धार्मिक वेश्या के रूप में देख सकते हैं। उन्होंने इनका चित्रण 'पुजारिन' के नाम के तहत शिव या विष्णु की सेवा में रत देवताओं की पत्नी के रूप में किया है। ड्यूबोइस द्वारा इन्हें 'मन्दिर की नर्तकियों' से अलग एक 'भिन्न कोटि' के रूप में देखा जाना महत्त्वपूर्ण है। उन्होंने इन पुजारिनों में विद्यमान भेद तक का रेखांकन किया है। विष्णु की पुजारिनों को उसने 'गरुड़ बासवी' और शिव की पुजारिनों को 'लिंग बासवी' कहा है। उनके अनुसार बासवी और मन्दिर की नर्तकियों में जिस एक स्तर पर समानता थी वह थी—'नैतिक भ्रष्टता'[82] औपनिवेशिक अवधि के दौरान इन क्षेत्रों में बासवियाँ पार्वत नाम से भी जानी जाती थीं। बासवी-पार्वती बोगम से

अपनी अलग जाति की वजह से भिन्न प्रतीत होती हैं। ये **माला** समुदाय से होती थीं।[83]

शाब्दिक स्तर पर बासवी और जोगती दोनों ही क्षेत्रीय परम्परा का द्योतक हैं और कोटि के रूप में ये इस क्षेत्र की आनुष्ठानिक और सांस्कृतिक जटिलता की गुत्थी खोल सकती हैं। संस्कृत में वृषण (साँड़) की व्युत्पत्ति वृष (बारिश) से हुई है। साँड के अलावा वृषण ''शक्तिशाली, वीर्यवान और कामुक पुरुष'' का भी द्योतक है। ''स्त्री में वृषनयम पायस नामक बीज होता है।''[84] इसे व्यक्त करने के लिये भी इस शब्द का प्रयोग होता है। इस प्रकार बासवी जननक्षमता और उन्नति का द्योतक है। धार्मिक वेश्यावृत्ति पर शैव मत का प्रभाव इसमें स्वीकृत 'लिंग' की पूजा से जाहिर होता है। वैसे भी शैव मिथक कथा में बैल का जिक्र तो जाहिर है। लेकिन जोगती और जोगिनी दोनों ही शब्द उपरोक्त वर्णित व्युत्पत्ति प्रक्रिया में फिट नहीं होते हैं। योगिनी शब्द मुख्यतः तांत्रिक-जगत में आता है। हिन्दूमत में इसकी स्थिति अर्द्ध-देव की (कभी-कभार ही) है और इसकी कोई खास अहमियत भी नहीं है। तांत्रिक-मत में योगिनी शब्द का लक्ष्यार्थ ''स्त्री-शक्ति, देवी और स्त्री-शामन-पन (ओझागिरी)'' है।[85] एन. एन. भट्टाचार्य के अनुसार, ''तांत्रिक सम्प्रदाय में योगिनी का महत्त्वपूर्ण स्थान है। इसमें योगिनी स्त्री तांत्रिक, देवियों के एक वर्ग और स्त्री शरीर के भीतर मौजूद स्त्रीपन के विभिन्न पक्षों का द्योतक है। आरम्भिक योगिनी मांस-मज्जा युक्त शरीर थी जिसके भीतर देवी का निवास माना जाता था। बाद में उसे देवी के स्तर तक उठा दिया गया।''[87] योगिनी के ये भेद बताये गये हैं—कनकवती, कामेश्वरी, नलिनी, पद्मिनी, मधुमति, मनोरमा, रतिसुन्दरी और सुरासुन्दरी।[86] हिन्दूमत में ये कम देवत्व प्राप्त और क्रुद्ध देवियों दुर्गा और काली के अधीनस्थ रूप में आयी हैं।[88] मिथकों में जोगती/जोगिनी और बासवी से सम्बन्धित देवियाँ रेणुका (उच्च जाति की देवी) और मतांगी (निम्न जाति की देवी) हैं। निम्न जातियों में लोकप्रिय मतांगी तांत्रिक-जगत में महत्त्वपूर्ण देवी के रूप में आयी है।[89]

इन क्षेत्रों में हिन्दुओं और अछूतों दोनों ही के मिथक-जगत में येलम्मा के सरल से लेकर जटिल तक विविध रूपों में मिथक लोकप्रिय हैं। ये दैवी ताकतों की स्पर्द्धी अस्मिताओं के बीच उस सामंजस्य के लिये ढाँचा (फ्रेम) मुहैया करते है जो ऊँची जातियों में अछूत धार्मिक वेश्या की अस्मिता और क्षेत्रीय परम्परा के पेंच की समझ के लिये अत्यन्त महत्त्वपूर्ण है। अछूतों की देवियों को हिन्दूमत के भीतर वैधता प्रदान करने के क्रम में ये मिथक निम्नजाति की स्त्रियों के समावेशन की मंजूरी देते हैं जिसका सांकेतिक दृष्टांत है—हिन्दू देवी-देवताओं की सूची में मतांगी (निम्न जाति की देवी) का समावेशन[91] इससे हिन्दू देवी-देवता के मन्दिर के सामने मतांगी की मूर्ति के होने की पहेली समझ में आती है। इसके उदाहरण हैं—साउनदत्ती में

येलम्मा-मन्दिर[91], कुरनूल जिले से दस मील दूर दक्षिण-पश्चिम में टुडिमिला गाँव में जमादग्नि और रेणुका के मन्दिर।[92]

दोनों ही क्षेत्रों में अछूतों के बीच मरियम्मा, हुलिंगम्मा, पोलेरम्मा और मैसम्मा के साथ-साथ येलम्मा लोकप्रिय देवी है।[93] रेणुका और जमदाग्नि के मिथक में येलम्मा का जिक्र आया है। इस मिथक ने कई स्थानीय मिथकों के पनपने का अवसर प्रदान किया जिनमें मतांगी जैसी अछूत देवियाँ हैं। इनमें येलम्मा की अस्मिता परस्पर-विरोधी है। एक मिथक में वह रेणुका की समानार्थी है तो दूसरे में जाति-आधारित माइथोलॉजी के अनुसार अछूत देवी के रूप में। इन मिथकों के कई रूप हैं लेकिन अमूमन इन सभी रूपों में एक ही धारणा बार-बार आयी है। जिस केन्द्रीय कथानक के इर्द-गिर्द ये मिथक रचे गये हैं वह इस प्रकार हैं :

राजकुमारी रेणुका[94] का विवाह स्वयंवर[95] में ऋषि जमदाग्नि[96] से होता है। वे मालप्रभा नामक नदी के किनारे एक कुटिया में रहते हैं। उन्हें पाँच पुत्र होते हैं जिनमें सबसे छोटा परशुराम है।[97] पति की सेवा के लिये रेणुका सांसारिक सुखों का त्याग कर देती है। पवित्रता और कौमार्यता की मर्यादा का पालन करने की वजह से उसे चामत्कारिक शक्तियाँ प्राप्त होती हैं जिनका नदी से उसके पानी लाने की घटना में चित्रण हुआ है। उन विशिष्ट शक्तियों के सहारे वह बालू से बर्तन बनाती है और **कोब्रा सिम्बी** पर इस बर्तन में पानी भरकर लाती है। एक दिन एक गन्धर्व जोड़े के कामालाप का प्रतिबिम्ब देख वह अपने भीतर लालसा-सी महसूस करती है।[98] सांसारिक इच्छा के जन्म लेते ही वह अपनी शक्ति खो देती है और पानी ला पाने में असमर्थ हो जाती है। जमदाग्नि अपनी शक्ति के बल पर यह सब जान लेता है और क्रोधित हो जाता है। इसके बाद जो कुछ होता है, वह महत्त्वपूर्ण (गौरतलब) है। कारण यह ऊँची जातियों और अछूतों दोनों ही के मिथकों में बार-बार आने वाला 'थीम' है।

क्रुद्ध जमदाग्नि पुत्र परशुराम को रेणुका को मारने का आदेश देता है। रेणुका की एक नौकरानी है जो मतांगी (यहाँ अछूत देवी) है। परशुराम माँ के साथ ही उएसे भी मार देता है। पुत्र की आज्ञाकारिता से प्रसन्न जमदाग्नि उससे वर माँगने के लिये कहता है। परशुराम अपनी माँ को पुनर्जीवित करने का वर माँगता है।[99] लेकिन अँधेरे की वजह से रेणुका और मतांगी के सिर की अदला-बदली हो जाती है और मतांगी भी देवी का सम्मान प्राप्त करती है।[100]

एक अन्य संस्करण में रेणुका का कटा सिर नहीं पाने पर परशुराम एक माँग स्त्री का सिर ले आता है।[101] लेकिन जमदाग्नि अपनी चामत्कारिक शक्ति की वजह से रेणुका का सिर पाने में सफल हो जाता है। परशुराम माँग स्त्री के सिर को माहुर के पहाड़ी की चोटी पर स्थापित कर घोषणा करता है—रेणुका के सभी भक्त मतांगी की भी पूजा करेंगे।[102] इसी प्रकार का किस्सा तेलुगु भाषी क्षेत्र में भी प्रचलित है।

इसके अनुसार, रेणुका का कटा सिर माला के घर में गिरता है और भूलवश परशुराम उसका भी सिर काट लाता है। उपरोक्त किस्से की ही स्थिति उत्पन्न हो जाती है जब दोनों के सिरों की अदला-बदली हो जाती है। लेकिन यहाँ जमदाग्नि एक परिया स्त्री के सिर के साथ रेणुका को स्वीकार नहीं करता और उसे परिया समुदाय द्वारा पूजन के लिये छोड़ देता है।[103]

एक और संस्करण में एक माँग स्त्री रेणुका को जमदाग्नि के कोप से बचाती है। उस माँग स्त्री से प्रसन्न रेणुका उसे अपनी छोटी बहन के रूप में अपनाते हुए घोषणा करती है कि मेरी पूजा करने से पहले उसकी पूजा की जाएगी।

एक अन्य मिथक के अनुसार, ''क्रुद्ध जमदाग्नि ने पत्नी को उसकी सुन्दरता नष्ट (ल्यूकोडर्मा या लकवा) होने का शाप देकर उसका परित्याग कर दिया। नजदीक स्थित जंगल में भटक रही रेणुका की भेंट दो शैव नाथ, एवकीनाथ और जोवकीनाथ साधुओं से हुई। उन्होंने उसे तालाब (जोगुला भावी) में स्नान कर शिव की कठोर पूजा-अर्चना करने की सलाह दी और उसे कंद-मूल बटोरने के लिये एक टोकरी दी।'' शिव की साधना से उसने पुनः अपना स्वास्थ्य प्राप्त किया। उसे वापस लौट पाकर क्रुद्ध जमदाग्नि ने अपने प्रथम चार पुत्रों से माँ का सिर काटकर लाने के लिये कहा। पुत्रों ने इनकार किया तो पिता ने उन्हें नपुंसक होने का शाप दिया। अन्ततः जमदाग्नि ने अपने छोटे पुत्र परशुराम को बुलाया जो हिमालय पर तपस्या में लीन था। परशुराम ने पिता की आज्ञा का पालन किया। उसकी पितृभक्ति से प्रसन्न जमदग्नि ने उससे दो वरदान माँगने के लिये कहा। पहले वरदान में परशुराम ने माँ के जीवन और भाइयों के पुरुषत्व की माँग की और दूसरे वर में उसने अपने शरीर से कोप की देवी को बाहर निकालने की माँग की क्योंकि उसी की वजह से उसने हिंसक कृत्यों को अंजाम दिया था।[104]

इसी प्रकार अछूतों के बीच काफी लोकप्रिय एक महत्त्वपूर्ण मिथक में जोगती/बासवी के नग्न-पूजन का जिक्र हुआ है। जमदाग्नि के क्रोध से भयभीत रेणुका भागती है। छोटा पुत्र परशुराम उसे पकड़ने के लिये पीछा करता है। इस भाग-दौड़ में रेणुका की साड़ी खुल जाती है और उसका नितम्ब अनावृत्त हो जाता है। छिपने के ध्येय से रेणुका एक गुफा में घुस जाती है और धरती माँ से विनती करती है। धरती उसे अपने कोख में समेट लेती है। इस मिथक की व्याख्या करते हुए लिंडा एम कहती है,[105] ''आज तक भक्तगण पत्थर के लिंग की पूजा करते हैं जो उनके विश्वासानुसार उस स्थान पर उग आया। इसके साथ ही रेणुका के नितम्ब की मूर्ति की भी वे पूजा करते हैं। चूँकि रेणुका नग्न रूप में धरती में समाई थी, इसलिये भक्तगण मानते हैं कि वह उनसे निश्छल बच्चे की भाँति नग्न रूप में आने के लिये कहती है।''

विभिन्न जातियों और अछूतों के बीच ये मिथक विविध और परस्पर विरोधी

धारणाएँ सम्प्रेषित करते हैं। मिथक के पहले भाग में **पतिव्रत्य धर्म**[106] की धारणा गुँथी हुई है। इसमें पतिव्रत्यता की महिमा का बखान हुआ है। वहीं, मिथक के बाद वाले हिस्से में अछूत देवी के निम्न दर्जे पर स्थापित होने की प्रक्रिया का स्पष्टीकरण है और इसलिये यह स्थानीय महत्त्व का विषय हो जाता है। रेणुका के साथ जो कुछ गुजरता है उसमें स्त्री से अपने पति के प्रति शारीरिक ही नहीं बल्कि मानसिक निष्ठा बरतने की माँग है। ऐसा नहीं करने पर उसे अपनी शक्ति और परिवार से हाथ धोना पड़ता है। लकवाग्रस्त होने पर देवता की आराधना करने की जो बात आयी है, वह स्त्री-अर्पण के लिये अच्छा तर्क हो गया।

ये मिथक मतांगी की बदली हुई स्थिति को वैधता प्रदान करते हैं, लेकिन रेणुका से निम्न दर्जे पर और अछूत अस्मिता के साथ ही। मिथक अछूतों के धार्मिक विश्वासों के हाशिये के हिन्दू देवी-देवता के साथ सांकेतिक एकीकरण का माध्यम हो जाते हैं।[107] गौरतलब है, ये मिथक खासकर अछूत स्त्रियों पर केन्द्रित हैं। अछूत पुरुषों के लिये इनमें कोई जगह नहीं है। इससे अछूत पुरुषों की भूमिका की निरर्थकता स्पष्ट होती है। जबकि ऊँची जाति के पुरुष, चाहे वह जमदाग्नि हो या परशुराम इन मिथकों में महत्त्वपूर्ण भूमिकाओं में हैं। रेणुका के अस्तित्त्व का फैसला पुरुष के हाथों में है जो यहाँ पति और बेटे हैं। वहीं अछूत स्त्री मिथक में बिना किसी अछूत पुरुष के आयी है। यह अछूत स्त्री पर ऊँची जाति के पुरुषों के विशेषाधिकार का सूचक है। इस तरह, धार्मिक आवरण हटाने पर ये मिथक सामाजिक सम्बन्धों की यथार्थ अभिव्यक्ति के रूप में सामने आते हैं।

संस्कार/दीक्षा की प्रक्रिया

मतांगी **मादिगा** समुदाय की पुरोहिताइन थी। उसे देवी मतांगी का प्रतिरूप माना जाता था। आन्ध्र प्रदेश में पुरोहिताइन की उसकी भूमिका का जिक्र तो स्पष्ट रूप में हुआ है, लेकिन कन्नड़ प्रदेश में उसकी ऐसी किसी भूमिका के बारे में कुछ भी स्पष्ट नहीं है। मतांगी बनने के लिये मदिगा स्त्री को कुछ उपदेशात्मक बातें कहकर अपनी अर्हता साबित करनी होती थी।[108] कन्नड़ प्रदेश में मतांगी की दीक्षा की रीति इस प्रकार थी[109]—

> ''अपनी अर्हता साबित करने के लिये उसे कुछ उपेदशात्मक जुमले पढ़ने होते हैं...तदोपरान्त वह अपने चेहरे पर हल्दी व लाल रंग पोतती है...मारगोसा पत्तियों में सजी-सँवरी वह अविवाहित होती है, कौड़ियों से बना हार तीन दिन पहले ही से कुएँ में रखा जाता है। यह हार पहनकर वह आयोजन-प्रमुख के पीछे चलती है, जो चाकू, खड़ाऊँ और त्रिशूल लिये होता है। ये वस्तुएँ भी कौड़ी के हार की भाँति कुएँ

में रखी गयी होती हैं। आयोजन का प्रमुख और उस स्त्री के सगे-सम्बन्धी एक कतार में खड़े हो जाते हैं और वह अर्थहीन-से जुमले पढ़ते हुए उनके चारों ओर घूमती है। उसके हाथों में एक छड़ी रहती है। चक्कर लगाते वक्त वह छड़ी से कतार में खड़े लोगों को छूती है और उन पर थूक भी फेंकती है। उसके स्पर्श एवं थूक शरीर व आत्मा के लिये शुद्धिकारी माने जाते हैं...। कन्नड़ प्रदेश में मतांगी को उसकी प्राक्-अस्मिता (पुरोहिताइन) नहीं प्राप्त थी। यह यहाँ आयोजित किये जाने वाले दीक्षा की विधि में हिन्दू देवी-देवता के शामिल किये जाने, वैवाहिक बंदिशों पर तवज्जो देने और वोक्कालिगा पुरोहित की उपस्थिति की वजह से उत्पन्न भिन्नता में स्पष्ट था।[115]
इसके आयोजन का चित्रण इस तरह हुआ है[111] :
कन्नड़ प्रदेश (मसलन मैसूर के तुमकुर) में दीक्षा-कर्म वोक्कालिगा पुरोहित द्वारा सम्पन्न किया जाता है। सर्वप्रथम घर के सामने के आँगन का एक हिस्सा साफ किया जाता है। इसे गोबर से लीपने के बाद इस पर लाल, पीले और सफेद पावडर से कमल-सी आकृति बनाई जाती है। इसके लिये सर्वप्रथम चावल के आटे से रूपरेखा तैयार की जाती है और बीच के जगह हल्दी और कुंकुम के पावडर भरे जाते हैं। कमलाकृति के चारों कोने पर एवं बीच में एक-एक घड़ा रखा जाता है। घड़ों के बगल में पवित्र राख, नया वस्त्र, हल्दी का एक टुकड़ा, कर्पूर एवं केले रखे जाते हैं। आकृति के चारों कोनों पर एक-एक केले का थम भी गाड़ा जाता है। इसके बाद चारों कोनों पर रखे गये घड़ों के चारों तरफ सात बार धागा लपेटकर उसे बीच के घड़े से बाँध दिया जाता है। जिस स्त्री को मतांगी बनना होता है उसे दीक्षा वाले दिन से पाँच दिन पहले से ही केवल दूध और फलाहार पर रहना पड़ता है। सफेद साड़ी पहन कर वह बीच वाले घड़े के पास बैठती है। उसके सिर पर बाँस की टोकरी रखी जाती है जिसमें येलम्मा के दो पद-चिन्हों वाला एक पात्र, लोहे का एक लैम्प और एक बेंत रहता है।
असादी येल्लम्मा के गीत गाती है। वोक्कालिगा मतांगी के सिर, पैर, घुटने एवं कन्धों पर चावल छिड़कता है और उसके गले में दो विवाह बैज बाँधता है, जिनमें से पहला येल्लम्मा और दूसरा परशुराम का रहता है। नयी और पुरानी मतांगियाँ उस पर जौ छिड़कती हैं। आयोजन की समाप्ति मतांगियों और असादियों के ताड़ी पीने से होती है। टोकरी में मतांगी के बैज और नीम की पत्ती लगी टहनियाँ रखी

जाती हैं। इसे लाल या भूरे कपड़े में लपेटकर मतांगी के घर में या तो रस्सी के सहारे बाँध कर लटका दिया जाता है या दीवाल के आले में रख दिया जाता है। टोकरी को जमीन पर रखना वर्जित है। गौरतलब है, मादिगा ताड़ी को दूध कहकर पीते हैं।''

औपनिवेशिक अवधि के दौरान मैसूर में मतांगी-प्रथा पतन की स्थिति में थी जबकि बम्बई प्रेसीडेंसी के कन्नड़-भाषी क्षेत्रों में यह एकदम से खत्म हो चुकी थी। वहीं तेलुगु-भाषी क्षेत्रों में इसका आधार मजबूत था। यहाँ यह अछूतों के धार्मिक आचार-व्यवहार में गुँथी हुई थी।

जहाँ तक **सानी/सुले** की दीक्षा का प्रश्न है तो इस पर प्रचुर मात्रा में स्रोत उपलब्ध हैं। सामान्यतः जिस मन्दिर के लिये **सुले/सानी** बनाना होता था उसी के धार्मिक रीति-रिवाजों के अनुसार लड़की को दीक्षित किया जाता था। इसका स्वरूप दक्षिण भारतीय ब्राह्मण-विवाह से मिलता-जुलता था।[112] आयोजन काफी खर्चीला हुआ करता था। इसे स्थानीय सामन्त उठाते थे।[113] इसमें ब्राह्मण पुरोहित की भूमिका महत्त्वपूर्ण थी। सुले/सानी बनाने के लिये चुनी गयी लड़की का विवाह भगवान की मूर्ति से किया जाता था। ब्राह्मण पुरोहित भगवान के प्रतिनिधि के तौर पर उसे तली बाँधता था। उसके बाद लड़की नृत्य और संगीत में प्रशिक्षित की जाती थी।[114] वयःसंधि की उम्र आ जाने पर विवाहोचित संस्कार की औपचारिकता पूरी की जाती थी और यौन-समागम सम्बन्धी खुशी भरे मंगल गीत गाये जाते थे। लड़की के माता-पिता बेटी के लिये योग्य वर तलाश लेते थे, जो अमूमन सबसे ज्यादा कीमत देने वाले हुआ करते थे। उसके बाद उसे (देवदासी) 'नित्यसुमंगली' मान लिया जाता था।

जोगती/बासवी की दीक्षा-विधि **मतांगी** और **देवदासी** (सुले/सानी) दोनों की दीक्षा-विधियों से भिन्न थी। ब्राह्मणवादी संस्कार से मुक्त इस विधि में माला पहनाने जैसी साधारण रस्म से लेकर पुरोहितों के निर्देशन में किये जाने वाले कर्मकांड तक शामिल थे। इसका स्वरूप भक्तगणों के धार्मिक सम्प्रदाय पर भी निर्भर करता था।[115] दक्षिणी मराठा प्रदेश में होने वाले एक आयोजन का चित्रण इस प्रकार हुआ है[161] :

> ''लड़की गाजे-बाजे के साथ मन्दिर तक ले जाई जाती है। मन्दिर के अधिकारीगण लड़की को भगवान के सामने चावल के ढेर पर रखे लकड़ी के तख्त पर खड़ा होने के लिये कहते हैं। उसके हाथों में बाँस की डाली (सपाट टोकड़ी) रखी जाती है और गले में भगवान की तस्वीर बाँध दी जाती है। इस आयोजन के उपरान्त उस लड़की पर उसके माता-पिता का कोई अधिकार नहीं रहता।''

फसेट ने बम्बई प्रेसीडेंसी के मराठा-प्रदेश, मैसूर और मद्रास प्रेसीडेंसी के बेल्लाड़ी जिले में दीक्षा के लिये किये जाने वाले कर्म-कांड का विस्तार से वर्णन किया है।[117] कुछ स्थानीय विविधताओं को छोड़ दें तो दीक्षा या अर्पण की विधि में अमूमन वे तमाम कर्म-कांड शामिल थे जिनका फसेट ने उल्लेख किया है।

साउनदत्ती में दीक्षा का आयोजन पुजारी के ही घर पर किया जाता था। सर्वप्रथम लड़की को मतांगी कत्ते (मतांगी के नाम का एक तालाब) के पानी से स्नान कर शुद्ध होना पड़ता था। परशुराम और रेणुका की पूजा के उपरान्त जोगती/बासवी उसके गले में हार बाँधती थीं। उसके बाद लड़की परिधान से सम्बन्धित रस्म उडिगे से गुजरती थी। उसके समक्ष तीन विकल्प होते थे–बेविना उडिगे (नीम-परिधान), वस्त्र उडिगे (वस्त्र-परिधान) और दिगम्बर उडिगे (नग्न)।[118] वह इनमें से किसी एक का चुनाव कर रस्म पूरा कर सकती थी। हालाँकि, औपनिवेशिक अवधि के दौरान के स्रोतों से तो यह ज्ञात होता है कि जोगती इन तीनों ही रस्मों को निभाती थीं। वैसे सबसे ज्यादा सामान्य प्रक्रिया गाँव के मन्दिर या किसी अन्य देव-मूर्ति के समक्ष माला पहनाना या तली बाँधना और उसके बाद भोज का आयोजन थी। गौरतलब है, लड़कियाँ हनुमान, परशुराम, विष्णु, शिव से लेकर रेणुका, येल्लम्मा, दाइम्मवा तक किसी भी देवी या देवता को अर्पित की जा सकती थीं।

जाति

दोनों ही क्षेत्रों में **मतांगी** मुख्यतः चमड़े का काम करने वाली **मदिगा** जाति की होती थी,[119] जो यहाँ बड़ी तादाद में थे। वहीं **सुले/सानी** शूद्र जाति की होती थीं। निम्न जाति की होने की वजह से मन्दिर का अन्दरूनी हिस्सा (गर्भ गृह) उनके लिये निषिद्ध था। एडगर थर्सटन ने वलंगयी (दायीं जातियाँ) और ईदंगयी (बायीं जातियाँ) दो किस्मों का जिक्र किया है। उनके बीच मुख्य अन्तर यह था कि लंगयी कम्मलनों (कारीगर वर्ग) या अन्य वाम-जातियों से कोई सम्बन्ध नहीं रखती थीं जबकि ईदंगयी उतनी खास नहीं थीं। ईदंगयी **कम्मल दासी** नाम से भी जानी जाती थीं। हालाँकि दोनों ही पर निम्न जातियों के पुरुषों से किसी भी तरह का सम्बन्ध बनाने पर कड़ी पाबन्दी थी। इसका उल्लंघन करने पर जाति-पंचायत द्वारा जाति-बहिष्कार की सजा मिलती थी।[120] विशाखापत्तनम में अधिकांश सानियाँ और बोगमें नागरवसुलु और पाली जातियों की थीं और उनके बेटे प्रायः नागवसुलु कहे जाते थे।[121] वहीं, नेल्लोर, करनूल और बेल्लाड़ी में वे बालिजा और येरकुला जातियों की होती थीं। फुलर ने भी अर्पित स्त्रियों के निम्न जातियों से ही होने की बात की है।[122] मैसूर में वे नट्टुवा और कैकुला समुदाय की होती थीं। कोलार और मैसूर में नट्टुवा बड़ी संख्या में थे। तेलुगु बनजिगा जाति[123] की धार्मिक वेश्याएँ मन्दिर से जुड़ी थीं। जोगती और बासवी मुख्यतः अछूतों और यदा-कदा शूद्र जातियों से होती थीं। वे मदिम[124], होल्या

महार[125], मांग[126], कुरुबा[127], वद्दार[128] बेदर[129], बेस्ता[130], और चलावड़ी[131] जातियों से होती थीं।

कार्य : एक वैकल्पिक स्वायत्त-स्थल

घरेलू दायरे के बाहर स्त्रियों के लिये उपलब्ध औपनिवेशिक-पूर्व स्थलों को उनकी पारम्परिक भूमिकाओं के सम्भावित चुनौती-स्थल या विकल्प के रूप में देखने की कोशिश नहीं की गयी। धार्मिक वेश्यावृत्ति को ऐसे ही एक वैकल्पिक स्थल के रूप में देखा जा सकता है, जहाँ स्त्री अपनी ऊर्जा या अपना जीवन परिवार या पति के लिये समर्पित करने की बाध्यता से मुक्त थी। यहाँ जो 'स्वायत्तता' थी, वह परिवार और समुदाय दोनों ही में जेंडर जन्य सम्बन्धों में रैडिकल बदलाव का सबब बनी। जानकी नायर का मत है कि इसने खासकर मन्दिर-स्त्रियों के बीच मातृवंशीय परम्परा के विकास का मार्ग प्रशस्त किया।[132] अमृत श्रीनिवासन के मुताबिक मन्दिर-व्यवस्था स्त्रियों को घरेलू दायरे के बाहर भी यौन एवं प्रजनन की अनुमति दिये हुई थी।[133] मार्गलिन का मत है कि अपनी मांगलिक अस्मिता के कारण धार्मिक वेश्याएँ पुरुष-जीवन के लिये अत्यन्त महत्त्वपूर्ण थीं, कारण पुरुष अपने जीवन के तीनों उद्देश्यों—**धर्म, अर्थ** और **काम** के लिये उन्हीं पर आश्रित थे।[134] इसी भाँति एसयंग ने धार्मिक वेश्यावृत्ति के मुक्तिकामी आयाम का उल्लेख किया है जहाँ एक स्त्री सभी सामाजिक बंदिशों से मुक्त हो वह सब कुछ कर सकती थी, जो सामान्य स्त्री के लिये वर्जित थे।[135] यहाँ, धार्मिक वेश्याओं के विभिन्न रूपों की पड़ताल न केवल स्वायत्त-स्थलों के अन्वेषण का अवसर देगी बल्कि इन स्थलों के राजनीतिक-आर्थिक (पॉलिटिकल इकॉनॉमी) दायरे में खुद वेश्याएँ कितनी स्वायत्त थीं इसका भी पता चलेगा। इसके साथ ही, जातिजन्य, सामन्ती और पितृसत्तात्मक बंदिशें भी सामने आएँगी जिनके तहत धार्मिक वेश्याएँ अवस्थित और सक्रिय थीं।

मतांगी शुद्धि हेतु किये जाने वाले आयोजनों में अधिष्ठाता होती थी। मदिगाओं के धार्मिक जीवन में उसकी केन्द्रीय भूमिका थी। मातृ-देवी (मदर गोडेस) की भाँति वह बंदिशों व सांसारिक बन्धनों से मुक्त थी। उस पर किसी भी प्रकार की पदानुक्रमित संरचना, संस्था या अधिकारी का नियन्त्रण नहीं था। यहाँ रोचक बात यह है कि आनुष्ठानिक-आयोजनों के दौरान वह ऊँची जातियों के प्रति नाराजगी व नफरत व्यक्त करती थी और उन्हें अपमानित करने के भाव से उन्माद-भरे गीत गाती थी।

सानी/सुले का दर्जा मन्दिर के पुरोहितों से ठीक नीचे था। वे मन्दिर के फर्श की साफ-सफाई, मन्दिर की सफाई (**दीपाराधना**), पूजा के समय देव-मूर्ति पर पंखा झलने, पूजा-स्थल पर दिन में दो बार नृत्य एवं गायन और शोभायात्राओं के दौरान लैम्प (दीप) ले जाने जैसे काम करती थीं।[136] जब इन कार्यों ने अनुष्ठान का रूप

ले लिया और इनका महत्त्व बढ़ा तब सानी/सुले के बीच पदानुक्रमता स्थापित हुई यानी उनमें भी विभाजन हुआ और तदनुसार उनकी भत्ता व महत्ता तय हुई। उनके बीच पदानुक्रमता लागू करने का कोई तयशुदा ढाँचा या मानदंड नहीं था। यह मन्दिर की जरूरतों एवं उसकी समृद्धि पर निर्भर करता था। जो मन्दिर ज्यादा समृद्ध थे सुले/सानी उनके महत्त्वपूर्ण अंग के रूप में औपनिवेशिक अवधि तक मौजूद थीं। सुड़ी धरवाड़ जिले के नागेश्वर मन्दिर के एक अभिलेख में इनके बीच विद्यमान पदानुक्रमता का उल्लेख किया गया है। इसके मुताबिक सबसे ऊपर वे सुले/सानी थीं जो पिरियर से जुड़ी थीं यानी जो भगवान के लिये आरक्षित थीं। इसके बाद नर्तकियों के स्टीवार्ड (सम्भालने) से जुड़ीं सुले/सानी थीं, फिर दक्षिणी और बायीं कतार के लिये नियुक्त सुले/सानी थीं और तदोपरान्त नर्तकियों का स्थान था।[137] कोडंड रमास्वामी मन्दिर में सानियों की इन चार कोटियों का उल्लेख मिलता है : 1. हर्तकी (नृत्यांगना), 2. गयाकी (गायिका), 3. चमारिकया और 4. सेवा विलासिनी।[138] उनके लिये निम्न जाति के पुरुषों से जुड़ना वर्जित था। इसका उल्लंघन करने वाले को मन्दिर एवं समुदाय दोनों ही से निष्कासन का दंड भुगतना पड़ता था।[139] सानी मन्दिर की प्रशासनिक सत्ता-संरचना में शामिल की जाती थीं। दानों की व्यवस्था के लिये वे **स्थानपति** (मन्दिर के प्रशासक) के साथ मिलकर काम करती थीं।

इस तरह, हम पाते हैं कि मन्दिर के प्रशासनिक और धार्मिक मामलों में सानियों की प्रभावी भूमिका थी हालाँकि कुछ बंदिशों के तहत ही। मन्दिर में उनका होना अभिजात्यों की ओर से दान-दक्षिणा के नियमित आमद को सुनिश्चित करता था।[140]

मन्दिर-स्त्रियों को सामान्य स्त्रियों के बरअक्स कुछ विशेषाधिकार प्राप्त थे। मसलन, वे राजमहल के भीतर जा सकती थीं और यहाँ तक कि राजा की पत्नियों की उपस्थिति में भी वे वहाँ जा सकती थीं, उनके साथ बैठकर पान खा सकती थीं। ये अन्य स्त्रियों के लिये वर्जित थे। मन्दिर-स्त्रियाँ सेना के उच्च-अधिकारियों और कैप्टनों की रखैल भी होती थीं।[141] अपनी अस्मिता के साथ आबद्ध 'मुक्तिकामिता' की वजह से वे इलाके भर में सांस्कृतिक और आर्थिक जीवन को प्रभावित कर सकती थीं।[142] अपने बीच आपस में पेशाजन्य प्रतिस्पर्धा से बचने के लिये उन्होंने गिल्ड (संघ) बना रखा था। किसी गिल्ड में जितनी मन्दिर-स्त्रियाँ रहती थीं उनकी संख्या से ही वह गिल्ड जाना जाता था। उदाहरण के लिये, **सानी मुन्नरु** यानी तीन सौ सानियों का गिल्ड।[143] अन्य पेशेवर समूहों की भाँति धार्मिक वेश्याओं के गिल्ड बनाकर रहने की कुव्वत से उनकी समृद्ध और प्रभावकारी स्थिति उजागर होती है।[144]

जोगतियाँ मांगलिकता का प्रतीक थीं। उत्सवों या अन्य आयोजनों के अवसर आनुष्ठानिक दृष्टिकोण से पर उनकी उपस्थिति महत्त्वपूर्ण थी। उनकी धार्मिक भूमिका मतांगी और सुले/सानी दोनों ही के आनुष्ठानिक पक्षों के आधार पर तय की

गयी थी। यह उनके द्वारा किये जाने वाले कार्यों की विविधता में स्पष्ट थी। उनका सबसे महत्त्वपूर्ण काम क्रुद्ध देवी के प्रतिनिधि के तौर पर लौकिक और अलौकिक के बीच के मध्यस्थता का था। उनके अन्य कार्य भाग्य और प्राकृतिक घटनाओं की भविष्यवाणी, शारीरिक परिवर्तनों या बीमारियों की व्याख्या, देवी की सेवा के लिये लड़कियों के अर्पण का अनुष्ठान और शोभायात्राओं के दौरान दीप लेकर चलना...आदि थे।[145] आनुष्ठानिक कार्यों की वजह से वे मतांगी के समकक्ष ठहरती थीं। वहीं उनके अन्य कार्य सुले/सानी के द्वारा किये जाने वाले कार्यों के समान थे। विवाह के अवसर पर वे **मंगलसूत्र** की मोतियाँ गूँथती थीं। ऐसा विश्वास था कि इससे दुल्हन **सुमंगली** यानी लम्बी उम्र तक सुहागन बनी रहेगी। अछूतों के प्रमुख कर्मकांडीय आयोजनों में, अधिष्ठाता की हैसियत से शरीक होती थीं।[146] हालाँकि अन्तिम संस्कार के अवसर पर केवल अछूत धार्मिक वेश्याएँ, वह भी खासकर तेलुगु-भाषी क्षेत्रों में ही, नाचती थीं।[147] उनसे मन्दिर व उसके आसपास साफ-सफाई करने जैसे कार्यों की भी अपेक्षा की जाती थी। कुछ खास मौकों पर नृत्य व गायन द्वारा 'धर्म प्रचार' यानी धार्मिक विचारों का प्रचार-प्रसार करना उनके द्वारा किये जाने वाले कार्यों में से एक महत्त्वपूर्ण कार्य था। चौदिकी और तम्बूरा उनके वाद्य-यन्त्र थे।[148] इन स्त्रियों का अक्सर तीर्थ पर निकलना देवी से आशीष प्राप्त करना अर्पण की विधि के संचालन के साथ-साथ इनका अपने तत्त्वावधान या संरक्षण में अर्पण हेतु लड़कियों की नियमित आपूर्ति स्थानीय परम्परा में इनकी महती भूमिका का संकेत है। औपनिवेशिक अवधि के दौरान बासवियों का सेकुलर दायरे में शामिल किया जाना ध्यानतलब है। वैसे यह लिंगायत के वर्चस्व वाले इलाके, खासकर धरवाड़, तक ही सीमित था। चलावड़ी के साथ-साथ बासवी गाँव के पंचायत में शामिल की जाती थीं। पंचायत में सबसे उच्च स्थिति गाँव के मठाधीश की होती थी, उसके नीचे चलावड़ी और सबसे निम्न दर्जे पर बासवी हुआ करती थीं।[149] यहाँ बासवी का काम लोगों को पंचायत की बैठक के बारे में पूर्व-सूचना देना और बैठक वाली जगह की साफ-सफाई कर वहाँ लोगों के बैठने के लिये दरी बिछाना...आदि था। अपने शुद्ध धार्मिक दायित्वों के इतर बासवी का इस प्रकार के कार्यों में संलग्न होना अछूतों की पारम्परिक भूमिकाओं के संदर्भ में समझा जा सकता है, जो शैववाद के लिंगायत-पंथ में समाविष्ट किये गये थे। इन बैठकों में चलावड़ी (लिंगायत होल्या) की जो भूमिका होती थी, वह इनके (अछूत पुरुषों) धार्मिक समावेशन को स्पष्ट करता है। उसकी भूमिका का जिक्र इन शब्दों में किया गया है,[150] "वह साँड़ पर पीतल के शिव की प्रतिमा लिये घूमता है। साँप के फन से ढँकी प्रतिमा पीतल के चम्मच के सिरे पर स्थित रहता है। चम्मच के हैंडिल से पीतल का एक घंटा लटकता रहता है। चेलावड़ी शिव-महिमा के गीत गाता है और घंटा बजाता रहता है।"

मातृसत्ता-सम्बन्धी तर्क

धार्मिक वेश्यावृत्ति को मातृसत्तात्मक व्यवस्था[151] की पुनर्बहाली के प्रयास के रूप में देखे जाने की मान्यता का खंडन करने या उसका जवाब देने के लिये उस जटिल स्थिति पर गम्भीरता से विचार करने की जरूरत है जिसमें यह प्रथा विकसित हुई। धार्मिक वेश्याओं के सांस्कृतिक आचार-व्यवहार में विद्यमान 'मातृवंशीय तत्त्व' प्राक् या आदिम मातृसत्ता का अवशेष नहीं बल्कि धार्मिक रीति-रिवाज की उपज थे। दृढ़ पितृसत्तात्मक बंदिशों के तहत ही इन स्त्रियों को स्वायत्तता प्राप्त थी।

मातृसत्ता का तर्क देने वाले जोगती और बासवी का हवाला देते हैं, कारण वे पुरुष या पारिवारिक नियन्त्रण से मुक्त थीं, अपने जाति या उससे ऊँची जातियों के पुरुषों से समागम कर सकती थीं और उसके बच्चे को सामाजिक वैधता प्राप्त थी। लेकिन ये सब इत्तफाक या प्रथा की जन्य जरूरतों या संयोगों की उपज थे न कि 'मातृसत्तात्मक' तत्त्वों के अवशेष। दरअसल इन स्त्रियों की यह उन्मुक्त स्थिति मन्दिर के दायरे में धार्मिक वेश्या के रूप में ही सम्भव थी। धार्मिकता के बन्धन की वजह से ही अधार्मिक दायरे में इस तरह की व्यवस्था नहीं पनप सकी।

संरचनागत अवस्थिति

मतांगी अपने कार्य-क्षेत्र में आनुष्ठानिक व आध्यात्मिक स्तर पर सर्वोपरि थी। वह लौकिक-जगत एवं अलौकिक-जगत के बीच की अनंतिम मध्यस्थ थी। उस पर बंदिशें नहीं थीं, इसलिये धार्मिक दायरे में उसकी काफी प्रभावी भूमिका थी। वहीं, **सुले/सानी** यानी मन्दिर-स्त्रियाँ सुदृढ़ पदानुक्रमित ढाँचे में स्थित होने की वजह से उतनी मुक्त नहीं थीं। उनके लिये देव-मूर्ति या देव-स्थल के पास जाना वर्जित था। मन्दिर के सबसे ज्यादा महत्त्वपूर्ण हिस्से यानी गर्भ-गृह या मूर्ति-स्थल पर पुजारी का एकाधिकार था। मासिक-स्रावजन्य अपवित्रता या अशुद्धता एवं निम्न जाति से होने की वजह से सुले/सानी देवताओं की पत्नी नहीं हो सकती थीं। बासवी के लिये भी पवित्र या धार्मिक स्थल वर्जित थे। अछूत धार्मिक वेश्याओं का मन्दिर से कोई बँधा-बँधाया सम्बन्ध नहीं था। उत्सवों के अवसर पर नियमित आवाजाही कर वे मन्दिरों से अपना जुड़ाव बनाये रखती थीं।

सुले/सानी के मामले में जो मासिक-स्राव अशुद्धिकर माना जाता था वही मतांगी के मामले में शुद्धिकारी माना जाता था। निम्न जातियों से होने की वजह से सुले/सानी की आनुष्ठानिक शक्तियाँ भी सीमित थीं। बासवी में तो जन्मजात दूषक क्षमता (अछूत होने की वजह से) थी इसलिये उनके लिये मन्दिर के अधिकांश हिस्से वर्जित थे। जहाँ मातंगी सर्वोच्च अनुष्ठानकर्ता या विशेषज्ञ थी, वहीं **सुले/सानी** की शक्तियाँ **अभिनय** और नृत्य के माध्यम से सम्प्रेषित होती थीं। सम्प्रेषण की इस

प्रक्रिया पर पुजारी का नियन्त्रण था यानी सानी/सुले मातंगी की भाँति स्वायत्त नहीं थीं। **जोगिनें** भी मन्दिर के हाशिये पर ही अवस्थित थीं। जोगिनी या बासवी का आनुष्ठानिक दायरे यानी मन्दिर से बाहर होना ऊँची जातियों के धार्मिक दायरे के वास्तविक कर्मकांडीय जगह (स्पेस) में अछूत स्त्रीत्व की अनचाही और अस्वाभाविक भूमिका प्रदर्शित करता है। इस तरह हम पाते हैं कि धार्मिक वेश्याएँ जातिजन्य व पितृसत्तात्मक बंदिशों की कैद से मुक्त नहीं थीं। जहाँ तक मतांगी-प्रथा की बात है तो इसमें स्त्रियों की अपनी ऊर्जा की बेलगाम अभिव्यक्ति की गुंजाइश थी।

धार्मिक वेश्याओं को मिलने वाले मेहनताने

धार्मिक वेश्याओं को उनकी सेवाओं के एवज में मन्दिर एवं उनके संरक्षकों या व्यवस्थापकों की तरफ से अनुदान एवं सुविधाएँ मिलती थीं हालाँकि इसके लिये कोई तयशुदा मानदंड नहीं था।

कर्मकांडीय सेवाओं के लिये मतांगी अपने भक्तों से चढ़ावे और दान-दक्षिणा प्राप्त करती थीं।[152] इसके अलावा, मन्दिर की कर-मुक्त जमीन की उपज का भी वह उपभोग करती थीं।[153] उसे गाँवों में जाकर अपने भक्तों से भेंट या चढ़ावा लेने का पारम्परिक हक भी प्राप्त था। वह ऊँची जातियों (ब्राह्मण) के घरों के प्रागंण में भी जा सकती थी। ''वहाँ वह गाय के गोबर से थोड़ी सी जमीन लीपती और उस पर टोकरी रख देती। भोज्य पदार्थों से टोकरी के भर जाने पर वह अपने हाथ में रखे हुए मिट्टी के पात्र को ताड़ी से भरने के लिये कहती। इस पर ब्राह्मण उससे जल लेकर ही सन्तोष करने के लिये कहता। अपने हाथों में जल-पात्र लिये हुए और अत्यन्त उत्तेजना में उल्लास भरे गीत गाते हुए वह वहाँ जमा स्त्री-पुरुष के चारों ओर तेजी से घूमती, उन पर जल छिड़कती। स्त्रियाँ अपना पेटीकोट उतारकर उसे भेंट करतीं और घर की मालकिन उसे अपने कपड़े देती।''[154] इसके बाद मतांगी की वजह से हुई अशुद्धि के निवारण हेतु ब्राह्मण शुद्धि हेतु जरूरी रस्म पूरी करता था।[155]

सानी/सुले धार्मिक वेश्याओं में सबसे ज्यादा सुविधा-सम्पन्न वेश्याएँ थीं। उन्हें भाँति-भाँति के दान-अनुदान मिलते थे। स्थानीय जागीरदार उन्हें दान-दक्षिणा, रुपये और जमीन देते थे।[156] साथ ही, मन्दिर या उसके अगल-बगल उन्हें मुफ्त आवास भी मिलता था। उनके निवास-स्थल को कन्नड़-भाषी क्षेत्रों में **सुलेगेरी**[157] (वेश्याओं का इलाका) और तेलुगु-भाषी क्षेत्रों में **तिरुवीधि** (मन्दिर मार्ग) अथवा **सानीवीधि** (वेश्या मार्ग) कहा जाता था।[163] मन्दिर-मार्ग तो आज भी चलन में है। गौरतलब है, सुले, सानी और कलावंथुलु खुद मन्दिरों को दान दिया करती थीं। इतना ही नहीं, वे मन्दिर बनवाने और तालाब खुदवाने जैसे कार्य भी करती थीं। तेलुगु भाषी क्षेत्र की तिरुवेंकट मणिक्कम और उसकी बहन लिंगसानी ने 1533 और 1545 के बीच 330 **पानम**, 230 **पानम**, 1650 **पानम** और 1600 **पानम** के दान दिये।[159]

के. इस्माईल ने कन्नड़ भाषी इलाके में मन्दिर-स्त्रियों द्वारा विभिन्न प्रकार के दान-दक्षिणा देने का उल्लेख किया है। इस्माईल के मुताबिक, "कीर्ति नारायण मन्दिर के एक अभिलेख में वरनफैरम-पेरुमस मलिक्कोली नाम की नर्तकी द्वारा भगवान कीर्तिनारायण के लिये फुलवाड़ी बनाने के लिये नगर के मंडलस्वामी से दो सौ (सेंट) की जमीन खरीदने का जिक्र हुआ है। इसी तरह, एक अन्य अभिलेख में नहिचियलार नामक नर्तकी द्वारा एक हजार बीस...(Palms) वजन के एक बड़े लैम्प के दान का जिक्र किया गया है। इसी में आगे लिखा हुआ है कि उसने मन्दिर के कोष में तीन गद्यन का दान दिया ताकि उस राशि की सूद से एक दीप निरन्तर जलती रहे। पत्तरकल के विरुपक्ष मन्दिर की एक नर्तकी तो इतनी धनी और उदार थी कि उसने मन्दिर को घोड़े का रथ और हाथी दान किया।"[165]

जोगती/जोगिनी और बासवी को मिलने वाले मेहनताने या भत्ते के लिये **उदर निर्वहनागगी** की धारणा गढ़ी गयी थी। इसके अनुसार ये धार्मिक वेश्याएँ केवल अपनी भूख मिटाने के लिये आर्थिक सहयोग या भीख माँग सकती थीं, न कि धन-सम्पदा बनाने के लिये।[161] उनकी दीक्षा के आयोजन में हम भिक्षावृत्ति का अनुमोदन पाते हैं। हड़ागली या गोपालम (भिक्षा-पात्र) आयोजन की सामग्रियों में एक महत्त्वपूर्ण या अनिवार्य सामग्री होता था। फसेट[162] ने इसका जिक्र किया है। **गोपालम** या **हड़गली** से भक्तों, श्रद्धालुओं और ग्रामीणों के चढ़ावे में दीक्षित की जा रही स्त्री के हिस्से को वैधता मिलती थी।[163] वे अपनी जीविका के लिये येल्लम्मा, अम्बा या अन्य देवी/देवता (जिसे वह अर्पित की गयी हो) के नाम पर भीख माँगती थीं।[164] उन्हें सभी जातियों से माँगने का हक प्राप्त था। इससे यह स्पष्ट होता है कि अपनी यौन-सेवाओं के एवज में उन्हें मेहनताना-जैसा कुछ मिलना चाहिए, इस पर समाज के सभी तबके की सहमति थी। मन्दिर के संरक्षकों या व्यवस्थापकों और भक्तों द्वारा यदा-कदा दी जाने वाली भेंट और कपड़ों के सिवाय भिक्षा ही इनका मुख्य अवलम्ब था।[165] **जोगती** और **बासवी** को अनुष्ठान या कर्मकांड करवाने के एवज में भी भक्त की तरफ से चढ़ावा मिलता था।[166] उत्सव या अन्य आयोजनों में होने वाले खर्चे के लिये वे ऊँची जातियों पर आश्रित थीं। बासवी के लिये भीख माँगना धार्मिक अनिवार्यता थी।[167] हाथों में त्रिशूल और भीख का पात्र लिये हुए एवं गले में कौड़ी का हार पहने हुए भीख माँगती बासवियों का ग्रामीण और धार्मिक स्थलों पर पाया जाना सामान्य बात थी।[168]

बासवी या जोगती की धार्मिक भीक्षा-वृत्ति अछूतों के साथ होने वाले विनिमय की प्रकृति से जोड़ कर देखी जा सकती है। एक ऑफिसियल रिपोर्ट के अनुसार अछूतों (खासकर ग्रामीण नौकरों) को पारिश्रमिक के तौर पर अनाज दिया जाता था। अनाज की मात्रा निश्चित नहीं थी। यह स्त्री, पुरुष एवं उम्र के आधार पर भिन्न-भिन्न था।[169] इसे गाँवों में अछूतों को उनकी सेवाओं के लिये माँगने के उनके

पारम्परिक हक से भी जोड़कर देखा जा सकता है। साल-भर की सेवाओं के बदले अछूत जाति के नौकर/मजदूर धार्मिक अवसरों पर दाना-पानी माँगते थे।[170] जोगती को इस रूप में पारिश्रमिक देने से उस दुविधा की स्थिति से निपटा जा सका जो उसकी दोहरी अस्मिता, एक तो अछूत की और दूसरी धार्मिक वेश्या की, से उत्पन्न होती थी।

यहाँ हम पाते हैं कि श्रम-मूल्य के स्वरूप का निर्धारण जाति-व्यवस्था के नियम-कायदों के आधार पर किया गया न कि धार्मिक वेश्या की अपनी अस्मिता के आधार पर।

वीर शैववाद ने जाति जन्य धारणाओं को न केवल पुनर्जीवन प्रदान किया बल्कि **कथाकवे कैलास**[171] की धार्मिक धारणा के माध्यम से शारीरिक श्रम (मैनुअल लेबर) के साथ सकारात्मक आध्यात्मिक मूल्य भी चस्पां किया। इस भक्ति आन्दोलन ने विभिन्न जातियों से बिना किसी स्वार्थ के अपने पारम्परिक श्रम-कार्यों में बने रहने का आह्वान किया। इसमें लोगों से बिना किसी लोभ-लालच के यानी श्रम के फल की प्राप्ति की इच्छा का त्याग कर अपने जाति के कर्तव्यों यानी जाति-आधारित श्रम प्रदान करते रहने की सीख दी गयी।[172] लौकिक और आध्यात्मिक मूल्यों के बीच के तनाव की स्थिति के इस तरह से निराकरण किये जाने को **दासोहम** का नाम दिया गया।

वेश्यावृत्ति और रखैलपन

धार्मिक वेश्यावृत्ति (खासकर जोगती और बासवी) पर हुए अध्ययनों में से अधिकांश कामुक बनाम शुचिता के दायरे में सीमित रहे हैं। शुचिता के कमजोर पुरातन अवयवों का रेखांकन इनकी खासियत है। इस प्रथा में सक्रिय कामुकता या ऐन्द्रिकता के प्रति आँखें मूँदकर इन्होंने स्त्री के उन कुछ गुणों की स्थापना का प्रयास किया है जो शुचिता के अनुकूल हों। लेकिन ये अध्ययन खुद उन धारणाओं के विपरीत ठहरते हैं जो ये सम्प्रेषित करना चाहते हैं। स्रोत बताते हैं कि वेश्यावृत्ति और रखैलपन स्त्री-अर्पण की अनिवार्य परिणति थे।[173] अर्पित स्त्रियों की वेश्यावृत्ति सामान्य वेश्यावृत्ति से जुदा थी, कारण इसे धार्मिक संस्तुति प्राप्त था और इसलिये लोगों की नजर में यह घृणित या निन्दनीय नहीं थी। दूसरी भिन्नता यह थी कि धार्मिक वेश्याएँ यह कार्य स्वच्छन्दता से रुपये कमाने के लिये नहीं करती थीं।[174] 1892 के मद्रास लॉ रिपोर्ट के आधार पर एडगर थर्सटन ने भी ऐसा ही कहा। उसके अनुसार, ''साक्ष्य बताते हैं कि उचंगीदूरगाम में मदिगाओं के बीच मन्दिर में अपनी सेवाएँ प्रदान करने का चलन है। बासवी के वेश्या होने के कुछ उदाहरण हैं, लेकिन साक्षी/गवाह द्वारा प्रयुक्त भाषा में पुरुषों के साथ इनके उन्मुक्त सम्भोग का ही संकेत मिलता है, जिसके लिये जरूरी नहीं कि वे शुल्क लें।[175]

इसी तरह, एन्थोवन ने लिखा, "बेरड जनजाति के कर्नाटक तलवारों में वेश्यावृत्ति की राह अपनाने वाली को हनुमान की प्रतिमा से विवाह करने के रस्म से गुजरना होता है। इसी भाँति कासिब, दासन, होलेया और कैब्बर अपनी लड़कियों का विवाह या तो हनुमान या बासव से करते हैं, जिसके उपरान्त वे वेश्यावृत्ति कर सकती हैं, कारण वे भगवान को अपना पति मानती हैं। मन्दिर में विवाह के रस्म से पहले पति के लिये चुने गये देवता के नाम या उसकी मूर्ति के साथ एक धार्मिक गुरु लड़की पर मुहर लगाता है। हनुमान या बासव के अलावा जिन अन्य देवताओं से लड़कियाँ ब्याही जाती हैं वे हैं–परशुराम, वीरभद्र, कामकप्पा और रघुनाथ।"[176] अर्पण के बाद बासवी सामान्यतः अपने पिता के घर में ही रहती थी और अपनी जाति या अपने से उच्च जाति के पुरुष के साथ सम्बन्ध बना सकती थी।[177] मन्दिर में आनुष्ठानिक दायित्व के निश्चित नहीं होने और अर्पण की बाढ़ की वजह से अर्पित लड़कियों के समक्ष ग्रामीण क्षेत्रों में वेश्यावृत्ति ही एकमात्र रास्ता था।[178] बासवी, जोगती या बम्बई जिलों के मुरली और उपासिक पर उपलब्ध स्रोत तो यही कहते हैं कि अर्पित स्त्रियाँ वेश्यावृत्ति ही करती थीं। गौर करने लायक बात यह है कि **जोगिनी** और **बासवी** मुस्लिमों को भी अपनी यौन सेवाएँ प्रदान करती थीं।[179] जो रखैल बनती थीं, वे किसी एक पुरुष के प्रति समर्पित हो उसके साथ रहती थीं और उसके परिवार के सारे कार्य किया करती थीं। इसके एवज में उसे हर हफ्ते एक निश्चित रकम और प्रति वर्ष नए वस्त्र-परिधान मिलते थे।[180]

संस्था की कार्यपद्धति

इस प्रथा के औपनिवेशिक अवधि के सन्दर्भ धार्मिक वेश्याओं की हालत पर अच्छी रौशनी डालते हैं। उन्नीसवीं सदी के आखिरी और बीसवीं सदी के शुरुआत के दरम्यान ये स्त्रियाँ धार्मिक और सांस्कृतिक गतिविधियों के केन्द्र में थीं। मतांगी की मुख्य जिम्मेदारी शुद्धिकरण कर्म-काण्डों का संचालन था, जो सभी उत्सवों/मौकों से पहले अनिवार्य थे। उसे दैवी शक्तियों और लौकिक के बीच का पुल माना जाता था। उसकी यह क्षमता उस पर देवी/देवता के सवार होने से पुख्ता होती थी। वह अत्यन्त स्वच्छन्द होकर नृत्य करती थी।

इस जमावड़े में खासकर रेड्डी, कोमाटी और कुछ ब्राह्मणों के होने का जिक्र किया गया है। जमावड़े पर थूक फेंके जाने को शुद्धकारी माना जाता था। उत्सव के अवसर पर सबसे नजदीक की मतांगी बुलाई जाती थी।[181] मतांगी में पदानुक्रम मौजूद होने का जिक्र हुआ है। मसलन, विभिन्न गाँवों की स्थानीय मतांगियाँ संस्था की धर्माधिकारी टुडिमिला स्त्री (करनूल जिले में) की मातहत थी।[182] बड़ी परम्परा में मन्दिर स्त्रियों के लिये सुले, पात्रादवरू, भोगम, कलावंथुलु और सानी जैसे नाम प्रस्तुत किये जाते थे। इनकी व्याप्ति शहरों और बड़े गाँवों में थी। पात्रादवरू की

अस्मिता स्पष्ट नहीं है और न ही यह पता है कि वे मन्दिरों से जुड़ी थीं या नहीं।[183] फ्रांसिस बुकानन ने लिखा है कि कोई भी मन्दिर ऐसा नहीं था जिससे नर्तकियाँ न जुड़ी हों।[184] मन्दिर में प्रतिदिन दो बार नृत्य और गायन प्रस्तुत करना उनकी जिम्मेदारी थी। इसके साथ ही, वे सभी बड़े जन-आयोजनों और उत्सवों में होने वाली रस्मों में शरीक होती थीं।[185] उनका नृत्य मांगलिक माना जाता था। उसमें भी, तांत्रिक पूजा-पद्धति से जोड़कर देखे जाने के कारण **मुद्रा** का खासा महत्व था।[186] जन्मदिन, जनेऊ, विवाह, जैसे सभी बड़े आयोजनों में उनकी भागीदारी अनिवार्य थी, कारण वे मांगलिकता का प्रतीक और वाहक मानी जाती थीं।[187]

औपनिवेशिक नौकरशाह भी इन स्त्रियों की सेवाएँ लेते थे। बुकानन ने लिखा है कि बड़े मन्दिरों से जुड़ीं नर्तकियाँ देशी (ब्राह्मण) अधिकारियों के लिये आरक्षित थीं।[188] अतिथि-सत्कार के लिये नाच-लड़कियों का बुलाया जाना रीति बन गया था।[189] मेहमानवाजी के अवसर पर मन्दिर-स्त्रियों का प्रदर्शन अनिवार्य हो गया था। 1791 में कर्नाटक के नवाब ने मद्रास के गवर्नर के मनोरंजन के जो इन्तजाम किये थे, उनमें नाच लड़कियों का प्रदर्शन भी शामिल था।[190] मैसूर में, धार्मिक और राज-समारोहों में मन्दिर-स्त्रियों की महत्त्वपूर्ण भूमिका होती थी। यहाँ राजकुमार के राज्याभिषेक के मौके पर पुरोहितों के साथ ये स्त्रियाँ भी शरीक होती थीं।[191] इनकी स्थिति पर जे. स्रॉट[192] ने लिखा है, ''कोई भी ऐसा गाँव नहीं जहाँ के मन्दिर से ऐसी कुछ स्त्रियाँ न जुड़ी हों। कुछ बड़े शहरों के मन्दिर तो इनसे भरे पड़े हैं। इस पेशे को लोग बुराई के रूप में नहीं बल्कि उपलब्धि के रूप में देखते हैं। हिन्दू समाज में ये प्रमुख-आकर्षण हैं। जहाँ ये होती हैं, वहाँ सबकी निगाहें इन्हीं पर रहती हैं...।

शादीशुदा हो या अविवाहित, सभी पुरुष इन स्त्रियों से स्वच्छन्द सम्बन्ध बनाते हैं। विवाहित पुरुष को तनिक भी संकोच नहीं होता। पत्नी और परिवार की तरफ से उसे सम्मति प्राप्त होती है।''

ये स्त्रियाँ कला और सलीकेपूर्ण व्यवहार में निपुण होती थीं। उनके बरअक्स सामान्य हिन्दू पत्नी के अज्ञानी होने के जिक्र मिलते हैं। अछूत धार्मिक वेश्याओं **बासवी** और **जोगती** की ग्रामीण इलाकों में बहुतायत थी।[193] पर्व-त्योहार और अन्य अवसरों पर वे धार्मिक कर्म-कांड करने में सामान्य स्त्रियों का मदद करती थीं और दूल्हे-दुल्हन के चारों ओर दीये दिखाती थीं।[194] खासकर, दक्षिणी मराठा क्षेत्र में भक्ति-स्थलों पर उनकी भूमिकाएँ स्पष्ट थीं। अपने आरम्भिक लेखन में एक अखण्ड में जोतिबा फुले ने इनकी जिम्मेदारियों का उल्लेख किया है। फुले ने लिखा है, ''इन स्त्रियों पर देवी सवार होती है। हुहु-सुसु की आवाजें हुई ये विचित्र किस्म के नृत्य करती हैं। रोगी के माथे पर भभूत लगाकर वह उसके शरीर से बुरी आत्मा (भूत) भगाकर उसे ठीक करती है और लोगों को तीर्थाटन करने एवं येलम्मा का आशीर्वाद

लेने की सलाह देती है।''[195] वे अछूतों के धार्मिक आयोजनों में भी नाचती थीं। निजाम शासित इलाके में अन्तिम-संस्कार के मौके पर भी नाच-गाना आयोजित करवाने की रीति थीं।[196] वे सभी **मादिगा** समारोहों में शरीक होती थीं और नृत्य-संगीत का प्रदर्शन कर लोगों का मनोरंजन करती थीं।[197] जोगती/जोगिनी और बासवी एक और **अनुष्ठान** 'बेट्टला सेव' (नग्न-पूजा) भी प्रदर्शित करती थीं। येलम्मा हिल पर सम्पन्न किये जाने वाले इस मौके पर हजारों श्रद्धालु एकत्रित होते थे।[198] सावनदत्ती[199] (पारसगढ़) पर स्थित देवियों–येलम्मा और रेणुका–के प्रति लोगों के बीच अपार श्रद्धा थी। बम्बई, कर्नाटक और बम्बई प्रेसीडेंसी के कुछ इलाकों से विभिन्न समुदायों के श्रद्धालुगण यहाँ खिंचे चले आते थे। यह वेदी सरस्वती की पेट में है जो पहाड़ियों से उत्तर की ओर निकलकर मालप्रभा में मिलती है। अभी जो मन्दिर विद्यमान है उसका निर्माण तेरहवीं सदी के पहले नहीं हुआ होगा जबकि इसके गर्भगृह का निर्माण सतरहवीं या अठारहवीं सदी के आसपास हुआ होगा। देवी के सम्मान में चैत्र (अप्रैल-मई) की पूर्णिमा या मार्गशिराह (नवम्बर-दिसम्बर) की पूर्णिमा के अवसर पर मेला लगता था। चैत्र मेले में बेलगाम के सभी भागों के साथ-साथ धरवाड़, बीजापुर, बेल्लारी, मिराज और तासगाँव से लगभग पन्द्रह से बीस हजार लोग इकट्ठे होते थे। मन्दिर के पुजारी चालीस परिवारों के लिंगायत थे, जो आठ भागों/बैंडों में बँटे थे।[200] दर्शनार्थी नंगे बदन पर कन्धे से घुटने तक चन्दन का लेप लगाकर या नीम की डाल-पत्ती से ढँके हुए मन्दिर की परिक्रमा करते थे। वे देवी के निकट नहीं जाते थे।[201] **नग्न-पूजा** का उन्नीसवीं सदी में किया गया एक चित्रण कुछ इस प्रकार है, ''स्त्री हो या पुरुष, सभी येल्लम्मा के नाम में अपने शरीर पर हुत्तिगी (चंदन का लेप) मलने का शपथ लेते थे। सभी दर्शनार्थी स्त्रियाँ अपने नग्न शरीर पर तेल लगाकर स्नान करती थी और उसके बाद पूरे शरीर पर चन्दन लेपती थीं। इस लेप पर सिर से पैर तक नीम की पत्तियों में लिपटी हुई वे येल्लम्मा के मन्दिर में जाती थीं और देवी की मूर्ति के सम्मुख नतमस्तक हो वस्त्र व भोजन अर्पित कर घर लौट आती थीं। मन्दिर जाते और आते वक्त रास्ते भर दर्शनार्थी ऊधो, ऊधो (जिसका अर्थ विजय होता है) पुकारतीं थीं।''[202] सरकार ने 1855 से इस पर रोक लगा दी।[203] इसके बन्द होने की आधिकारिक सूचना थी। ये नग्न आयोजन बाढ़ व अकाल की वजह से इस क्षेत्र की अनिश्चित आर्थिक स्थिति से जोड़कर देखे जा सकते हैं। नग्न-पूजा में विद्यमान नग्नता और यौनता इसके तांत्रिकता से प्रभावित होने का संकेत है। ऐसी धारणा थी कि स्त्रीत्व में प्रकृति में उर्वरता प्रदान करने और आत्मसात करने (खासकर अनुर्वर स्त्री) की क्षमता होती है।[204] शिमोगा जिले के चन्द्रगुट्टी में जोगतियों और बासवियों के बीच नग्न-पूजा 1928 तक जारी था, जबकि आधिकारिक तौर पर इसके बन्द होने की घोषणा हो चुकी थी।

यद्यपि, 1926 तक यह प्रथा विद्यमान थी, जब अछूतों और ऊँची जातियों के बीच हिंसक झड़प ने इसके सार्वजनिक बहिष्कार की स्थिति उत्पन्न नहीं कर दी।[205]

जोगप्पा, वाघ्या और पोतुराजु

यौनता को केवल स्त्रीत्व और पुरुषत्व के पदों में देखने की वजह से तीसरा सेक्स हिजड़ा ऐतिहासिक अध्ययन के दायरे से बाहर रहा। धार्मिक वेश्यावृत्ति में इनके लिये जगह थी और इस तरह इनके समक्ष अँधेरे व अनिश्चित भविष्य से बचने का विकल्प था। मन्दिर द्वारा इस कोटि की यौनता के नियोजन के उपायों और जोगप्पा के आनुष्ठानिक उन्नयन और बृहत्तर भौतिक/धारणात्मक परिवर्तनों में इनकी महत्ता/उपयोगिता ध्यानतलब है।

सामाजिक स्थलों को जाति, अर्थ, राजनीति व यौनता जैसी श्रेणियों में व्यवस्थित करने में मन्दिर की भूमिका न केवल धार्मिक वेश्याओं बल्कि हिजड़ों को समझने के दृष्टिकोण से भी अहम है। इससे धर्म की सर्वशक्तिमत्ता उजागर होगी जो मानव-जीवन के सभी पक्षों में व्याप्त है और यौनता से जुड़े पेचीदे पक्षों को अर्थ प्रदान करने के साथ-साथ इनके लिये कायदे निर्धारित करता है। धार्मिक वेश्याओं के रूप में लड़कियों के अर्पण के साथ-साथ **पोतुराजु** के रूप में लड़कों और **जोगप्पा** व **वाघ्या**[206] के रूप में हिजड़ों के अर्पण का भी चलन था।

दक्षिणी मराठवाड़े में येलम्मा को अर्पित किये गये हिजड़े जोगप्पा/जोग्या और वाघ्या नामों से जाने जाते थे।[207] इनमें से वाघ्या खासकर येलम्मा और खंडोबा को अर्पित किये जाते थे।[208] लोगों के बीच यह धारणा प्रचलित थी कि देवी के चरणों में अर्पित किये जाने से वे पुरुषत्व प्राप्त कर सकते हैं।[209] फसेट ने लिखा है, ‘‘हिजड़ेपन या अन्य विकृति से ग्रस्त पुरुष हुलीगम्मा देवी को अर्पित किये जाते थे। स्त्री-परिधान में रहने वाले ये हिजड़े स्त्री होने का भ्रम पैदा कर देते थे। निजाम शासित रायचुर में तुंगभद्रा नदी के बायें स्थित हुलीगम्मा देवी के मन्दिर में ऐसे कई हिजड़े थे। वे अपने सिर पर टोकरी रखते थे जिसके ठीक बीच में देवी का प्रतीक कटिसम रहता था। इसमें विविध प्रकार के स्त्री शृंगार-परिधान रखे होते थे। निजाम शासित क्षेत्र में हिजड़ों के साथ-साथ लड़के भी अर्पित किये जाते थे। ऐसा विशेषतः बीमारी या संकट के समय देवी को दिये गये वचन की पूर्ति के लिये किया जाता था। बम्बई प्रेसीडेंसी के कन्नड़-भाषी क्षेत्रों में लड़कों के अर्पण के जिक्र मिलते हैं। तेलुगु भाषी क्षेत्रों[210] में भी इसका प्रचलन था। पोतुर्जु नामक लड़के के अर्पण का जिक्र इसकी पुष्टि करता है। अर्पण के लिये लड़के का तलवार से विवाह की रस्म-अदायगी होती थी।[211] अर्पण का तरीका इस प्रकार था : ‘‘सर्वप्रथम लड़के को मन्दिर ले जाया जाता था। वहाँ मन्दिर के अधिकारी लड़के से देवी के सामने चावल

की ढेर पर रखे लकड़ी के पटरे पर खड़ा होने के लिये कहते हैं और देवी के गले से टँगी हुई बाँस की चपटी टोकड़ी उसके हाथों में थमा देते थे।''[212] ऐसा प्रतीत होता है कि ये मन्दिरों में सेवक का कार्य करते थे। इन्हें धार्मिक भिक्षु के रूप में मान्यता प्राप्त थी। लेकिन पर्याप्त ऐतिहासिक आँकड़ों के अभाव की वजह से जोगप्पा की अस्मिता और भूमिका के बारे में निश्चित तौर पर कुछ भी बता पाना कठिन है। हिन्दू धार्मिक परम्परा में हिजड़ों की स्थिति पर निगाह डालने से इनकी आनुष्ठानिक और प्रतीकात्मक अस्मिता का खुलासा हो सकता है। हिन्दू मिथक कथा के अनुसार, भारत का आद्य यानी सबसे पहला राजा मनु 'स्वयंभू' (खुद से जन्मा हुआ) और उभयलिंगी था। उसका सबसे बड़ा पुत्र भी उभयलिंगी था और दो नामों से जाना जाता था। उसी से दो मुख्य वंश सूर्यवंश और चन्द्रवंश उत्पन्न हुए।[213] शिव भी उभयलिंगी (अर्द्धनारीश्वर) माने जाते हैं। हिन्दू मिथकों में उभयलिंगिता के बार-बार आने वाले जिक्र के बारे में वेंडी ओफ्लैर्टी का कहना है, ''नर स्रष्टा अपने आप में पूर्ण है और अपने भीतर से ही सृष्टि कर सकता है जबकि मादा स्रष्टा को नर देवों के अंगों से अपनी अपूर्णता दूर करने की जरूरत पड़ती है।''[214] ब्रह्मचर्य में निहित शक्ति भी ऐसे मसलों में से एक है जो मिथकों में बार-बार आया हुए है। मोक्ष की प्राप्ति के लिये नपुंसकता और यौन-ऊर्जा (ब्रह्मचर्य से सिंचित) दोनों को ही माध्यम के रूप में देखा जाना अन्तर्विरोधी लगता है। ऐसा प्रतीत होता है कि हिजड़े की यौनता को लेकर जो चिन्ता और अज्ञानता की स्थिति थी उससे निपटने के लिये उन्हें मन्दिर जैसी व्यवस्था के दायरे में लाया गया होगा। हालाँकि उनके प्रति उपेक्षा की स्थिति थी लेकिन धार्मिक और आनुष्ठानिक अवसरों पर उनकी भूमिका को उचित ठहराने के लिये तर्क भी गढ़े गये थे। प्राचीन समाजों में उभयलिंगियों और प्रजनन सम्बन्धी रस्मों के बीच के जुड़ाव में व्यापक स्तर पर विश्वास की स्थिति थी।[215]

सेकुलर दायरे में हिजड़ों के अतिप्राकृतिक या आनुष्ठानिक गुणों को वैधता प्राप्त थी। जोगप्पा, वाघ्या और पोतुराजु की रीति सेकुलर दायरे की इसी वैधता का धार्मिक दायरे में विस्तार माना जा सकता है। गौरतलब है, इनके साथ जुड़े मिथक अर्पित स्त्रियों के मिथकों से भिन्न हैं। ये मिथक अपेक्षाकृत सरल हैं और पुरुषों एवं हिजड़ों की आनुष्ठानिक भूमिका के बारे में सीधे शब्दों में बात करते हैं। हिजड़ों के बारे में कथा है कि उनके आरम्भ के दिनों (बचपन) में येल्लम्मा उनके सपने में आयी और उन्हें नपुंसक बनाकर उनसे स्त्रियों-जैसा जीवन जीने का आदेश दिया।[216] इससे उनकी नपुंसकता से धार्मिकता जुड़ जाती है। अर्पित किये गये पुरुषों और हिजड़ों का कार्य धार्मिक विचारों का प्रचार-प्रसार करना तो था ही, इससे भी ज्यादा महत्त्वपूर्ण कार्य खुद को चाबुक मारने और अन्य यन्त्रणादायी हरकतों से देवी के क्रोध का दृश्य उत्पन्न कर भय और आतंक फैलाना था। धार्मिक अवसरों पर धार्मिक वेश्याओं के

साथ वे भी नाचते और गाते थे।[217] 'सामान्य' पुरुष होने की स्थिति में जोग्या/वाघ्या विवाह भी कर सकते थे।

सेकुलर दायरे की नर्तकियाँ

मन्दिर की नर्तकियों के बरअक्स सेकुलर दायरे की नर्तकियों पर एक नजर डालना जरूरी है, कारण मन्दिर-स्त्रियों की अस्मिता 'नाच' और 'वेश्यावृत्ति' के पदों में रची जा रही थी। वे स्त्रियाँ जो नृत्य-संगीत में निपुण थीं लेकिन मन्दिरों को अर्पित नहीं की जाती थीं यानी सेकुलर दायरे की नर्तकियाँ छोटे रजवाड़ों के कुलीन एवं आभिजात्य वर्ग के लिये अपनी सेवाएँ प्रदान करती थीं। उनमें से अधिकांश खासा रुतबा प्राप्त थीं और राजनीति व राज के काम-काज में प्रभावी भूमिका निभाती थीं।[218] बैरॉन टैवरनियर ने गोलकुंडा की ऐसी स्त्रियों का उल्लेख किया है जो प्रत्येक शुक्रवार के दिन अपना कौशल प्रदर्शित करती थीं।[219] उन्नीसवीं सदी के आरम्भिक अवधि में मैसूर की बेयाडरें अपनी प्रतिभा व कौशल के लिये विख्यात थीं।

विलासपुर के शासक के रूप में टीपू साहेब के यहाँ ऐसी बेयाडरों के होने का उल्लेख मिलता है।[220]

मध्यकालीन तेलुगु साहित्यिक कृति **कृदभिरमम** मे इनकीकी स्थिति का चित्रण हुआ है। संस्कृत और स्थानीय भाषा की साहित्य में निष्णात ये नर्तकियाँ अच्छा-खासा शिक्षित होती थीं। कहते हैं कि वे राजा प्रतापरुद्र के दरबार में होने वाले बौद्धिक वाद-विवाद में हिस्सा लेती थीं।[221] उन्हें **भोगस्त्री, वेश्या, सानुलु** और **वरकन्थुलु** नामों से जाना जाता था। अमूमन वे स्थानीय सामन्तों की रखैल होती थीं।[222] कला-कौशल और नृत्य-संगीत में उनकी निपुणता से यूरोपी भी प्रभावित हुए। जे. श्रॉट ने लिखा, "कुछ तेलुगु लड़कियाँ बेहद सुन्दर हैं; हल्के पीले रंग, कोमल काया और चेहरे, सलीकेपूर्ण व्यवहार, अनोखे लालित्य...से युक्त ऐसी लड़कियाँ विरले ही हैं।"[223] अंग्रेज-अधिकारियों के आतिथ्य-सत्कार में नर्तकियों का बुलाया जाना रीति का रूप ले चुका था। एडविन अर्नाल्ड बताते हैं कि आभिजात्य वर्ग के लिये नाच मजे/आनन्द का साधन था। अर्नाल्ड के मुताबिक नर्तकियाँ अन्य स्त्रियों की तुलना में चतुर और सर्वगुण सम्पन्न थीं।[224] 1800 ई. में ड्वाइले ने लिखा, "भारत भर—नवाब और अभिजात्य अपने भोजों, नाचों या मनोरंजन के अन्य आयोजनों में यदा-कदा पूरे यूरोपी भद्र वर्ग को आमन्त्रित करते हैं।"[225] नर्तकियाँ सभी उत्सवों और उल्लासमय आयोजनों में उपस्थित रहती थीं।[226]

कलावंत शब्द संस्कृत शब्द कला से व्युत्पन्न है। कन्नड़-भाषी क्षेत्र के **कलावंत** नृत्य-संगीत में पारंगत पेशेवर कलाकार थे। गौरतलब है, पड़ोसी क्षेत्र के **कलावंथुलु** समुदाय की भाँति इनका मन्दिरों से व्यवस्थित जुड़ाव नहीं था। तेलुगु भाषी क्षेत्रों में

उन्हें धार्मिक वेश्या माना जाता था। पात्रादावरु शब्द पर मतभेद की स्थिति है। कुछ अभिलेखों में यह धार्मिक वेश्या को इंगित करता है जबकि सामान्य तौर पर इसका अर्थ नर्तकी था। कलावंत शायद **पात्रादवरु** (नर्तकी) और **नायकिन** नामों से भी जानी जाती थीं। ये कनड़, धारवाड़ और बेलगाम में मौजूद थीं। ये खुद को उन अप्सराओं (रम्भा, उर्वशी और मेनका) का वंशज मानती थीं जिनका काम देवताओं का मनोरंजन करना और उन **ऋषियों** को पथ भ्रष्ट करना था जो कठोर तप आदि द्वारा असीम शक्ति प्राप्त कर देवताओं की सर्वशक्तिमत्ता के लिये चुनौती बन जाते थे।[227] धारवाड़ जिले में लगभग तीन सौ[228] और बेलगाम में लगभग पचास कलावंत थे।[229] कनड़ में इनकी संख्या लगभग सात सौ सत्तर थी।[230] यहाँ इन्हें नायकिन नाम से भी जाना जाता था।

कलावंत पेशेवर कलाकार थे। इस समुदाय की लड़कियों को सात वर्ष की उम्र से ही नृत्य-संगीत एवं पढ़ना-लिखना सिखाया जाना शुरू कर दिया जाता था। प्रशिक्षण के आरम्भ से पूर्व उन्हें कुछ आनुष्ठानिक रस्मों से गुजरना होता था। इसमें खासकर विवाह का आयोजन महत्त्वपूर्ण था। दूल्हे के प्रतीक के रूप में ढोल से ब्याही जाने के बाद लड़की मन्दिर जाकर आशीर्वाद प्राप्त करती थी।[231] इसके बाद लड़की स्वतन्त्र हो जाती थी और उसे घरेलू और आम दोनों ही मौकों पर अपनी कला के प्रदर्शन का हक मिल जाता था। ऊँची (अमीर) जातियाँ जनेऊ और विवाह जैसे मौकों पर इनकी सेवाएँ लेती थीं। गौरतलब है, इन्हें मन्दिरों में भी बुलाया जाता था। मन्दिर और ऊँचे तबके से जुड़े होने की वजह से इन्हें खासा-सम्मान प्राप्त था। इनसे उन्हीं मन्दिरों में सेवाएँ ली जाती थीं जहाँ देवदासियाँ नहीं हों। कनार में **कलावंत/नायकिन** को कुछ वंशगत विशेषाधिकार मिले हुए थे मसलन, तयशुदा मन्दिरों में नृत्य करना, विवाह और वयःसन्धि के मौकों पर जजमानों से पान या सिगार लेना।[232] कोल्हापुर में मन्दिरों में नृत्य करने पर कलावंतों का एकाधिकार था।[233] अपनी सेवाओं के एवज में वे भूमि या मन्दिर की भूमि की उपज प्राप्त करती थीं।[234] वे सत्ताशाली आभिजात्यों की रखैल भी होती थीं। अपने संरक्षकों के प्रति उनके वफादारी के जिक्र मिलते हैं।[235] धार्मिक वेश्याओं की ही भाँति कलावंत समुदाय की स्त्रियाँ (नर्तकी) भी समुदाय के भीतर रसूखदार थीं। पुरुष उनके साथ प्रदर्शन-स्थलों तक जाते थे और उनके नृत्य या गायन में संगीत बजाते थे। माँ की सम्पत्ति की उत्तराधिकारी पुत्री होती थी। उनमें से अधिकांश शूद्र जातियों से लड़कियाँ गोद लेते थे।

विवादों का निपटारा उनकी बिरादरी और उनके धर्म-गुरु रस्मों-रिवाज के आधार पर करते थे। मैसूर रजवाड़े में नर्तकियाँ **गायक सानी** नाम से जानी जाती थीं। उन्नीसवीं सदी की उत्तरावधि में उन्हें **नटवा** के उपवर्ग के रूप में चिह्नित किया गया।[236] ये सानियाँ बंगलोर, मैसूर, मुलबगाल, कुदूर और टी. नर्सिपुर में अपनी कला-कुशलता के लिये विख्यात थीं। वोडयार और स्थानीय सामन्तों के संरक्षण में

ये क्षेत्र कला के केन्द्र बनकर उभरे। सत्ताशाली आभिजात्यों से जुड़ाव की वजह से सांस्कृतिक परिक्षेत्र में उनका प्रभाव था। कलात्मक उत्कृष्टता की उनकी चाहत ने मैसूर में नृत्य की एक अलग और विशिष्ट शैली को जन्म दिया। उदाहरण के लिये, जेट्टिट थेयम्मा,[237] चन्द्रवदनम्मा और उसकी बेटियाँ पुत्रदेवम्मा और चिक्कदेवम्मा मैसूर में दरबारी नर्तकियाँ थीं, जबकि बंगलोर में वरालु अभिनयात की नामी वादिका/गायिका थी।

तेलुगुभाषी क्षेत्रों के कुछ मध्यकालीन अभिलेखों में **सम्प्रदायसानी** का प्रयोग उन नर्तकियों के लिये किया गया है जो मन्दिर के नियन्त्रण से स्वतन्त्र थीं यानी जो सानी नहीं थीं। वैसे **सानी** भी पेशेवर नर्तकियाँ थीं और विशेष मौकों पर ही मन्दिरों में अपनी सेवाएँ प्रदान करती थीं। अभिलेखों में उनके और मन्दिरों के बीच के सम्बन्ध के बारे में महत्त्वपूर्ण सूचनाएँ दर्ज हैं। 1350 ई. के एक अभिलेख में गंगा वंश की गंगा देवी द्वारा मन्दिर में **सानियों** के बतौर उपहार/चढ़ावे देने का जिक्र है। गौरतलब है, इनके लिये **पात्रुलु** का भी प्रयोग हुआ है। जिसे हम कन्नड़-भाषी क्षेत्रों में नर्तकी के लिये प्रयुक्त होते पाते हैं। उक्त अभिलेख के अनुसार, गंगादेवी ने अट्ठारह सुन्दर स्त्रियों का दान किया था, जिन्हें ऑर्केस्ट्रा के साथ मन्दिर में नृत्य और गायन करना था। उनमें आठ पात्रालु (नर्तकी), दो मदाटिकलतेलु (ढोल वादिका) एक गायिका और एक मंजिरा वादिका थीं।[238] ऐसे और भी कई अभिलेख हैं जिनमें मन्दिर के भक्तों द्वारा **सानी** के दान दिये जाने और मन्दिर में इनके दायित्वों का जिक्र हुआ है।[239]

निजाम शासित इलाके में नर्तकियाँ **बोगम** नाम से जानी जाती थीं। सानी नायकन/नायकी हिन्दू नर्तकी का द्योतक थी जबकि जन नायकन मुस्लिम नर्तकी का।[240] नर्तकियों को होशियार, सुघड़, कलात्मकतायुक्त, पेशेवर, ओजयुक्त और स्वतन्त्र बताया गया है।

मन्दिर के दायरे की नर्तकी और इसके बाहर की नर्तकी के बीच भेद करके देखने की कोशिश एक साथ आसान और कठिन दोनों है। कारण नर्तकियों के लिये प्रयोग किये जाने वाले नामों में इस भेद का खयाल नहीं रखा जाता था अर्थात् बोगम, सानी, सुले, कलावंत, पात्रालु/पात्रदावरु दोनों ही तरह की नर्तकियों के लिये प्रयुक्त हो सकते थे। ऐसे में मन्दिर के दायरे की नर्तकी यानी धार्मिक वेश्या की पहचान उसके मन्दिर से जुड़े होने और उसकी विशिष्ट धार्मिक अस्मिता से ही सम्भव है। धार्मिक वेश्याओं और सामान्य नर्तकियों के बीच के भेद को लेकर औपनिवेशिक अवधि के दौरान भ्रम की स्थिति बनी रही। इनके बीच की विभाजक रेखा को तय करना औपनिवेशिक सरकार के लिये उलझन-भरा मसला बना रहा और इसका सुधार और नियम-कायदे पर चले बहस पर भी प्रभाव पड़ा। दरअसल दोनों ही कोटि की नर्तकियाँ पहुँची हुई और सामाजिक रसूख वाली थीं। हालाँकि सभी नर्तकियाँ

सुसंस्कृत और अमीर हों, ऐसी स्थिति नहीं थी लेकिन उनमें से अधिकांश का सांस्कृतिक परिक्षेत्र में महत्त्वपूर्ण स्थान था। धार्मिक वेश्याएँ मन्दिर के दायरे भर में सीमित थीं, लेकिन उनकी धार्मिक हैसियत उन्हें सम्मानित स्त्री-अस्मिता के शीर्ष पर स्थापित किये हुए था। धार्मिक और सामाजिक मौकों पर अपनी अपरिहार्य उपस्थिति और घरेलू दायरे में कर्मकांडीय हस्तक्षेपकारी भूमिका की वजह से धार्मिक वेश्या औपनिवेशिक-पूर्व अवधि ही नहीं बल्कि औपनिवेशिक अवधि के खासे-हिस्से तक स्त्रीत्व के विविध मानकों का अतिक्रमण करती रही।

पेशेवर नर्तकियाँ और धार्मिक वेश्याएँ दोनों ही उदार दानी थीं। और जन-कल्याण का कार्य किया करती थीं। घरेलू दायरे की स्त्री के बरअक्स वे कला और साहित्य में दक्ष और इसलिये सत्ताशलियों और बड़े लोगों को प्रभावित करने की क्षमता रखती थीं। उनकी सामाजिक और सांस्कृतिक सक्रियता उदित हो रहे सुधारवादी और राष्ट्रीयतावादी तबके के लिये परेशानी का सबब थी। शायद, स्वतन्त्र और कामुक स्त्री होने के नाते वे उपज रही औपनिवेशिक स्थिति के लिये भय का कारण रही होंगी। जिस क्षेत्र में मन्दिरों में पीढ़ी-दर-पीढ़ी सेवाएँ प्रदान करने वाली स्त्रियाँ नहीं थीं वहाँ साधारण नर्तकियों से ही सेवाएँ ली जाती थीं। इससे नर्तकियों की सामाजिक स्थिति में तो उत्थान हुआ लेकिन इसी वजह से औपनिवेशिक अवधि के दौरान धार्मिक वेश्याओं को अपनी धार्मिक और सांस्कृतिक अस्मिता के दामन से हाथ धोना पड़ा। कम-से-कम उपनिवेशिकों की नजर में वे साधारण नर्तकियों से अलग नहीं थीं। नाच शब्द के प्रयोग की वजह से भी उनकी धार्मिकता का क्षरण हुआ, जिससे **नृत्य** या **नाट्यम** ध्वनित होता है। उन्नीसवीं सदी के उत्तरार्द्ध में यह शब्द और भी लोकप्रिय हुआ जब नाच और नाच-स्त्रियाँ सुधार पर होने वाले बहस के दायरे में आयीं।

सन्दर्भ एवं टिप्पणियाँ

1. मोती चन्द्र, 1973, पृ. 45
2. एल. अनन्त कृष्णा ऐय्यर, 1921, पृ. 27; सन्तोष चटर्जी, 1945, पृ. 32-33
3. इंडियन एंटिक्विटी, खंड-11, सं-cxxii, पृ. 125, के. इस्माइल में उद्धृत।
4. आ. एन. नन्दी, 1973, पृ. 4
5. ए. के. प्रसाद, 1973, पृ. 4
6. वही, पृ. 68
7. वही, पृ. 65-69
8. आर. आर. दिवाकर इत्यादि, 1968
9. एस. बी. हनुमन्त राव, 1995
10. डी. एन. झा, 1974
11. डोरा भूस्वामी के लिये प्रयुक्त स्थानीय शब्द है। गुड़ी का अर्थ मन्दिर होता है और सानी/सुले का प्रयोग जोगती और बासवी के लिये भी हुआ है।
12. फ्रेडरिक एंजेल्स, 1977, पृ. 51
13. बटान स्टेन, 1985, पृ. 73-81
14. के. आर. दिवाकर इत्यादि, 1968, पृ. 644-688
15. के. इस्माइल, 1984, पृ. 41-44
16. राजाराम हेगड़े, 1973, पृ. 233-243
17. ई. सी. छः, तारकेरे, 67 (ए. डी. 888) (के. इस्माइल, 1984, पृ. 53-55 में उद्धृत)
18. आर. एस. शर्मा, 1985, पृ. 126; आर. एन. नंदी, 1973, पृ. 14
19. तेलुगु भाषी क्षेत्रों में हुए इन परिवर्तनों के लिये देखें—जी. एशी रेड्डी, 1987, पृ. 1-33 और कन्नड़ भाषी क्षेत्रों में हुए इन परिवर्तनों के लिये देखें—राजाराम हेगड़े, 1997, पृ. 233-243।
20. एस. बी. हनुमन्त राव, 1995, पृ. 108-109; डी. एन. झा, 1974, पृ. 216
21. निकोलस बी. डिर्क्स, 1987, पृ.30
22. सूर्यलोक का शाब्दिक अर्थ तो 'सूर्य का घर' होता है लेकिन सामान्य तौर पर इससे 'स्वर्ग' का बोध होता है। ए. एस. अलटेकर, 1962
23. मत्स्यपुराण, 70, 29-30 (मोती चन्द्र द्वारा उद्धृत)।
24. के. इस्माइल, 1984, पृ. 125। कन्या के दान को सबसे बड़ा दान माने जाने के सन्दर्भ के लिये देखें—दीपक चन्द्र भट्टाचार्य, 1974, पृ. 39
25. एम. एस. रामचन्द्र राव, 1994, पृ. 62
26. ए. के. प्रसाद, 1991, पृ. 56
27. के. जी. कुन्दनगड़, 1939, अभिलेख सं. 4; के. इस्माइल, 1984, पृ. 124
28. अर्जुन अप्पादुरई, 1977, पृ. 224-246
29. हरबंस मुखिया, 1985, पृ. 228-252
30. बर्टान स्टेन, 1985
31. एडगर थर्सटन, 1994, पृ. 455; वही, 1909 भाग-दो, पृ. 329-351

32. धर्मकुमार और मेघनाद देसाई, 1984, पृ. 207-214
33. एडगर थर्सटन, 1909, भाग-दो, पृ. 335
34. उदय बार्कुर, 2000, पृ. 8
35. एडगर थर्सटन, 1994, पृ. 441-463
36. चिन्ना राव यागति, 1999, पृ. 54-56
37. वही, पृ. 55
38. इसका चलन आज भी ग्रामीण आन्ध्र के कई हिस्सों में जारी है। मैं वाई. चिन्ना राव की आभारी हूँ जिन्होंने मुझे ऊँची जातियों और अछूतों के बीच के आर्थिक और सांस्कृतिक सम्बन्धों के बारे में अन्तर्दृष्टियाँ प्रदान कीं।
39. एम. शामाराव, 1936, पृ. 70-71
40. आर. एडवर्ड इन्थोवेन, 1920-22, पृ. 299-300
41. फ्रांसिस बुशनैन, 1807, खंड-तीन, पृ. 65-66
42. एडगर थर्सटन, 109, खंड-4, पृ. 298
43. वही, पृ. 296
44. सस्किया करसेनबुम स्टोरी, 1987, पृ. 57
45. मिथकों में मतांगी हिन्दू देवी रेनुका की दासी के रूप में चित्रित हुई है।
46. ए. मडाविया, पृ. 301-303
47. रॉबर्ट ब्रिफॉ, 1927, खंड-दो।
48. एम्मा रॉशेनबॉफ-क्लॉफ, 1899, पृ. 18
49. एडगर थर्सटन, 109, खंड-4
50. वही
51. मैनुअल ऑफ करनूर डिस्ट्रिक्ट, पृ. 186
52. एम्मा रॉजेन बुश 1899
53. एडगर थर्सटन, 1909, खंड-5, पृ. 49
54. एम्मा रॉशेनबॉफ-क्लॉफ, 1899, पृ. 62
55. ए. मडाविया (1905-1906), पृ. 303
56. सुले कन्नड़ शब्द है। इसका अर्थ वेश्या होता है। मध्यकाल में इससे मन्दिर-कन्या का बोध होता था। औपनिवेशिक अवधि के दौरान इसकी जगह 'देवदासी' का प्रयोग किया गया जो सम्मानसूचक था। शब्द के तौर पर सुले की व्युत्पत्ति संस्कृत पद 'सुला' से हुई है जिसका अर्थ रंडी या वेश्या है। देखें—टी. एन. बरॉ और एम. बी. मेन्यू, 1984, पृ. 2471
57. कन्नड़ में जिस अर्थ में सुले प्रचलित है उस अर्थ में तेलुगु में सानी का चलन है। यह संस्कृत पद 'स्वामिनी' से व्युत्पन्न है जो स्त्री, रुतबेदार स्त्री, दाई, नृत्यांगना...का द्योतक है। देखें—एम. वेंकटरत्नम, डब्ल्यू.एच. कैम्पबेल और के. विरसोलिंगम (सम्पादक) 1999, पृ. 1330। औपनिवेशिक अवधि के दौरान सानी का मतलब नृत्यांगना, अर्पित स्त्री और धार्मिक वेश्या थे।
58. सम्प्रदायम से परम्परा का बोध होता है। देखें सी. पी. ब्राऊन (1999), शब्दकोश; पी. भास्कर रेड्डी, 1993, पृ. 99-102

59. वी. विजया राघवाचार्य 1938, खंड-छः भाग-दो, ज्यादा विस्तार के लिये देखें—ए. के. प्रसाद, 1991, पृ. 66-68
60. वही
61. दी ट्रैवेल्स ऑफ पीटर मुंडी इन यूरोप एंड एशिया, 1608-67, खंड-2, ट्रैवेल्स इन एशिया (लंदन : हकुलयात सोसाइटी, 1914), सेकेंड प्रेस सं. - 35, पृ. 216
62. सैयद सिरज-उल-हसन, 1920, खंड-1, पृ. 94
63. सेंसस ऑफ इंडिया, 1891, खंड-23; हिज हाईनेस दी निजाम्स डोमिनियन, भाग-दो, पृ. 183
64. देवी की प्रतिमा को दिखाने के लिये प्रयुक्त लैम्प। सी. पी. ब्राऊन, 1999, पृ. 936।
65. सी. पी. ब्राऊन, 1999, पृ. 1100
66. पी. भास्कर रेड्डी, 1993, पृ. 101
67. आलोक पराशर और ऊषा नायक, 1986, पृ. 68
68. वही। यहाँ भोग का अर्थ यौन-आनन्द है। देखें—तापी धर्माराव, 1992
69. आलोक पराशर और ऊषा नायक, 1986
70. डी. सी. ग्राहम, 1885
71. डी. एफ. कार्मिकेल, 1869
72. एडगर थर्सटन, 1909, खंड-दो, पृ. 128
73. जेम्स एम. कैम्पबेल, 1959, पृ. 189-1921
74. बी. आर. पाटिल (1975) ने बासवी को दो समूहों बाला बासवी और बातला बासवी—में बाँटा है। जहाँ बाला बासवी पर पूरी जिन्दगी कुँवारी बने रहने की शर्त लदी थी जबकि बातला ऐसे किसी कायदे से नहीं बँधी थी। ताराचन्द (1992) ने उन्हें समूहों में बाँटा है—गुड़ी बासवी, जाति बासवी और बालगड़ा बासवी।
75. बी. आर. पाटिल, 1975, पृ. 330; आलोक पराशर और ऊषा नायक, 1986, पृ. 69।
76. वही
77. अवध किशोर प्रसाद, 1983, पृ. 152
78. जेम्स एम. कैम्पबेल, 1959
79. बी. आर. पाटिल (1975) ने जोगतियों के दो किस्म—मंगलरति जोगती और मुत्तुकरिदा जोगती—गिनाए हैं।
80. बी. आर. पाटिल, (1975), पृ. 382; एन. के. प्रसाद, 1983, पृ. 9-10
81. बी. आर शिंदे, 1973, पृ. 237
82. सैयद सिरज उल हसन, 1920, पृ. 412
83. एब जे. ए. ड्यूबोइस, 1928, पृ. 133
84. वही, पृ. 434
85. वेंडीडोनिगर ओ'फ्लैर्टी 1981, पृ. 20-21
86. एन. एन. भट्टाचार्य, 1982, पृ. 110
87. वही, पृ. 386
88. वही, पृ. 354-355
89. वही, पृ. 349; वेंडी ओ फ्लैर्टी, 1981, पृ. 314-315

90. के. एन. पणिक्कर, 1998, पृ. 21-36

91. एम्मा रॉसेनबुस–क्लॉफ, 1899, पृ. 53-61

92. जेम्स सी. कैम्पबेल, 1884, पृ. 606-607

93. ए. मडाविया, 1905-1906, पृ. 301; एडगर थर्सटन, 1909, खंड-चार

94. एडगर थर्सटन 1909, खंड-चार, पृ. 306; डी. पी. पाल, 1928, पृ. 80; एस. वी. कामत, 1986; सी. हयवदन राव, 1921-30; डब्ल्यू फ्रांसिस, 1904।

95. ऐसा माना जाता है कि रेनुका कश्मीर के राजा रेनुक की पुत्री थी। यज्ञोपरान्त राजा को पुत्री प्राप्त हुई थी। रेनुका शक्ति की देवी से जोड़कर देखी जाती रही है। एन. के. केडटोड, 1983, पृ. 1

91. वही।

92. स्वयंवर में कन्या (प्रायः राजकन्या) को उपस्थित उम्मीदवारों में से अपना वर चुनने की आजादी होती थी।

93. हिन्दू मिथकों में परशुराम विष्णु के अवतार माने जाते हैं।

94. एक अन्य संस्करण में उसे नदी में कर्तव्यवीर को अपने गणिकाओं के स्नान-क्रीड़ा करते हुए देखने से कामासक्त होते हुए चित्रित किया गया है।

95. पी. थॉमस (1959) जमदाग्नि और रेनुका की कहानी को पिता के सर्वेसर्वा की स्थिति पर जोर डालने के उद्देश्य से गढ़ा गया बताते हैं। साथ ही इसमें उन्हें प्राचीन समाजों में मातृ-वध के चलन की कुंजी भी दिखती है। पृ. 49

96. माधव शास्त्री जोशी, 1972, खंड-सात, पृ. 86

97. मांग चमड़े का पेशा करने वाली अछूत जाति है। वे मतांगी के सन्तान हैं, ऐसी मान्यता है।

98. आर. सी. ढेरे, 1978, पृ. 61; वेंडी डोनिगर ओ'फ्लैर्टी, 1981, पृ. 218

99. वी. ललिता, 1990, पृ. 157

100. जैकी एसयग, 1990, पृ. 53-65; जेम्स सी. कैम्पबेल, 1884, पृ. 168

101. लिंडा जे. एच., 1992, पृ. 145-168

102. इसका अर्थ वैवाहिक जीवन के प्रति निष्ठा सम्बन्धित पवित्र नियम है।

103. डेविड किंग्सले, 1997, पृ. 216

104. एडगर थर्सटन, 1909, खंड-चार, पृ. 296

105. वही, पृ. 296-298

106. सी. हयवदन राव, 1921, पृ. 242-247, ई. थर्सटन, 1909, खंड-चार, पृ. 236-291।

107. ई. थर्सटन, 1909, खंड-चार, पृ. 298-300

108. जे. ए. ड्यूबोइस, 1928; मार्गलिन, 1985, पृ. 143-144

109. अमृत श्रीनिवासन, 1988; सस्किया करसेनबुम स्टोरी, 1987; ई. थर्सटन, 1909, खंड-दो, पृ. 138

110. ई. थर्सटन, 1994, खंड-दो, पृ. 400-401; एम्मा रॉसेनबुस-क्लॉफ, 1899, पृ. 62-89, ए. मडाविया, 1905-1906, पृ. 300-305

111. ई. थर्सटन, 1909, खंड-दो, पृ. 128

112. आर. ई. एंथोवेन, 1922, खंड-तीन, पृ. 298; अनन्त कृष्ण ऐय्यर, 1927, पृ. 51

113. फसेट, 1892, पृ. 322-345; सैयद सिरज उल हसन, 1920, पृ. 434-435।
114. एन. के. केडेटोड, 1983
115. ई. थर्सटन, 1909, खंड-चार, पृ. 296
116. ई. थर्सटन, 1909, खंड-दो, पृ. 129, फ्रेड हैन्स वर्थ, 1932, पृ. 790
117. ई. थर्सटन, 1909, खंड-दो, पृ. 128
118. सी. जे. फुलर, 1948, पृ. 40
119. सी. हयवदन राव, 1921, पृ. 213; लेविस बी.-राईस, 1897, खंड-एक, पृ. 245
120. ई. थर्सटन, 1909, खंड-चार, पृ. 311; सी. हयवदनराव, 1921, खंड-एक, पृ. 236
121. महार अच्छी-खासी संख्या में थे।
122. सी. हयवदन राव, 1921, खंड-एक, पृ. 232-233; एस. वी. कामत, 1986
123. सी. हयवदन राव, 1921, खंड-एक, पृ. 228
124. सेंसस ऑफ इंडिया, 1911, मैसूर रिपोर्ट, खंड-219, पृ. 214
125. सी. हयवदन राव, 1921, खंड-एक, पृ. 214
126. वही, पृ. 215
127. गैजेटियर ऑफ बम्बई प्रेसीडेंसी, धरवाड़ जिला, 1884, पृ. 186
128. जानकी नायर, 1994
129. अमृत श्रीनिवासन, 1988
130. मार्गलिन फ्रेडरिक, 1985
131. जैकी एसयग, 1990
132. एबड्यूबोइस, 1928, पृ. 387-389; रॉबर्ट सिवेल, 1970, पृ. 241-242 में उद्धृत; मंजुलिका भादुरी और सन्तोष चटर्जी, 1945, पृ. 99, सिरज उल हसन, 1920, पृ. 94
133. ए. के. प्रसाद, 1991, पृ. 76; विजय रामास्वामी, 1989, पृ. 5
134. एपिग्राफिक इंडिया, 15 एन. पी, 6 एफ, ए. के. प्रसाद (1991) द्वारा उद्धृत; वैदेही कृष्णमूर्ति, 1970, पृ. 59-60; अमृत श्रीनिवासन, 1985, पृ. 1869; पी. भास्कर रेड्डी, 1993, पृ. 99-102
135. ई. थर्सटन, 1909, खंड-तीन, पृ. 128; एम. विलियम्स, 1883, पृ. 450-451; वैदेही कृष्णमूर्ति, 1970, पृ. 60
136. वही; के. इस्माइल, 1984
137. रॉबर्ट सिवेल, 1970
138. बी. मस्तानैया, 1999, पृ. 55-56
139. बी. हेमलता, 1991, पृ. 116
140. ए. के. प्रसाद, 1991, पृ. 79-83
141. बी. आर. पाटिल, 1975, पृ. 382
142. एन. डी. काम्बले, 1990
143. पी. आर. वेंकटस्वामी, 1955, खंड-एक, पृ. 27; एम. बी. गौतम, 1991
144. बी. आर. पाटिल, 1975, पृ. 380; एन. के. केडेटोड, 1983
145. गैजेटियर ऑफ दी बम्बई प्रेसीडेंसी, धारवाड़, पृ. 122-123।
146. वही, 123

147. जे. एच. हट्टन, 1969, पृ. 162

148. जानकी नायर, 1994, पृ. 3161

149. ए. मडाविया, 1905-1906, पृ. 304

150. वही, पृ. 303; ई. थर्सटन, 1909, खंड-चार, पृ. 303 में उद्धृत।

151. ई. थर्सटन, 1909, खंड-चार, पृ. 277।

152. वही।

153. आलोक पराशर और उषा नायक, 1986, पृ. 70-71; ए. के. प्रसाद, 1991, पृ. 97-121

154. दक्षिण भारतीय अभिलेख, खंड-बीस, सं.74 (ए. डी. 1112) के. इस्माइल, 1984, पृ. 125, उद्धृत।

155. के. इस्माइल, 1984, पृ. 12.7; टी. के. टी. वीरधावाचार्य, 153, खंड-एक।

156. टी. के. टी. वीरधावाचार्य, 1938, खंड-छह, भाग-दो, पृ. 679

157. के. ईस्माइल, 1984, पृ. 128

158. एन. के. केडटोड, 1983

159. ई. थर्सटन, 1904, खंड-दो, पृ. 137-138

160. ई. थर्सटन, 1994, भाग-दो, पृ. 400

161. वही, पृ. 299

162. एन. डी. काम्बले के सर्वेक्षण के मुताबिक भिक्षावृत्ति आजीविका का स्रोत थी।

163. एन. डी. कांबले, 1988, पृ. 191-192

164. सैयद सिरज उल हसन, 1920, खंड-दो, पृ. 434।

165. वही, पृ. 434-435, आज भी उत्तरी कन्नड़ क्षेत्र में जोगतियाँ और बासवियाँ उधो-उधो (जीत, विजय) जपते हुए भीख माँगती हैं।

166. पार्लियामेण्ट्री पेपर्स (न्यायिक), 1828, पृ. 833-834

167. मैं सी. आर. यागति की आभारी हूँ, जिन्होंने अछूतों के जीवन से जुड़ी छोटी-से-छोटी बातों से अवगत कराया। खासकर ऊँची जातियों के घरों में उत्सव के मौके पर उनका भोजन के लिये जाना।

168. कायका का अर्थ कार्य, श्रम, पेशा होता है। कैलाश शिव के घर के लिये प्रयुक्त होता है।

169. वही, पृ. 116

170. वही, पृ. 51

171. एल. अनन्त कृष्णा ऐयर, 1927, पृ. 50

172. ई. थर्सटन, 1909, खंड-चार, पृ.298

173. वही, पृ. 300

174. वही, पृ. 300

175. सी. हयवदन राव, 1921, खंड-एक, पृ. 180

176. एस. डी. पुनालेकर और कमला राव, 1962

177. मारुति तुकाराम घट्टी, चिकोड़ी का साक्षात्कार (10 जुलाई 2000); गेल ओमवेत, 1994, पृ. 120-121

178. वही, पृ. 300

178. एडगर थर्सटन, 1909, खंड-दो, पृ. 135-136
179. ए. मडाविया, 1905-1906, पृ. 303; एडगर थर्सटन, 1909, खंड-चार, पृ. 298-308
180. वही, पृ. 305
181. गैजेटियर, बम्बई प्रेसीडेंसी, धारवाड़, खंड-22, पृ. 189-191
182. एफ. बुचनैन, 1807, खंड-एक, पृ. 226
183. टी. रूथफेल्ड, 1928, पृ. 163
184. मंजुलिका भादुरी और सन्तोष चटर्जी, 1945, पृ. 129
185. विलियम सैमुएल लिली, 1975, पृ0-232।
186. एफ. बुचनैन, 1807, पृ. 267
187. एडविन ऑरनोल्ड, 1888, पृ. 85
188. ई. थर्सटन, 1909, खंड-2, पृ. 131-132
189. एम. शामा राव, 1936, पृ. 6
190. जे. शॉट, 1870, पृ. 193-194।
191. एडगर थर्सटन, 1909, खंड-चार, पृ. 309
192. गैजेटियर, बम्बई प्रेसीडेंसी, धारवाड़, पृ. 192
193. यह अखंड 8 फरवरी 1869 को रची गयी।
194. एम. बी. गौतम, 1991, पृ. 11; सी. चक्रपानि और सी. डी. देशमुख, 1992।
195. सैयद सिरज उल हसन, 1920, खंड-दो, पृ. 41
196. जेस बर्जेस (1971) का जनवरी-मई, 1874 का अवलोकन, पृ. 12
197. सुदेश चन्द्र बनर्जी, 1989, पृ. 140
198. गैजेटियर, बम्बई प्रेसीडेंसी, बेलगाँव, पृ. 613
199. वही, पृ. 613
200. वही।
201. देवीप्रसाद चट्टोपाध्याय (1968) ने विभिन्न संस्कृतियों में इस तरह के विधि-विधानों के चलन का जिक्र किया है, पृ. 288-292
202. लिंडा जे. एप, 1992, पृ. 145-146
203. मराठी-भाषी क्षेत्रों में वाध्या की धार्मिक भूमिकाओं के लिये देखें—जॉन एम. स्टेनले, 1989, पृ. 271-298
204. जे. एसयग, 1989, पृ. 364; आर. ब्रिफॉ, 1927, खंड-दो, पृ. 531-536
205. डी. पी. पाल, 1928, पृ. 82
206. जी. एच. खरे, 1958, पृ. 126-128
207. फसेट, 1892, पृ. 343
208. वसन्त राजा, 1997, पृ. 34-35
209. सैयद सिरज उल हसन, 1920, खंड-दो, पृ. 434; जे. एसयग, 1989, पृ. 367
210. आर. ई. एंथोवेन, 1922, पृ. 298-299
211. रोमिला थापर, 1966, पृ. 28
212. वेंडी डी. ओ'फ्लैर्टी, 1981, पृ. 28

213. रॉबर्ट ब्रिफॉ, 1927, खंड-तीन, पृ. 319-329
214. जे. एसयग, 1999, पृ. 367
215. के. सी. ताराचन्द, 1992, पृ. 87-104
216. कन्हैयालाल गऊबा, 1930, पृ. 100-101
217. जीन बैपटिस ट्रैवरनेर, 1925, खंड-एक, पृ. 127-128
218. जे. मिचॉड, 1801 (इनके अनुवाद के लिये देखें—ई. थर्सटन, 1909, खंड-दो, पृ. 130)
219. आर. वरलक्ष्मी, 1989, पृ. 94
220. वही।
221. जे. श्रॉट, 1970, पृ. 191-192
222. एडविन अर्नाल्ड, 1888, पृ. 82-98
223. वी. रघुवंशी, 1969, पृ. 253 में उद्‌धृत।
224. वही, पृ. 254
225. गैजेटियर, बम्बई प्रेसीडेंसी, कनार, खंड-15, भाग-एक, पृ. 321-322; एस. एन. सिन्हा और एन. के. बसु, 1992
226. गैजेटियर, बम्बई प्रेसीडेंसी, धारवाड़, खंड-22, पृ. 189
227. जेम्स सी. कैम्पबेल, 1884, पृ. 159
228. गैजेटियर, बम्बई प्रेसीडेंसी, कनार, खंड-15, पृ. 322
229. वही, पृ. 324
230. वही।
231. वी. एस. कदम, 1998, पृ. 616
232. गैजेटियर, बम्बई प्रेसीडेंसी, बेलगाम, पृ. 159
233. गैजेटियर, बम्बई प्रेसीडेंसी, धारवाड़, पृ. 191
234. बी. लेविस राईस, 1897, खंड-एक, पृ. 247

4

वैधानिक हस्तक्षेप

बीसवीं सदी के शुरुआती दशक के सुधार-आन्दोलन बुनियादी तौर पर कानूनी हस्तक्षेप पर आधारित थे। इनका एक उद्देश्य धार्मिक वेश्यावृत्ति का उन्मूलन भी था। वस्तुतः यह सामाजिक शुद्धता और नाच विरोधी आन्दोलन की स्वाभाविक परिणति थी। ब्रिटिश शासन के लिये यह प्रथा गले की हड्डी बन चुकी थी। उन पर दो-तरफा दबाव था। एक तो उनके अपने देश ब्रिटेन से और दूसरा यहाँ उपनिवेश की ओर से। ऐसी स्थिति में ब्रिटिश सत्ता ने ऐसी नीति अपनाई जो ज्वलन्त मसलों का ज्यादा-से-ज्यादा तात्कालिक समाधान करती रहे।[1] ब्रिटिश राजसत्ता हो या देशी विद्वान, दोनों ही औपनिवेशिक संस्कृति की नैतिक श्रेष्ठता के हामी थे। परिणामस्वरूप, औपनिवेशिक सत्ता की हस्तक्षेपकारी भूमिका का औचित्य आसानी से स्थापित हो जाता था। इस तरह, ब्रिटिश सरकार धार्मिक मामलों में दखल न देने के अपने निर्णय के बावजूद नियन्त्रक और सकारात्मक हस्तक्षेप की भूमिका निभाती रही। इसे ईसाई धर्म प्रसारकों के दबाव[2] और सामाजिक-शुद्धता आन्दोलन[3] से जोड़कर देखा जा सकता है। कानूनी-जामा पहनाने से बचते हुए भी औपनिवेशिक सत्ता इस तरीके से कानूनी और सांस्कृतिक क्षेत्रों से जुड़े मसलों पर चल रही बहस का रुख निर्धारित करती रही।

औपनिवेशिक सत्ता द्वारा देवदासी की प्रस्तुत की गयी छवि देशी धारणा के अनुरूप थी। यही छवि वैधानिक हस्तक्षेप का वैचारिक आधार बनी। औपनिवेशिक सत्ता के वैधानिक ढाँचे ने भारतवासियों के लिये अपने रीति-रिवाजों की पुनर्रचना और उनके औचित्य-निर्धारण की गुंजाइश मुहैया कराई।[4] परिणामतः सांस्कृतिक रूप से आपत्तिजनक लगने वाले रस्मो-रिवाज से निजात मिल सकती थी। हिन्दू विधि में सुधार एवं इसकी पुनर्रचना के लिये प्रयास एक उपलब्धि थी। यह गाँधी द्वारा की गयी आलोचना से स्पष्ट है, जिसमें वे दाम्पत्य और सामाजिक जीवन में आदर्श आचरण के निर्धारण का प्रयास करते हैं।[5]

औपनिवेशिक सत्ता के इस 'बेआवाज वैधानिक सुधार कार्यक्रम'[6] से धार्मिक वेश्याओं की प्रचलित पहचान प्रभावित हुई। सरकार इनसे जुड़े कई मसलों पर

असमंजस की स्थिति में थी। विधेयक लाने की भारतीय माँग के प्रति सरकारी प्रतिक्रिया में ये मसले उभर कर सामने आये। मसलन, सरकार इस बारे में निश्चित नहीं थी कि देवदासियों का मन्दिरों में होना शास्त्र-सम्मत था या रीतिगत। ऐसे में विधेयक लाना उचित नहीं था। फिर भी, यह दिखाने के लिये कि वह मामले के प्रति गम्भीर है, उसने एक शुरुआती प्रशासनिक उपाय के रूप में छानबीन का आदेश दिया। इससे सरकार सुधारवादी रूप में सामने आयी, जो यह दिखाने की कोशिश कर रही थी कि दोष प्रथा में नहीं बल्कि हिन्दू ग्रन्थों और धार्मिक रीतियों के आधार पर हो रहे इसके गलत उपयोग में है। तब, प्रथा में सुधार की जरूरत थी न कि इसके उन्मूलन की। इस तरह सरकार की कोशिश थी कि वह कोई भी ऐसा कदम न उठाये जिससे देशी-भावना को ठेस पहुँचे।[7] धार्मिक वेश्यावृत्ति रोकने के अनुकूल माहौल के बावजूद सरकार ने प्रस्तावित कानून के लिये उन हिन्दुओं का चुनाव किया जो इसके अच्छे जानकार थे।[8] साथ ही, आंग्ल-भारतीय कानून देशी विधि परम्पराओं की पुनर्व्याख्या में लगा हुआ था। इसके लिये वह ब्राह्मण-ग्रन्थों का सहारा ले रहा था। हिन्दू विधि को इस तरह लिखित-रूप प्रदान करने के जो परिणाम हुए उस पर कुनाल पार्कर का कहना है, हिन्दू-विधि का समाज से कोई जुड़ाव नहीं रहा। इसके दायरे में वे तबके भी लाये गये जिनके आचार-व्यवहार की अपनी संहिता थी, जिनका इससे पूर्व हिन्दू विधि से कोई सम्बन्ध नहीं रहा।[9] परिणामस्वरूप, औपनिवेशिक नीति की वजह से हिन्दू-रीति के प्रभुत्वीकरण की सम्भावना और प्रबल हुई। इसका आदर्श उदाहरण अछूत धार्मिक वेश्या की पहचान की मनमानी व्याख्या है जिसकी वजह से अछूतों की वैधानिक अस्मिता बदल गयी।

शुरुआती चरण

इस प्रथा को कानून के दायरे में लाने की आरम्भिक कोशिश 1868 के संक्रामक रोग अधिनियम से सम्बन्धित है। धार्मिक वेश्याओं पर इसे लागू करने के सम्बन्ध में सरकार ने मन्दिर के अधिकारियों से पूछा तो उन्होंने यह मानने से इनकार कर दिया कि धार्मिक वेश्याएँ गुप्त रोग से ग्रस्त हो सकत हैं। उन्होंने सरकार के इस पहल की निन्दा की।[10] देवदासियों ने भी ऐसी ही प्रतिक्रिया जताई और अपने अलग रुतबे के बारे में गवर्नर को ज्ञापन भेजा।[11] धार्मिक वेश्याओं को कानून के दायरे में लाकर सरकार वस्तुतः अपनी ही नीति से उपजे अन्तर्विरोध से निपटने की कोशिश कर रही थी। भारत के सभी निवासियों को अपने शासन के दायरे में लाने के लिये वह बहिष्कार (सामाजिक रीति-रिवाज को अपराध की श्रेणी में रखकर) या समावेश (विवाह-सुधार के द्वारा) का रास्ता अपनाये हुई थी।[12] ऐसे में, धार्मिक वेश्याएँ कानूनी दायरे में आ सकें इसके लिये उन पर 'वेश्यावृत्ति' का आरोप लगाना जरूरी था। क्योंकि 'ब्रिटिश दंड विधि' में इसे अपराध माना जाता था।[13]

औपनिवेशिक सरकार की नजर में धार्मिक वेश्याएँ महज 'वेश्याएँ' थीं।[14] इस तरह, स्त्रियों को अपराधी घोषित करने की प्रक्रिया धार्मिक वेश्याओं की पहचान की पुनर्रचना से जुड़ी थी और इसके लिये मापदण्ड के रूप में विवाह, शुचिता और सम्पत्ति पर जो हिन्दू नियम-कायदे थे, उन्हें सामने रखा जा रहा था।[15] साथ ही, अपने 'बेआवाज वैधानिक सुधार कार्यक्रम' के तहत सरकार इन स्त्रियों पर इम्मोरल ट्रैफिक एक्ट लागू करने के फिराक में भी लगी हुई थी। कल्पना कन्नाबिरन के अनुसार, देवदासियों पर भारतीय दंड संहिता की धाराओं—372 और 373 का लगाया जाना वस्तुतः सरकार का उपनिवेशितों के परिवार यानी घरेलू संरचना पर प्रहार करना था। औपनिवेशिक सत्ता यह मानकर चल रही थी कि उन्हें अपने शासन के औचित्य के लिये केवल यहाँ के निवासियों की स्थिति का ही नहीं, बल्कि इनके संस्थानों, संस्थानों की कार्यपद्धति आदि का सहारा लेना होगा। परिवार को सर्वाधिक महत्त्वपूर्ण संस्थान या केन्द्रीय-संस्थान मानते हुए ही उन्होंने इसे निशाना बनाया।[16] इन वैधानिक उपायों की वजह से मन्दिर की धार्मिक वेश्याओं के साथ-साथ जोगती, बैसवी और मुरली भी औपनिवेशिक कानून के दायरे में आ गयीं।

मैसूर की रियासत

समाज सुधार आन्दोलन की माँगों के प्रति देशी रियासतों का रुख सहयोगात्मक था। देश के दक्षिणी और पश्चिमी प्रान्तों में परिवर्तन होते हुए दिखाई पड़ने लगे थे। सीलोन में भी लोग नर्तकी-प्रथा के उन्मूलन के पक्ष में आये और उन्होंने देश-भर में ऐसी ही पहलकदमी की माँग रखी।[17] पुडुकोट्टा-राज ने घरों में नाच के आयोजन पर प्रतिबन्ध लगाया[18], जबकि स्त्री-अर्पण की रीति जारी रही।[19] सबसे ज्यादा प्रभावी आदेश 1893 में मैसूर रियासत की तरफ से जारी हुआ।[20] मैसूर के महाराज ने मन्दिरों से नर्तकियों के निष्कासन का आदेश दिया ताकि मन्दिर पवित्र हो सकें।[21] मैसूर की उत्साहित जनता ने अन्य देशी रियासतों से इसी तरह की पहलकदमी और इस तरह देश-भर से एक बड़ी बुराई के मिटने की उम्मीद की।[22] इसी आदेश की तार्किक परिणति 1909 के उस सरकारी आदेश में हुई, जिसमें मुजरई मन्दिरों में देवदासियों की नियुक्ति पर प्रतिबन्ध लगा दिया गया।[23] इस मुद्दे पर सरकार द्वैध की स्थिति में थी। यह उसके इस बयान से जाहिर होता है, "मन्दिरों में देवदासियाँ रखे जाने का मूल मकसद जो भी रहा हो, आज ये जिस अनैतिक स्थिति में पहुँच गयी हैं, उसे देखते हुए मन्दिर जैसे पवित्र स्थल से इन्हें हटाने का सरकारी निर्णय उचित है।"[24] इन्हें राहत देते हुए सरकार ने यह निर्णय लिया कि इनमें से जिसे भी मन्दिर में तैफे सेवा प्रदान करने के लिये **जमीन** या **इनाम** व्यक्तिगत तौर पर दिया गया हो और उसका पट्टा उसके नाम से जारी हुआ ह वह उसे स्थायी तौर पर दे दिया जाए।[25]

1909 के सरकारी आदेश की सबसे बड़ी खामी इनाम के स्वामित्व को लेकर इसका भ्रामक स्टैंड था।

इस आदेश में उन जमीनों को पुनः मन्दिर के हवाले कर दिये जाने के लिये कहा गया जो मूलतः मन्दिरों को ही दिये गये थे, लेकिन तैफे सेवा के एवज में ये व्यक्ति विशेष के अधिकार में थे।[26] साथ में यह प्रावधान भी था कि यदि ऐसे अधिकारी अपने नाम में जारी पट्टा प्रस्तुत करें तो जमीन पर उनका अधिकार स्थायी हो जाएगा। यह आदेश उन देवदासियों पर लागू हुआ जो आदेश जारी किये जाने के वक्त मन्दिरों में सेवारत थीं। जिला-स्तर के अधिकारियों को जिम्मेदारी दी गयी कि सरकारी आदेश का खयाल रखते हुए वे इस तरह के दान (जमीन या अन्य इनाम) की छानबीन करें। प्रमाण या दस्तावेज के न मिलने पर 'दान' मन्दिर के नाम वापस कर दिया जाना था।[27] परिवार के पुरुष सदस्यों ने इस तरह जमीन या इनाम धार्मिक वेश्याओं के नाम करने के सरकारी निर्णय का विरोध किया। इस पर, सरकार ने अपने निर्णय में सुधार लाते हुए कहा कि इनाम पूरे परिवार को दिये गये थे न कि अलग से अकेले देवदासी को,[28] इसलिये उस पर स्वामित्व भी पूरे परिवार का होगा। इस आदेश का अमल करने के नाम पर जमीन मनमाने ढंग से मन्दिर के नाम किये गये। ऐसी स्थिति हो गयी थी कि मन्दिरों से निष्कासित धार्मिक वेश्याओं को मुजरई विभाग और मन्दिर के अधिकारियों से कानूनी लड़ाई में उलझना पड़ा। लेकिन मुजरई सुपरिण्टेन्डेण्ट के साथ महाराज और भारी जनमत के होने की वजह से उन्हें पीछे हटना पड़ा। चूँकि निर्णय मन्दिर-व्यवस्था पर केन्द्रित था, इसलिये इससे केवल वे धार्मिक वेश्याएँ प्रभावित हुईं जो मन्दिरों से जुड़ी थीं।

अन्ततः यह अधिनियम मुद्दों से उनकी सम्पूर्णता में नहीं निबट सका। इसका कारण था देशी रियासत और स्थानीय शक्तियों के बीच का साँठगाँठ।[29] 1909 का यह आदेश केवल मुजरई-मन्दिरों के लिये था। मुजरई विभाग के नियन्त्रण में न आनेवाले मन्दिर इससे अप्रभावित रहे। फिर भी, धार्मिक वेश्यावृत्ति के विरोधी आन्दोलन के लिये यह वैधानिक पहल एक उपलब्धि थी। आखिर, यहाँ भी 'नैतिकता' ही कसौटी थी। इसका नेशनल सोशल कान्फ्रेंस ने भी स्वागत किया।[30] एक देशी रियासत की वैधानिक कार्रवाई सुधारवादियों और उन्मूलनवादियों के लिये सन्दर्भ-बिन्दु हो गयी।[31]

दक्षिणी मराठा क्षेत्र

बम्बई प्रेसीडेंसी का कन्नड़-भाषी हिस्सा वहाँ के सुधारवादी प्रयासों से प्रभावित था। 1883 में जोतिबा फुले स्त्री-अर्पण की रीति के खिलाफ चल रही मुहिम से जुड़े। उन्होंने पुलिस-कमिश्नर से इस पर प्रतिबन्ध लगाने के लिये कहा। साथ ही, अपनी

पत्रिका **दीनबन्धु** में फुले ने इस रीति की कड़ी निन्दा करते हुए कई लेख लिखे।[32] यहाँ अर्पित की गयी स्त्रियाँ बासवी, जोगती और मुरली के नाम से जानी जाती थीं। इनकी अत्यधिक संख्या फुले के लिये गहरी चिन्ता का विषय थी। उन्होंने इसे रोकने के लिये कानूनी प्रतिबन्ध लगाने की माँग की। 20वीं सदी के आरम्भ में ही बम्बई प्रेसीडेंसी के पास जानकारी थी कि इन स्त्रियों में से अधिकांश अछूत जातियों की हैं।

1920 में कोल्हापुर रियासत ने स्त्री-अर्पण को गैर-कानूनी घोषित किया। यह प्रयास धार्मिक वेश्यावृत्ति का जड़ से उन्मूलन करने के लिये किया गया था। धार्मिक वेश्यावृत्ति के बने रहने में स्त्री-अर्पण की प्रमुख भूमिका थी। इस प्रयास के तहत अर्पित-लड़की पर थोपी गयी सभी बन्दिशें और उन्हें दिया गया विशेष 'रुतबा' समाप्त कर दिया गया।[33] खास बात यह थी कि उन्मूलन सम्बन्धी यह विचार इस इलाके के शक्तिशाली गैर-ब्राह्मण आन्दोलन से प्रेरित था।[34] 1920 के आदेश में उन परिवारों के लिये किसी विकल्प (पुनर्वास के रूप) का प्रावधान नहीं था, जो 'निम्न' शूद्रों और अछूत समुदाय के थे, हालाँकि इसका वैचारिक आधार एकदम भिन्न और रैडिकल था। यह आदेश इस प्रथा को ब्राह्मणवाद की रणनीति के रूप में देखता था। इससे ऊँची जाति की नैतिक श्रेष्ठता स्थापित होती थी और साथ ही अनैतिक या नैतिक-स्तर पर गिरे होने की वजह से शूद्रों को वर्चस्वशाली तबकों की श्रेणी में शामिल न करने का औचित्य भी सिद्ध होता था।[35] इस क्षेत्र में हो रहे परिवर्तनों का बम्बई प्रेसीडेंसी के कन्नड़-भाषी हिस्से पर गहरा प्रभाव पड़ा। यूँ तो इस हिस्से में इस प्रथा के उन्मूलन की माँग पहले से ही की जा रही थी। इस प्रभाव की वजह से बेलगाम और धारवाड़ जैसे इलाकों से भी ऐसे ही वैधानिक पहल की माँग की जाने लगी। साथ ही, मद्रास प्रेसीडेंसी में जो उपाय किये जा रहे थे और वहाँ जो परिवर्तन हो रहे थे उन पर यहाँ के जागरूक लोगों की नजर थी। मसलन, मराठा मंडल के एम. आर. जयकर मुथुलक्ष्मी रेड्डी द्वारा तैयार किये गये देवदासी उन्मूलन विधेयक की विषय वस्तु के आधार पर ही विधेयक तैयार करने और उसे विधानसभा में पारित करवाने में जुटे हुए थे।[36] इस तरह, यहाँ किये जा रहे उपायों पर मद्रास प्रेसीडेंसी और अन्य हिस्सों में किये गये प्रयासों का प्रभाव तो था ही, इनकी शब्दावली भी एक सी ही थी।[37]

1934 का बम्बई देवदासी अधिनियम

1933 में, बम्बई प्रेसीडेंसी में हिन्दू मन्दिरों में स्त्री-अर्पण पर रोक लगाने के लिये विधेयक लाया गया। इसकी जरूरत के लिये प्रस्तुत किये गये तर्क इस प्रकार थे—यह रीति मन्दिर के पवित्र वातावरण को दूषित करती है; इसका कम उम्र के

नासमझ और निर्दोष बच्चों पर बुरा प्रभाव पड़ता है; यह वेश्याओं की आपूर्ति का अक्षय स्रोत बन चुका है, जो अपने गाँवों से लेकर शहरों तक जहाँ भी अपने नीच व्यवसाय के लिये जा बसती हैं वहाँ गन्दगी फैलाती हैं।...

> इस अनुकरण का कारण समाज से उनका अलगाव था। वे मन्दिरों में प्रवेश नहीं कर सकते थे। ऐसे में, उन्होंने अपने देवी-देवता की स्थापना की। ऐसा वे मन्दिर के बाहर किसी पेड़ के नीचे करते। कहीं-कहीं उनके अपने मन्दिर भी थे। वहाँ अछूत अपने समुदाय की कम उम्र की लड़कियों का अर्पण करते थे। यह पाया गया कि ये स्त्रियाँ, जो बैसवी, जोगती, सुले या मुरली के नाम से जानी जाती थीं, प्राचीन आदर्शों को छोड़ वेश्या का जीवन जी रही थीं।[38] इसलिये बिल के दायरे में इन्हें भी लाने की बात उठाई गयी। आखिर प्रस्तावित कानून का उद्देश्य हिन्दू विधि के उस प्रावधान में संशोधन लाना था जो कुछ खास आयोजन द्वारा लड़कियों के अर्पण का अनुमोदन करती थी।[39] ऐसे में, अछूतों में प्रचलित अर्पण की रीति के अनुमोदन का स्रोत भी हिन्दू-विधि है, ऐसा जाहिर किया जाना जरूरी था। इसलिये देवदासी शब्द को ही और विस्तार देते हुए पुनर्परिभाषित किया गया। इससे अन्य अनेकों जातियाँ और उपजातियाँ इसके दायरे में आ गयीं। यह सब कुछ इस धारणा पर आधारित थीं कि अछूतों में अर्पण के लिये किये जाने वाले आयोजन हिन्दू धार्मिक विधि[40] के मुताबिक होते हैं।[41]

विधेयक के दायरे में अछूतों को लाने में आने वाली व्यावहारिक दिक्कत की सम्भावना को निरस्त करते हुए हाउस के एक सदस्य ने अछूतों के बारे में ऊँची जाति की सोच को स्पष्ट किया। उसने यह स्वीकार किया कि यह प्रथा ज्यादातर उन लोगों में प्रचलित है जो न तो हिन्दू माने जाते हैं और न ही मुसलमान।[42] लेकिन, उसने आगे कहा, चूँकि हिन्दू नेताओं, यहाँ तक कि गाँधी भी, ने इन्हें हिन्दू समाज का ही अंग माना है इसलिये इन्हें शामिल करने से विधेयक के मूल मंतव्य पर प्रभाव नहीं पड़ेगा।[43] विधेयक का मूल मंतव्य हिन्दू विधि में सुधार लाना था। इस तरह अछूतों द्वारा अर्पित स्त्री की अनिश्चित पहचान का मसला यानी उन्हें हिन्दू माना जाए या नहीं, बार-बार सामने आता रहा। अन्ततः दिक्कतों से बचने के लिये विधेयक से 'अछूत वर्ग' शब्द को ही हटा दिया गया।[44]

ये बहस उन महत्त्वपूर्ण मुद्दों पर प्रकाश डालती हैं जो राजनीतिक हलके में विवाद के विषय थे। मसलन, औपनिवेशिक अवधि के दौरान अछूत एक भिन्न समुदाय माने जाते रहे, जिनका धर्म आदिम और पाशविक था। इस 'भिन्नता' पर भारतीय शासक वर्ग और औपनिवेशिक सत्ता दोनों एकमत थे। अछूतों के सामाजिक-सांस्कृतिक जीवन को हीन समझा जाता था।

1920 में अछूतों की पहचान पर पुनः विवाद शुरू हो गये। ईसाई मिशनरियों से लेकर राजनीतिक क्षेत्र तक सभी उनकी सांस्कृतिक पहचान पर बहस करते हुए दिखे। इस तरह से अचानक इस मुद्दे के सिर उठाने का सम्बन्ध राजनीतिक-क्षेत्र में हो रहे बदलाव से था। पूना समझौते में सामुदायिक प्रतिनिधित्व के प्रश्न से अछूतों की पहचान का मुद्दा बहस का विषय बना जिसकी परिणति राजनीतिक स्तर पर उनके हिन्दू समुदाय में समावेश में हुई। दरअसल, इस क्षेत्र में, खासकर निजाम-शासित प्रांत में अछूत अपने अपवित्र और अकर्मण्य पहचान पर सवाल करते हुए अपना दृष्टिकोण रखने लगे थे। आदि-आन्ध्र का सिद्धान्त इसी तरह के अछूत चेतना की ऊपज थी।

यह सिद्धान्त शीघ्र ही देश-भर में फैल गया। उत्तर-भारत में अछूतों की बड़ी संख्या ने इस सिद्धान्त का बड़े उत्साह से स्वागत किया। वहीं भीमराव अंबेदकर की आलोचना और चुनौती से कांग्रेस की हालत खराब थी। अछूतों के इस उफान को शान्त करने के लिये ऊँची जाति के हिन्दुओं ने उन्हें हिन्दू-व्यवस्था के दायरे में लाने का प्रयास किया। यह उनकी तरफ से अछूतों के लिये 'आदि' के बदले 'हरिजन' शब्द के प्रयोग में स्पष्ट दिखता है। इसका सम्बन्ध अंबेदकर द्वारा अछूतों के लिये अलग 'निर्वाचक मंडल' की माँग से था जिसे पूना समझौते (1932) में गाँधी की वजह से ठुकरा दिया गया।[45] हरिजन नाम देने के साथ-साथ गाँधी ने लगातार अपने भाषणों एवं लेखन में अछूतों का चित्रण हिन्दू समाज के अंग के रूप में किया। इसका प्रभाव राजनीतिक क्षेत्र में पड़ना ही था। हालाँकि पूरी बहस के दौरान अछूतों के मुस्लिम और हिन्दू से भिन्न होने और उनके अलग धर्म पर सहमति थी। लेकिन गाँधी के विचार ने ही विधेयक तैयार करने वालों पर प्रभाव डाला।

अछूतों की पहचान के अलावा, देवदासियों के स्वामित्व के मुद्दे पर भी विचार किया गया। मैसूर के विपरीत, यहाँ ऐसी जमीन बहुत कम थी। बीजापुर में इसके दो उदाहरण मिले, जबकि धारवाड़ और बेलगाम में देवदासियाँ मन्दिरों को दी गयी जमीन की देखभाल करती थीं यानी वे वाशीबाटादार[46] (Washiwatadar) थीं। इनके पास व्यक्तिगत तौर पर अपनी कोई जमीन नहीं थी।[47] इसलिये जमीन के स्वामित्व की घोषणा यहाँ ज्यादा चिन्ता का विषय नहीं बन पायी।

हिजड़े के मसले पर यहाँ अच्छी-खासी बहस चली। इसका कारण इस क्षेत्र में उनकी बड़ी तादाद में मौजूदगी था। विधान सभा के एक सदस्य पी. डी. कुलकर्णी ने इनके लिये 'स्त्री' और 'पुरुष' के बीच 'अ-पुरुष' या 'अ-स्त्री' जैसे शब्द के प्रयोग का प्रस्ताव रखा।[48] दुर्भाग्यवश, यह निर्णय लेते हुए इस पर आगे विचार नहीं किया गया कि जो न पुरुष है और न ही स्त्री, उस पर विचार करना विधेयक के उद्देश्य से परे है।[49] इस तरह, विधेयक का वास्ता केवल प्रथा में संलग्न स्त्रियों से था। वस्तुतः यह सुधारवादी मानसिकता की अभिव्यक्ति थी, जो इस तीसरे 'सेक्स' के

प्रति चुप्पी बनाये रही। यह भी सम्भव है कि इसकी अस्मिता या भूमिका का मुद्दा राष्ट्रीय पुनर्निर्माण की महती योजना के लिये समस्याप्रद हो जाता इसलिये इसे नहीं छेड़ा गया अथवा उपनिवेशितों के बहुलांश और सरकार के लिये यह अत्यन्त तुच्छ मामला रहा हो। वैसे, विधेयक के सफलतापूर्वक पारित होने के बाद विधान परिषद के अध्यक्ष ने जिस तरह मानवता की इस तीसरी श्रेणी का व्यंग्य उड़ाया और फिर सदस्यों ने जो कहकहे लगाये उनसे उनकी वास्तविक सोच स्पष्ट हो गयी थी।[50]

अन्ततः 1934 में, बम्बई देवदासी प्रोटेक्शन एक्ट पारित हो गया।[51] स्त्री-अर्पण के उन्मूलन की अनिवार्यता के लिये दिया गया तर्क था, "प्राचीन समय से ही चली आ रही यह रीति शुरुआत में भले ही पवित्र रही हो, लेकिन आज यह स्त्रियों को वेश्यावृत्ति की ओर ले जाने के सिवाय और कुछ नहीं कर रही है।"[52] यह एक्ट पूरे बम्बई प्रेसीडेंसी के लिये था। इसलिये कन्नड़-भाषी क्षेत्र, जिसमें धारवाड़, बेलगाम और बीजापुर आते थे, भी इसके दायरे में आ गये। यहाँ सुझाए गये समाधान मैसूर रियासत के निर्देशों के समान थे। यह जिम्मेदारी कलेक्टर को दी गयी कि उचित तफतीश के बाद वह देवदासियों को किसी भी प्रकार की सेवा के लिये जमीन की शर्त से मुक्त किये जाने का लिखित निर्देश जारी करे।[53] तथापि, घोर गरीबी, अज्ञानता, अन्धविश्वास और पुनर्वास की उचित व्यवस्था के अभाव की वजह से लड़कियों का अर्पण चलता रहा। जल्दबाजी में की गयी वैधानिक पहल इनकी आजीविका का विकल्प प्रस्तुत कर पाने में असफल रही। साथ ही, इस क्षेत्र में इस रीति का फैलाव काफी व्यापक था। इसलिये इतनी तेजी से की गयी वैधानिक पहल से सभी वाकिफ नहीं हो पाये। यह तो अछूत या दलित आन्दोलन[54] का अथक प्रयास था जिसकी वजह से कुछ बदलाव हुए। फिर भी, एक्ट की वजह से अछूतों में किस हद तक सकारात्मक विकास हुए और जाति-व्यवस्था के लिये इसके क्या निहितार्थ थे, इसकी तफतीश नहीं हुई है।

मद्रास प्रेसीडेंसी के तेलुगु-भाषी-क्षेत्र

मैसूर में हो रहे उथल-पुथल की वजह से तेलुगु-भाषी क्षेत्रों में सरकार के उदासीन रुख के प्रति जन आक्रोश और ज्यादा बढ़ गया। बढ़ते दबाव से सरकार पहल करने के लिये विवश हो गयी। मौजूदा वैधानिक प्रावधान प्रथा के कुप्रभावों को रोक पाने में कहाँ तक सफल हो सकते हैं, इस पर विचार-विमर्श करने के लिये सरकार ने कदम आगे बढ़ाये।[55] 1911 में, भारत के राज्य-सचिव क्रियु ने गवर्नर-जनरल से मौजूदा प्रावधानों के बारे में जानकारी माँगी और इसके साथ ही उन्होंने इनमें जरूरी संशोधन के बाबत भी पूछा। इसकी प्रशंसा की गयी। उचित वैधानिक उपाय समुदाय के उम्रदराज स्त्रियों के लिये वैकल्पिक आजीविका की व्यवस्था करने, लड़कियों को गोद लेने और उनके अर्पण को रोकने में सफल हो सकते हैं,[56] ऐसा प्रस्ताव धार्मिक

वेश्याओं[57] की तरफ से भी आया। वह भी, खासकर मुसलिपत्तनम की धार्मिक वेश्याओं की तरफ से, जहाँ सुधार-आन्दोलन का व्यापक प्रसार और प्रभाव था। 1912 में, दादाभाई मैनेकजी ने 'प्रोटेक्शन ऑफ वीमेन एण्ड गर्ल्स बिल' में कम उम्र की लड़कियों के अर्पण पर रोक लगाने के लिये वाक्यांश जोड़ा।[58] इस पर जनमत क्या है, यह जानने के लिये इसे ऑफिसियल और गैर-ऑफिसियल के बीच बाँटा गया। कुछ देवदासियों और रूढ़िवादियों के विरोध के सिवाय इस पर अमूमन सहमति दिखी। उनका विरोध सम्पत्ति के उत्तराधिकार की समस्या की वजह से था।[59] विश्वयुद्ध के कारण वह सब कुछ 1924 तक थमा रहा।[60]

1927 में, राज्यों के काउंसिल में एक प्रस्ताव पारित किया गया, जिसमें लड़कियों को मन्दिरों में देवदासी के रूप में अर्पण करने पर प्रतिबन्ध लगाने के लिये कानून बनाने की बात की गयी। प्रस्ताव में मन्दिर की धार्मिक वेश्याओं के साथ-साथ अछूत धार्मिक वेश्याओं का भी जिक्र किया गया और गवर्नर-जनरल से दासियों पर प्रतिबन्ध लगाने की माँग की गयी, जो आर्धी, बैसवी, भाविन, देवदासी, जोगिनी मुरली जैसे विविध नामों से लोकप्रिय थीं। गवर्नर-जनरल से अविवाहित छोटी लड़कियों को देवदासी के रूप में अर्पित किये जाने पर भी रोक लगाने के लिये कहा गया। यहाँ यह मान्यता कार्य कर रही थी कि इस रीति का चलन कुछ खास जातियों/समुदायों में ही है। ऊँची जाति/रुतबे के हिन्दुओं में इसका प्रचलन नहीं है। इसके साथ ही, संरक्षालय/आश्रय के वैधानिक प्रावधान की भी माँग की गयी, जहाँ अपवित्र और नीच जिन्दगी से निकाली गयी लड़कियाँ रखी जा सकें। ऐसे प्रावधान का भी सुझाव दिया गया, जो मन्दिर के बजट में नाचों के आयोजन और देवदासियों की नियुक्ति के लिये जरूरी रकम के आबंटन पर रोक लगाने के साथ-साथ इन आयोजनों और नियुक्ति पर प्रतिबन्ध लगाये।[61] शिवदेव सिंग ओबरॉय ने लड़कों के अर्पण का मसला उठाया।[62] उन्होंने प्रेसीडेंसी में प्रचलित इस रीति को संज्ञान में नहीं लेने का कारण पूछा। सरकार की तरफ से इसका जवाब मिला कि केन्द्रीय विधायिका या स्टेट-काउंसिल ऐसे विचार-विमर्श के लिये उचित स्थल नहीं है। सरकार ने ऐसे प्रश्नों से स्थानीय काउंसिलों में ही निबटने की सलाह दी।[63] सरकार रूढ़िवादियों और देवदासी संगठनों की नाराजगी के प्रति चेतस थी। सुधारवादी भी 'अर्पण' को वेश्यावृत्ति से जोड़ कर देखने की आलोचना कर रहे थे।[64] उन्होंने 1927 में कानून मंत्री सी. पी. रामास्वामी के समक्ष भी अपनी यह आपत्ति दर्ज की।[65] तमिल-क्षेत्रों में उन्मूलन-विरोधी ताकतें सुधारवादियों और उन्मूलनवादियों द्वारा प्रचारित की जा रही धारणाओं के खिलाफ जोर-शोर से अभियान चला रही थीं।[66]

वयस्क होने की उम्र-सीमा के 16 से बढ़ाकर 18 वर्ष किये जाने के प्रस्ताव का भी रूढ़िवादियों ने विरोध किया। विरोध की वजह बताते हुए टी. रंगा चैटियर ने कहा कि इससे देवदासी समुदाय की स्त्रियों के विवाह में परेशानी और ज्यादा बढ़ेगी।

साथ ही, उनका यह भी तर्क था कि उम्र ज्यादा हो जाने पर उचित जीवनसंगी का मिलना मुश्किल हो जाएगा।[67]

मद्रास हिन्दू धर्मादा एक्ट, 1929

उन्मूलनवादियों ने अपने पक्ष में देवदासी समुदाय (खासकर पुरुष) का भी समर्थन जुटाया। 5 सितम्बर 1929 के दिन मुथुलक्ष्मी रेड्डी ने विधान परिषद में 1926 के हिन्दू धर्मादा एक्ट में संशोधन का प्रस्ताव रखते हुए, विधेयक रखा जो पारित हो गया। 1926 के अधिनियम की धारा 44 में एक नया खंड जोड़ा गया। इसमें यह स्वीकार किया गया कि धार्मिक वेश्यावृत्ति की शुरुआत अत्यन्त ऊँचे व अति पवित्र उद्देश्यों के लिये हुई, लेकिन बाद में यह अत्यन्त आपत्तिजनक स्थिति में पहुँच गयी।[68] इसलिये अधिनियम का उद्देश्य स्त्री-अर्पण पर प्रतिबन्ध लगाना था। इसके लिये इसमें मन्दिर में सेवा प्रदान करते रहने की शर्त पर जमीन पर स्वामित्व की स्थिति को समाप्त करने की घोषणा की गयी। अर्थात् मन्दिर से जुड़ाव नहीं रखने के बावजूद जमीन पर देवदासियों का हक बना रहता। इस तरह एक बड़े प्रलाभेन का अन्त किया गया जिसकी स्त्री-अर्पण की रीति के बने रहने में महती भूमिका थी।[69] अधिनियम की घोषणा के कार्यान्वयन हेतु उचित कार्रवाई की जिम्मेदारी रेवेन्यू विभाग पर डाली गयी। तदनुसार, मन्दिर के अधिकारियों को नोटिस भेजने और इनाम देवदासियों को सौंपने का कार्य कलेक्टरों के जिम्मे आया।

1929 का अधिनियम एक बड़ी वैधानिक पहल थी। यह उन्मूलन के विरोधियों पर कमर-तोड़ प्रहार था।[70] इसका देवदासी समुदाय के बहुलांश ने स्वागत किया। उनमें भी खासकर पुरुषों ने, जो इनाम की माँग करते आ रहे थे। लेकिन अधिनियम ने 'अर्पण' को गैरकानूनी घोषित नहीं किया। जिन्हें इनाम नहीं मिला हो उन पर और अछूत धार्मिक-वेश्याओं पर अधिनियम की बेरूखी गौरतलब है। अधिनियम में सुले और सानी के लिये निरोधात्मक कदम उठाये गये थे, जो वस्तुतः मन्दिर की संरचना से जुड़ी थीं। अधिनियम के इस तरह सीमित होने की वजह सुधारकों की संकीर्ण समझ थी, जिन्हें यह रीति महज कुछ समुदायों में दिखी न कि सभी में जिसका मिस मायो ने बड़े हिकारत-भरे लहजे में अपनी किताब में जिक्र किया।"[71] इसके साथ ही, इनका पक्का विश्वास था कि मैसूर रजवाड़े में इस प्रथा का पूर्णतः उन्मूलन हो चुका है। अधिनियम ने उन कुछ मन्दिरों के प्रति भी उदासीनता बरती जिन के आय की रकम कम (अमूमन 300 रु.) थी। खुद मुथुलक्ष्मी ने इस बात का जिक्र किया है।[72]

देवदासी समुदाय के पुरुषों ने अधिनियम में इनाम के केवल देवदासी के अधिकार में किये जाने के प्रावधान का विरोध किया। मन्दिरों में सेवारत पुरुष भी इनाम पर अपनी दावेदारी प्रस्तुत करने लगे। देवदासी समुदाय के पुरुषों ने कलेक्टर

और मुथुलक्ष्मी रेड्डी के समक्ष भी अपना पक्ष रखा। इससे इस समुदाय के भीतर स्त्री-पुरुष के बीच मौजूद तनाव की स्थिति स्पष्ट होकर सामने आयी।[73] अधिनियम पर पक्षपातपूर्ण निर्णय लेने का आरोप लगाते हुए गुंटुर, बेजवाड़ा, तमिल व तेलुगु भाषी क्षेत्रों से पुरुष प्रतिनिधि इकट्ठे होकर सामने आये।

उनका कहना था[74] कि, ''देवदासी सेवा के लिये स्त्री और पुरुष दोनों साथ काम करते हैं। नाट्यम हो या कुम्बहार्ती, स्त्री के नृत्य और गायन के साथ पुरुष स्रुति और मृदंग बजाते हैं। एक-दूसरे के साथ के बिना वे यह सेवा प्रदान कर ही नहीं सकते। पूरी संरचना में स्त्री के केन्द्र में होने और इस सेवा का नाम देवदासी-सेवा होने की वजह से संयुक्त सेवा के लिये भी जमीन देवदासी के नाम दी गयी। लेकिन इसका मतलब यह कतई नहीं कि स्थायी अधिकार भी केवल उसी के नाम कर दिया जाए। इनाम बन्दोबस्ती के क्रम में कुछ ऐसे मामले भी सामने आये जिनमें इनाम स्त्रियों के अधिकार में थे लेकिन वे पुरुष के नाम थे जो या तो उन्हें उत्तराधिकार के रूप में मिला था या अपनी सेवाओं के एवज में।''

''जहाँ इनाम स्पष्टतः स्त्रियों के नाम है वहाँ पुरुष मेहनताने पर रखे जाते हैं और जहाँ यह स्पष्टतः पुरुषों के नाम है वहाँ स्त्रियाँ। उन्होंने उदाहरण देते हुए कहा कि, कई ऐसे मामले हैं, जिनमें पट्टे देवदासी के नाम हैं। लेकिन देवदासी सेवा के लिये ही दी गयी इन जमीनों का पुरुष भी उपयोग कर रहे हैं।''[75] इस तरह, संयुक्त स्वामित्व के माँग की भी सम्भावना बनते दिखी। यह उनके ज्ञापन से भी स्पष्ट हो रहा था जिसके मुताबिक, ''पुरुष या स्त्री-पुरुष दोनों के संयुक्त स्वामित्व में इनाम नहीं किये जाने की स्थिति में भी मन्दिर के संरक्षक पुरुषों पर सेवाएँ प्रदान करने दबाव डालते हैं, इसके लिये पुरुष किराये की या खरीदी गयी स्त्री के साथ उक्त दबाव की स्थिति से निबटने के लिये तैयार रहते हैं[76] ताकि वे जमीन का उपभोग करते रहें।'' प्रतिनिधियों के उस मंडल ने आगे कहा कि यदि सरकार स्थिति की गम्भीरता को समझते हुए इनाम पर स्वामित्व के प्रावधान में संशोधन नहीं ला पायी तो इतने यत्न से अभी-अभी मुक्त हुईं ये स्त्रियाँ पुनः उसी व्यवस्था का शिकार हो जाएगी और वह भी ज्यादा बुरी तरह, कारण अब वे पुरुषों की कठपुतली के रूप में लाचार होंगी।''[77]

इस तरह, अधिनियम ने पुरुष की पारम्परिक 'नैतिक' जिम्मेदारी को और मजबूत किया। आखिर, पुरुष प्रतिनिधि मंडल जमीन के स्वामित्व की माँग कर रहा था और इसे देवदासियों के पुनः व्यवस्था की शिकार नहीं होने देने की अपनी जिम्मेदारी के रूप में प्रस्तुत कर रहा था।[78]

साथ ही, अपने समुदाय से जुड़े मसलों पर बोलने के अधिकारी केवल और केवल वे हैं इसे सुनिश्चित करने और दिखाने के लिये उन्होंने सरकार से आश्वासन

माँगा कि उनके समुदाय यानी देवदासी से सम्बन्धित किसी भी सरकारी फैसले में मन्दिर के संरक्षकों का दखल नहीं होना चाहिए।[79] बहरहाल, मन्दिर की सभी स्त्रियाँ इनाम सुविधा प्राप्त नहीं थीं।[80] 1931 में भी उनकी नयी नियुक्तियों की सूचना थी।

24 जनवरी 1930 के दिन मुथुलक्ष्मी रेड्डी ने मद्रास प्रेसीडेंसी में हिन्दू स्त्रियों के मन्दिरों में अर्पण किये जाने पर रोक लगाने के उद्देश्य से विधान सभा में विधेयक रखा।[81] उसमें इस कृत्य को गैर-कानूनी करार दिया गया था। रेड्डी हिन्दू समाज में विद्यमान गन्दगी के साफ करने का बीड़ा उठाये हुई थीं। उनके द्वारा प्रस्तावित विधेयक के समर्थन में हाउस के सदस्य एम. मुकुंदासामी ने जो कुछ कहा वह इस विधेयक के धारणात्मक आधार की अभिव्यक्ति थी। नाच-विरोधी और सामाजिक शुद्धता आन्दोलनों की तर्ज पर ही मुकुंदासामी ने देवदासियों को 'तमाशा-तत्व' कहा और उन पर मन्दिर की पवित्रता भंग करने का आरोप लगाया।[82] इस प्रथा के शास्त्रसम्मत होने का खंडन करते हुए उन्होंने इसे मन्दिर-व्यवस्था की सत्ता-संरचना में उच्च-स्थान पर विराजमान निकम्मे पुरुषों के ऐन्द्रिय-सुख एवं भोग-विलास तथा देवदासी समुदाय के निकम्मे पुरुषों का बिना किसी परिश्रम के ऐय्याशी करने के लिये ईजाद किया गया साजिश कहा। इस तरह उन्होंने इसे दो किस्म के निकम्मों की मानसिक विकृति की तुष्टि का साधन बताया। परिशिष्ट में उन्होंने यह भी जोड़ा कि हिन्दू राजाओं के कमजोर होने की वजह से मन्दिरों का पतन हुआ। उन्होंने दासियों की जगह धर्मनिष्ठ वृद्ध पुरुषों की नियुक्ति का सुझाव दिया।[83] हाउस के अल्पकालीन सत्र की वजह से मुथुलक्ष्मी की पहल पर विराम लग गया। वैसे भी, उन्मूलन-विधेयक के प्रति सरकार कोई उत्साह नहीं दिखा रही थी, कारण रूढ़िवादी उसके अन्य वैधानिक प्रावधानों की कड़ी निन्दा कर रहे थे।[84] साथ ही, रूढ़िवादियों और देवदासियों की तरफ से इस विधेयक के खिलाफ तीव्र विरोध की स्थिति में आगे कुछ प्रयास[85] करने की गुंजाइश नहीं थी। द्वितीय विश्वयुद्ध की वजह से भी सब कुछ थम गया।

1939 में लन्दन से एसोसिएशन ऑफ मोरल एंड सोशल 'हाईजिन' की तरफ से सरकार पर पड़े दबाव से उन्मूलनवादियों की स्थिति मजबूत हुई। स्टेट-सचिव ने कम उम्र की लड़कियों के अर्पण के प्रति गहरी चिन्ता व्यक्त की और मद्रास सरकार से उचित उपाय करने के लिये कहा।[86] उन्मूलन-विरोधी तत्वों के विघ्नकारी प्रयासों की मुथुलक्ष्मी घोर आलोचक और निन्दक थीं। 'देवदासी एसोसिएशन ऑफ साऊदर्न इंडिया' के बैनर तले उन्होंने सरकार को जो अर्जी दी उस पर प्रतिक्रिया व्यक्त करते हुए मुथुलक्ष्मी ने आश्चर्य जताया कि आखिर सरकार ने उनकी अर्जी स्वीकार कैसे कर ली। वहीं उन्मूलन-विधेयक के पक्ष में जन-समर्थन इसकी माँग को औचित्य प्रदान कर रहा था।[87]

सरकार द्वारा अधिनियम पारित करने की अनिच्छा की उन्मूलनवादियों ने कड़ी आलोचना की। मुथुलक्ष्मी तो अत्यधिक मुखर होकर सामने आयी। उन्होंने लिखा, यह बात मेरी समझ में नहीं आ रही कि कैसे एक सुसंस्कृत और सभ्य देश से आने वाले ये यूरोपीय उनके पक्ष में खड़े हैं जो बुरी रीतियों के पोषक हैं।[88] इन आलोचनाओं और रूढ़िवादियों के बीच सन्तुलन बनाये रखते हुए सरकार ने इस प्रथा के कुप्रभावों को रोकने के लिये 1930 का 'मद्रास सप्प्रेसन ऑफ इम्मोरल ट्रैफिक एक्ट' लागू किया। इससे पूर्व 'बिल फॉर दी सम्प्रेसन ऑफ ब्रॉदेल एंड इम्मोरल ट्रैफिक' पारित करने के लिये जनमत पता करने के क्रम में पुरुष कलावंथुलु से मिले समर्थन का सरकार ध्यान रखे हुई थी। उसी से उत्साहित होकर उसने मद्रास वाला एक्ट लागू किया था। 'कलावंथुलु सोशल रिफॉर्म एसोसिएशन ऑफ आन्ध्र-देश' के एक कार्यकर्ता ने कलावंथुलु के यौन-अड्डों का विस्तृत ब्यौरा दिया जो इस प्रकार था[89] –

आन्ध्र-देश के महत्त्वपूर्ण नगरों में चलाये जा रहे वेश्यालयों की जो जानकारी मेरे पास है वह यूँ है–

जिला	
बेरहमपुर	– 30 घरों में
गंजम	– शिकाकोले – 40 घरों में
विजियिनाग्राम	– 140 घरों में
विजग	– विजग – 60 घरों में
कोकोनडा	– 85
पूर्वी गोदावरी जिला	– राजमुंड्री – 50
पश्चिमी गोदावरी जिला	– एल्लौर – 70
कृष्णा जिला	– मसुलिपत्तनम – 85
बेजवाड़ा	– 40
गुंटुर	– गुंटुर – 175
तेनाली	– 120

देवदासियाँ अपनी लड़कियों की शादी नहीं करतीं। कम उम्र से ही वे लड़कियों को वेश्यावृत्ति में लगा देती हैं। जिन्हें लड़की नहीं होता वे अन्य जातियों की लड़की गोद लेकर धन्धा जारी रखती हैं। अमूमन ये स्त्रियाँ बाँझ होती हैं। इसलिये ये पति को छोड़ चुकी स्त्री या विधवा से लड़की खरीद लेती हैं।

यह विश्वास करना मुश्किल है कि गोद लेने का कारण बाँझपन ही रहा होगा। यह तो स्त्री के यौन-शक्ति के प्रति पुरुष की प्रतिक्रिया है। लेकिन इससे औपनिवेशिक सरकार जरूर प्रभावित हुई। इस तरह विभिन्न समूह जिस तरह इनके 'अनैतिक कार्यों' की चीरफाड़ में लगे थे उससे उनकी अस्मिता और ज्यादा पृष्ठभूमि

में चली गयी। आजादी मिलते ही भारत सरकार ने हिन्दू मन्दिरों में स्त्री-अर्पण पर प्रतिबन्ध लगाने सम्बन्धी अधिनियम पारित कर दिया। शुरुआत में तो पी. नाटेसन ने यह मत व्यक्त किया कि चूँकि यह प्रथा खुद सिकुड़ हो रही है इसलिये अधिनियम की जरूरत नहीं है।[90] साथ ही, अधिनियम में जिस स्पष्टता से देवदासियों को वेश्या माना गया था, नाटेसन ने उसका भी विरोध किया। लेकिन बहुमत अधिनियम के पक्ष में रहा और 1947 में यह मद्रास देवदासी (प्रिवेंशन ऑफ डेडीकेशन) एक्ट के नाम से 31वें अधिनियम के रूप में पारित हो गयी।[91]

1947 का देवदासी उन्मूलन अधिनियम (POD)

यह अधिनियम समूचे मद्रास प्रेसीडेंसी के लिये था, जिसमें तेलुगु-भाषी और कुछ कन्नड़-भाषी क्षेत्र भी आते थे। अधिनियम में मन्दिर में स्त्री-अर्पण की रीति पर प्रतिबन्ध लगाया गया था। तर्क यह प्रस्तुत किया गया कि अपनी उत्पत्ति में यह प्रथा कितनी ही प्राचीन और पवित्र क्यों न हो, आज इसमें संलग्न अधिकांश स्त्रियों के लिये वेश्यावृत्ति के सिवाय और कोई चारा नहीं है।

पोट्टुकट्टु, गज्जेपूजा, मुद्री, कुम्भहार्टी जैसे आयोजन कर हिन्दू देवी-देवता के चढ़ावे में स्त्री के दिये जाने को स्त्री-अर्पण के रूप में परिभाषित किया गया।

वंशगत तौर पर इस प्रथा से जुड़े बोगम, सानी, नाग व सुलु, देवदासी, कर्मापुलु जैसे समुदाय की स्त्रियों का विशेष उल्लेख इस अधिनियम की सबसे बड़ी खासियत थी। इन समुदायों की किसी भी स्त्री के मेलाम में हिस्सा लेने, किसी आयोजन या अन्य अवसर पर नाचने या गाने पर प्रतिबन्ध लगाया गया। यदि कोई स्त्री ऐसा करती है तो उसे वेश्या माना जाएगा और विवाह के अयोग्य, ऐसा प्रावधान किया गया। इसके साथ ही, मन्दिर या अन्य धार्मिक संस्थानों एवं देवी-देवता के सम्मान में स्त्री के नृत्य पर भी प्रतिबन्ध लगाया गया। दोषी के लिये दंड के रूप में छह महीने की कैद या 500 रुपये अथवा दोनों तय किया गया ।

इस अधिनियम का दायरा संकीर्ण था, क्योंकि इसमें यह मानकर चला गया था कि इस प्रथा की व्याप्ति कुछ खास समुदायों में ही है। साथ ही, किसी भी मौके में इनके शरीक होने या कला-प्रदर्शन पर प्रतिबन्ध से यह धारणा और पुख्ता हुई कि धार्मिक वेश्याएँ प्रदूषक होती हैं। सेकुलर व धार्मिक दोनों ही आयोजनों में शरीक होने पर पाबन्दी की वजह से मन्दिर की स्त्री 'पब्लिक लाइफ' (जन-जीवन) से कट गयी।

मन्दिरों से इनका निष्कासन 'मद्रास के मन्दिरों' और ऊँची जाति के हिन्दुओं पर लगे धब्बे को मिटाने-सा माना गया। दरअसल, सुधारवादी और उन्मूलनवादी दोनों पितृसत्तात्मक और पूर्वग्रह-भरे नजरिये से कार्य कर रहे थे। नतीजतन, यह प्रथा स्त्रियों के लिये जो 'जगह' मुहैया किये हुई थी उसे वे मिटा रहे थे। मन्दिर में प्रदत्त

इस जगह को मिटाने के बजाय इसमें और ज्यादा बेहतर संभावनाएँ ढूंढ़ने की दिशा में विचार करने के प्रति वे उदासीन रहे। मन्दिर की स्त्री धार्मिक-व्यवस्था की शिकार नहीं बल्कि पाप की वाहक है, इस धारणा से 1947 के अधिनियम की विषय-वस्तु गहरे प्रभावित थी। यह एक निर्णायक ऐतिहासिक क्षण था जब धार्मिक-संस्थानों पर पुरुषों का वर्चस्व हुआ और स्थूल व सूक्ष्म के बीच उनकी मध्यस्थता की भूमिका पक्की हो गयी। मुथुलक्ष्मी रेड्डी के प्रतिनिधित्व में चल रहा नारीवादी आन्दोलन उस संरचना में स्त्री के लिये एक माकूल जगह बनाने में असफल रहा जो हिन्दुओं के धार्मिक-जीवन में बड़े स्तर पर अपनी पैठ बनाये रहा। मन्दिर की स्त्री पारंगत वेश्या होती है, यह गलतफहमी थी। इसे बनाये रखते हुए मन्दिर की स्त्रियों पर ही सारे गड़बड़ी का दार-मदार डाल दिया गया जिसके परिणामस्वरूप मन्दिरों पर संरक्षकों एवं पुरोहितों का राज हो गया। अधिनियम में संरक्षकों व पुरोहितों की सत्ता को चुनौती देने का साहस नहीं था। इस तरह, स्त्रीत्व के आदर्श के रूप में सम्मान प्राप्त जिस तबके की जगह सांस्कृतिक जन-जीवन के केन्द्र में थी उसे समाज के हाशिये पर डाल दिया गया। वह समाज के लिये सबसे ज्यादा निन्दनीय और त्याज्य हो गया। वह भी शुचिता/सुघड़ता के चौखटे में बँधकर घरेलू होने यानी अच्छी माँ, पत्नी और बेटी के रूप में समाजोपयोगी होने की बेदी पर। अपने विजन की संकीर्णता की वजह से सुधारवादी मन्दिरों के बाहर की धार्मिक वेश्याओं की स्थिति में 'सुधार' और 'पुनर्वास' के प्रति उदासीन रहे। विविध सांस्कृतिक स्तरों की भिन्न-भिन्न कोटि की स्त्रियों के बीच के अन्तःसम्बन्ध पर भी विचार करने में उनकी रुचि नहीं थी। इसी तर्ज पर नारीवादी संगठन भी चल रहे थे। राष्ट्रीय सीमाओं के अतिक्रमण का उत्साह दिखाने वाले ये संगठन जाति व मन्दिर की सीमाओं के पार देख पाने में असमर्थ थे जो अपेक्षाकृत ज्यादा दमनकारी संरचनाएँ थीं और जिनके तले दबी हुई स्त्रियों की संख्या भी बहुत ज्यादा थी। अछूतों के आन्दोलन भी संज्ञान में नहीं लिये जा सके जो अलग परिक्षेत्र में समान सुधार हेतु प्रयासरत थे। इस तरह ज्यादा रैडिकल बदलाव के लिये उपलब्ध अवसर के प्रति बेरूखी यही साबित करती है कि अधिनियम सामाजिक-शुद्धता और नाच-विरोधी आन्दोलन का नतीजा था न कि धार्मिक वेश्याओं की स्थिति बेहतर करने का उपाय। नतीजतन, देवदासियों के प्रतिरूपों (बैसवी, मतांगी और जोगती) की संख्या में ग्रामीण इलाकों में इजाफा होता रहा, स्त्री-अर्पण चलता रहा और अन्धविश्वासों, प्राक् धारणाओं और विभ्रमों के मकड़जाल में इन प्रतिरूपों की दैवीय सेवाएँ जारी रहीं।

सन्दर्भ एवं टिप्पणियाँ

1. वंशगत वेश्यावृत्ति सरकारी नीति का औचित्य स्थापित करती थी जिसकी ब्रिटेन में तीखी आलोचना की जा रही थी। देखें, के. बालाशेट, 1979, पृ. 162
2. गृह विभाग, टिप्पणी, ज्युडिशियल-ए, मई 1905, फा. सं. 130-144, पृ. 02, के. बालाशेट 1979, पृ. 156-158; कल्पना कन्नाबिरन, 1995
3. देखें, फिलीप्पा लेविन, 1996
4. जॉर्डन (1989) ने वैधानिक उपायों में हुए महत्त्वपूर्ण बदलावों का रेखांकन किया है, जिनसे इस क्षेत्र में धार्मिक वेश्याओं की वैधानिक पहचान प्रभावित हुई।
5. यह हरिजन के लेखों में स्पष्ट है।
6. कुनाल पार्कर, 1998, पृ. 559-633
7. 1927 में प्रस्तावित किया गया विधेयक कैथरीन मायो की किताब **मदर इंडिया** के जवाब के रूप में तैयार किया गया था। गृह विभाग, फाइल सं. 791-ज्युडिशियल ऑफ 1927, टिप्पणियाँ क्र. सं. 1-4, पृ. 5
8. देखें, विधेयक पर बम्बई विधान सभा में हुई कार्यवाही।
9. कुनाल पार्कर, 1998, पृ. 600
10. जी. ओ. 814, पब्लिक विभाग, 14 मई, 1878 और जी. ओ. 90-91, पब्लिक विभाग, 20 अगस्त, 1875, एम. सुन्दराज में उद्धृत, 1993, पृ. 49-50
11. जी. ओ. 852, ज्युडिसियल विभाग, मद्रास सरकार, 21 अप्रैल 187; जी. ओ. 76-77, मिलिट्री विभाग, मद्रास सरकार, 27 जून, 1876
12. कल्पना कन्नाबिरन, 1992, पृ. 60
13. वही
14. कुनाल पार्कर, 1998, पृ. 559-633
15. वही, पृ. 588 और 575-7
16. कल्पना कन्नाबिरन, 1995, पृ. 61
17. साथिया वेदानुसरम, 1 अक्तूबर, 1889 (तमिल, पाक्षिक)
18. जनमित्रम, 22 अक्तूबर, 1892। इस पहल का भी विरोध हुआ।
19. साउथ इंडियन मित्रन, 5 अक्तूबर, 1898
20. औपनिवेशिक संरचना की सीमाओं में यहाँ हुए वैधानिक विकास के आलोचनात्मक अध्ययन के लिये, देखें जानकी नैयर, 'दि देवदासी, धर्म एण्ड दि स्टेट'।
21. दि सन्मार्ग बोधिनी, 17 जून, 1893
22. वही।
23. मुजरई फारसी के 'मुजरा' की व्युत्पत्ति है जिसका अर्थ होता है भत्ता या छूट। बोलचाल में मुजरई प्रचलित होता गया। इसका प्रयोग सामान्यतः धार्मिक और सेवा-कर्म के लिये दिये गये भत्ते के लिये किया जाता था। इसलिये धार्मिक और सेवार्थ उद्देश्यों के लिये किये गये सभी दान 'मुजरई' विभाग के जिम्मे था। देखें, सी. हयवदन राव, 1929, खंड-चार, पृष्ठ 686; मुथुलक्ष्मी रेड्डी पेपर्स, खंड-दो, भाग दो (क्रम संख्या, 116-154), पृ. 252-254; जी. ओ. सं. 1560-71, एम-43, फा 84-5-3, बंगलोर, 10 अप्रैल ,1909।

24. वही, पृ. 253 परिवर्तन लाने के लिये मन्दिर-स्त्री की आनुष्ठानिक पहचान की इस पुनर्रचना पर जानकी नैयर कहती हैं, 'अगामिकों ने शैव, पंचरात्र, व्यखानसागम शास्त्र जैसे ग्रन्थों का हवाला देते हुए देवदासियों के मन्दिरों में सेवा-प्रदान करने के प्रावधान को सही बताया। सुबह उठकर स्नान के बाद साफ कपड़े और फूलों से सजी इन स्त्रियों का पूरा दिन मन्दिर के कर्म-कांडों में बीतता था। देवताओं को गीत और नृत्य प्रस्तुत कर जगाना, शाम के वक्त रौशनी करना और निश्चित किये गये समय पर अनुमोदित संगीत और नृत्य प्रदर्शन करना उनका दायित्व था। इसके साथ ही, अगामिकों के मुताबिक शास्त्रों में वर्ष-भर विशेष दिनों पर विशेष अनुष्ठान करना इनके जिम्मे दिया गया है। बदले में इन्हें मन्दिर के चढ़ावे में हिस्सा और मन्दिर के आय से मेहनताना मिलता था। इन सेवाओं से इनकार मन्दिर की विधि का उल्लंघन था...बहरहाल ये शास्त्रों का कहना है, सरकार जो उचित समझे वैसा करे' पृ. 3162-63
25. वही।
26. वही।
27. फाइल सं, 369/29 क्रम संख्या 1-4, मुजरई विभाग, कर्नाटक स्टेट आर्काइव।
28. वह
29. जेम्स मेयर, 1977, परिचय।
30. 40वाँ इंडियन नेशनल सोशल कान्फ्रेंस 1927, मद्रास, देखें मुथुलक्ष्मी रेड्डी पेपर्स, खंड-दो, भाग-दो, क्रम संख्या-116-154, पृ. 825-827
31. रानाडे, आठवाँ सोशल कान्फ्रेंस, मद्रास, 1894 देखें, सी. वाई. चिंतामणि, 1901, पृ. 46
32. सीताराम रायकर, 1981, पृ. 48-50
33. विशेषाधिकार का मतलब था उत्तराधिकारी के तौर पर पारिवारिक सम्पत्ति पर अधिकार।
34. करवीर सरकारचे गैजेट, 12 जनवरी, 1920।
35. वही।
36. नायक मराठा मंडल के अध्यक्ष ने 30 जून 1929 के दिन मुथुलक्ष्मी रेड्डी से विधेयक की एक प्रति भेजने के लिये लिखा था।
37. मुथुलक्ष्मी रेड्डी पेपर्स, पृ. 294-311
38. विधेयक संख्या 27, 1933 बम्बई लेजिस्लेटिव डिबेट्स (16 मार्च, 1934), पृ. 1343-44
39. वही।
40. वही पृ. 1345
41. वही, पृ. 1348
42. वही, (17 अगस्त, 1934), पृ. 409-431
43. वही, पृ. 1346
44. वही, पृ. 1349
45. देखें, गेल ओमवेत, 1994 और यागति चिन्ना राव, 1999
46. वाहीवाटादार, जमन मन्दिर की जमीन थी।
47. वही, पृ. 415
48. वही।

49. वही।
50. वही, पृ. 431
51. 'दि बम्बई देवदासी प्रोटेक्शन एक्ट, 1934', गवर्नमेण्ट ऑफ महाराष्ट्र लॉ एंड ज्युडिसियरी डिपार्टमेण्ट, 1982
52. वही।
53. वह।
54. कर्नाटक और महाराष्ट्र में देवरैया इंगिल के प्रयास और आन्ध्र एवं हैदराबाद क्षेत्रों में भाग्यरेड्डी के प्रयास।
55. गृह विभाग (ज्यूडिसियल), ए. सं. 88-89, अप्रैल 1911
56. किस्तना पत्रिका, 7 जुलाई, 1911
57. किस्तना पत्रिका, 28 जुलाई, 1911
58. काउंसिल ऑफ दि गवर्नर जनरल ऑफ इंडिया, खंड-2, 1913, पृ. 79
59. द्राविड भामिनी, 17 जनवरी, 1913
60. गृह विभाग (ज्युडिसियल), फाइल सं. 791, 1927, क्रम सं. 1-4, (नेशनल आर्काइव्स ऑफ इंडिया)
61. गृह विभाग, फाइल सं. 791, 1927, टिप्पणियाँ, क्र सं. 1-4
62. वही, पृ. 6
63. वही, पृ. 2
64. मुथुलक्ष्मी रेड्डी पेपर्स, सब्जेक्ट फाइलस 12, अखबार के अंश।
65. स्वदेश मित्रन, 30 नवम्बर, 1927
66. वही।
67. विधान सभा में हुए बहस (शिमला : भारत सरकार, 1923) खंड-3, भाग-4, पृ. 2807-2809
68. जी. ओ. सं. 400, कानून विभाग (लेजिस्लेटिव), 19 सितम्बर, 1928
69. फोर्ट सेंट जॉर्ज गैजेट, मद्रास, 25 सितम्बर, 1928, भाग-4, पृ. 65
70. उन्मूलनवादियों के विभिन्न प्रयासों के लिये—देखें, एम. सुन्दरराज, प्रोस्टिच्यूशन इन मद्रास प्रेसीडेंसी, पृ. 130-133
71. श्रीमती नेविल रोल्फ के नाम मुथुलक्ष्मी रेड्डी का पत्र, 29 सितम्बर, 1927
72. मुथुलक्ष्मी रेड्डी, 1964, पृ. 69
73. फाइल सं. 364/28, क्रम 1-6, मुजरई विभाग, कर्नाटक स्टेट आर्काइव्स।
74. मुथुलक्ष्मी रेड्डी पेपर्स, सब्जेक्ट फाइल सं. दो, पृ. 227-228
75. वही।
76. वही।
77. वही, पृ. 228
78. वही
79. जी. वी. राघव, आन्ध्र देश कलावंथुलु पेटिशन, मद्रास, 29 जनवरी, 1930, वही, पृ. 256
80. स्वराज्य, 16 अक्तूबर, 1931
81. मद्रास लेजिस्लेटिव काउंसिल, मद्रास सरकार, खंड-II, सं. 1-10 (1930) पृ. 498

82. मुथुलक्ष्मी रेड्डी पेपर्स, फाइल सं. II, मद्रास लेजिस्टलेटिव काउंसिल को भेजे गये पत्र में, फोर्ट सेंट जॉर्ज, सन्दर्भ सं. 709/30-2, 11 मार्च, 1930

83. वही।

84. दि चाइल्ड मैरिज रेस्ट्रेंट एक्ट और एज ऑफ कंसेंट।

85. देवदासी प्रिवेंशन बिल श्रीमती अम्मन राजा द्वारा 1938 में प्रस्तावित किया गया, लेकिन कांग्रेस मंत्रालय के इस्तीफे की वजह से बात आगे नहीं बढ़ पाय। देखें, मद्रास लेजिस्लेटिव असेम्बली डिबेट्स, 1938, खंड-viii सं. 1-9, पृ. 531

86. गृह विभाग (ज्यूडिसियल), फाइल सं. 718/34, (नेशनल आकाइव्स ऑफ इण्डिया)

87. मद्रास सचिव ए. आर. मैकइवेन को मुथुलक्ष्मी रेड्डी का पत्र, देखें, मुथुलक्ष्मी रेड्डी पेपर्स, खंड-II (भाग-II) क्रम सं. 116-154, पृ. 284-285

88. नेशनल यूनियन ऑफ ईक्वल सिटीजनशिप की सचिव मिस. कैटन को मुथुलक्ष्मी का पत्र, 23 फरवरी, 1930, देखें, मुथुलक्ष्मी रेड्डी पेपर्स।

89. मुथुलक्ष्मी रेड्डी पेपर्स, फाइल सं. 13, पृ. 317-319

90. मद्रास लेजिस्लेटिव असेम्बली डिबेट्स, खंड-VII (1947), पृ. 645-646

91. मद्रास सरकार, लीगल डिपार्टमेण्ट एक्ट-XXXI, 1947 (फोर्ट सेंट जॉर्ज गैजेट, 27 जनवरी, 1948 में पहली बार प्रकाशित)।

5

देवदासी : साहित्यिक निरूपण

''साहित्य की सबसे बड़ी भूमिका कुरीतियों का पर्दाफाश करना और उच्च नैतिक मूल्यों का प्रचार-प्रसार करना है।''[1] गुर्जद अप्पा राव के इस कथन में उनके समय की मुख्य चिन्ताधारा की अभिव्यक्ति हुई है। उस दौरान साहित्योत्पादन आरम्भिक प्रयासों से एक रैडिकल 'शिफ्ट' थी। अप्पा राव इसी शिफ्ट से प्रभावित और प्रेरित हुए। विचारों के प्रचार-प्रसार के लिये साहित्य का उपयोग विविध-स्तरीय था। मेट्रोपोलिसों (मुख्य केन्द्रों) में अनेकों साहित्यिक संगठन उग आये। अखबारों और पत्रिकाओं[2] की संख्या में इजाफा हुआ। कविता, उपन्यास, नाटक और कहानी—इन सबने उच्च जातियों और मध्य वर्ग की चेतना पर गहरा प्रभाव डाला। साहित्यिक उत्पादनों में उच्च संस्कृतनिष्ठ से 'लोक' (फोक)[3] तक शामिल थे, जो संसाधनों (प्रेस/शिक्षा) की उपलब्धता/अनुपलब्धता का द्योतक थी।

राधिका सन्तवनम प्रकरण

तेलुगु-भाषी इलाकों में धार्मिक वेश्यावृत्ति के खिलाफ चला आन्दोलन अपेक्षाकृत लम्बी अवधि तक जड़ जमाये रहा। खासकर बंगालुरु नागरत्नम्मा द्वारा 1910 ई. में **राधिका सन्तवनम** का प्रकाशन एक महत्त्वपूर्ण घटना साबित हुई। अठारहवीं सदी की कवयित्री मुड्डु फलानी की लिखी इस रोमांटिक काव्य-कृति के प्रकाशन ने हलचल-सी मचा दी। इसे नैतिकता के लिये खतरा माना गया और भारतीय दंड संहिता की धारा 293 के तहत इसके प्रकाशन पर पाबन्दी लगा दी गयी।[4] 22 मई 1911 को डिप्टी कमिश्नर कनिंघम ने इसकी सारी प्रकाशित प्रतियों को जब्त कर लिया।[5] इसके प्रकाशक वैविल्ला वेंकटेश्वर शास्त्रुलु से माफी माँगने एवं भविष्य में इस तरह के अश्लील साहित्य का प्रकाशन नहीं करने की शपथ लेने के लिये कहा गया। कोर्ट में अपना पक्ष रखते हुए प्रकाशक ने कहा कि प्रसिद्ध और बड़े विद्वान[6] की रचना पर इस तरह की पाबन्दी अनुचित है। नतीजतन, कोर्ट ने सरकार से आपत्तिजनक अंशों को हटाने और तदोपरान्त इसके प्रकाशन की अनुमति देने का

आदेश दिया[7]। सरकार की प्रतिक्रिया के इन्तजार में समय जाया न कर प्रकाशक ने इसे छापना और इसका वितरण जारी रखा, जब तक कि 1927 में इस पर पुनः पाबन्दी नहीं लगा दी गयी। इसके प्रकाशन के पहले और बाद की घटनाओं का अध्ययन 19वीं और 20वीं सदी के व्यापक परिवेश के अन्वेषण के लिहाज से महत्त्वपूर्ण है। साथ ही 18वीं सदी की यह काव्य कृति औपनिवेशिक अवधि में मूल्यों में आये बदलाव की समझ के लिहाज से भी काफी मायने रखती है। इसके प्रकाशन से जुड़ी नागरत्नम्मा एक गणिका थी। जिस परिवार में उसका जन्म हुआ वह मैसूर का संगीत घराना था।[8] नागरत्नम्मा के बारे में कहा गया है कि वह नृत्य एवं गायन में पारंगत एक वेश्या थी। वह धार्मिक वेश्या थी या नहीं यह तो पता नहीं लेकिन माँ की मृत्यु के बाद अपने संरक्षक मुनीस्वामी के साये में वह **गज्जे-पूजा** से गुजरी थी, इसका जिक्र हमें मिलता है। गज्जे-पूजा अर्पण के रस्म के तुल्य है।[9] बहरहाल, वह एक महत्त्वपूर्ण हस्ती थी। घरेलू दायरे के भीतर और बाहर दोनों ही क्षेत्रों की स्त्रियों पर चल रही बहस में उसकी सक्रिय भागीदारी रही। अपनी साहित्यिक और बहुमुखी प्रतिभा की वजह से ही वह **विद्यासुन्दरी** और गणकला **विशारद**[10] जैसे सम्मानजनक पदवियों से नवाजी गयी। धार्मिक संस्थानों[11], राष्ट्रीय हित[12], गरीब विद्यार्थियों और तालाब-खुदाई के लिये धन देने की उदारता के लिये वह प्रसिद्ध थी। साथ ही, वह एक कुशल वक्ता भी थी।[13]

राधिका-सन्तवनम[14] की लेखिका मुड्डु फलानी[15] 18वीं सदी के तंजौर के मराठा शासक प्रताप सिन्हा की दरबारी नृत्यांगना और कवयित्री थी। राधिका सन्तवनम एक रोमांटिक भक्ति-काव्य-कृति है। समूचे काव्य में ऐन्द्रिकता बड़े ही महीन रूप में विद्यमान है। कई पदों में तो स्थूल यौनता स्पष्ट है। इसकी कथा इस प्रकार है, "राधा यशोदा के पति नन्द की बहन है जबकि इला यशोदा के भाई कुम्भक (मिथिला) की पुत्री है।"[16] कथा की शुरुआत राधा द्वारा नवयौवना इला को कई तरह की बातें समझाने से हुई है। इला का विवाह कृष्ण से होता है। कृष्ण इस महाकाव्य के नायक हैं। कुम्भक के आमंत्रण पर कृष्ण और इला मिथिला चले जाते हैं। राधा के लिये कृष्ण से दूर रहना असह्य हो जाता है। व्याकुल राधा एक तोते को दूत के रूप में कृष्ण के पास भेजती है। वहाँ से वापस लौटने पर तोता राधा से इला एवं कृष्ण के बीच चल रहे प्रेमालाप और उस खुशी का विस्तार से वर्णन करता है जिसमें दोनों लीन हैं। राधा को गहरा दुःख होता है। वह कृष्ण पर क्रोधित है। उधर मिथिला में कृष्ण भी राधा की कमी महसूस करता है और वापस लौट आता है। लौटने पर राधा उसे कोसती है। और उस पर छल करने का आरोप लगाती है। कृष्ण उसे मनाते हैं और विनती करते-करते उसके पैरों पर गिर पड़ता है। पहले तो वह नहीं मानती और कृष्ण को दूर धकेलती है। लेकिन अन्ततः रोती हुई कृष्ण के गले लग जाती है।"

इस कृति के साहित्यिक अनूठेपन पर टिप्पणी करते हुए सी. पी. ब्राउन ने

लिखा है, "कवयित्री ने **राधामाधव संवादम** का परिष्कार कर उसे नया रूप प्रदान किया। संवादम में जहाँ-जहाँ भाषा में यांत्रिकता थी, वहाँ उसने जीवन्तता ला दी। उसने आसान छन्दों का प्रयोग किया।"[17]

नागरत्नम्मा द्वारा 'शील', 'नैतिकता' और 'स्त्रीत्व' पर पुरुषों द्वारा प्रस्तुत किये गये मतों को चुनौती देना महत्त्वपूर्ण है। इसे प्रकाशित करवाने की वजह बताती हुई नागरत्नम्मा कहती है, "**राधिका-सन्तवनम** से मेरा प्रथम परिचय तिरुपति वेंकटकवुलु के **प्रबन्धम**[18] पाणिग्रुहिता के माध्यम से हुआ। इसमें छापे की काफी गलतियाँ थीं। मेरी दिलचस्पी के बारे में पता चलने पर एक दोस्त ने मुझे **राधिका सन्तवनम** की पांडुलिपि मुहैया कराई। पांडुलिपि और छपे हुए संस्करण के बीच कई असंगतियाँ थीं। छपे हुए संस्करण[19] में भूमिका[20] नहीं थी और कई छन्द भी गायब थे।" यह **राधिका सन्तवनम** के प्रति नागरत्नम्मा का गहरा भावनात्मक जुड़ाव ही था जिसकी वजह से वह उसके सारी कमियों से मुक्त नए संस्करण के प्रकाशन के लिये अग्रसर हुई। नागरत्नम्मा ने इस जुड़ाव का इजहार भूमिका में किया भी है। उन्होंने लिखा है, "इसमें मेरी दिलचस्पी इसलिए है कि इसे उस स्त्री ने लिखा, जो मेरी बिरादरी की थी।"[21] भूमिका में ही उन्होंने मुड्डू फलानी के साहित्यिक सरोकार व उद्यम पर उठाये गये सवालों का करारा जवाब भी दिया है। कुंडुकरी वीरसालिंगम ने **राधिका सन्तवनम** की समीक्षा की थी जो उनके ही प्रकाशन **आन्ध्र कवुल चरित्रम** में छपा था। वीरसालिंगम ने लिखा था, मुड्डु फलानी एक **वेश्यांगना**[22] है। उसने (**यिदी**)[23] राधिका सन्तनवम लिखा है जो तेवर में रोमांटिक है। उसकी (**दानी**)[24] माँ का नाम मुतयुलु था...वह (**आदि**)[25] प्रताप सिंह की रखैल थी...वह (**यिदी**) नृत्य, संगीत, **भरतशास्त्र** में निपुण होने का दावा करती है। उसकी (**दानी**) शैली मजबूत, मृदु और संगीतमय है। साथ ही, यह संस्कृत और तेलुगु साहित्यिक-शैली का आदर्श चित्रण भी है।" इसके बाद अत्यन्त तिरस्कार भरे स्वर में उपहास उड़ाते हुए विरसालिंगम ने लिखा, "इस रचना में कई ऐसे वक्तव्य हैं जो एक स्त्री-मुख से उम्मीद नहीं किये जा सकते और इन्हें कोई स्त्री सुने यह भी अशोभनीय होगा[26] चूँकि व्यभिचार उसका (**दानी**) पुश्तैनी धन्धा रहा है, इसलिये महज स्वच्छन्दता के बहाने स्त्रियोचित लिहाज की परवाह किये बिना उसने समूची कृति में यौनाचार का बेहद भोंडा चित्रण किया है।[27] यहाँ वीरसालिंगम ने उसी शब्दावली का प्रयोग किया है जिसका नाच-विरोधी अभियान में उन्होंने धार्मिक वेश्याओं पर आपत्ति दर्ज करने के लिये किया था। विरसालिंगम की समीक्षा को उद्धृत करते हुए नागरत्नम्मा उनके साहित्यिक और नैतिक निर्णयों का प्रतिवाद करती है। सबसे पहले तो नागरत्नम्मा यह दिखाती है कि तथ्य के स्तर पर ही वीरसालिंगम गलत हैं जब वे मुतयुल को मुड्डु फलानी की माँ कहते। वह कहती है कि विरसालिंगम ने **राधिका सन्तवनम** का प्राक्कथन नहीं पढ़ा जहाँ मुड्डु फलानी ने अपनी साहित्यिक और पारिवारिक वंशावली का जिक्र

किया है। नागरत्नम्मा व्यंग्य-भरे लहजे में पूछती है कि क्या राधिका सन्तवनम में आये यौन-सम्बन्धी विवरण **तारासशांक विजयम, हन्सा विमसती** एवं **वैजन्ती विलासम** के यौन विवरणों से ज्यादा आपत्तिजनक है? इसके साथ ही वह काफी मजबूती से अपना पक्ष रखते हुए कहती हैं कि किसी एक पुरुष से विवाह कर दूसरे पुरुष के साथ फरार होना व्यभिचार होता है न कि वेश्यावृत्ति करना। नैतिकता के सन्दर्भ में वह पूछती हैं, शर्म या लिहाज केवल स्त्रियों को ही क्यों आना चाहिए? आखिर सुसंस्कृत पुरुषों से भी तो इसकी उम्मीद की जानी चाहिए। फिर उन महान पुरुषों के साथ क्या किया जाए जिन्होंने यौन पर ज्यादा भोंडे होकर लिखा है?[28] वह विरसालिंगम से अपनी ही कृति **रसिकजन मनोरंजनी** और सम्पादित कृति **वैजन्ती विलासिनी** की ओर देखने के लिये कहती है, जिसमें राधिका सन्तवनम से कम यौनता नहीं है और जो मद्रास विश्वविद्यालय में पाठ्य पुस्तक के रूप में शामिल है।

यहाँ घरेलू दायरे के बाहर की स्त्री द्वारा प्रस्तुत वैकल्पिक धारणा द्रष्टव्य है। नागरत्नम्मा उस वर्चस्वशाली दृष्टिकोण से तनिक भी प्रभावित नहीं है जिसके नाच-विरोधी सुधारक और शुद्धता-आन्दोलन प्रतिनिधि थे। अपने वेश्या होने पर वह गरिमान्वित है। राधिका सन्तवनम पक्ष में वह उन औपनिवेशिक-पूर्व कृतियों का हवाला देती है जिनमें आरम्भ से ही (जो वात्स्यायन के **कामसूत्र** में स्पष्ट है) वेश्याओं को प्रदत्त सम्मान व इज्जत का विस्तृत चित्रण है।[29] वह उस नैतिकता पर सवाल उठाती है जो पुरुष और स्त्री के लिये अलग-अलग मानदंड निर्धारित करती है। इस तरह बौद्धिकता, व्यक्तिपरकता और तार्किकता के साथ वह औपनिवेशिक-पूर्व अवधि में वैवाहिक बन्धन से मुक्त व स्वायत्त स्त्री का जीवंत रूप है।

गौरतलब है, स्त्री स्वायत्तता पर हुए बहस में उसके द्वारा प्रस्तुत किये गये मत घरेलू दायरे के स्त्रियों के मत से बुनियादी तौर पर भिन्न थे। यह नागरत्नम्मा के उस पत्र में जाहिर है जो उसने गृहु लक्ष्मी[30] में स्त्री की आजादी पर छपे लेख के लेखक वी. सरस्वती को लिखा था[31] ''आपने भारत पुरुष को स्वार्थी कहा है। भारत पुरुष ने अपनी स्त्री को अर्द्धांगिनी के रूप में स्वीकार किया। यह स्थिति आज भी है और आगे भी बनी रहेगी। इसकी प्रेरणा उसने पुराणों से ली है। अपने परिवार के भरण-पोषण के लिये वह उनसे मदद माँगता है जिनसे नहीं माँगा जाना चाहिए; उनकी चिरौरी करता है जो इस लायक नहीं; रुपये कमाकर वह घर की जरूरत पूरा करता है। क्या स्त्री घर में बैठी राज नहीं करती? किसी एक पुरुष की कमियों के आधार पर सारे पुरुषों के बारे में एक जैसी धारणा बना लेना कहाँ तक तर्कसंगत है? कुछ ऐसी स्त्रियाँ हैं (जिन्हें मैं जानती हूँ) जो अपने पतियों के कष्टों से अनजान होती हैं और नए परिधान के लिये उन्हें तंग करती हैं। अपनी माँग पूरी नहीं होने पर वे मायके चली जाती हैं। ऐसी कुछ स्त्रियों के आधार पर सभी भारतीय स्त्रियों के बारे में कोई मत बनाना तर्कसंगत नहीं है। पुरुष जाति हो या स्त्री जाति अच्छे

और बुरे दोनों में होते हैं। इसलिये इनमें से एक को कोसना और दूसरे की प्रशंसा करना अनुचित है। मैं आपसे इस पर विचार करने का अनुरोध करती हूँ और जवाब की भी अपेक्षा रखती हूँ।''

नागरत्नम्मा के ये उद्‌गार घर की स्त्री के बारे में एक वेश्या की सोच स्पष्ट करते हैं। विचार और लहजे के स्तर पर यह प्रचलित पितृसत्तात्मक सोच से भिन्न है। अपनी विशिष्ट एवं स्वायत्त सामाजिक स्थिति के प्रति चेतस होने एवं तदजन्य आत्मविश्वास की वजह से ही नागरत्नम्मा वर्चस्वशाली सोच को चुनौती दे सकी।

धार्मिक वेश्याओं ने स्त्री के लिये तयशुदा भूमिकाओं के इतर स्त्री-अस्मिता के रूपों की रचना की और ऐसे सामुदायिक जीवन की मिसाल प्रस्तुत की जहाँ स्त्रियों का वर्चस्व था (हालाँकि कुछ बंदिशों के साथ)। वे पितृसत्ता के संरक्षण का मोहताज नहीं थीं[32], बल्कि मजबूत आर्थिक आधार और सत्ताशाली पुरुषों (पैट्रियार्क) पर अपने प्रभाव के बूते वे समाज व उसके मूल्यों की वैकल्पिक व्याख्या प्रस्तुत करने एवं उसे लगातार बनाये रखने में सक्षम थीं।[33] नागरत्नम्मा को इसी सन्दर्भ में रखकर समझने की जरूरत है।

18वीं सदी में स्त्रीत्व की आदर्श प्रतिनिधि और ख्याति प्राप्त मुड्डु फलानी के लिये विरसालिंगम द्वारा ''यिदी, आदी, दानी'' (सम्मान प्राप्त/प्रतिष्ठित स्त्री के लिये अशोभनीय) जैसे नामों का प्रयोग करना 19वीं सदी के उत्तरार्द्ध की ब्राह्मणीय और मध्यमवर्गीय विक्टोरियन मूल्य-बोध के मिश्रण से निर्मित मानसिकता का प्रतीक है।[34] साथ ही, यह अस्मिताओं के टकराव के दौर में वेश्याओं और विवाह अथवा पुरुष के नियन्त्रण से बाहर की स्त्रियों की अस्मिता के हाशियेकरण का भी द्योतक है। इसका विरसालिंगम ने अपने नाटक **वेश्याप्रिय प्रहसनमु** में स्पष्ट चित्रण किया है।[35]

वेश्याप्रिय प्रहसनमु

इसका पहला प्रकाशन 1917 में हुआ।[36] यह ऐसे महत्त्वपूर्ण ऐतिहासिक पृष्ठभूमि में लिखी गयी जब नाच-विरोधी आन्दोलन आन्ध्र के जागरूक और चेतस तबके पर अपनी छाप छोड़ चुका थी। इसके साथ ही, जीवन के सभी क्षेत्रों में शुद्धता (पवित्रता) की माँग करते हुए सामाजिक शुद्धता आन्दोलन भी **वेश्या, कलावन्थुलु** और **बोगम** को समाज की नैतिकता के प्रदूषक के रूप में प्रस्तुत करने में सफलता प्राप्त कर चुका था। धार्मिक वेश्याओं के खिलाफ तीव्र रोष भरे माहौल में **वेश्याप्रिय प्रहसनमु** की रचना हुई। वैसे भी, विरसालिंगम की साहित्यिक प्रतिभा तेलुगु समाज के जागरूक तबके में मान्यता प्राप्त कर चुकी थी। अपने उपन्यासों, नाटकों और पत्रिकाओं—**विवेक वर्धिनी** एवं **सतिहित बोधिनी** के माध्यम से वे सुधारवादी धारणाओं का प्रचार-प्रसार कर रहे थे। इन सब में वे स्त्री की स्थिति में सुधार की जरूरत पर बल देते रहे। अचरज की बात है कि **वेश्याप्रिय प्रहसनमु** उतना लोकप्रिय

नहीं है जितना कि उनका **ब्रह्म-विवाहमु**[37], **व्यवहार धर्म बोधिनी**[38] और **विवेक दीपिका**[39] जैसे अन्य प्रहसन।

वेश्याप्रिय प्रहसनमु एक प्रहसन है। इसमें नाच-समर्थकों का मजाक उड़ाया गया है, जो नाच-विरोधी प्रयासों और कार्यकलापों को नाना तरीके से कमजोर करने में लगे रहते हैं। नाटक में उन्हें नाच-विरोधी आन्दोलन के पक्ष में जनमत तैयार करने हेतु आयोजित बैठक से अपमानित और लाजवाब स्थिति में बाहर निकलते दिखाया गया है। पचास पृष्ठों में फैले इस नाटक में चार दृश्य हैं। कथानक का ताना-बाना दम्बाचार्युलु की बेटी के विवाह और इस अवसर पर **बोगम मेले** के आयोजन की दुविधा के इर्द-गिर्द बुना गया है। पहले दृश्य में दम्बाचार्युलु को अपनी बेटी के विवाह के मौके पर बोगम मेला आयोजित करने की उत्कट अभिलाषा व्यक्त करते हुए दिखाया गया है। वह टिपिकल निम्न मध्यवर्गीय पारम्परिक ब्राह्मण है। नाच-विरोधी आन्दोलन या इसके विचारों से वह तनिक भी प्रभावित नहीं है। दूसरा पात्र मायाचार्युलु है। वह एक वकील है। दम्बाचार्युलु उससे अपनी बेटी के विवाह के मौके पर **मेला-आयोजन** की जरूरत के विषय में बातचीत करता है। मायाचार्युलु दम्बा को आयोजन के लिये उत्साहित ही नहीं करता है, बल्कि मंडली के मैनेजर गणिका प्रबन्ध राव से कम शुल्क लेने के लिये मोल-भाव करने में उसकी सहायता करता है। दम्बा की कमजोर माली हालत आयोजन के रास्ते में बाधक है। इसे दूर करने के लिये मायाचार्युलु उससे अपनी **मण्यम** जमीन बेचने की सलाह देता है।"[40] लेकिन वह जमीन तो पहले ही बिक चुकी होती है। तब माया उसे अपनी पत्नी के जेवर बेचने के लिये कहता है। लेकिन पत्नी के पास जेवर के नाम पर केवल एक तली[41] है। इस पर माया उसे हजार लोगों से झूठ बोलकर अथवा उन्हें झाँसा देकर मेले के आयोजन के लिये उकसाता है।

दम्बाचार्युलु से गणिका प्रबन्ध राव का परिचय "वेश्या जन सत्कारविद्या महामहोपाध्याय"[42] एवं सज्जन व्यक्ति के रूप में कराया जाता है। प्रनन्ध राव ब्राह्मण है, लेकिन उसकी रखैल/उप-पत्नी की बेटी मीनाक्षी एक नर्तकी है और प्रबन्ध राव के ही साए में उसका पालन-पोषण हुआ है। प्रबन्ध राव मीनाक्षी को लेकर निजी एवं आम आयोजनों में बोगम मेला का आयोजन करता है।

इसके बाद, दम्बाचार्युलु और उसकी पत्नी चारुमति के बीच बहस का दृश्य है। पत्नी मेले के आयोजन के पक्ष में नहीं है। माली हालत बिगड़ने की बात करते हुए वह पति से आयोजन का विचार त्यागने के लिये कहती है। पति जवाब देता है कि समाज में मान-मर्यादा और रुतबा बनाये रखने के लिये बोगम मेला अनिवार्य है। वह कहता है कि यदि बोगम नहीं लाएँगे तो जो **प्रतिष्ठित और रसूख वाले लोग मन्दिर भी नहीं जाते, वे हमारे घर कैसे आएँगे**"[43] साथ ही, वह अपनी पत्नी को अज्ञानी/नासमझ कहते हुए इन मामलों में टाँग अड़ाने से मना करता है। यह सुनकर

चारुमति गुस्से से भर जाती है और कहती है कि वह निरक्षर जरूर है लेकिन सत्यवती जैसे शिक्षित और ज्ञानी के साथ रहने की वजह से भले-बुरे की समझ उसे है। सत्यवती का जिक्र पूरे नाटक में केवल एक बार है। वह एक शिक्षित व चेतस आधुनिक स्त्री की प्रतिनिधि है और बोगम मेले के आयोजन की विरोधी है। सत्यवती का पति प्रगतिशील सोच का है। गलत और पुराने हो चुके मूल्यों के लिये वह तनिक भी सहानुभूति नहीं रखता। इस जागरूकता का कारण अंग्रेजी शिक्षा और आधुनिक मूल्यों का प्रभाव है। चारुमति सत्यवती से काफी प्रभावित है। पत्नी का तर्क सुनकर दम्बाचार्युलु गुस्सा जाता है। रीति-रिवाज के प्रति इस भाँति प्रतिवादी होने के लिये वह उसे एक कहावत सुनाकर चुप करा देता है। कहावत का भाव यह है कि **स्त्री का पढ़ना-लिखना** और **पुरुष का खाना बनाना असह्य है।**[44] इसके साथ ही वह तर्क देता है कि बोगम मेला विवाह के बन्धन में बँधने जा रहे युगल के लिये मांगलिक होता है, खासकर बोगम द्वारा मंगलसूत्र के मोती गूँथा जाना शुभ है। वह कहता है कि अच्छे भविष्य और उन्नति के लिये विवाह के वक्त बोगम की उपस्थिति जरूरी है। इस पर चारुमति कुछ ऐसी चेलम्माओं का उदाहरण देती है जिनके मंगलसूत्र बोगम ने ही गूँथे लेकिन वे विधवा होने के अभिशाप से नहीं बच सकीं। निरुत्तर दम्बाचार्युलु अन्त में 'प्रेस्टिज थ्योरी' यानी मान-मर्यादा और रुतबे की रक्षा और प्रबन्ध राव को दिये गये वचन का मान रखने जैसे तर्कों का आश्रय लेता है।

इसी बिन्दु पर, प्रबन्ध राव का प्रवेश होता है। बोगम मेले के बहिष्कार के उद्देश्य से कुछ फालतू लोगों द्वारा आयोजित की जा रही बैठकों और जमावड़ों से वह क्षुब्ध है। उन्हें चुप करने के लिये वह जवाबी कार्रवाई की जरूरत की बात करता है। उसकी हाँ-में-हाँ मिलाते हुए दम्बा भी उनके प्रति विरोध जताता है और कहता है कि आखिर कुछ निकम्मे लोग कैसे उस रीति के बन्द करने की बात कर सकते हैं जो सृष्टि के आरम्भ से ही चलती रही है। जवाबी कार्रवाई के रूप में वह नाच-विरोधी बैठकों में शिरकत करने और फिर उनके विरोध में बैठक आयोजित कर इस अभियान को इसकी शुरुआत में ही नष्ट करने की सलाह देता है। गरीबी के बावजूद दम्बाचार्युलु का उत्साह देख गणिका प्रबन्ध राव मुफ्त में ही उसके यहाँ मेले के आयोजन का प्रस्ताव कर देता है।

अगले दृश्य में नाच आन्दोलन के दो धरों—नाच-समर्थकों और नाच-विरोधियों का चित्रण है। गणिका प्रबन्ध राव के संवाद से दृश्य की शुरुआत होती है। वह कहता है, ''हमें समझना चाहिए कि एक बार वेश्याएँ परिदृश्य से गायब होंगी तो संगीत का नामोनिशान मिट जाएगा।''[45] इस पर विठेन्द्र राव हस्तक्षेप करते हुए कहता है कि स्कूली बच्चों के बीच कुछ शरारती भी हैं, सभा में उन्हें क्या बोलना है यह समझाना हम बुजुर्गों का काम है। मैंने उनके साथ दो बोगम-मेला मालिकों को भी जुटा रखा है। इसके बाद वह जो कुछ कहता है वह महत्त्वपूर्ण है,

''हमारा बल यह जतलाने में होना चाहिए कि यदि **बोगमें** नहीं रहेंगी तो **संसारुलु** (गृहस्थी) तहस-नहस हो जाएगा।[46] मायाचार्युलु कहता है, ''स्मृतियों का साक्ष्य देते हुए मैं अपना पक्ष रखूँगा कि नाच का विरोध परम्परा का उल्लंघन है। **शिष्टाचारम** (उचित आचार-व्यवहार) के खिलाफ जाना पाप है।''[47] बात आगे बढ़ाते हुए विठेन्द्र राव कहता है, ''हमें बड़ी मजबूती से यह बताना होगा कि वेश्याओं का नहीं बुलाया जाना हिन्दू **मतम** (धर्म) को नष्ट कर देगा।'' वैसे वह टिप्पणी करता है कि वह धार्मिक विश्वासों का अनुगामी नहीं है लेकिन ऐसे मौकों पर उसे हिन्दू-धर्म के पक्के अनुयायी के रूप में सामने आना पड़ता है। इसके बाद उन छात्रों का परिचय है जिन्हें नाच-समर्थकों के योजनानुसार अपनी बातें रखनी हैं। इनमें से राजारत्नम और गिरि राव दो ऐसे चरित्र हैं जो बोगम और बोगम-मेले का अच्छा अनुभव रखते हैं। राजारत्नम के माध्यम से नाटककार यह जाहिर करना चाहता है कि मेला में बोगमों के प्रदर्शन देखने के क्रम में युवकों में उनके प्रति आसक्ति पैदा होने की सम्भावना रहती है, जो उन्हें रोग, अनैतिकता और बुरी आदतों के मकड़जाल में ला फँसाती है। राजारत्नम टिपिकल मध्य/उच्च वर्गीय युवक है। अपनी बहन के विवाह के अवसर पर नाच-प्रदर्शन के लिये आयी किरवाणी नाम के बोगम के प्रति वह आकर्षित हो गया था। बोगम की माँ को रुपये देने के लिये वह चाँदी के बर्तन बेचने की सीमा तक चला गया। किरवाणी से जिस्मानी सम्बन्ध कायम करने की वजह से रोगग्रस्त हो जाने के बावजूद राजारत्नम की आसक्ति कम नहीं होती। इसके पक्ष में वह तर्क देता है कि उसकी पत्नी कुरूप और निरक्षर तो है ही, साथ में किरवाणी की तरह वह न तो व्यवहारकुशल है और न ही प्रतिभावान। गिरि राव उस पर अपनी पत्नी से विश्वासघात का आरोप लगाता है। जवाब में राजारत्नम कहता है कि उसके माता-पिता ने जबरन उसका विवाह कराया, इसलिये उसके द्वारा उठाया गया कदम विश्वासघात नहीं कहा जा सकता।[48] गिरि राव नाच-समर्थकों के सोच की अभिव्यक्ति करता प्रतिनिधि चरित्र है। वैसे, उसे प्रायः किरवाणी, खासकर उसके गायन की खिल्ली उड़ाते हुए दिखाया गया है। वह कहता है कि किरवाणी के गाने पर धोबी का गधा दौड़ा चला आता है, वह उसे बोगम **मुंडा** कहकर कोसता है।[49] विडम्बना की बात तो यह है कि होने जा रहे बैठक में सबसे ज्यादा मुखर वही रहता है। बैठक में जाने से पहले ही प्रबन्ध राव उन्हें चेताता है कि वे उसके घर आये थे इस बात को गुप्त रखना है। यहाँ नाच-सर्मथकों और बोगम मेला के मालिकों द्वारा बरती जा रही गोपनीयता जाहिर है।

नाच-समर्थकों के साथ छात्र उस हॉल में पहुँचते हैं, जहाँ नाच-विरोधी बैठक होनी है। नाच के विरोधी विवेक राव और सत्यप्रियचार्युलु अपने समर्थकों के साथ जमा होते हैं। साथ में इंस्पेक्टर भी है। बैठक की शुरुआत करते हुए विवेक राव बोगम-मेला के दुष्परिणामों पर बात करता है। वह कहता है कि बोगमपरु का पुश्तैनी पेशा वेश्यावृत्ति है, इसलिये मांगलिक और उत्सव के मौकों पर उन्हें बुलाना

कई मुसीबतों को आमन्त्रित करना है। तदोपरान्त वह युवकों/छात्रों के बिगड़ने का मसला उठाता है और इसके लिये वह उन गृहस्थों को जिम्मेदार ठहराता है जो अपने घरों पर बोगम-मेला का आयोजन करते हैं। विवेक राव का मत है कि युवकों/छात्रों का इन्हीं प्रदर्शनों में बोगमों से प्रथम मुलाकात/परिचय होता है। लेकिन गिरि राव उसका विरोध करता है। वह कहता है, "बोगमों से छात्रों को कोई नुकसान नहीं। आखिर ये उम्रदराज लोग युवकों की परेशानी के बारे में कैसे बोल सकते हैं? नाच के खिलाफ आवाज उठाने वाले वास्तव में नपुंसक और सौन्दर्य-बोध रहित हैं।" संगीत से अरुचि रखने वालों को वह जंगली कहता है। अपना पक्ष मजबूत करने के लिये वह बोगमों की जरूरत को विज्ञान-सम्मत तक कहता है। राजारत्नम कहता है, "डॉक्टर भी छात्रों में शुक्राणु की कमी से जुड़े रोगों की रोकथाम के लिये बोगमवरू को जरूरी बताते हैं।"[50] शायद, लोगों के बीच सबसे बड़ी चिन्ता व भय यही थी।[51]

यहीं पर, एक नयी चरित्र किरवाणी की माँ का आगमन होता है। गौरतलब है, यही एक मात्र चरित्र है जो वास्तव में बोगम और बोगमों की वास्तविक आवाज है, अन्यथा बोगमों से जुड़े जिक्र या तो नाच-समर्थकों के द्वारा किये गये हैं या फिर नाच-विरोधियों के द्वारा। वे निःस्पन्द वस्तु के रूप में प्रस्तुत हुई हैं, जबकि नाटक उन्हीं पर केन्द्रित हैं। किरवाणी की माँ के प्रवेश से नाच-विरोधी कार्यकर्ताओं में बेचैनी उत्पन्न होते दिखाया गया है। **'विनाश काले विपरीत बुद्धि'**[52] मुहावरे के उद्धरण से वह अपनी बातें रखना शुरू करती है। वहाँ जमा हुए लोग आपसी बातचीत छोड़कर उसे सुनने लगते हैं। वह कहती है, "यदि तुम हमारे रोजी-रोटी के जुगाड़ के दरवाजे बन्द करोगे तो उन्नति नहीं कर पाओगे। हमारे बेटियों को देवता-कन्या मानते हुए तुम्हारे पूर्वजों ने उनकी पूजा की और हमें जमीन दिया। उनका विश्वास था कि विवाह में **मंगलसूत्र** का हमारा स्पर्श-मात्र वर-वधू के लिये मंगलमय होगा। तुम्हें तो हमारे साथ उसी तरह व्यवहार करना चाहिए जिस तरह तुम अपने **कुल देवता** के साथ पेश आते हो। हम गन्धर्व कन्याएँ पूजी जानी चाहिए, न कि **मल्लू**,[53] **मन्यालु**[54] जैसे नीच नामों से नवाजी जानी चाहिए। हमारे रोजी-रोटी का जुगाड़ छीन कर हमें नष्ट करने की सोच तुम्हारे लिये तबाही लाएगी।"[55] उसे टोकते हुए सत्यप्रियचार्युलु कहता है कि बैठक पुरुषों के लिये आयोजित की गयी है न कि बोगमों और उसकी झिड़की सुनने के लिये। वह उससे वहाँ से जाने के लिये कहता है। किरवाणी की माँ प्रतिवाद करती है। वह बताती है कि उसे यहाँ बुलाया गया है। तभी गणिका प्रबन्ध राव बीच में टपक पड़ता है ताकि किरवाणी की माँ रौ में बहकर उसका नाम न ले ले। वह कहता है, "तुम्हें किसी का नाम लेने की जरूरत नहीं है, जो कुछ भी कहना है वैसे ही कह सकती हो" गुस्साया सत्यप्रियचार्युलु इन्स्पेक्टर से **'दानी'**[56] (उसे) को बोलने से रोकने के लिये कहता है। इन्सपेक्टर अपने जवानों से 'बोगम दानी' को वहाँ से बाहर ले जाने का हुक्म देता है।

इस पर अपना विरोध दर्ज करते हुए मायाचार्युलु कहता है, "चूँकि हम यहाँ बोगम-मसले पर ही बातचीत कर रहे हैं, इसलिये हमें उनकी भी सुननी चाहिए। इससे हम उनके मंतव्य जान सकेंगे।" लेकिन अधिकांश लोग नाराज हो सकते हैं, इस डर की वजह से वह अपनी बात पर ज्यादा जोर नहीं देता और वहाँ मौजूद लोगों पर ही निर्णय का जिम्मा छोड़ देता है। सत्यप्रियचार्युलु प्रतिक्रिया व्यक्त करता है कि यह न्याय-स्थल नहीं है और न ही यहाँ लोग बोगमों से बहस करने के लिये जमा हुए हैं। वह कहता है सभा बोगम मेले के कुपरिणामों पर विचार करने और इस बला से मुक्ति पाने के रास्ते तलाश करने के लिये सोचने के उद्देश्य से बुलाई गयी है।[57] इसका प्रतिवाद करते हुए किरवाणी की माँ सत्यप्रियचार्युलु से कहती है, "तुम जैसे अंग्रेजी पढ़े-लिखों का, जिन्हें समाज में सम्मानजनक स्थान मिला हुआ है और जो रुपये के पीछे भागते हैं, यदि यही रुख रहा तो हश्र अच्छा नहीं होगा।" सत्यप्रियचार्युलु इंस्पेक्टर से उसे चुप कराने के लिये कहता है। इंस्पेक्टर किरवाणी की माँ से घर लौटने के लिये कहता है, अन्यथा उसे मर्यादा-भंग (अपमान) से गुजरने की धमकी देता है। ऐसी अभद्रता से व्यवहार किये जाने से गुस्साई किरवाणी की माँ वहाँ मौजूद सभी को व्यंग्य-भरी चुनौती देते हुए कहती है, "कुछ अंग्रेजी पढ़े-लिखे लोग एतराज जताते हैं, लेकिन रात होते ही नकाबपोश हो हमारे घरों की ओर दौड़ पड़ते हैं। इस तरह की बैठकों के आयोजन के बावजूद लोग हमारे यहाँ आना और हमारी गुलामी करना नहीं छोड़ेंगे।"[58] यह कहकर वह काफी तेजी से वहाँ से निकल जाती है। अपनी असहमति जताते हुए गणिका प्रबन्ध राव भी उसके पीछे चला जाता है। विवेक राव उपहास-भरे स्वर में कहता है, "वेश्याप्रिय चला गया, अब हम अपनी बातचीत जारी रख सकते हैं।"[59]

नाच-विरोधियों के पक्ष में अनुकूल स्थिति उत्पन्न होते देख मायाचार्युलु बड़ी ही चतुराई से उनके साथ हो लेता है और उनके सुर में सुर मिलाते हुए वेश्या की तुलना वकील से इस आधार पर करता है कि दोनों ही लोगों का आर्थिक दोहन करते हैं। बोगम मेला की बुराइयों पर विवेक राव विस्तार से अपना मत रखता है।[60] वह कहता है, "बोगमों द्वारा प्रस्तुत किये जाने वाले नृत्य एवं गीत युवकों को सही रास्ते से भटकाने एवं गुमराह करने के उद्देश्य से रचे-बुने जाते हैं। जैसा कि यह बोगम कह रही थी, अग्रेजीदाँ शाम के बाद उनके यहाँ जाते हैं। इसका भुगतान इन्हें किस रूप में करना होता है उस पर मैं ज्यादा कुछ कहने की जरूरत नहीं समझता। वेश्याओं की वजह से विवाह के मौके पर लोग जमकर धन बहाते हैं जो उन्हें कंगाली की स्थिति में ला देती है। क्या आपने उन अंग्रेजों की हालत नहीं देखी जो अपनी जमीन बोगमों के नाम कर जोगिन (बाबा) हो गये? उन्होंने धन ही नहीं बल्कि अपनी काया भी गँवाई। यौन-रोगों से ग्रस्त ऐसे कई लोगों से हम भली-भाँति वाकिफ हैं। उन्होंने नैतिक व्यवहार जगत को भी हानि पहुँचायी है कारण उनकी देखा-देखी युवा पीढ़ी भी उन्हीं के नक्शे कदम चल रही है। ये वेश्या-प्रेमी केवल अपनी पत्नी ही नहीं

बल्कि ईश्वर के भी फरेबी हैं। वेश्याएँ भी लालचवश अमीरों की ओर खिंचती हैं और अपनी स्थिति से च्युत हो रखैल हो जाती हैं। कुछ लोगों का मानना है कि वेश्याएँ नहीं रहेंगी तो संगीत भी नहीं बचेगा। वस्तुतः संगीत वेश्याओं से जुड़े होने की वजह से ही नीची निगाहों से देखा जाता है। यही वजह है कि घर की शरीफ स्त्रियों को इससे दूर रखा गया। ऐसे में ये वेश्याएँ संगीत का इस्तेमाल पुरुषों को अपने पाश में बाँधने के लिये करती हैं। यदि घर की स्त्रियाँ संगीत साध लें तो घर स्वर्ग में बदल जाएगा। हमें बोगम मेला का हर सूरत में बहिष्कार करना होगा। हम ऐसा प्रावधान कर सकते हैं जिसके मुताबिक कलावंथुलु समुदाय के केवल पुरुष सदस्य ही जरूरी मौकों पर गाने-बजाने के लिये बुलाये जाएँ।'' नयभूषण राव पंथुलु राव उन आयोजनों के बहिष्कार की माँग करता है जिनमें बोगमें बुलाई गयी हों। साथ ही, वह व्यक्तिगत स्तर पर बोगम मेला के आयोजन के पहल पर बंदिश लगाने एवं बच्चों को संगीत की शिक्षा देने का भी प्रस्ताव रखता है। सत्यप्रिय राव अन्य शहरों एवं गाँवों में भी बैठकों एवं प्रचार-प्रसार के साथ-साथ वृत्तान्त पत्रिका में इस पर लिखने एवं छोटी-छोटी पुस्तिकाएँ जारी करने को जरूरी बताता है।[61]

अन्तिम दृश्य में, मेला-आयोजन को लेकर दम्बाचार्युलु परेशान है। चारुमति इसके खिलाफ है। वह उसे वर-पक्ष के असहमति की भी याद दिलाती है। लेकिन दम्बाचार्युलु गणिका प्रबन्ध राव को मना करने की हिम्मत नहीं जुटा पा रहा है। उधर मायाचार्युलु उसे इस विवाह से पीछे नहीं हटने की सलाह देता है। कारण वर बहुत अच्छा मिला है। दम्बाचार्युलु वर के पिता को कोसता है जिसने अपने पुत्र की बात मान ली। हमेशा की भाँति मायाचार्युलु समस्या का समाधान सुझाता है। वह दम्बाचार्युलु से कहता है कि बोगम मेला का आयोजन विवाह के दिन न करके दूसरे दिन किया जाए, आखिर इसके लिये कुछ खर्च तो होना नहीं था। इससे वर-पक्ष की इच्छा का भी मान रह जाता है। चारुमति भी इस पर सहमत हो जाती है। अन्त में गणिका प्रबन्ध राव और विठेन्द्र राव आते हैं। वे मायाचार्युलु के कपट और कायरता का मजाक उड़ाते हैं और दम्बाचार्युलु को अपनी पत्नी की बातों में नहीं आने और मायाचार्युलु जैसे व्यक्ति के झाँसे में नहीं फँसने का सुझाव देते हैं। अन्ततः दम्बाचार्युलु गृह प्रवेशम के मौके पर बोगम मेले के आयोजन का प्रण करता है।

वैसे तो नाटक का अन्त नाच-विरोधियों के पक्ष में होता है यानी विवाह के मौके पर बोगम मेला का आयोजन नहीं हो पाता है, जिसमें दुल्हे का मेले के खिलाफ होने की निर्णायक भूमिका है। लेकिन वहीं निराशा का भी माहौल बना रहता है, कारण वेश्याओं द्वारा पुरुषों को आकर्षित करना जारी रहता है। बहरहाल, यह स्पष्ट है कि नाटक का ताना-बाना नाच के विरोध में जनमत तैयार करने के उद्देश्य से बुना गया है। इसमें निम्न एवं मध्य वर्ग की उस विडम्बनापूर्ण स्थिति का चित्रण हुआ है जिसमें अर्थाभाव के बावजूद ये परम्परा और सम्मान की रक्षा के नाम पर

बोगम मेले के आयोजन हेतु अग्रसर होते हैं। साथ ही, इसमें उन लोगों की भी उपस्थिति है जो किसी भी तरफ नहीं है यानी न तो नाच के पक्ष में और न ही नाच के विरोध में। बुराई से निपटने के लिये बतौर माध्यम बहिष्कार का रास्ता अपनाया गया है। वेश्याओं के प्रति पुरुषों की आसक्ति खत्म हो इसके लिये स्त्रियों पर व्यवहारकुशलता बनने और अपने पति की सौन्दर्याभिरुचि के अनुसार ढलने की जिम्मेदारी डाली गयी है। तात्पर्य यह कि अपने घर को स्वर्ग में बदलने के लिये स्त्रियों से गृहिणी की संकोचशीलता एवं समर्पण-भाव बरकरार रखते हुए वेश्या की भाँति व्यवहारकुशल एवं कलात्मकता से लैस होने की अपेक्षा की गयी है। नाटक बोगम मेले की वजह से घर में होने वाले तनाव की स्थिति की झलक दिखाता है। इसमें मुख्य नायक पुरुष है, जो बोगम के आयोजन के पक्ष में स्त्री की तुलना में ज्यादा तर्क प्रस्तुत करता है। वह सत्ता, सम्मान और रूतबे का हवाला देता है। कारण उसका इन सबसे ज्यादा जुड़ाव है। स्त्रियाँ इन सभी चीजों से पुरुषों के माध्यम से जुड़ी हैं, चाहे घर हो, बिरादरी हो, या राजनीति। सत्यवती का ही उदाहरण लें, जो 'नयी' शिक्षित स्त्री की प्रतिनिधि है, वह चारुमति जैसी स्त्रियों के लिये प्रेरणास्रोत है। लेकिन वह दो कारणों से ही ऐसा कर पाने में समर्थ है। पहला, उसके पति का प्रगतिशील होना और दूसरा खुद उसका शिक्षित, नयी जागरूक स्त्री होना। वहीं वेश्याएँ (यहाँ किरवाणी की माँ) पुरुषों की बैठक तक में जाकर जोर से दहाड़ सकती है। उन्हें कोई नहीं रोक पाता।

नाटक में महत्त्वपूर्ण चरित्र पुरुष ही हैं। रायशुमारी भी वही करते हैं। स्त्री चरित्र दो ही हैं। एक चारुमति और दूसरी किरवाणी की माँ। दोनों का अज्ञानी और कमजोर के रूप में चित्रण हुआ है। किरवाणी की माँ वेश्या है, लेकिन काफी मजबूत और दबंग भी। यह पुरुषों के जमावड़े में उसके आने और अंग्रेजी-शिक्षा-प्राप्त जागरूक पुरुषों का भेद बताते हुए उनके आडम्बर और सुधारवादी प्रयत्नों को चुनौती देने जैसे कृत्यों से स्पष्ट होता है।

दिद्दुबतु

गुर्जदा अप्पा राव[62] की कहानी दिद्दुबतु में भी नाच साहित्य के सरोकार के रूप में उपस्थित है। कथानक नाच की वजह से घरेलू-जीवन के प्रभावित होने और आदर्श दाम्पत्य जीवन की राह में नाच के काँटा होने पर केन्द्रित है। गुर्जदा के नाटक **कन्याशुल्कम**[63] में भी सामाजिक बुराइयों से मुक्ति पाने के लिये जन-जागरण की जरूरत की वकालत हुई है। नाटक के पहले संस्करण की भूमिका में इसका जिक्र इन शब्दों में हुआ, "ये कलंककारी आचार-व्यवहार हमारे लिये शर्मनाक है। साहित्य का सबसे गुरुतर दायित्व इनका पर्दाफाश करना और उच्चतर जीवन-मूल्यों को बढ़ावा देना है। जनता में जब तक पढ़ने का चलन नहीं आता तब तक के लिये हमें अपना यह दायित्व रंगमंच के माध्यम से निभाना होगा।" इसी उद्देश्य से

कन्याशुल्कम की रचना हुई।[64] इसमें गुर्जदा ने बोलचाल की भाषा और व्यंग्यात्मक शैली का प्रयोग किया है। दिद्दुबतु (कहानी) के केन्द्र में केवल नाच की समस्या है, जबकि कन्याशुल्कम में दहेज, बाल-विधवा और वेश्या की समस्याएँ भी उठाई गयी हैं। नाटक में वेश्या का चित्रण जिस रूप में हुआ है वह मुग्धकारी है। खुद गुर्जदा ने मधुरवानी के प्रति मुग्धता के भाव को स्वीकार किया है।[65] वस्तुतः इस नाटक में मधुरवानी काफी सशक्त चरित्र के रूप में चित्रित हुई है जो नैतिकता की वर्चस्वशाली धारणाओं को चुनौती देती है। भले ही अन्त में वह गुर्जदा के सुधारवादी कार्यक्रम के तहत इसी नैतिकता को अपनाती है जो उसके भागवत गीता के स्वीकार किये जाने में व्यक्त हुआ है। गुर्जदा ने नैतिकता के दोहरे मानदंड का उपहास इस तरह के व्यंग्य-बाण से उड़ाया है–''दिन में नाच-विरोधी और रात में नाच-समर्थक।''

दिद्दुबतु गुर्जदा की कहानी का शीर्षक है। इसका अर्थ होता है–सुधारना। कहानी का ताना-बाना एक युगल और उनके नौकर के इर्द-गिर्द रचा गया है। कहानी की शुरुआत गोपाल राव से हुई है जिसके सिर पर एक नाच लड़की का जादू चढ़ा हुआ है। नाच-विरोधी मुहिम का सक्रिय प्रवक्ता होने के बावजूद वह नर्तकी के सम्मोहन में खिंचा चला जाता है। वह कहता है[66], कितनी देर हो गयी! मेरा दिमाग खराब हो गया है। मैं तो नाच-विरोधी था। पता नहीं क्यों, उसके गीत सुनकर मैं बेखुद हो जाता हूँ। उसके गीत सुनने तक से सन्तोष नहीं होता। मैं अन्त तक जमा रहता हूँ और उससे बात करने की थोड़ी सी गुंजाइश की ताक में रहता हूँ। नहीं मुझे सम्भलना होगा। मैं एक नयी जिन्दगी की शुरुआत करूँगा और वहाँ कभी नहीं जाऊँगा।'' इसके बाद वह घर में अपनी पत्नी कमलिनी को ढूँढ़ता है। उसे घर में न पाकर वह विचलित हो उठता है। अपनी करनी पर उसे ग्लानि होती है। दुःखी गोपाल राव नौकर से कमलिनी के बारे में पूछता है। नौकर कुछ नहीं बता पाता। उसे चुप पाकर वह अपनी पूरी खीझ उसी पर निकालता है। परेशान गोपाल राव पत्नी को मनाकर घर वापस लाने की सोचता है। उसे पत्नी का लिखा एक खत मिलता है। खत का मजमून कुछ इस प्रकार है :

''दस दिनों से आप देर रात कब घर आते हैं मैं नहीं जानती। आपने तो मुझसे कहा था कि आप जन-सेवा में लगे हुए हैं, इसलिये देर रात तक व्यस्त रहना पड़ता है। लेकिन मुझे असलियत का पता चल गया है। मैं आपके रास्ते में अड़चन नहीं बनना चाहती हूँ। मेरे लिये आपको बेवजह झूठ का सहारा लेना पड़ता है। मैं माँ के साथ रहने जा रही हूँ, ताकि आप बेहिचक जैसे चाहें वैसे जी सकें। यह एक पत्नी का कर्त्तव्य बनता है, जो हमेशा अपने पति की भलाई चाहती है। आप खुशियाँ मनाइए। मैं अपने माँ के घर जा रही हूँ। यदि आपके दिल में अभी भी तनिक जगह बची हो तो उसमें मेरे लिये एक कोना बचाए रहिएगा।''

पत्नी की 'सुघड़ता और विनम्रता' के समक्ष गोपाल राव खुद को विनीत-सा

महसूस करता है। नौकर रामुदु इस सबके लिये शिक्षा को दोषी मानता है, जिसे पाकर स्त्रियों का दिमाग खराब हो जाता है और वे खुद को पुरुषों के बराबर समझने लगती हैं। वह ऐसी स्त्रियों से सख्ती से पेश आने की वकालत करता है। इस पर, गोपाल राव उसे डाँटता है और उस निरक्षर, अज्ञान को समझाता है कि कैसे शिक्षित स्त्रियाँ ईश्वर की 'आदर्श' कृति होती हैं। **अर्द्धनारीश्वर** की धारणा का हवाला देते हुए वह रामुदु पर पत्नी को वापस लाने की जिम्मेदारी सौंपता है। वह उसे समझाता है कि कैसे कमलिनी को मनाना है। लेकिन रामुदु गोपाल राव की बातें ठीक से नहीं समझ पाता है, जिसकी वजह से गोपाल राव को उस पर गुस्सा भी आता है। तभी हल्की सी हँसी और चूड़ियों की आवाज सुनाई पड़ती है और कमलिनी चारपाई के नीचे से बाहर निकल आती है।

यह कहानी बदले हुए वैचारिक परिदृश्य में घरेलू दायरे का आसानी से प्रभावित होने वाले क्षेत्र के रूप में प्रदर्शित करती है। साथ ही, इसमें नाच-लड़की दाम्पत्य जीवन को तहस-नहस करने की खतरनाक क्षमता रखने वाली के रूप में चित्रित हुई है। कहानी सुधारवादी लहरों के प्रभाव से उत्पन्न नयी स्थिति में आदर्श पत्नी का प्रारूप भी प्रस्तुत करती है, जो नाच-लड़की की वजह से डूबते घर को बचाने की जिम्मेदारी लेती है। नाच-लड़की के रूप-पाश की जकड़न और जागरूक पत्नी के त्याग एवं धैर्य के बीच के ताना-तानी में नाच-लड़की ही पराजित होती है। कमलिनी को वापस लाने के लिये गोपाल राव जिन शब्दों में अनुनय करने के लिये नौकर रामुदु से कहता है वे कमलिनी के जीत के सूचक हैं।[67]

''मालिक अब बदल गये हैं। वे अब न तो रात के वक्त घर से बाहर निकलेंगे और न ही नर्तकियों के पास जाएँगे। मेरा विश्वास कीजिए। उन्होंने घुटनों के बल झुककर आपसे विनती की है, उन्हें और ज्यादा शर्मिंदा नहीं कीजिए। घर लौट आइए। आपके बिना एक दिन एक युग-सा भारी बीतता है।''

इस कहानी में जो खास बात है वह है इसके केन्द्र में परिवार का होना। वह भी तेजी से हो रहे परिवर्तन और दाम्पत्य-जीवन से जुड़े मूल्यों में आ रहे बदलाव भरे परिदृश्य में। भले ही कहानी में नाच-लड़की पर दोषारोपण न करके घर के भीतर ही बदलाव की जरूरत पर बल दिया गया है।

येलम्मा/जोगती अट्टा[68] और सुलेया मगालु[69]

1920 के दौरान बेलगाम जिले[70] के कई क्षेत्रों में असन्तोष की लहर फैली हुई थी। वस्तुतः यह प्रस्फुटित हो रही अछूत चेतना का परिणाम थी। नाटक अथवा हरिकथा कालक्षेपम, विधि नाटकम, भगोतम और बड़कथा जैसे स्थानीय कला-रूपों का प्रयोग यहाँ के हलचल की प्रमुख विशेषता थी। साथ ही, रंगमंच को उसके पारम्परिक

सरोकारों से अलग कर अछूतों से जुड़ी समस्याओं और उनकी जरूरतों से जोड़ा जा रहा था। देवरैया इंगिल ने सुधारवादी विचारों के प्रचार-प्रसार के उद्देश्य से रंगमंच का सहारा लिया। उन्होंने **येलम्मा/येलम्मा अट्टा** (अट्टा का अर्थ नाटक होता है) नामक एक नाटक लिखा और इसका कई गाँवों में मंचन किया। शायद, यह नाटक प्रकाशन के उद्देश्य से नहीं लिखा गया था। वस्तुतः देवरैया अछूतों के निरक्षर जमात से मुखातिब थे। मुझे नाटक के बारे में विस्तार से उन लोगों से जानकारी मिली जो देवरैया से जुड़े थे और नाटक के मंचन में किसी-न-किसी स्तर पर सहभागी थे अथवा जिन्होंने नाटक का मंचन देखा था।[71]

येलम्मा 1918-19 के आसपास सम्भवतः कन्नड़ और मराठी दोनों भाषाओं में लिखा गया। जिस गाँव में नाटक का मंचन किया जाता, वहाँ प्रचलित प्रथा की खासियतों और लोगों की जरूरतों के मुताबिक नाटक के विषय एवं कथानक में बदलाव लाया जाता था। इस तरह, आवश्यकता के अनुसार कथानक में परिवर्तन की गुंजाइश नाटक की सबसे बड़ी खासियत थी।

नाटक की शुरुआत एक नवविवाहित युगल से होती है। बेटी होने की स्थिति में स्त्री उसे साउनदत्ती की येलम्मा को अर्पित करने की इच्छा जाहिर करती है। इसे बुरा और दंडनीय अपराध कहते हुए पुरुष इसका विरोध करता है। इस पर स्त्री उसे देवी के क्रोधित होने और विपदा छाने का भय दिखाती है।[72] जवाब में पुरुष कहता है, ''हम सब माता (येलम्मा) की सन्तान हैं। कौन माँ चाहेगी कि उसकी सन्तति वेश्या बने? येलम्मा ने हमसे ऐसा करने के लिये कभी नहीं कहा। जो वह नहीं चाहती उसे हम क्यों करें?''[73] इसके बाद जो महत्त्वपूर्ण प्रश्न उठाया जाता है वह यह कि आखिर येलम्मा अछूत स्त्रियों के बीच से ही वेश्या की माँग क्यों करती है? फिर एकदम से रैडिकल होते हुए पुरुष कहता है कि येलम्मा देवी नहीं है और उसकी तस्वीर नदी में फेंकने का **निर्णय** लेता है। पति के इस रुख पर पत्नी पूछती है कि कहीं वह देवरैया ईंगिल के साथ तो नहीं मिल गया है और यहाँ से वास्तविक नाटक शुरू होता है।[74] एक लड़की जोगती के रूप में येलम्मा को अर्पित की जाती है। उसका युवा काल बड़े ही आराम से बीतता है। फिर अचानक उसकी स्थिति बिगड़ती है और वह बीमार पड़ जाती है। उसे येलम्मा गुड्डा (पर्वत) पर जाकर स्नान करने और देवी से स्वस्थ होने का आशीर्वाद माँगने की सलाह दी जाती है। ऐसा करने के बाद भी जब वह ठीक नहीं हो पाती तब वह डॉक्टर के पास जाती है और बीमारी से छुटकारा पाती है। इसी क्रम में देवी में उसकी आस्था खत्म हो जाती है और वह देवी को कोसती है। अन्ततः अपना प्रतिरोध जताते हुए वह **जग**[75] और **परधि**[76] नदी में फेंक आती है।

नाटक के एक अन्य संस्करण में कानूनी पक्ष उजागर किया गया है। इसमें जैसे ही लड़की देवी को अर्पित की जाती है, पुलिस आकर उन सबको गिरफ्तार

करती है जो इस कृत्य में शामिल होते हैं।[77] यहाँ जो बात गौर करने लायक है वह यह कि नाटक शुरू से लेकर अन्त तक नाटक खास लोगों से मुखातिब है। स्थानीय बोली में लिखे गये इस नाटक में जोगती के अन्धकारमय जीवन का चित्रण हुआ है। नाटक के केन्द्र में माँ के गर्भ से लेकर अन्त में तिरस्कृत-सी जोगती का पूरा जीवन है। इसमें अछूत चेतना की अभिव्यक्ति हुई है, जो जोगती को जाति आधारित समाज व्यवस्था के अन्धविश्वास भरे धार्मिक रीति का शिकार मानती है। अन्त में **जग** और **परिधि** के फेंके जाने में प्रतिरोध की अभिव्यक्ति हुई है।

इंगिल का उद्देश्य धार्मिक वेश्यावृत्ति के मसले का इस भाँति चित्रण करना था जो निरक्षर, अज्ञानी और अन्धविश्वासी अछूतों की समझ में आ सके। इसके लिये उन्होंने कविताएँ भी लिखी जो जगह-जगह गायी जाती थीं। अठारह फरवरी 1924 को उन्होंने यह कविता लिखी[78] :

तुम्हारी मति मारी गयी
जो चढ़ाते हो अपनी ही
माँ, बेटी और बहन को जोगती के रूप में
बेचते हो उनके जिस्म
और बनाते हो नरक उनकी जिन्दगी को!

अपनी एक कविता में, जो नाटक का अंश है, देवरैया आश्चर्यमिश्रित गुस्से में पूछते हैं[79]—

हम सभी माता येलम्मा की सन्तान हैं।
आखिर कौन माँ चाहेगी
गिरे उसकी सन्तति गंदे गड्ढे में
बने देवदासी, मरे कुत्ते की मौत और
फड़ें कीड़े उसकी काया में?
कौन माँ चाहेगी यह सब
यदि तुम देवदासी बनती हो
तो यह माँ के साथ द्रोह है।

एक कविता में तो देवरैय्या देवी येलम्मा की खिल्ली उड़ाते हैं और उसे त्यागने तक की बात करते हैं[80] :

येलम्मा हमारी नहीं हैं,
उसमें आस्था मत रखो;
वह जोगती गन्दी है,

जिस पर येलम्मा सवार है।
आठ दिन में एक बार वह नहाती है,
येलम्मा के उस पर सवार होने की बात मिथ्या है;
येलम्मा हमारी नहीं,
उसमें आस्था मत रखो।

इसी टोन में उन्होंने 14 जून 1924 को की रचना भी की।[81] कविता में कहते हैं :

जोगती अट्टा की सफलता से उत्साहित हो देवरैया ने दूसरा नाटक **सुलैया मगालु**[82] लिखा। धारणा के स्तर पर इसे येलम्मा अट्टा की अगली कड़ी माना जा सकता है। नाटक का कथानक इस प्रकार है :

जोगती मुतव्वा ग्राम-प्रधान अन्नाराव पटेल की रखैल है। इस सम्बन्ध से उसे एक बेटी होती है जिसका नाम है रत्नाव्वा। उम्र बढ़ने के साथ मुतव्वा का यौवन क्षीण होने लगता है और अन्ना राव का उससे जी उचट जाता है। गाँव में शंकर नामक एक शिक्षक आता है। वह मुतव्वा से अपनी बेटी को स्कूल भेजने के लिये कहता है। इस पर गाँव वाले नाराज हो जाते हैं। लेकिन शंकर मुतव्वा का उत्साह बढ़ाता है और वह भी हार नहीं मानती। इस पर गाँव वाले दोनों के बीच अवैध सम्बन्ध होने की अफवाह फैलाते हैं। साथ ही, वे मुतव्वा का अपमान भी करते हैं। एक दिन रास्ते में उसे अन्नाराव पटेल मिलता है। वह उससे पूछता है कि वह अपनी बेटी को स्कूल क्यों भेज रही है? एक सूले (वेश्या) की बेटी पढ़-लिखकर क्या करेगी? आज नहीं तो कल उसे सूले (वेश्या) ही बनना है। भयभीत मुतव्वा बेटी को नहीं पढ़ाने की बात मान लेती है लेकिन तत्काल छोटी उम्र होने की वजह से उसे स्कूल भेजती रहती है। रत्नव्वा स्कूली शिक्षा पूरा करती है। इसके बाद शंकर उसे धारवाड़ ले जाता है और उसका दाखिला टीचर-ट्रेनिंग कॉलेज में करा देता है।

पढ़ाई पूरी करने के बाद वह गाँव के स्कूल में शिक्षिका बनकर वापस आती है। यह सब देख अन्ना राव पटेल और गाँव के लोग काफी गुस्से में आ जाते हैं और अपने बच्चों को स्कूल नहीं भेजने का फैसला लेते हैं। पटेल हाथ धोकर रत्नव्वा के पीछे पड़ जाता है। परेशान मुतव्वा उससे अपनी बेटी का पीछा छोड़ने का अनुरोध करती है। इस पर वह व्यंग्य भरे लहजे में कहता है, "तुम्हारी बेटी से कौन शादी करेगा? आज नहीं तो कल उसे देवदासी बनना ही है।" इसके बाद संरक्षक के लहजे में कहता है, "मैं उसे भी अपनी रखैल बनाने के लिये तैयार हूँ उसके नाम जमीन लिख दूँगा।" यह सुनकर मुतव्वा को घोर विस्मय होता है। वह गुस्से में बिफरते हुए कहती है, "रत्नव्वा कौन है? तुम नहीं जानते, वह तुम्हारी बेटी है। अपनी बेटी के बारे में ऐसा कहते हो तुम आदमी हो या जानवर?" अन्नाराव इसके बाद भी अपने पैर पीछे नहीं करता और गाँव की पंचायत के माध्यम से माँ और बेटी दोनों को काबू

में करने की सोचता है। पंचायत में माँ और बेटी दोनों पर **धर्म** के उल्लंघन और गाँव के नियमों की अवमानना का आरोप लगाया जाता है। रत्नव्वा पर अपनी जाति की मर्यादा का पालन नहीं करने और पुश्तैनी पेशे से निकल भागने का दोष लगाया जाता है। पंचायत दोनों के बहिष्कार का फैसला लेती है। ऐसे में शंकर उनकी मदद के लिये सामने आता है। सूले की बेटी होने की वजह से रत्नव्वा के विवाह की गुंजाइश बनते नहीं देख शंकर अपने बेटे से उसकी शादी कर देता है।

इन दोनों नाटकों के माध्यम से ढीली-ढाली धारणाओं से दृढ़ स्वरूप लेती चेतना की विकास-यात्रा का रेखांकन सम्भव है। **येलम्मा अट्टा** अर्पण से जुड़े अन्धविश्वासों और अर्पित स्त्रियों के दुःखद जीवन पर केन्द्रित है। इसमें तार्किक चेतना के विकास और कानूनी प्रावधानों की जानकारी देने का प्रयास किया गया है। बाद वाले नाटक **सुलैया मगालु** में सुधारवादी विचारों से प्रभावित अर्पित स्त्री के समक्ष उत्पन्न दुविधा और संकट की स्थिति का चित्रण हुआ है। इस तरह हम विषय व दृष्टिकोण के स्तर पर बदलाव पाते हैं। नाटक में जाति, आर्थिक स्थिति और यौनता के बीच के गठबन्धन का अच्छा चित्रण हुआ है। पारम्परिक पेशे/रीति से छुटकारा पाने का प्रयास किस तरह स्थानीय दबाव और जीने के जद्दोजहद को जन्म दे सकते हैं, हम इसका अच्छा खुलासा यहाँ पाते हैं। दोनों नाटकों में स्त्रियाँ केन्द्रीय चरित्र हैं। साथ ही, देवरैया ने उन्हें दोषी नहीं ठहराया है जैसा कि शुद्धतावादी कर रहे थे। वैसे उनके अन्य लेखन में हमें शुद्धतावादी रुख (लेकिन उदार रूप में ही) देखने को मिलता है।[83] देवरैया के विचारों का प्रभाव उत्तर-औपनिवेशिक अवधि में चन्द्रगुट्टी मामले[84] में उठाये गये मसलों में देखा गया जिसने जाति-विरोधी आन्दोलन का पुनर्नवीकरण किया था। देवरैया के विचारों ने अछूत चेतना के विकास में महती भूमिका निभाई। साथ ही, अछूत बौद्धिक परम्परा पर उनके विचारों का प्रभाव ग्रामीण एवं अल्पविकसित शहरों में स्पष्ट दिखाई देता है। उनके पद्य और नाटक अपने आप में विधा हैं। बल्कि उनका साहित्य इस क्षेत्र में दलित साहित्य का आरम्भिक नमूना है। उनके नाटकों एवं कविताओं ने पूरे क्षेत्र में उथल-पुथल मचा दी। यह उनके प्रयास की सफलता थी, जिसकी वजह से इस क्षेत्र में उस साहित्य का विकास सम्भव हो पाया जिसकी खासियत 'आत्मसम्मान, उग्रता और परिष्कृत रचनाशीलता'[85] है।

देवालयलामिद बुथु बोम्मालेन्दुकु[86]

'**देवालयलामिद बुथु बोम्मालेन्दुकु**[86] का प्रकाशन 1930 के दशक में हुआ। इसके लेखक ताप्ती धर्माराव बड़े मुखर और जागरूक पत्रकार थे। यह किताब पारम्परिक नजरिए से एकदम अलग वैज्ञानिक और तर्कपूर्ण नजरिए के तहत लिखी गयी थी। यह एक अनूठा प्रयास था। कारण, इसमें उन प्रश्नों से भिड़ने व उनका जवाब तलाशने का प्रयास किया गया, जिनसे धार्मिक वेश्याओं की अस्मिता की पुनर्रचना

के क्रम में समाज सुधारक परेशान थे। फिर भी यह हैरानी की बात है कि तार्किक नजरिए की अच्छी गुंजाइश वाली इस कृति को जागरूक तबके नजरअन्दाज कर गये। आन्ध्र समाज में वैकल्पिक बौद्धिक चेतना की समझ के लिये इस किताब का अध्ययन जरूरी है। ताप्ती धर्माराव का जन्म गंजम जिले के बेरहमपुर में एक गैर-ब्राह्मण परिवार में 19 सितम्बर 1887 को हुआ था।[88] उन्होंने रिपोन स्कूल से अंग्रेजी शिक्षा प्राप्त की। हालाकि वे विरसालिंगम से प्रभावित थे[89] लेकिन ब्रिटिश सरकार की सभ्यताकारी भूमिका में उनका विश्वास था। जहाँ तक अ-ब्राह्मण आन्दोलन के प्रति उनके झुकाव की बात है तो इसका कारण कांग्रेस पार्टी में विद्यमान जाति सम्बन्धी रूढ़ियाँ और ब्राह्मण एकाधिकार थे।[90] बाद में तो वे अ-ब्राह्मण आन्दोलन से सक्रिय तौर पर जुड़ गये।[91] तेलुगु में स्पोकेन लैंग्वेज आन्दोलन में उनकी महती भूमिका रही। 1911 में उन्होंने बेगुकुक्का ग्रन्थमाला नाम के प्रकाशन-गृह की स्थापना की[92] और 1912-14 में **कोंडेगाडु** नाम की पत्रिका का प्रकाशन आरम्भ किया। अपनी पत्रकारिता कैरियर के दौरान वे कई पत्रिकाओं एवं अखबारों से जुड़े हुए थे जिनमें **जनवाणी** (कांग्रेस-विरोधी), **कागड़, विशाल आन्ध्र** और **प्रजामित्र** उल्लेखनीय हैं। 1973 में उनका देहावसान हुआ।[93] आखिरी दिनों तक वे साहित्यिक संस्थानों से जुड़े रहे।

पुस्तक के रूप में **देवालयमादिक बुथु बोम्मालेन्दुकु**? का प्रकाशन 1936 में हुआ। इसी वर्ष यह तेलुगु साप्ताहिक **प्रजामित्र** में धारावाहिक रूप में छप चुकी थी। धारावाहिक लेखों में लेखक का नाम नहीं आया था। पत्रिका के इन लेखों ने खलबली मचा दी। तेलुगु विद्वानों के बहुमत ने इसकी निन्दा की और इसे देश की संस्कृति में जहर घोलने वाला कार्य कहा।[94] इस तरह की रोष-भरी प्रतिक्रियाओं से धर्माराव को और ज्यादा उत्साह मिला। इस उत्साह की परिणति लेखों के पुस्तक के रूप में प्रकाशित होने में हुई। यह वह समय था जब शुद्धता और नाच-विरोधी आन्दोलन न केवल राजनीतिक वैधता हासिल कर चुके थे बल्कि लोगों में अपनी गहरी पैठ भी बना चुके थे। लेकिन धर्माराव ने जो कुछ कहा उसमें शुद्धतावादियों के प्रति निन्दा का स्वर था। उन्होंने धार्मिक वेश्याओं की पवित्र/दैवी अस्मिता की समझ के लिये दृष्टिकोण विकसित करने का प्रयास किया। इसके लिये उन्होंने आदिम कृषक समाज से शहरी समुदायों तक धार्मिक विश्वासों से जुड़े यौन-व्यवहारों की विकास यात्रा की रूप-रेखा प्रस्तुत की। जो कुछ वे कहने जा रहे थे वह ढर्रे से एकदम हटकर था। इसके प्रति चेतस धर्माराव ने लिखा[95], ''मैं जानता हूँ कि मैं जो कुछ कहने जा रहा हूँ वह आसानी से हजम नहीं होगा, कई लोग इसे बर्दाश्त नहीं कर पाएँगे और कइयों के दिल पर चोट लगेगी। यही कारण थे कि मैं इसे प्रकाशित नहीं करना चाहता था जबकि मेरे हितैषी बन्धु इसके लिये मुझ पर लगातार जोर दे रहे थे।'' धर्माराव पर लोगों ने आरोप लगाया कि उन्होंने यह लेखन लोगों के मनोरंजन एवं

अतीत की खिल्ली उड़ाने के उद्देश्य से किया। इसे खारिज करते हुए उन्होंने लिखा[96], ''इन मसलों पर मैंने काफी गम्भीरता से लिखा है। सेक्स मेरे लिये मजे का विषय नहीं है। यह लेखन हल्के-फुल्के मिजाज से नहीं किया गया है और न ही यह काव्यात्मक कल्पना है। यह यथार्थ है, जिनसे अध्ययन के क्रम में मेरा सामना हुआ।'' इसके साथ-साथ उन्होंने उन प्रभावों का भी जिक्र किया जिन्होंने उनमें इस लेखन का उत्साह बनाया। ऐतिहासिक उत्खनन से न केवल भारत बल्कि मिस्र, फोएनिसिया, बोबिलोनिया और रोम के धार्मिक और सांस्कृतिक जीवन की जानकारियाँ उद्घाटित हुईं। धर्माराव के लेखन में जो वैज्ञानिकता मौजूद है उसका कारण उस समय के नृतत्वशास्त्रीय कार्यों का प्रभाव ही है। उन्होंने अपनी इस किताब में जो विशाल सन्दर्भ-सूची दी वह उनके कठिन श्रम का प्रमाण है।[97] अपने दृष्टिकोण का स्पष्टीकरण देते हुए उन्होंने कहा कि अतीत को हमें उसी रूप में देखना चाहिए, जिस रूप में यह अन्दरूनी और बाहरी दोनों परिवर्तनों के साथ घटित हुआ। उनके अनुसार, प्रत्येक सभ्यता या संस्कृति ऐसी अवस्थाओं से गुजरती है जब बड़े परिवर्तन होते हैं अर्थात् संस्कृतियाँ बन्द इकाई नहीं होतीं, बल्कि उनके बीच सतत आदान-प्रदान और तदनुसार परिवर्तन होते रहते हैं।[98]

धर्माराव ने किताब की शुरुआत ही दिन-प्रतिदिन के धार्मिक आचार-व्यवहार पर सवाल करने से की है। वे सामान्य जनों का ही नहीं, बल्कि विद्वानों की भी व्यंग्य-भरी आलोचना करते हैं जो किसी प्रथा या रीति के मूल मंतव्य को नहीं समझते हैं और केवल आदत से मजबूर हो उसका अनुसरण करते रहते हैं। धर्माराव पूछते हैं[99], ''मन्दिर क्या हैं? ये इसी खास रूप में क्यों बनाये जाते हैं? देवदासियाँ क्यों हैं? कामदहानलु (यौन-अर्पण) का-क्या निहितार्थ है?''

वे व्यंग्य-सा करते हुए कहते हैं कि मन्दिर के संरक्षक, धर्म के ठेकेदार, विद्वान, बुद्धिजीवी और आर्किटेक्ट तक के पास इन प्रश्नों का सन्तोषजनक जवाब नहीं है।

ऐसे में वे खुद इनका जवाब लेकर सामने आते हैं कि **कोविला** या कोयिला (मन्दिर) को कोविला या कोयिला ही क्यों कहते हैं।[101] धर्म और यौन के बीच के जटिल सम्बन्ध के ज्यादा महत्त्वपूर्ण पक्षों पर विचार करने से पहले वे कहते हैं, ''सच, सच होता है भले ही वह हमें हजम हो या न हो। जिन्हें हम आज अश्लील कहते हैं, जरूरी नहीं कि वे हमेशा से ऐसा ही रहे हों। नीति-शास्त्र अथवा स्त्री-पुरुष सम्बन्ध से जुड़े नियम बड़े परिवर्तनों से गुजरते हुए वर्तमान रूप में हमारे समक्ष मौजूद हैं, जैसा कि खुद ईश्वर की धारणा के साथ हुआ है।'' हिन्दू मिथक शास्त्र की ओर संकेत करते हुए वे कहते हैं, ''परिवर्तन भी विचित्र ढंग से होते हैं। द्रौपदी का ही उदाहरण लिया जा सकता है। पाँच पुरुषों से उसका विवाह हुआ। आज उस कृत्य को अनैतिक माना जाएगा। आज के पैमाने से युधिष्ठिर अवैध हो जाएँगे और कई बड़े साधु अछूत...एक समय था जब माँ और पुत्र के बीच विवाह होते थे[102] बहन भाई से विवाह कर सकती थी।

इतना ही नहीं, अतिथि-सत्कार के लिये स्त्रियाँ परोसी जाती थीं... उन दिनों ये सब अनैतिक या आपराधिक नहीं बल्कि **शास्त्रोचित** कर्म माने जाते थे। वस्तुतः हमारे त्योहारों और कर्म-कांडों में ये आज भी क्षीण रूप में विद्यमान हैं। उन आचार-व्यवहारों को आज के नजरिए से देखना फिजूल है। कारण, आज के नजरिए से देखने पर सब-के-सब बास्टर्ड नजर आएँगे, अपनी ही माँओं के पति, संकर...।''

धर्माराव का मत है कि अन्य प्राचीन संस्कृतियों की भाँति प्राचीन भारत में भी यौन महाकार्य, प्रजासेवा, महाभक्ति और पवित्र आराधना मानी जाती थी। मन्दिर यौन-कर्म के स्थल थे, कारण इसे पूजा का ही एक अंग माना जाता था। मन्दिरों के सन्दर्भ में तो उन्होंने यहाँ तक कहा कि वे सोबनापुगडुलु (नव विवाहित युगल के सुहागरात का कमरा) थे। आगे वे बताते हैं कि मन्दिरों में जो स्त्रियाँ यौन-सेवाएँ प्रदान करती थीं, उनका बड़ा सम्मान था। वे बिना शादी किये वेश्यावृत्ति कर ईश्वर की सेवा में लीन रहती थीं। उनके बारे में सबसे महत्त्वपूर्ण बात यह थी कि उन्हें उनकी आरम्भिक अवस्था में **गुडीसेति** के रूप में जाना जाता था।[103] धर्माराव ने ऐसे पुरुषों का भी जिक्र किया है जो धार्मिक सम्मति से ही मन्दिरों में वेश्यावृत्ति करते थे। ये पुरुष उभयलिंगी थे और धार्मिक कार्यों के प्रति समर्पित होने की वजह से इन्हें खास रुतबा प्राप्त था। इस तरह के तांत्रिक यौन व्यवहारों में कुछ और भी पुरुष शामिल थे जिन्हें **पंडा, पंत, पंथू पंडित**[104] कहा जाता था। धर्माराव ने दिखाया है कि कैसे यौन-सांकेतिकता भोज्य पदार्थों तक में पैठ बनाये हुई थी। खासकर कर्म-कांडों के लिये तैयार किये गये भोज्य में यह स्पष्ट था। वे लड़की के मासिक स्राव के अवसर पर योनि के आकार की मिठाई के बाँटे जाने का उदाहरण प्रस्तुत करते हैं। यहाँ तक कि मंगल सूत्र भी स्त्री-पुरुष के सम्मिलन का संकेत था।[105] यौन सम्बन्धी आचार-व्यवहार और धार्मिक विचार-जगत के आपस में गुम्फित होने के प्रमाण के तौर पर धर्माराव मध्यकालीन साहित्यिक रचनाओं का हवाला देते हैं जिनमें इस अन्तर्गुफन की पुनरावृत्ति हुई है। खासकर 15वीं सदी के कवि श्री नाथ द्वारा **अश्वमेध यज्ञ**[106] के चित्रण एवं दुर्जटि के **श्रीकलाहस्तिस्वर सतकम**[107] में लिंग पूजन की प्रशस्ति इसके उदाहरण हैं। लीडिया, बेबीलोनिया, न्यूगिनी, अमेरिका, अफ्रीका, चीन, फोएनीसिया, जावा और एसिरिया में समान कर्मकांडीय प्रचलन का मिसाल देते हुए धर्माराव व्यंग्य-सा करते हुए अतीत की गलत छवि प्रस्तुत करने की प्रवृत्ति की निन्दा करते हैं। आज यदि कोई यौन के इस रूप की चर्चा करना चाहे तो बड़े-बुजुर्ग अनैतिकता और रीति के विरुद्ध जाने का हल्ला मचाएँगे, ऐसा कहते हुए धर्माराव पूछते हैं कि क्या ऐसी स्थिति हमेशा रही है? वे बताते हैं, ''ऐसा भी समय रहा है जब यौन अनैतिक नहीं, बल्कि एक पवित्र पूजा-कर्म और असाधारण आराधना थी। अतीत को आज के चश्मे से देखना उचित नहीं।'' यहाँ धर्माराव ने उपमा के तौर पर औपनिवेशिक चश्मे से गाय का चित्रण किया है। एक अंग्रेज कहेगा–

गाय के गोबर से तुम अपने घर का फर्श लीपते हो,
गो-मूत्र का पान करते हो,
मनुष्य से ज्यादा महत्त्व गाय का है
वाह-वाह...क्या धर्म (हिन्दू) है–

धर्माराव पूछते हैं, "क्या ये बातें हमें ठीक लग सकती हैं? क्या उन्हीं की भाँति हम भी चीजों को देखें?" वे सुझाते हैं, "हमें चीजों को ठीक से देखना होगा।"[108]

ताप्ती धर्माराव द्वारा यह दिखाया जाना कि विश्व की सभी सभ्यताओं की आरम्भिक अवस्था में यौन आचार-व्यवहार अभिन्न अंग रहे हैं, पूरब के समाजों की धार्मिक रीति-रिवाजों की औपनिवेशिक धारणा के लिये चुनौती था। बल्कि, इसमें तो ब्रिटिश शासन के उस तर्क के प्रतिकार की भी सम्भावना थी जो वह यहाँ के बर्बर, अल्पसभ्य और यौन-विकृतकामी समाज को सभ्य बनाने के रूप में दे रहा था।[109]

धर्माराव ने जो खाका प्रस्तुत किया उसके अनुसार धार्मिक वेश्याएँ न तो समाज की विकलांगता की श्रेणी में आती थीं और न ही विकलांगता की श्रेणी में, बल्कि वह स्त्रीत्व का आदर्श नमूना और देवता हो या मनुष्य दोनों के ही उत्पादक क्षमता के लिये अत्यावश्यक थी। अपनी यौन-सेवाओं, कलात्मक-क्षमता और सम्पत्ति पर व्यक्तिगत अधिकार की वजह से उन्होंने हिन्दू समाज में अपना अलग रूतबा बना रखा था।

इस तरह, सामाजिक पुनर्निर्माण और धार्मिक वेश्याओं की अस्मिता की पुनर्रचना के साथ-साथ समाज-सुधार की परियोजनाओं में साहित्य की भूमिका महत्त्वपूर्ण थी। ताप्ती धर्माराव के दृष्टिकोण की शिराएँ अ-ब्राह्मण आन्दोलन की रैडिकल परम्परा तक में देखी जा सकती हैं। पेरियार ई. वी. रामास्वामी खुद अपने समकालीन सुधारकों के पश्चगामी एजेण्डा के आलोचक थे। सामाजिक परिवर्तन की उनकी धारणा आमूल-चूल परिवर्तन पर आधारित थी, जिसमें पारम्परिक संरचनाओं के लिये कोई जगह न हो।[110] उन्होंने नैतिकता के दोहरे मानदण्ड की आलोचना की जो केवल स्त्रियों पर शुचिता, दाम्पत्य-एकनिष्ठता आदि जैसी बंदिशें लगाता है। वे बहुपतिकता और तलाक को स्त्री-मुक्ति के लिये अनिवार्य मानते थे।[111] धार्मिक वेश्याओं की अस्मिता की पुनर्रचना के क्रम में देवरैया इंगिल ने रैडिकल सोच की परम्परा की नींव डाली थी। ऊँची जाति के सुधार-आन्दोलन कांग्रेस के अनुगामी होने की वजह से स्त्री-सम्बन्धी मसलों पर अत्यन्त सीमित दायरे में सक्रिय थे।[112]

ये विचारधाराएँ, "बुर्जुआ उदारवादी धारणाओं" के वृहत् चौखटे के दायरे में[113] ही सक्रिय थीं। इसके पैरोकार खासकर शहरी आभिजात्य थे। अछूतों में उदित हो रहा आभिजात्य वर्ग भी आरम्भ में तो नहीं लेकिन औपनिवेशिक अवधि के अन्त तक आते-आते इसी की पैरोकारी करने लगा। खासकर महानगरों में जाति की सीमाओं से अप्रभावित सांस्कृतिक समरूपता का बोध आकार ले रहा था। ऊँची जातियाँ हों या अछूत, दोनों ही समुदायों के बुद्धिजीवी स्त्री-शुचिता, दाम्पत्य-निष्ठा

और स्त्री-शुद्धता के बारे में एक ही स्वर में बातें कर रहे थे। शायद, शहरों में इनकी आर्थिक स्थितियों के बीच की विभाजक रेखाएँ क्षीण हो रही थीं, अपनी सांस्कृतिक अस्मिता की पुनर्रचना के लिये ऊँची जातियों के बुद्धिजीवी जहाँ परम्परा से ही उर्जा सिंचित कर रहे थे वहीं अछूत बुद्धिजीवी इस भाँति नयी परम्परा के पुनर्गठन में लगे हुए थे जिससे वे अपनी पुरानी अस्मिता से निजात पा सकें। इस तरह हम देखते हैं कि, ''सामाजिक और धार्मिक पुनरोन्मेष का मकसद जाति आधारित भेद-भाव या भिन्नता से ऊपर उठते हुए ऐसी मनःस्थिति का विकास करना था जो नवोदित हो रही बुर्जुआ-व्यवस्था के अनुकूल हो।''[114]

सन्दर्भ एवं टिप्पणियाँ

1. गुर्जदा अप्पाराव, 1994, भूमिका।
2. प्रेस के विकास पर विस्तार में जाने के लिये देखें, वी. रामाकृष्णा 1991, पृ. 80-87 चिन्नाराव यागति, 1992, पृ. 30-34; आर. दिवाकर, 1978, पृ. 831-239
3. दोनों ही इलाकों के अछूतों के बीच बड़ा कथा, विधि नाटकलु (नुक्कड़) और अट्टा (ड्रामा) का विचारों के प्रचार-प्रसार के लिये उपयोग में किया गया।
4. राधिका सन्तवनम के साथ-साथ आठ और पुस्तकें थी जिन पर 'अश्लीलता' और पाठकों के दिलो-दिमाग पर गन्दा प्रभाव डाले जाने का आरोप मढ़कर पाबंदी लगाई गयी थी। उनके नाम इस प्रकार थे : तारा ससांक विजयामु, विल्हानियामु, गणिकागुण परिवर्तनावली विधि नाटकमु, हंसाविन्सथि, कवि चौड़प्पा सत्काम, वेनुगोपाल सत्काम और वैजन्ती विलासमु।
5. सिस्ट लक्ष्मीकान्त शास्त्री 1981, पृ. 289-332 केस के बारे में विस्तार से जानने के लिये देखें—जी.ओ. संख्या 355, होम पब्लिक (गोपनीय), दिनांक 22 अप्रैल, 1927।
6. कोर्ट में उनके मामले पर पेरी नारायण मूर्ति ने जिरह किया था और ब्रिटिश सरकार के अनुवादक गोटेटी कनक राजु पन्तुलु ने कविता के आपत्तिजनक पदों का रेखांकन किया था।
7. कोर्ट के निर्देश पर अमल करते हुए जी. वेंकटरंगा राव की अध्यक्षता में एक समिति गठित की गयी। वे मद्रास विश्वविद्यालय के सिंडिकेट सदस्य और तेलुगु बोर्ड ऑफ स्टडीज के अध्यक्ष थे। राव बहादुर प्रो. रंगचार्लु और श्री गोटेटी कनकराजु गरु इसके सदस्य बनाये गये। कविता में आपत्तिजनक अंशों की पहचान की जिम्मेवारी इस समिति पर डाली गयी। ज्यादा विस्तार के लिये देखें, मुड्डु फलानी 1950, परिशिष्ट।
8. जब नागरत्नम्मा डेढ़ वर्ष की थी तभी उसकी माँ और पिता एक-दूसरे से अलग हो गये थे। उसकी आर्थिक मदद तम्मरय्या ने की, जो मैसूर राज में दरबारी कवि थे। इसके साथ ही, नौ बरस की उम्र तक नागरत्नम्मा को उन्होंने संस्कृत और संगीत की शिक्षा भी मुहैया की। कहते हैं कि उसके पिता के सम्बन्धियों ने तम्मरय्या और उसकी माँ पुत्तलक्ष्मी के बीच तनाव के बीज बोये। पुत्तलक्ष्मी ने मैसूर छोड़ते समय प्रण किया कि नृत्य और संगीत में नागरत्नम्मा को पारंगत करने के उपरान्त ही वहाँ लौटेगी। वे कुछ दिनों के लिये कांचीपुरम ठहरे। इसके बाद नागरत्नम्मा बंगलोर के मुन्नीस्वामी अप्पा से प्रशिक्षण लेने लगी। मुन्नीस्वामी अप्पा ने खुद संगीत का प्रशिक्षण बालाजीपेट्टा के पुत्तुनुलु कृष्णा स्वामी भागवतुलु से लिया था, जो

त्यागराजय्या के शिष्य थे। उसने बिदाराम कृष्णापा (तम्मय्या शास्त्री के शिष्य), तिरुवेंकटचार्य के आदिनारायण और बंगलोर के किट्टन्ना से भी प्रशिक्षण लिया। देखें, एच. एम. नायक, 1996। नागरत्नम्मा 14 वर्ष की थी, तभी उसकी माँ गुजर गयी और बेटी को मुनीस्वामी के संरक्षण में छोड़ गयी। उसके बाद वह ख्यातिलब्ध गायिका और नर्तकी बनी। देखें, रामास्वामी भागवातुलु, 1929, पृ. 611-613

9. वही
10. वही। नर्तकियों पर ज्यादा विस्तार में जाना हो तो देखें, आर. दिवाकर, 1968, पृ. 877-81 : एच. एम. नायक, 1996, पृ. 199
11. वही, पृ. 613
12. वही, पृ. 611-612
13. वही, पृ. 673
14. फलानी की व्युत्पत्ति भगवान सुब्रह्मण्य स्वामी के मन्दिर शहर से हुई और मुड्डु **उपनाम** है। कहते हैं कि वह वैष्णव परिवार में जन्मी थी। उसके गुरु वीर राघवाचार्य थे। ज्यादा जानकारी के लिये देखें, आन्द्रा शेषाग्रिन 1995
15. इसे **इलादेवयामु** के नाम से भी जाना जाता है। इला नाटक में दूसरी नायिका है। इसमें कुल 584 पद हैं।
16. सी. पी. ब्राउन के अनुसार इला राधा की दत्तक पुत्री थी। आन्द्र शेषगिरि राव 1995, पृ. 336
17. वही, पृ. 337
18. तेलुगु साहित्य में प्रबन्ध के लिये प्रबन्धम आया है।
19. शास्त्रीयतावादी वेंकटनरसु और प्राच्यविज्ञ एवं कोशकार सी. पी. ब्राउन द्वारा 1887 में प्रकाशित। ज्यादा विस्तार में जाने के लिये देखें, सुजी थारु एवं के. ललिता, 1995, पृ. 2; आन्द्र शेषगिरि राव, 1995, पृ. 336
20. 1887 के संस्करण में भूमिका नहीं थी, जिसमें मुड्डु फलानी ने बड़े ही गर्व से अपनी उपलब्धियों और प्रताप सिंह के राजदरबार में अपने रुतबे का जिक्र किया है। अपनी एक कविता में मुड्डु फलानी ने खुद को प्रताप सिंह के दरबार की 'रम्भा' कहा है। देखें, शिष्ट लक्ष्मीकांत शास्त्री, पृ. 298-299। जबकि विरसालिंगम ने उसे प्रताप सिंह की रखैल कहा है। वही, पृ. 297।
21. नागरत्नम्मा, 'प्रस्तावना' मुड्डु फलानी, 1950, पृ. 3-8
22. वही, पृ. 5
23. **यिदी** अपमानसूचक नाम है। अंग्रेजी में इसका अर्थ 'यह' होगा।
24. **दानी** का प्रयोग सामान्यतः 'नीच' स्त्री के लिये होता है।
25. **आदी** भी उपर्युक्त अर्थों में प्रयुक्त होता है। इसका प्रयोग निर्जीव चीजों के लिये भी होता है।
26. नागरत्नम्मा, 'प्रस्तावना', मुड्डु फलानी, 1950, पृ. 5
27. वही, पृ. 6
28. वही, पृ. 7
29. वात्स्यायन के कामसूत्र में वेश्याओं का चित्रण बौद्धिक क्षमता प्राप्त और कलाओं में सिद्ध के रूप में हुआ है। उनकी अपनी खास अस्मिता थी। उनके रुतबे का अन्दाजा तो इसी से लगाया जा सकता है कि वे आभिजात्य/शिक्षित वर्ग का अपरिहार्य अंग थीं। विस्तार से जानने के लिये देखें, एस. एन. सिन्हा और एन. के. बसु, 1992, पृ. 216-252

30. गृहु लक्ष्मी, (1929), पृ. 737-738। इसे मुहैया करने के लिये मैं के. बशा क आभारी हूँ।
31. नागरत्नम्मा को सरस्वती से मिली प्रतिक्रिया के लिये, देखें, गृहु लक्ष्मी, (1929), पृ. 917-919
32. गैब्रिएल डिट्रिच, 1986, पृ. 157
33. वही।
34. मेरेडिथ बोर्थविक (1984) ने 19वीं सदी के बंगाल में इस परिघटना के होने का उल्लेख किया है।
35. कंडुकुरी विरसालिंगम, 1917, पृ. 370-420
36. तेलुगु साहित्य में प्रहसनमु का मतलब व्यंग्य या प्रहसन था।
37. ब्रह्म विवाहमु 1876 में हास्य संजीवनी में धारावाहिक छपा था। इसमें बाल-विवाह का मजाक उड़ाया गया है। नाटक का ताना-बाना एक उम्रदराज पुरुष और तीन साल की बच्ची के विवाह के इर्द-गिर्द बुना गया है।
38. व्यवहार धर्म बोधिनी 'प्लीडर (वकील) नाटकम' के नाम से ज्यादा लोकप्रिय था। इसमें कानूनी पेशे के नैतिक मानदंडों में आयी गिरावट पर व्यंग्य किया गया है।
39. विवेक दीपिका में विधवा-पुनर्विवाह का मसला उठाया गया था। यह अपूर्ण ही रहा। देखें—वी. आर. नार्ला विरसालिंगम (दिल्ली : साहित्य अकादमी, 1998)।
40. मन्दिर की जमीन या ब्राह्मणों को उनकी सेवाओं के लिये दान में दिये गये जमीन मान्यम जमीन होती हैं।
41. विवाह के वक्त बाँधा जाने वाला धागा, जो विवाहिता की पहचान होती है।
42. वेश्या मुहैया करने वाला।
43. बोगम मेला का आयोजन न हो तो रसूखदार व प्रतिष्ठित लोग मन्दिर नहीं जाते—कंडुकुरी विरसालिंगम, 1917, पृ. 380
44. इसका अर्थ है—कोई शिक्षित स्त्री या पुरुष, जिसने भोजना बनाना सीखा हो, असहनीय है। वही, पृ. 387
45. वही।
46. यह दलील न केवल वेश्यावृत्ति बल्कि धार्मिक वेश्याओं के बचाव के लिये भी दिया जाता था। वही, पृ. 389
47. वही।
48. वही, पृ. 391-396
49. मुंडा का अर्थ विधवा होता है। स्त्रियों को अपमानित करने के लिये यह प्रयोग में लाया जाता है।
50. पिल्लवलकु कलुगुंटुडे वीर्यानास्ता व्यादुलकु भोगमवलु अवस्यंग कवलानेनी डॉक्टोरलु कुडा चपतुवुन्नरु। वही, पृ. 406
51. वीर्य और पौरुष के क्षीण होने को लेकर पुरुषों में व्याप्त चिन्ता के बारे में विस्तृत जानकारी के लिये देखें, डी. ओ'फ्लैर्टी, 1981, पृ. 50-53
52. 'विनाशकाले विपरीत बुद्धि' का अर्थ देता एक तेलुगु मुहावरा।
53. मल्लु कीमती पत्थर का नाम है।
54. मान्यलु का प्रयोग मान्यम भूमि के लिये हुआ है।
55. के. विरसालिंगम, 1917, पृ. 409
56. 'दानी' अपमान बोधक सम्बोधन है।

57. वही, पृ. 410
58. वही, पृ. 411
59. वही।
60. वही, पृ. 411-412
61. वही, पृ. 413
62. गुर्जदा अप्पा राव (1862-1915) तेलुगु साहित्य की तीन विधाओं-कविता, नाटक और कहानी के प्रथ-प्रदर्शक थे।
63. कन्याशुल्कम का पहला प्रदर्शन 1912 में जगन्नाथ विलासिनी सभा नामक नाटक-कम्पनी ने किया। इसके संस्थापक आनन्द गजपति थे।
64. वही, भूमिका देखें।
65. वी. आर. नारला, 1997, पृ. 48
66. इस कहानी के अनुवाद के लिये देखें—अब्बुरी रामकृष्णाराव, 1963, पृ. 89
67. वही, पृ. 92
68. नाटक की मूल पांडुलिपि उपलब्ध नहीं हैं। इसका नाम 'कर्नाटक बहिष्कृत बोधिनी' के नाम पर रखा गया था। यह एक संस्था थी, जिसके माध्यम से उन्होंने कई सुधार-कार्यक्रम चला रखे थे। वैसे इसका कोई निश्चित नाम नहीं था। भिन्न-भिन्न क्षेत्रों में यह भिन्न-भिन्न नामों से प्रचलित था। इसे लोग अट्टा कहते थे जिसका अर्थ नाटक होता है।
69. जो दूसरा नाटक उन्होंने लिखा उसका नाम रखा गया ताकि उसे उपर्युक्त नाटक से अलग पहचान दी जा सके। जो नाम रखा गया, उसका अर्थ था—'वेश्या की कन्या'।
70. बेलगाम दक्षिणी मराठा प्रदेश के उन तीन जिलों में से एक था जो बम्बई प्रेसीडेंसी का हिस्सा था। भाषाई स्तर पर यहाँ कन्नड़ भाषियों की संख्या सबसे ज्यादा थी।
71. सोनाबाई येल्लप्पा निलन्नावर (अथनी, बेलगाम जिला) से 5 जुलाई, 2000 को साक्षात्कार। वह जोगती हुआ करती थी।
72. सरजू केल्कर, 2002, चन्द्रकान्त वाघमारे, 1997
73. सरजू केल्कर, 2002, पृ. 35
74. बेलगाम जिले के चिकोड़ी के स्थानीय भाजपा नेता मारुति तुकाराम घुट्टी से साक्षात्कार। चन्द्रकान्त वाघमारे, 1997, पृ. 6-7।
75. देवी की प्रतिमा-युक्त टोकरी-जैसा एक पात्र। जोगतियों की पवित्र वस्तुओं में से एक।
76. जगा की तरह ही पराडी भी टोकरी-जैसा पात्र होती है जो अर्पण के लिये आयोजित अनुष्ठान के वक्त जोगती को दी जाती है ताकि वह इसे भिक्षा-पात्र के रूप में उपयोग कर सके।
77. वही, पृ. 7-8
78. चन्द्रकान्त वाघमारे, 1997, पृ. 6 और 41
79. सरजू केल्कर, 2002, पृ. 36
80. चन्द्रकान्त वाघमारे, 1997, पृ. 6
81. वही, पृ. 59
82. सरजू केल्कर, 2002, पृ. 39-40
83. अपनी एक कविता में वे स्त्री की इज्जत का महिमामंडन करते हैं।
84. लिंडा जे. एप, 1992, पृ. 149-168
85. एन फेलडस, 1996, पृ. 87-88; एलीनॉर जेलियट, पृ. 267

86. देवालयलामिडा बुथु बोम्मालेन्डुकु? शीर्षक में यह सवाल उठाया गया है कि मन्दिर की दीवारों पर कामोत्तेजक तस्वीरें क्यों।

87. तापी धर्माराव, 1994

88. औपनिवेशिक अवधि के दौरान गंजम जिला मद्रास प्रेसीडेंसी का भाग था। अब यह उड़ीसा में है।

89. येतुकुरी प्रसाद, 1989, पृ. 30

90. वही, पृ. 86

91. वही, पृ. 92; अतलुरी मुरली, 1987, पृ. 108-109

92. येतुकुरी प्रसाद, 1989, परिशिष्ट।

93. वे प्रथम आन्ध्र प्रगतिशील लेखक संघ (तेनाली, 1943) में अध्यक्ष के तौर पर और अखिल भारतीय प्रगतिशील लेखक संघ में सक्रिय रहे। दिल्ली में 1971 में आयोजित चौथे अफ्रीकी-एशियाई लेखक सम्मेलन के राष्ट्रीय कार्यकारिणी समिति में सदस्य थे। 1971 में उन्हें उनके साहित्यिक योगदान के लिये साहित्य अकादमी से नवाजा गया।

94. तापी धर्माराव, 1994, भूमिका।

95. वही, भूमिका, पृ. 12-13

96. वही।

97. वैसे उन्होंने मुख्य पश्चिमी लेखकों का हवाला दिया है।

98. वही, पृ. 15

99. वही।

100. वही, पृ. 20

101. शाब्दिक स्तर पर उन्होंने कोविल शब्द की रचना तमिल शब्द 'को' (जिसका अर्थ ईश्वर होता है, को खुद संस्कृत के 'गो' से व्युत्पन्न है जिसका अर्थ भी ईश्वर होता है) और 'यिल' (घर) को मिलाकर किया। इस तरह इसका अर्थ हुआ–ईश्वर का घर।

102. वही, पृ. 25

103. वही, पृ. 28

104. वही, पृ. 45-51

105. वही, पृ. 74

106. वही, पृ. 65

107. येतुकुरी प्रसाद, 1989, पृ. 369-370

108. तापी धर्माराव, 1994, पृ. 57-58

109. मनोरंजन झा, 1971

110. काडी आरसू, 26 नवम्बर, 1928; एस. आनन्दी, 1991, पृ. 25 में उद्धृत।

111. वही।

112. के. एन. पणिक्कर, 1988, पृ. 82-90

113. के. एन. पणिक्कर, 1995, पृ. 94

114. वही, पृ. 96

6

निष्कर्ष

धार्मिक वेश्यावृत्ति पर गहन शोध-अध्ययन हुए हैं, फिर भी यह अकादमिक जगत में कुतूहल का विषय बना हुआ है। इस अध्ययन या हस्तक्षेप का ध्येय धार्मिक वेश्याओं के मन्दिरेतर रूपों का उद्घाटन है। इन रूपों के सामने आने से इनकी तीन कोटियों, मतांगी, जोगती/बासवी और सुले/सानी का पता चला है। इन तीनों ही कोटियों में जाति, आनुष्ठानिक भूमिका, पारिश्रमिक आदि के स्तर पर भारी विषमताएँ हैं। इससे पितृसत्तात्मक जाति-व्यवस्था के भीतर विद्यमान वैकल्पिक 'स्थल' की संरचना का खुलासा होता है। इसके साथ ही, यह उन पेंचों को समझने का अवसर भी उत्पन्न करता है जिनके तहत जाति सभी मानवीय-सम्बन्धों के बीच कार्यरत है। मार्गलिन के धारणात्मक खाँचे ने धार्मिक वेश्या की अस्मिता की पुनर्रचना एक सक्रिय एवं बहुविध एजेंट के रूप में करने के साथ-साथ अन्य बड़े मसलों को उठाकर 'सांस्कृतिक स्थल' का दायरा विस्तृत किया है। लेकिन इसमें सत्ता की धारणा पर चुप्पी है। कहीं अन्यत्र, मार्गलिन (1977) स्त्रियों के उपलब्ध होने या उन तक पहुँच बनाने के सन्दर्भ में सत्ता और वर्चस्व (हेजमनी) के बीच के जुड़ाव की ओर संकेत करती हैं लेकिन वर्ण-मॉडल के दायरे में रहते हुए ही। उनके निष्कर्षों से आगे जाने पर धार्मिक वेश्याओं की बहुविध अस्मिताओं से युक्त ज्यादा जटिल स्थल को अनावृत्त करना सम्भव हो सकता है। यह आयाम हमें इस बात के अन्वेषण का भी मौका देता है कि किस तरह मांगलिकता की पदानुक्रमरहित धारणा निम्न जातियों/अछूत स्त्रियों को कुछ खास आनुष्ठानिक रुतबा प्रदान करती है। हालाँकि यह पदानुक्रमरहित धारणा जाति-व्यवस्था के दायरे में संस्थानीकरणोपरान्त माइक्रो (व्यक्तिगत) और मैक्रो (संरचना) दोनों ही स्तरों पर मध्यस्थता करती है। तो इस जटिलता के स्तर पर आनुष्ठानिक भूमिकाएँ प्रदान की जाती हैं। धार्मिक वेश्यावृत्ति का सांस्कृतिक वर्चस्व और जाति-आधारित सामन्ती अर्थव्यवस्था से गहरा गठजोड़ है।

मातंगी की अलग अस्मिता काफी झीनी होते हुए भी महत्त्वपूर्ण है। स्रोतों के अभाव की वजह से यह ऐतिहासिक उपक्रमों के लिये छलावा बनी हुई है। तथापि यह यौनता, अछूत संस्कृति और धर्म जैसे महत्त्वपूर्ण मसलों के विश्लेषण का दायरा विस्तृत करती है। औपनिवेशिक वृत्तांतों में मातंगी/मातम्मा 'सम्मानप्राप्त वेश्याओं के वर्ग' के रूप में दर्ज की गयी हैं। अछूत धार्मिक वेश्या की आनुष्ठानिक अस्मिता पर मातंगी का प्रभाव धार्मिक वेश्यावृत्ति के दायरे में उनकी अलग अस्मिता को तय करने का सम्पर्क सूत्र मुहैया करता है। लेकिन जरूरत इस बात की है कि मातंगी की आनुष्ठानिक अस्मिता उसे पुरुष पुजारी (ओझा) पोतुराजु के साथ रखते हुए तय की जाए। पोतुराजु अर्पण व अन्य अवसरों पर अधिष्ठाता होता था। इससे यह पता चलेगा कि आनुष्ठानिक दायरे में दोनों सेक्सों यानी स्त्री व पुरुष के बीच के तनावपूर्ण सम्बन्ध क्या रूप लेते थे। अछूत यौनिकता पर नियन्त्रण को पदानुक्रमित और स्तरीकृत सांस्कृतिक दायरे (स्पेस) में मन्दिर के माध्यम से सामन्ती बंदिशों की तार्किक परिणति के रूप में देखा जा सकता है।

दोनों ही क्षेत्रों में किये गये वैधानिक उपाय मन्दिर-व्यवस्था के हाशिये पर इस प्रथा के चलन पर रोक लगा पाने में असफल रहे। सामाजिक मूल्यों और धार्मिक संरचनाओं के उभार का वहाँ स्थित धार्मिक वेश्याओं की स्थिति पर कोई निर्णायक प्रभाव नहीं पड़ा। नतीजतन, स्थानीय पुजारियों (बिचौलियों) के धार्मिक अनुमोदन और दबंग सामन्ती तबके के संरक्षण में बासवियाँ और जोगतियाँ वेश्यावृत्ति में लिप्त रहीं। आजादी के बाद, खासकर अस्सी के दशक में उपनिवेशवाद के दौरान किये गये वैधानिक प्रयासों की याद ताजा करते हुए इसे अवैधानिक करार देने के वैधानिक कदम उठाये गये। जो भी हो, स्थानीय स्मृति में जीवित होने और चोरी-छिपे लड़कियों के अर्पण की मीडिया में गूँज के माध्यम से अछूत धार्मिक वेश्या आज भी विवाद का विषय बनी हुई है।

धार्मिक वेश्यावृत्ति के अन्य रूपों से सम्बन्धित कई पहलुओं का दस्तावेजीकरण होना अभी शेष है। उदाहरण के लिये, अछूत धार्मिक वेश्याओं का छावनी-क्षेत्र से जुड़ाव, मुख्य नगरों या महानगरों की तरफ सेक्स वर्कर के रूप में उनका पलायन, औपनिवेशिक सत्ता से उनका सामना, घर और समुदाय के भीतर के संघर्ष, सांस्कृतिक अस्मिताओं का पुनर्विन्यास आदि।

अछूतों में धार्मिक वेश्यावृत्ति की व्याप्ति के जो कारण औपनिवेशिक अवधि के दौरान प्रस्तुत किये गये उनमें घृणा व निन्दा के पुट थे। मसलन, अछूतों का सांस्कृतिक विचलन, आदिम रीतियों के अवशेष, अछूतों में विद्यमान स्त्री-पुरुष सम्बन्धों का चरित्र आदि। इस तरह की और भी निन्दक व घृणास्पद व्याख्याएँ मौजूद हैं। इसलिये, अछूत वेश्याओं की अस्मिता की पुनर्रचना के क्रम में प्राच्यवादी निर्मितियों, औपनिवेशिक परिप्रेक्ष्य, ऊँची जातियों और अछूतों की धारणाओं का

खयाल रखना जरूरी है। इस तरह के हॉलिस्टिक (सम्पूर्णतावादी) रुख से ही यह पता चलेगा कि जाति-आधारित राजनीति किस तरह बहुविध पितृसत्तात्मक धारणाओं और संरचनाओं का इस्तेमाल कर राष्ट्रवाद को पुनर्परिभाषित करने (औपनिवेशिक अवधि के अन्तिम तीन दशकों के दौरान) की परियोजना में जुटी हुई थी।

सन्दर्भ-ग्रन्थ

अभिलेखीय स्रोत

आन्ध्र प्रदेश स्टेट गैजेटियर्स : ए मैनुअल ऑफ दी कुरनूल डिस्ट्रिक्ट इन दी प्रेसीडेंसी ऑफ मद्रास, (हैदराबाद : दी स्टेट एडिटर, डिस्ट्रिक्ट गैजेटियर्स, 1922) (मूलतः 1886 में प्रकाशित)।

ब्रैकेन ब्युरी, सी. एफ. : मद्रास डिस्ट्रिक्ट गैजेटियर्स कुड्डप्पा; (मद्रास : गवर्नमेण्ट प्रेस, 1915)

कार्मिचेल, डी. एफ. (सं.) : मैनुअल ऑफ दी डिस्ट्रिक्ट ऑफ विजागापत्तनम, (मद्रास : दी एसिलम (प्रेस 1969)सेंसस ऑफ इंडिया, 1881-1951, रिपोर्ट्स रिलेटिंग टु मद्रास प्रेसीडेंसी; एच. ई. एच. निजाम्स डॉमिनियन्स, हैदराबाद; बम्बई प्रेसीडेंसी एंड मैसूर स्टेट।

फ्रांसिस, डब्ल्यू. : मद्रास डिस्ट्रिक्ट गैजेटियर्स, बेल्लड़ी (मद्रास : सुपरिण्टेन्डेण्ट, गवर्नमेण्ट प्रेस, 1904

गवर्नमेण्ट ऑफ बम्बई : गैजेटियर ऑफ बम्बई प्रेसीडेंसी, कन्नड़, खंड-15, (बम्बई : गवर्नमेण्ट प्रेस, 1883)

गवर्नमेण्ट ऑफ बम्बई : गैजेटियर ऑफ बम्बई स्टेट बेलगाम डिस्ट्रिक्ट, जेम्स सी. कैम्पबेल द्वारा सम्पादित, खंड-21, (बम्बई : गवर्नमेण्ट सेंट्रल प्रेस, 1884)

गवर्नमेण्ट ऑफ बम्बई : गैजेटियर ऑफ बम्बई स्टेट, बीजापुर, खंड-23, (बम्बई : गवर्नमेण्ट प्रेस, 1884)

गवर्नमेण्ट ऑफ बम्बई : गैजेटियर ऑफ बम्बई स्टेट, धारवाड़ जिला, (बम्बई : दी मैनेजर, गवर्नमेण्ट, सेण्ट्रल प्रेस, 1959)

गवर्नमेण्ट ऑफ महाराष्ट्र लॉ एण्ड ज्युडिसियरी डिपार्टमेण्ट : महाराष्ट्र, कोड खंड-2, (बम्बई, दी डायरेक्टर, गवर्नमेण्ट प्रेस, 1982), नौवाँ संस्करण (पुनर्मुद्रित)

हयवदन राव, सी. (सं.) : मैसूर गैजेटियर, 4 खंडों में (बंगलोर : दी गवर्नमेण्ट प्रेस, 1921-30)

लेजिस्लेटिव एसेम्बली डिबेट्स ऑफ बम्बई 1926-1947

लेजिस्लेटिव एसेम्बली डिबेट्स ऑफ मद्रास, 1924-1946

मुजरई विभाग, कर्नाटक स्टेट आर्काइव्स, बंगलोर।

नैटिव न्यूज पेपर रिपोर्ट्स : मद्रास प्रेसीडेंसी और बम्बई प्रेसीडेंसी से सम्बन्धित रिपोर्ट तमिलनाडु स्टेट आर्काइव (मद्रास) और नेशनल आर्काइव्स ऑफ इंडिया (नयी दिल्ली) में संरक्षित हैं।

मद्रास, बम्बई और मैसूर गवर्नमेण्ट के प्रोसिडिंग्स, आन्ध्र प्रदेश स्टेट आर्काइव्स (हैदराबाद); तमिलनाडु स्टेट आर्काइव्स (मद्रास); कर्नाटक स्टेट आर्काइव्स (बंगलोर) और नेशनल आर्काइव्स ऑफ इंडिया (नयी दिल्ली) (खासकर, गृह विभाग, शिक्षा विभाग, न्यायिक, जन एवं कानून विभाग)।

भट्टाचार्य, दीपक चन्द्र : तान्त्रिक बुद्धिस्ट आइकमीनोग्राफिक सोर्सेस (नयी दिल्ली : मुंशीराम एवं मनोहरलाल, 1974)

बटरवर्थ, ए. और वी. वी. चेट्टी : ए कलेक्शन ऑफ इन्सक्रृप्शेन्स ऑन कॉपर प्लेट्स एण्ड स्टोन्स इन दी नेल्लोड डिस्ट्रिक्ट, तीन खंडों में (मद्रास : गवर्नमेण्ट प्रेस, 1905)

देसाई, पी. बी. (सम्पादक) : ए कॉरपस ऑफ इन्सकृप्पशन्स इन दी कन्नड, डिस्ट्रिक्ट्स ऑफ हैदराबाद स्टेट, (हैदराबाद : 1958)

कुनडनगर, के. जी. : इन्सकृप्पशन्स इन नॉर्दन कर्नाटका एण्ड दी कोल्हापुर स्टेट (कोल्हापुर : 1939)

परब्रह्म शास्त्री, पी. वी. (संपा) : ए कैटोलॉग ऑफ इन्सकृप्पशन्स (हैदराबाद : ए. पी. गवर्नमेण्ट, आर्कियोलॉजिकल सीरीज, अंक-22, 1964)

रंगाचार्य, वी. : ए टोपोग्राफिकल लिस्ट ऑफ दी इन्सकृप्पशन्स ऑफ मद्रास प्रेसीडेंसी, 3 खंडों में (कोलेक्टेड टील 1915) (मद्रास : 1919)

सोमशेखर शर्मा, एम. (संपा.) : कॉपर्स ऑफ इन्सकृप्पशन्स इन दी तेलंगाना डिस्ट्रिक्ट्स, भाग-4 (हैदराबाद : 1973)

सुब्रमण्य स्वामी : साधु, दी रिपोर्ट ऑफ दी इन्सकृप्पशन्स ऑफ दी देवस्थानम कमिटी (मद्रास तिरुपति श्री महंतास प्रेस, 1930)

राघवाचार्य, टी. के. टी. (संपा.) : एपिग्राफिकल ग्लोसरी आन तिरुपति देवस्थानम इन्सकृप्पशन्स (मद्रास : तिरुमाला तिरुपति देवस्थानम प्रेस, 1938)

मासिक अखबार और पिरीयोडिकल्स

अल वाहिद	:	किस्तना पत्रिका
		मनोरंजिनी
आन्ध्र पत्रिका	:	निलोचनी
		परायन
आर्य जनप्रियन	:	राज हंस
		सन्मार्ग बोधिनी
कर्नाटिका प्रकाशिका	:	ससिलेखा
		साथिआ वेदानुसारम
देशाभिमानी	:	सत्यसम्वर्द्धिनी
दे सोपकारी	:	सिंदवासी
दिनवर्तमानी	:	साउथ इंडिया मित्रन
द्राविड़भिमानी	:	स्वदेशमित्रम
गृहुलक्ष्मी	:	स्वराज्य
हरिजन	:	तलिस्म-ए-हैरत
इंडियन एक्सप्रेस	:	दी बंगाली
इंडियन सोशल रिफॉर्मर	:	दी हिन्दू
जनमित्रन	:	दी न्यू टाइम्स
		ट्रैवेनकौर टाइम्स
		विकटदूतम वेट्टिकोड़ियन
वृत्तान्त चिन्तामणि	:	यथार्द्ध वासिनी
वृत्तान्त पत्रिका	:	यंग इंडिया

निजी पेपर्स

बी. आर. अम्बेदकर पेपर्स (एन. एम. एम. एल., नयी दिल्ली)

सी. वाई. चिन्तामणि, 1924-41 (एन. एम. एम. एल., नयी दिल्ली)

देवरिया इंगिल डायरीज एण्ड कलेक्शन्स (कर्नाटक में विभिन्न व्यक्तियों के संरक्षण में)

मादरी भाग्यरेड्डी वर्मा पेपर्स कलेक्शन्स (उनके पुत्र एम. बी. गौतम, हैदराबाद के संरक्षण में, हैदराबाद)

रघुपति वेंकटरत्नम नायडू, 1909-32, (एन. एम. एम. एल., नयी दिल्ली)

एस. मुथुलक्ष्मी रेड्डी पेपर्स, 1915-58 (एन. एम. एम. एल., नयी दिल्ली)

अप्रकाशित शोध/प्रबन्ध

अप्पादुरई, अर्जुन : 'वर्शिप एंड कनफ्लिक्ट इन साउथ इंडिया', पी-एच. डी. शोध, शिकागो विश्वविद्यालय, 1976

ब्रेकररिज : सी. ए., दी श्री मीनाक्षी सुन्दरेश्वरार मन्दिर : वर्शिपएण्ड इण्डोमेण्ट इन साउथ इंडिया, 1933 से 1935, पी-एच. डी. शोध, विसकोंसिन विश्वविद्यालय, 1976

ब्रुकेकर, रिचार्ड ली : दी एमबिवैलेण्ट मिस्ट्रेस : ए स्टडी ऑफ साउथ इंडियन विलेज गॉडसेस् एण्ड देयर रिलिजिअस मीनिंग', पी-एच. डी. शोध पत्र, शिकागो विश्वविद्यालय, 1978

चिन्ना राव, यागाती : 'दलित मूवमेंट इन आन्ध्रा, 1900-1950', पी-एच.डी. शोध, जवाहरलाल नेहरू विश्वविद्यालय, नयी दिल्ली, 1999

चिन्ना राव, यागाती : 'लिट्रेचर एण्ड आइडियोलॉजी : ए स्टडी ऑफ तेलुगु लिट्रेचर, 1920-1942', एम. फिल. शोध-पत्र, जवाहर लाल नेहरू विश्वविद्यालय, नयी दिल्ली, 1992

दुशकिन लेला : 'दी नन-ब्राह्मिण मूवमेण्ट इन प्रिंसिली मैसूर', पीएच. डी. शोधपत्र पेंसिल्वेनिया विश्वविद्यालय, 1974

जमुना, एम. : 'सोशल चेन्ज इन मैसूर विद स्पेशल रेफरेन्स टु वीमेन', पी-एच. डी. शोध, बैंगलोर विश्वविद्यालय, 1990

जॉर्ड, के. किर्कपैट्रिक : 'फ्रॉम सैकरेड सरवेण्ट टु प्रोफेन प्रॉसटिच्यूट : ए स्टडी ऑफ दी चेंजिंग लिगल स्टेटस ऑफ दी देवदासी, 1857-1947', पी-एच. डी. शोध, आई. ओ. डब्ल्यू. ए. विश्वविद्यालय, 1989

कॉम्बले, एन. डी. : 'देवदासीस इन बेलगाम जिला : ए सोशियोलॉजिकल स्टडी', पी-एच. डी. शोध, शिवाजी विश्वविद्यालय, 1988

कन्नाविरन, कल्पना : टेम्पुल वीमेन इन साउथ इंडिया : ए स्टडी इन पॉलिटिकल इकोनोमी एण्ड सोशल हिस्ट्री, पी-एच.डी. शोध, जवाहरलाल नेहरू विश्वविद्यालय, 1992

लीला, बी. : 'सोशियो-कल्चरल एसपेक्ट्स ऑफ मैसूर, 1881-1920', पी-एच.डी. शोध, बम्बई विश्वविद्यालय, 1985

नन्दी, आर. एन. : 'सोशल एण्ड रिलिजिअस डेपलपमेण्ट्स इन दी दक्कन', पी-एच.डी. शोध, पटना विश्वविद्यालय, 1969

पाण्डे, बी. के. : 'टेम्पुल इकोनोमी अण्डर दी चोलास', पी-एच.डी. शोध, पटना विश्वविद्यालय, 1969

प्रियदर्शिनी विजयश्री, के. : 'पैटर्न्स ऑफ सैकरेड प्रॉसटिच्यूशन इन कोलोनिअल आन्ध्रा', एम. फिल. शोधपत्र, जवाहर लाल नेहरू विश्वविद्यालय, 1997

रामकृष्णचार्यालु, वी. : 'सोशल रिफॉर्म मूवमेन्ट इन आन्ध्रा (1848-1919)', पी-एच.डी. शोध, जवाहरलाल नेहरू विश्वविद्यालय, नयी दिल्ली, 1977

रिनोल्ड्स, हॉली बैकर : 'टू कीप दी तली स्ट्राँग : वीमेन्स रिचुवल इन तमिलनाडु', पी-एच.डी. शोधपत्र, विसकॉनसिन विश्वविद्यालय, 1980

द्वितीयक स्रोत (किताबें और आलेख)

एबॉट, पामिला एंड रॉगर सैप्सफॉर्ड : वीमेन एंड सोशल क्लास (लंदन, न्यूयॉर्क, टैविस्टॉक पब्लिकेशन्स, 1987)

एलेन, माइकल : 'दी हिन्दू व्यू ऑफ वीमेन' माइकल ऐलन और एस. एन. मुखर्जी द्वारा सम्पादित पुस्तक 'विमेन इन इंडिया एंड नेपाल (कैनबरा : ऑस्ट्रलियन नेशनल युनिवर्सिटी, 1982)

एलेन, माइकल : दी कल्ट ऑफ कुमारी, (काठमांडु : त्रिभुवन यूनिवर्सिटी, 1975)

अलटेकर, एस. : हिस्ट्री ऑफ विलेज कॉम्युनिटीज इन वेस्टर्न इंडिया (बम्बई : OUP, 1958)।

अलटेकर, एस. : दी पोजिशन ऑफ विमेन इन हिन्दू सिविलाइजेशन : फ्रॉम प्रि-हिस्ट्री टु दी प्रेजेण्ट डे (दिल्ली : मोतीलाल बनारसीदास, 1962) द्वितीय संस्करण।

आमिन, शाहिद : अल्टरनैटिव हिस्ट्रीज : ए न्यू फ्रॉम इंडिया, (एम्स्टरडम : साउथ-साउथ एक्सचेंज प्रोग्राम फॉर रिसर्च ऑन दी हिस्ट्री ऑफ डेवलपमेण्ट एंड कलकत्ता : सेण्टर फॉर स्टडीज इन सोशल साइंसेज, 2002)।

आनन्दी, एस. : रिप्रेजेण्टिंग देवदासीस : दसिगल मोसावलई एज ए रेडिकल टेक्स्ट, EPW खंड-26, अंक 11-12 (1991)।

आनन्दी, एस. : वीमेन्स क्वेश्चयन इन द्राविड़ियन मुवमेण्ट, 1905-1948, सोशल साइंटिस्ट, खंड-19, अंक 5-6, (1991)

अनिला कुमारी, वी. : 'म्यूजिक ड्यूरिंग दी मिडायवल आन्ध्र', प्रोसिडिंग्स ऑफ आन्ध्र प्रदेश हिस्ट्री कांग्रेस, (श्री सैलम : 1989)।

अप्पा राव, गुर्जद : कन्याशुल्कम (तेलुगु), (हैदराबाद : विशालन्द्रा, 1994), (1897 में प्रथम प्रकाशन)।

अप्पादुरई, अर्जुन और सी. ए. ब्रेकेनरिज : 'दी साउथ इंडियन टेम्पुल : ऑथोरिटी, ऑनर एंड रिडिस्ट्रीब्युशन', कंट्रीब्यूशन्स टु इंडियन सोशियोलॉजी, (एन. एस.) खंड-10, (1976)।

अप्पादुरई, अर्जुन, : 'राइट एंड लेफ्ट हैंड कास्ट्स इन साउथ इंडिया', इंडियन इकोनोमिक एंड सोशल हिस्ट्री रिव्यू, खंड-14, अंक-1 (1977)।

अप्पादुरई, अर्जुन : वर्शिप एंड कन्फ्लिक्ट अंडर कोलोनिअल रूल : ए साउथ इंडियन केस (कैम्ब्रिज : CUP, 1981)।

आरबुथनॉट, अलेक्जेण्डर जे. (सं.) : मेजर जेनरल सर थॉमस मुनरो, गवर्नर ऑफ मद्रास : सेलेक्शन्स फ्रॉम हिज मिनट्स एंड अदर आफिशियल राइटिंग्स, तीन खण्डों में, (लंदन : 1881)

अरनोल्ड, एडविन : इंडिया रिविजिटेड (लंदन : ट्रबनर एण्ड कं., 1888)

अरुद्र, : गुडिलो सेक्स (तेलुगु), (हैदराबाद : विशालान्द्रा प्रकाशक, 1994)

एसयाग जैकी : 'वीमेन-गॉडेस, वीमेन-डिस्ट्रेस : येल्लम्मा गॉडेस' डिवोट्रीस इन साउथ इंडिया (कर्नाटका), मैन इन इंडिया, खंड-69, अंक-4, (1989)

एसयाग, जैकी : 'मॉडर्न देवदासीज : डिवीटीज ऑफ गॉडेस येल्लम्मा इन कर्नाटक', गैब्रिएल्ला एलशिंगर एंड फेरो-लुज्जी द्वारा सम्पादित 'राइट्स एंड विलीफ्स इन मॉडर्न इंडिया (दिल्ली : मनोहर, 1990)।

एची रेड्डी, ए. : 'रिच लैण्ड्स एंड पुअर लॉर्ड्स : टेम्पुल लैण्ड्स एंड टिनैन्सी इन नेल्लोर डिस्ट्रिक्ट, 1860-1986', इंडियन इकोनोमिक एंड सोशल हिस्ट्री रिव्यू, खंड-24, अंक-1, (1987)।

अयरूकुजखिएल, ए. एम. अब्राहम : दी सैकरेड इन पॉपुलर हिन्दुईज्म, (मद्रास : दी क्रिश्चियन लिट्रेचर सोसाइटी, 1983)।

बाबा लॉरेन्स, ए. : दी डिवाइन हायरेर्की : पॉपुलर हिन्दुईज्म इन सेण्ट्रल इंडिया (न्यूयॉर्क : कोलम्बिया युनिवर्सिटी प्रेस, 1975)

बागची, पी. सी. : स्टडीज इन तन्त्र (कलकत्ता : कलकत्ता युनिवर्सिटी प्रेस, 1939)।

बेकर, सी. जे. एण्ड डी. वाशब्रुक : साउथ इंडिया : पॉलिटिकल इंस्टीच्यूशन्स एंड पॉलिटिकल चेंज 1880-1940 (दिल्ली : 1975)।

बेकर, सी. जे. : पॉलिटिक्स ऑफ साउथ इंडिया 1920-1937, (दिल्ली, 1976)।

बालाशेट, केनेथ : रेस, सेक्स एण्ड क्लास अण्डर दी राज : इम्पिरियल एटीच्यूड एण्ड पॉलिसीज एण्ड देअर क्रिटक्स, 1793-1905 (लंदन : वाइडेन फिल्ड एण्ड निकोलसन, 1980 एण्ड नयी दिल्ली : विकास, 1979)।

बनर्जी, सुदेश चन्द्र : दी कास्टवे ऑफ इंडियन सोसायटी : हिस्ट्री ऑफ प्रोस्टिच्यूशन इन इंडिया सिन्स वैदिक टाइम्स, बेस्ड आन संस्कृत, पाली, प्राकृत एण्ड बंगाली सोर्स (कलकत्ता : पन्त पुस्तक, 1989)।

बनर्जी, सुमन्त : 'मार्गिनलाइजेशन ऑफ वीमेन्स पॉपुलर कल्चर इन नाइन्टिन्थ सेनचुरी बंगाल' कुमकुम संगारी और सुदेश वैद (संपादक), 'रिकास्टिंग वीमेन : एसेज इन कोलोनिअल हिस्ट्री', (नयी दिल्ली : काली फॉर वीमेन, 1989)।

बंग, बी. सी. : 'करेन्ट कनसेप्ट्स ऑफ दी स्मालपोक्स गॉडेस इन पाटस आफ वेस्ट बंगाल', मैन इन इंडिया, खंड-53, (1973)।

बान्ही : 'दी देवदासी प्राब्लेम', एन ऑकेजनल जर्नल ऑफ दी ज्वाइण्ट वीमेन्स प्रोग्राम, बैंगलोर, (1981-82)

बैरेट, मिशेल : वीमेन्स आपरेशन टुडे (लन्दन : वर्सो, 1988)

बारकुर, उदय : स्लेवरी इन अर्ली नाइनटीन्थ सेनचुरी कन्नड़ा, (मैंगलोर : 2000), (मेमियो)।

बासवराजा : के. आर. हिस्ट्री एण्ड कल्चर ऑफ कर्नाटका, (धारवाड़ : चालुक्य प्रकाशन, 1984)।

बाशम, के. एल. : दी वंडर दैट वाज इंडिया (लंदन : रूपा एंड कं., 1953)।

बसु, एन. के. : दी हिस्ट्री ऑफ मैरिज एंड प्रॉस्टिच्यूशन (वेदास टु वात्स्यायन) रीता डि. सिल द्वारा सम्पादित (नयी दिल्ली : खामा पब्लिशर्स, 1992), (प्रथम संस्करण, 1933 में)।

बैले, सुजन : दी न्यू कैम्ब्रिज हिस्ट्री ऑफ इंडिया 4.3 कास्ट, सोसाइटी एंड पॉलिटिक्स इन इंडिया फ्रॉम दी एटिन्थ सेन्चुरी टु दी मॉडर्न एज, (कैम्ब्रिज : CUP, 1999)।

बेक, ब्रेंडा ई. एफ. : 'कलर एंड हीट इन साउथ इंडियन रिचुअल', मैन, खंड-4, अंक-4, (1969)।

बेक, ब्रेंडा ई. एफ. : पीजेंट सोसाइटी इन कोंकु : ए स्टडी ऑफ राइट एंड लेफ्ट सब-कास्ट्स इन साउथ इंडिया (वैंकूवर : यूनिवर्सिटी ऑफ ब्रिटिश कोलम्बिया प्रेस, 1972)।

बेक, ब्रेंडा ई. एफ. : 'दी न्युक्लियस इन दी फोकलोर', थॉमस आर. तंतमैन द्वारा सम्पादित 'किनशिप एंड दी हिस्ट्री इन साउथ एशिया (मिशिगन पेपर्स ऑन साउथ एंड साउथ-ईस्ट एशिया, 1974)।

बेक, ब्रेंडा ई. एफ. : 'दी गॉडेस एंड दी डेमॉन : ए लोकल साउथ इंडियन फेस्टिवल एंड इट्स वाइडर कंटेक्स्ट', पुरुषार्थ, खंड-5 (1981)।

भादुड़ी, मजुलिका एंड सन्तोष चटर्जी : दी आर्ट ऑफ हिन्दू डांस (कलकत्ता : एस. के. चटर्जी, 1945), प्रथम संस्करण।

भागावतुलु, रामास्वामी : 'बंगालुरु नागरत्नम्मा', गृह लक्ष्मी (सितम्बर-दिसम्बर, 1929)।

भारती, अगेहानन्द : दी तान्त्रिक ट्रेडिशन (न्यूयार्क : एंचर, डब्लडे, 1965)।

भास्कर राव, पी. : 'टेम्पुल्स सानीस ऑफ मेडायवल आन्ध्र : ए क्रिटिकल स्टडी', प्रोसिडिंग्स ऑफ आन्ध्र प्रदेश हिस्ट्री कांग्रेस (तिरुपति : 1993)।

भट्टाचार्य, बी. टी. : एन इंट्रोडक्शन टु बुद्धिस्ट इरोटिसिज्म (ऑक्सफोर्ड : OUP, 1932)।

भट्टाचार्य, दीपक चन्द्र : तान्त्रिक बुद्धिस्ट आइकॉनोग्राफिक सोर्सेस (नयी दिल्ली :' मुंशीराम मनोहरलाल, 1974)।

भट्टाचार्य, एन. एन. : दी मदर गॉडेस : पास्ट एंड प्रेजेण्ट (कलकत्ता : आर. के. मित्रा, आर. डी. प्रेस, 1971)।

भट्टाचार्य एन. एन. : हिस्ट्री ऑफ दी तान्त्रिक रिलिजन (ए हिस्टोरिकल, रिचुअलिस्टिक एंड फिलॉसॉफिकल स्टडी) (नयी दिल्ली : मनोहर, 1982)।

भट्टाचार्य, एस. : 'नोट्स ऑन दी रोल ऑफ दी इंटेलिजेन्शिया इन कोलोनिअल सोसाइटी : इंडिया फ्रॉम मिड-नाइटिंथ सेंचुरी', स्टडीज इन हिस्ट्री, खंड-1, अंक-1 (1979)।

भट्टाचार्य, सव्यसाची इत्यादि : डेवलपमेण्ट ऑफ विमेन्स एजुकेशन इन इंडिया, 1850-1920 (नयी दिल्ली : कनिष्क पब्लिशर्स, 2001)।

बैदूर्यु, मैडेलिन : 'दी सामी ट्री एंड दी सैक्रिफिशियल बफेलो', कंट्रीब्यूशन टू इंडियन सोशियोलॉजी (एन. एस.) खंड-18, अंक-1 (1984)।

बिलग्रामी, एस. एच. एंड सी. : हिस्टोरिकल एंड डिस्क्रिप्टिव स्केचेज ऑफ हिज हाइनेस दी निजाम्स

बिलमॉल्ट डोमिनिअन्स (हैदराबाद : 1883)।

लॉख, मार्क : फ्युडल सोसाइटी, दो खंडों में, (एल. ए. मैनयॉन द्वारा अनूदित), (आरम्भ में केगल पॉल लंदन, 1962) द्वारा प्रकाशित।

बॉर्थविक, मैरेडिथ : दी चेजिंग रोल ऑफ विमेन इन बंगाल, 1848-105, (प्रिन्सटन : प्रिन्सटन युनिवर्सिटी प्रेस, 1924)

बोसेरप, इस्टर : विमेंस रोल इन इकोनोमिक डेवलपमेण्ट, (लंदन : जॉर्ज एलेन एंड अनविन 1970), (1986 में पुनर्मुद्रित, गोवर : एल्डर शॉट)।

ब्रैडफॉर्ड, एन. जे. : 'फ्रॉम ब्राइड वेल्थ टु ग्रुम-फी : ट्रांसफॉर्म्ड मैरिज कस्टम्स एंड सोशियो इकोनोमिक पोलेराइजेशन एमाँग लिंगायत्स', कंट्रीब्यूशन्स टु इंडियन सोशियोलॉजी, खंड-19, अंक-2, (1985)।

ब्रेकेनरिज, सी. ए. : 'मदुरई स्थानिक्स : मेडिएटर्स ऑफ रॉयल कल्चर', ए. वी. जियाचन्द्रन द्वारा सम्पादित 'दी मदुरई टेम्पुल कम्पलेक्स (मदुरई : अरुलमिघु मीनाक्षी सुन्दरेश्वर तिरुक्कोइल, 1974)।

ब्रेकनरिज, सी. ए. : 'फ्रॉम प्रोटेक्टर टु लिटिगैट : चेंजिंग रिलेशन्स बिटवीन हिन्दू टेम्पुल्स एंड दी राजा ऑफ रामनद', IESHR, खंड-14, अंक-1, (1977)।

ब्रिफो, रॉबर्ट, दी मदर्स : ए स्टडी ऑफ ओरिजिन्स ऑफ सेंटिमेण्ट्स एंड इंस्टिच्युशन्स, तीन खंडों में (लंदन : जॉर्ज एलेन एंड अनविन, 1927)।

ब्रिग्स, हेनरी जॉर्ज, दी निजाम : हिज हिस्ट्री एंड रिलेशन्स विद दी ब्रिटिश गवर्नमेण्ट, दो खंडों में (दिल्ली : मानस पब्लिकेशन्स, 1985), (प्रथम प्रकाशन, 1961)।

ब्राउन, सी. पी. : सी. पी. ब्राउन का तेलुगु-अंग्रेजी शब्दकोश (दिल्ली : एशियन एजुकेशनल सर्विसेज, 1999), द्वितीय संस्करण।

ब्रायडॉन, लिन और सिल्विया चांट (सं.) : वीमेन इन दी थर्ड वर्ल्ड : जेंडर इशूज इन रूरल एंड अर्बन एरियाज (हैम्पशायर : एडवर्ड एल्गार, 1989)।

बुचनैन, फ्रांसिस : ए जर्नी फ्रॉम मद्रास थ्रू दी कंट्रीज ऑफ मैसूर, कन्नड़ एंड मालवाड़, तीन खंडों में (लंदन : डब्ल्यू. बुल्मर एंड कं., 1807)।

बर्जेस, जैस : एंटिक्विटीज ऑफ बेलगाम एंड कलाडगी, (दिल्ली : इंडोलोजिकल बुक हाउस, 1971)।

बर्जार्ट, आर. : 'हायरेर्किकल मॉडल्स ऑफ दी हिन्दू सोशल सिस्टम', मैन (एन. एस.) खंड-13, (1978)।

बरॉ, टी. एन. और एम. बी. मेन्यू : ए द्राविड़ियन इटिमोलोजिकल डिक्शनरी, (ऑक्सफोर्ड, 1984), (द्वितीय संस्करण)।

कैलेवेर्ट, विनंद एम. : गॉड्स एण्ड टेम्पुल्स इन साउथ इंडिया (नयी दिल्ली : मनोहर, 1995)।

कैम्पबेल, जेम्स एम. : गैजेटियर ऑफ बम्बई प्रेसीडेंसी, धारवाड़, खंड-12 (बम्बई : दी मैनेजर, गवर्नमेण्ट सेंट्रल प्रेस, 1959)।

कैर्बी, हैजेल : 'व्हाइट विमेन लिसेन! ब्लैक फेमिनिज्म एण्ड दी बाउण्ड्रीज ऑफ सिस्टरहुड', सेण्टर फॉर कण्टेपररी स्टडीज, दी एम्पायर स्ट्राइक्स बैक : रेस एण्ड रेसिज्म इन सेवेंटीज ब्रिटेन, (लंदन : हचिनसॉन, 1982)।

कैसेल्स, नैन्सी, जी. (सं.) : ओरिएण्टलिज्म, इवैन्जलिकैलिज्म एण्ड दी मिलिट्री कैन्टोनमेण्ट इन अर्ली नाइन्टीन्थ सेंचुरी इंडिया : ए हिस्टॉरिकल ऑवर व्यू, (क्वीन्सटॉन, कनाडा : दी एडविन मेलेन प्रेस, 1991)।

चक्रबोर्ती, काकोली : वीमेन एज देवदासीज : ऑरिजिन एंड ग्रॉथ ऑफ देवदासी प्रोफेशन (नयी दिल्ली : दीप एंड दीप पब्लिकेशन्स, 2000)।

चक्रपाणि, सी. और सी. डी. देशमुख : 'दी जोगिन्स ऑफ तेलंगाना', ईस्टर्न एन्थ्रोपोलोजिस्ट, खंड-45, अंक-4 (1992)।

चक्रवर्ती, चिंताहरन : तंत्राज : स्टडीज ऑन देयर रिलीजन एंड लिट्रेचर (कोलकाता : पंथी पुस्तक, 1963)।

चक्रवर्ती, उमा : 'बियॉण्ड दी अलटेकरियन पैराडाईम : टुआईस ए न्यू अंडरस्टैंडिंग ऑफ जेंडर रिलेशंस इन अर्ली इंडिया', सोशल साइंटिस्ट, खंड-16, अंक-183 (1988)।

चक्रवर्ती, उमा : 'दी डेवलपमेण्ट ऑफ दी सीता मिथ : ए केस स्टडी ऑफ वीमेन इन मिथ एंड लिट्रेचर', साम्य शक्ति, खंड-1, अंक-1 (1983)।

चक्रवर्ती, उमा : 'व्हाटएवर हैपेण्ड टू दी वैदिक दासी : ओरिएंटलिज्म, नेशनलिज्म एंड ए स्क्रिप्ट फॉर दी पास्ट', कुमकुम संगारी और सुदेश वैद द्वारा सम्पादित किताब 'रिकास्टिंग वीमेन : एसेज इन कोलोनियल हिस्ट्री (नयी दिल्ली : काली फॉर वीमेन, 1989)।

चक्रवर्ती, उमा : 'सोशल परियाज एण्ड डॉमेस्टिक ड्रजेज : विडोहुड अमांग नाइनटीन्थ सेन्चुरी पूना ब्राह्मिन्स', सोशल साइंटिस्ट, खंड-29, अंक-9-11 (1993)।

चन्द्रा, बिपन : काम्युनलिज्म इन मॉडर्न इंडिया (नयी दिल्ली : विकास, 1984)।

चन्द्रा, बिपन, इत्यादि : इंडियाज स्ट्रगल फॉर इंडिपेंडेंस (दिल्ली : पेंगुइन बुक्स, 1989)।

चन्द्रा, मोती : दी वर्ल्ड ऑफ कोर्टसन्स (नयी दिल्ली : विकास, 1973)।

चटर्जी, पार्था : 'दी नेशनलिस्ट रिजोल्यूशन ऑफ दी वीमेन्स क्वेश्चन', कुमकुम संगारी और सुदेश वैद द्वारा सम्पादित किताब, रिकास्टिंग वीमेन, (नयी दिल्ली : काली फॉर वीमेन, 1989)।

चटर्जी, सन्तोष : देवदासी (मन्दिर नर्तकी), (कोलकाता, दी बुक हाउस, 1945)।

चट्टोपाध्याय, देवीप्रसाद : लोकायत : ए स्टडी इन एनसिएण्ट इंडियन मैटेरियलिज्म (नयी दिल्ली : पी. पी. एच., 1968)।

चट्टोपाध्याय, सुधाकर : इवोल्यूशन ऑफ हिन्दू सेक्ट्स (नयी दिल्ली : मुंशीराम एंड मनोहरलाल, 1970)

चौधरी, राधाकृष्ण : व्रतयास इन एनसिएंट इंडिया, (वाराणसी : दी चौखम्भा संस्कृत सीरीज ऑफिस, 1964)।

चेंचैया, दारसी : नेनु-ना देशमु (विजयवाड़ा : जयन्त पब्लिकेशन्स, 1952) (1985) में पुनर्मुद्रित।

चिन्नाराव, वाई. : 'लिट्रेचर एंड लिब्रेशन : वीमेन इन चालम्स फिक्शन', प्रोसिडिंग्स ऑफ ए. पी. हिस्ट्री कांग्रेस, खंड-16 (करीम नगर :1992)।

चिन्नाराव, वाई : 'दलित्स, ट्राईबल्स एण्ड कन्वर्सेशन', फ्रॉन्टियर, खंड-32, अंक-36, (2000)

चिन्नाराव, वाई. : ग्रेट कल्चर्स इन लिटिल ट्रैडिशन्स, सोशल एक्शन, खंड-50, अंक-1 (2000)।

चिन्नाराव, वाई. : 'दलित्स स्ट्रगल फॉर आइडेंटिटी : आन्ध्र एंड हैदराबाद, 1900-1950 नयी दिल्ली, कनिष्क, 2003।

चिन्तामणि, सी. यज्ञेश्वर (सं.) : इंडियन सोशल रिफॉर्म : बीइंग ए कलेक्शन ऑफ एसेस, एड्रेसेस, स्पीचेस एंड सी, विथ एन एपेण्डिक्स, चार भागों में (मद्रास : थॉम्पसन एंड कम्पनी, 1901)।

क्लाउस, पीटर जे. : 'पोसेसन, प्रोटेक्शन एंड पनिशमेण्ट एज एट्रिब्युट्स ऑफ दी डीएटिस इन ए साउथ इंडियन विलेज', मैन इन इंडिया, खंड-53, अंक-3 (1973)।

क्लाउस, पीटर जे. : 'ओरल ट्रैडिशन्स, रॉयल कल्ट्स एंड मैटेरियल्स फॉर ए रिकनसिडरेशन ऑफ दी कास्ट सिस्टम इन साउथ इंडिया', जर्नल ऑफ इंडियन फोकलोरिस्ट्स, खंड-1, अंक-1 (1978)।

कोलिन्स, पैट्रिसिया : ब्लैक फेमिनिस्ट थाउट (लंदन : अनविन हायमन, 1990)।

काउसिन्स, मार्गरेट ई.	: इंडियन वीमेन टुडे (इलाहाबाद : किताबिस्तान, 1947), 1941 में पहली बार प्रकाशित।
क्रुक, विलियम	: थिंग्स इंडियन : बीइंगडिस्कर्सिव नोट्स ऑन वैरियस सब्जेक्ट्स कनेक्टेड विद इंडिया, (नयी दिल्ली : ओरियंटल बुक्स रिप्रिंट कॉरपोरेशन, 1972) (प्रथम प्रकाशन, जॉन मरी, लन्दन, 1906)।
क्रुक, विलियम	: 'प्रोस्टिच्यूशन' जेम्स सैस्टिंग्स द्वारा सम्पादित एनसाइक्लोपीडिया ऑफ रिलीजन एण्ड एथिक्स, खंड-10, द्वितीय संस्करण (एडिनबर्ग : टैन्ड टी क्लार्क, 1930) में संकलित।
क्युबिट, तेसा	: लैटिन अमेरिकन सोसाइटी (लंदन : लौंगमैन, 1988)।
दासगुप्ता, रजतनंदन	: 'दी इंस्टीट्यूशन ऑफ देवदासीस इन असम', जर्नल ऑफ इंडियन हिस्ट्री (केरल विश्वविद्यालय), खंड-XLII, अंक 127, (1965)।
दास वी.	: स्ट्रक्चर एंड कॉगनिशन : एस्पेक्ट्स हिन्दू कास्ट एंड रिचुअल (दिल्ली : OUP, 1977)।
दासगुप्ता, एस. बी.	: एस्पेक्ट्स ऑफ इंडियन रिलीजन (कलकत्ता : यूनिवर्सिटी प्रेस, 1977)।
दासगुप्ता, एस. एन.	: ए जेनरल इंट्रोडक्शन टू तांत्रिक फिलोसॉफी (कलकत्ता : यूनिवर्सिटी प्रेस, 1951)।
दासगुप्ता, एस. बी.	: ऑब्स्क्यूर रिलीजस कल्ट्स (कलकत्ता-यूनिवर्सिटी प्रेस, 1946)।
डेल्फी, क्रिस्टाईन	: क्लोज टू होम (लंदन : हशिन्सन, 1948)।
डेरेट, जे. डंकन एम.	: 'दी रिफॉर्म ऑफ हिन्दू रिलीजस एनडोमेण्ट्स', डोनाल्ड यूजिन स्मिथ द्वारा सम्पादित पुस्तक 'साउथ एशियन पॉलिटिक्स एंड रिलीजन' (प्रिन्स्टन : यूनिवर्सिटी प्रेस, 1966)।
डेरेट, जे. डंकन एम.	: रिलीजन, लॉ एंड दी स्टेट इन इंडिया (लंदन : फेबर एण्ड फेबर, 1968)।

डिसूजा, अल्फ्रेड : वीमेन इन कंटेपररी इंडिया एंड साउथ एशिया (दिल्ली : मनोहर, 1984)।

धर्मा राव, तापी : देवालयमिदा बुतुबोम्मलेन्डुकु? (तेलुगु) (हैदराबाद : विशालन्द्र, 1994), (1936 में प्रथम संस्करण)।

ढेरे, आर. सी. : लज्जागौड़ी (पुणे : श्रीविद्या प्रकाशन, 1978)।

डिबोना, जोसफ (संपा.) : वन टीचर, वन स्कूल : दी आदम रिपोर्ट्स ऑन इंडिजिनियस एजुकेशन इन नाइनटीन्थ सेन्चुरी इंडिया (नयी दिल्ली : बिबलिया इम्पेक्स, 1983)।

डिएल, सी. जी. : इंस्ट्रूमेण्ट एंड परपोज : स्टडीज ऑन राइट्स एंड रिचुअल्स इन साउथ इंडिया (लुंड, ग्लीयरप, 1956)।

डिट्रीच, गैब्रिएल : 'वीमेन्स मूवमेण्ट एंड रिलीजन', इकॉनामिक एंड पॉलिटिकल वीकली (25 जून, 1986)।

डिऑफ, मैमाडु : 'हिस्टोरियन्स एंड हिस्ट्रीज : व्हाट फॉर? अफ्रीकन हिस्टोरियोग्राफी बिटवीन दी स्टेट एंड दी कम्युनिटीज' (डाकर, 1999), (संस्मरण)।

डर्कस, निकोलस बी. : दी होलो क्राउन : एथनो हिस्ट्री ऑफ एन इंडियन किंगडम (कैम्ब्रिज : CUP, ऑरिएण्ट लॉगमैन, बम्बई के साथ, 1987)।

दिवाकर, आर. इत्यादि : कर्नाटक थ्रू दी एजेस, (मैसूर : दी गवर्नमेंट प्रेस, 1968)।

दुबे, सत्यनारायण : 'देवदासियों की कहानी देवदासियों की जबानी,' मनोरमा (हिन्दी पाक्षिक, अलहाबाद), 1 फरवरी, 1981।

ड्युबोईस, एब जे. ए. : हिन्दू मैनर्स, कस्टम्स एंड सेरेमोनिज (अनुवाद एवं सम्पादन : हेनरी के. ब्युचैम्प) (लंदन : OUP, 1928), तीसरा संस्करण।

ड्यूमा, लुईस : 'ऑन प्युटैटिव हायरेर्की एंड सम एलर्जीस टू इट' कंट्रीब्यूशन्स टू इंडियन सोशियोलॉजी, (एन. एस.), खंड-5 (1971)।

ड्यूमा लुईस : 'प्यूर एंड इम्प्यूर' कंट्रीब्यूशन्स टू इंडियन सोशियोलॉजी, खंड-तीन (1959)।

डयूमा लुईस : होमो हायरेर्किकस : दी कास्ट सिस्टम एंड इट्स इम्प्लिकेशन्स (दिल्ली OUP, 1988)।

दुर्खेम, एमाइल : 'रिलीजन एंड सोसाइटी', तालकॉट पार्सन द्वारा सम्पादित, 'थियरीज ऑफ सोसाइटी', (न्यूयॉर्क : दी फ्री प्रेस ऑफ ग्लेनको, 1961)।

दुर्खेम एमाइल : दी एलिमेण्ट्री फॉर्म्स ऑफ दी रिलीजस लाइफ (न्यूयॉर्क, कोलियर बुक्स : 1961)।

डायमॉक, डब्ल्यू. : 'दी यूज ऑफ टरमरिक इन हिन्दू रिचुअल सेरेमोनियल्स', जर्नल ऑफ एन्थ्रोपॉलिजिकल सोसाइटी ऑफ बम्बई, खंड-2, (1892)।

एरेनफाल्स, ओ. आर. : मदर राइट्स इन इंडिया (हैदराबाद : 1941)।

इलियट, चार्ल्स : हिन्दुइज्म एण्ड बुद्धिज्म (लंदन : 1921), (पुनर्मुद्रित)।

एलिस, अल्फ्रेड बी. : दी इव स्पीकिंग पीपुल्स ऑफ स्लेव कोस्ट ऑफ वेस्ट अफ्रीका (लंदन : 1958)।

एल्मोर, विल्बुर थियोडोर : द्राविडिअन गॉड्स इन मॉडर्न हिन्दुइज्म : ए स्टडी ऑफ दी लोकल एंड विलेज डिएटीज ऑफ साउदर्न इंडिया (लिंकॉन, नेब्रेस्कः नेब्रेस्क विश्वविद्यालय, 1915)।

एमब्री, एन्सलीटी. : 'रिलीजन, नेशनलिज्म एंड कन्फ्लिक्ट', जे. एस. बेन्स और आर. बी. जैन द्वारा सम्पादित कन्टेम्परारी पॉलिटिकल थियरी (नयी दिल्ली : रैडिएंट पब्लिशर्स, 1980) में संकलित।

एंगेल्स, फ्रेडरिक : दी ओरिजिन ऑफ फैमिली, प्राइवेट प्रॉपर्टी एंड दी स्टेट (मॉस्को : प्रगति प्रकाशन, 1977), (प्रथम संस्करण 1884)।

एथोवेन, रेगिनाल्ड एडवर्ड : दी ट्राइब्स एंड कास्ट्स ऑफ बम्बई, तीन खंडों में, (बम्बई : दी सेण्ट्रल प्रेस, 1920-22)।

एथोवेन, रेगिनाल्ड एडवर्ड : दी फोकलोर ऑफ बम्बई (गुड़गाँव, विन्टेज बुक्स, 1990), 1924 में पहली बार प्रकाशित।

एप्प, लिंडा जे. : 'दलित स्ट्रगल, न्यूड वर्शिप, एंड दी 'चन्द्रगुट्टी इंसिडेंट', सोशियोलॉजिकल बुलेटिन, खंड-41, अंक 1 और 2 (1992)।

एशमैन, ए. : 'हिन्दूईजेशन ऑफ ट्राइबल डिएटीस इन उड़ीसा : दी शाक्त एंड शैव टायपोलॉजी', एशमैन, हरमैन कुल्के और गयाचरण त्रिपाठी द्वारा सम्पादित 'दी कल्ट ऑफ जगन्नाथ एंड रीजनल ट्रैडिशन ऑफ उड़ीसा (नयी दिल्ली : मनोहर, 1978) में संकलित।

फार्कहर, जे. एन. : मॉडर्न रिलीजस मूवमेण्ट्स इन इंडिया (दिल्ली : 1967), (1914 में पहली बार प्रकाशित)।

फॅसेट : 'बासवीय : वीमेन हू थ्रू डेडिकेशन टू ए डिएट एज्युम मैस्क्युलिन प्रिविलेजेस', जर्नल ऑफ दी एंथ्रोपोलिजिकल सोसाइटी ऑफ बम्बई, खंड-2 (1982)।

फेलहाउस, एनी (सं.) : इमेजेस ऑफ वीमेन इन महाराष्ट्रियन लिट्रेचर एंड रिलीजन (अल्बैनी : स्टेट यूनिवर्सिटी ऑफ न्यूयॉर्क प्रेस, 1996)।

फायरस्टोन, एस. : दी डायलेक्टिक्स ऑफ सेक्स (लंदन : पैलादिन, 1972)।

फ्लड, गैविन : एन इंट्रोडक्शन टु हिन्दुईज्म (न्यूयॉर्क : CUP, 1996)।

फॉरेस्टर, डंकन बी. : 'दी डिप्रेस्ड क्लासेस एंड कन्वर्सन टु क्रिस्चिअनिटी : 1860-1960', जी. ए. ओडी द्वारा सम्पादित 'साउथ एशिया : रिलीजस कन्वर्सन एण्ड रिवायवलिस्ट मूवमेण्ट्स इन साउथ एशिया इन मेडाइवल एंड मॉडर्न टाइम्स, (नयी दिल्ली, 1991), (1977 में प्रथम संस्करण) में संकलित।

फ्रेजर, जेम्स : एडोनिस, एटिस, ओसिर्स (लन्दन : 1901)।

फ्रेजर, जेम्स : दी गोल्डेन बफ : ए स्टडी इन मैजिक एंड रिलीजन, खंड-1 और 2 (न्यूयॉर्क और लन्दन : मैकमिलन एंड सेंट मार्टिन्स प्रेस, 1966), (तृतीय संस्करण, 1911)

फ्रीमैन, जेम्स एम. : अनटचेबुल : एन इंडियन लाइफ हिस्ट्री (लंदन : जॉर्ज एलेन एंड अनविन, 1979)।

फुलर, सी. जे. : 'गॉड्स, प्रिस्ट्स एंड प्युरिटी : ऑन दी रिलेशन हिन्दुईज्म एंड कास्ट सिस्टम', मैन (एन. एस.), खंड-14 (1979)।

फुल्लर, सी. जे. : सर्वेंट्स ऑफ दी गॉडेस : दी प्रिस्ट ऑफ ए साउथ इंडियन टेम्पुल (कैम्ब्रिज : CUP, 1984)।

फुलर, मार्कुज बी. : दी रांग्स ऑफ इंडियन वुमैनहुड (एडिनवर्ग : ओलिफैण्ट एण्डर्सन एंड फेरियर, 1900)।

गायकवाड़, प्रदीप : डॉ. अम्बेदकरांची समग्र भाषणे (बम्बई : शिटी पब्लिकेशन्स, 2000), मराठी।

गाँधी, एम. के. : वीमेन (अहमदाबाद : नवजीवन पब्लिशिंग हाउस, 1958), प्रथम संस्करण।

गाँधी, एम. के. : दी रोल ऑफ वीमेन (आनन्द टी. हिंग्राणी द्वारा सम्पादित), (बम्बई : भारतीय विद्या भवन, 1964)।

गैस्टॉन, एनी-मैरी : 'डांस एंड दी हिन्दू वीमेन : भरत नाट्यम रि-रिचुअलाइज्ड', जुलिया लेसेली द्वारा सम्पादित 'रोल्स एंड रिचुअल्स फॉर हिन्दू वीमेन', (लन्दन : प्रिंटर पब्लिशर्स, 1991)।

गैटवुड, लिन : देवी एंड स्पाउस गॉडेस : वीमेन्स सेक्सुअलिटी एंड मैरिज इन इंडिया दिल्ली : मनोहर, 1985)।

गाऊबा, कन्हैयालाल : दी पैथोलोजी ऑफ प्रिंसेस (लाहौर : दी टाइम्स पब्लिशिंग कम्पनी, 1930)।

गौतम, एम. बी. : भाग्योदयम : मादरी भाग्य रेड्डी वर्मा, लाइफ स्केच एंड मिशन (हैदराबाद : आदि हिन्दू सोशल सर्विस लीग, 1991)।

घोष, मन्मथनाथ (सं.) : सेलेक्शन्स फ्रॉम दी राइटिंग्स ऑफ गिरीश चन्दर घोष (कलकत्ता : दी इंडियन डेली न्यूज प्रेस, 1912)।

घोष, एस. के. : दी वर्ल्ड ऑफ प्रॉस्टिच्यूट्स, 2 खंडों में, (नयी दिल्ली : ए. पी. एच. पब्लिशिंग कॉरपोरेशन, 1996)।

धूर्य, जी. एस. : कास्ट एंड रेस इन इंडिया (बम्बई : 1969), (1932 में प्रथम संस्करण)।

गिलमैन, एस. : 'ब्लैक बडीस, व्हाइट बडीस : टुआईस एन आइकोनोग्राफी ऑफ फीमेल सेक्सुअलिटी इन लेट नाइनटिन्थ सेंचुरी आर्ट, मेडिसिन एंड लिट्रेचर'। क्रिटिकल इन्क्वाइरी, खंड-12, अंक-1 (1985)।

गोम्ब्रिच, रिचर्ड : प्रिसेप्ट एंड प्रैक्टिस : ट्रेडिशनल बुद्धिज्म इन दी रूरल हाईलैंड्स ऑफ सीलोन, (ऑक्सफोर्ड, 1971)।

गोंडा, जे. : 'एसेटिक्स एंड कौर्टेजन्स', हिस्ट्री ऑफ एनसिएन्ट रिलीजन : सेलेक्टेड स्टडीज, खंड-4 (लीडेन : ई. जे. ब्रिल, 1975)।

गुड, एन्थोनी : 'मामुल एंड मॉडरनिटी इन ए साउथ इंडियन टेम्पुल', मॉडर्न एशियन स्टडीज, खंड-35, अंक-4 (2001)।

ग्राहम, डी. सी. : स्टैटिस्टिकल रिपोर्ट्स ऑन दी प्रिंसपलिटी ऑफ कोल्हापुर (बम्बई : 1885)।

ग्यूटर, हर्बर्ट वी. : जगन्नाथ : दी तांत्रिक न्यूज ऑफ लाइफ (वाराणसी : 1969), (द्वितीय संस्करण)।

गुहा, रणजीत (सं.) : सबआलटर्न स्टडीज : राइटिंग्स ऑन साउथ एशियन हिस्ट्री एंड सोसाइटी (दिल्ली : 1982 और उसके बाद)।

गुलाट, सरोज : वीमेन एंड सोसाइटी : नॉर्थ इंडिया इन एलेवेन्थ एण्ड ट्वेल्थ सेंचुरीस (दिल्ली : चाणक्य पब्लिशर्स, 1985)।

गुरु, गोपाल : उत्तम काम्बले की मराठी किताब 'देवदासी अणि नग्न पूजा' (मुम्बई : लोक वाङ्मय गृह, 1988) में 'परिचय'।

हैलहेड, नैथेनिएल ब्रैफे : ए कोड ऑफ जेन्टू लॉस ऑर ऑर्डिनेशंस ऑफ दि पंडित्स (मूल रूप में संस्कृत में लिखे फारसी अनुवाद से), (लंदन : 1776)।

हल्कर, एस. एस. (सं.) : डाइजेस्ट ऑफ प्राइवी काउंसिल रूलिंग्स ऑन अपील फ्राम दी हाई कोर्ट्स ऑफ कलकत्ता, बम्बई, मद्रास एंड इलाहाबाद, दी चीफ कोर्ट्स ऑफ पंजाब एंड लोअर बर्मा, दी कोर्ट्स ऑफ दी ज्युडिसियल कमिश्नर ऑफ सेन्ट्रल

प्रोविन्सेस, ऊध इत्यादि (रंगून : हंथावड़ी, माइलेस स्टैंन्डिश एंड सैमुएल प्रेस, 1913)।

हैन्सवर्थ, फ्रेड : पर्दा : दी स्टैटस ऑफ वीमेन इन इंडिया (लंदन : ट्रबनर एंड कं., 1932)।

हनुमंत राव, एस. बी. : सोशियो-कल्चरल हिस्ट्री ऑफ एनसियेन्ट एंड मेडाइवल आन्ध्रा (हैदराबाद : उषा लेजर ग्राफिक्स, 1995)।

हार्डी, एफ. : 'आइडियोलॉजी एंड कल्चरल कन्टेक्स्ट्स ऑफ श्री वैष्णव टेम्पुल्स', इंडियन इकोनोमिक एंड सोशल हिस्ट्री रिव्यू, खंड-14, अंक-1 (1977)।

हार्पर, ई. बी. : 'रिचुअल पॉल्यूशन एज एन इंटिग्रेटर ऑफ कास्ट एंड रिलीजन', जर्नल ऑफ एशियन स्टडीज, खंड-32 (1973)।

हार्ट, जॉर्ज : दी पोएम्स ऑफ एन्सिएंट तमिल (बर्कले : यूनिवर्सिटी ऑफ कैलिफोर्निया प्रेस, 1975)।

हार्टमैन, हेडी इत्यादि : दी अनहैपी मैरिज ऑफ मार्क्सिज्म एंड फेमिनिज्म (लंदन : प्लूटो, 1981)।

हसन, सैयद सिरज-उल : दी ट्राइब्स एंड कास्ट्स ऑफ एच. ई. एच. दी निजाम्स डोमिनियन (हैदराबाद), दो खंडों में (बम्बई : 1920)।

हैवेल, ई. बी. : स्केचेस ऑफ हिन्दू लाइफ एंड रिलीजन (लंदन : ब्लैकी एंड सन्स, 1905)।

हॉक्स, जैक्वेटा और लियोनार्ड वुले : प्रिहिस्ट्री एंड दी बिगिनिंग सिविलाइजेशन (न्यूयॉर्क : यूनेस्को, 1963)।

हायस, एच. पी. : दी डैन्जरस सेक्स : मिथ्स ऑफ फेमिनिन एविल (न्यूयार्क : पॉकेट बुक्स, 1972)।

हाजरा, आर. सी. : स्टडीस इन दी पुराणिक रिकॉर्ड्स ऑन हिन्दू राइट्स एंड कस्टम्स (ढाका : ढाका विश्व विद्यालय, 1940)।

हेबर, राईट रेव. रेगिनाल्ड : नैरेटिव ऑफ ए जर्नी थ्रू दी अपर प्रोविन्सेस ऑफ इंडिया, फ्रॉम कलकत्ता टु बम्बई, 1924-25 (सीलोन पर टिप्पणियों के साथ), एन एकाउण्ट ऑफ ए जर्नी टु मद्रास एंड दी

साउदर्न प्रोविन्सेस, 1826, एंड लेटर्स रिटेन इन इंडिया, दो खंडों में (फिलैडेल्फिया : कैरी, ली एंड कैरी, 1829)

हीस्टरमैन, जे. सी. : 'प्रिस्टहुड एंड दी ब्राह्मिण', कंट्रिब्युशन्स टु इंडियन सोशियोलोजी (N.S.), खण्ड-5 (1971)।

हीस्टरमैन, जे. सी. : दी इन्नर कन्फ्लिक्ट ऑफ ट्रैडिशन : एसेज इन इंडियन रिचुअल, किनशिप एंड सोसाइटी, (शिकागो : यूनिवर्सिटी ऑफ शिकागो प्रेस, 1985)।

हेगाड़े ओडियर, डी. : 'ए सोशियो-इकॉनोमिक स्ट्रैटजी फॉर रिहैबिलिटेटिंग देवदासीस', सोशल वेल्फेयर, खंड-29, अंक-11-12 (1983)।

हेगड़े, राजाराम : 'टेम्पुल हायरेर्की, मठ्स एंड सोशियो-पॉलिटिकल फैक्ट्स इन मेडाइवल इंडिया : ए रीजनल कन्टेक्स्ट इन कर्नाटक', प्रोसिडिंग्स ऑफ इंडियन हिस्ट्री कांग्रेस (बंगलोर, 58वां सम्मेलन, 1973)।

हेमसथ, चार्ल्स : 'इंडियन नेशनलिज्म एंड हिन्दू सोशल रिफॉर्म, (प्रिन्सटन : प्रिन्सटन यूनिवर्सिटी प्रेस, 1964)।

हेलेन, उलरिक ई. : 'कास्ट डिफ्रेंसेज बिटवीन ब्राह्मिण एंड नन-ब्राह्मिण वीमेन इन साउथ इंडियन विलेज', एलिस श्लेज द्वारा सम्पादित 'सेक्सुअल स्ट्रेटिफिकेशन, (न्यूयॉर्क : कोलंबिया यूनिवर्सिटी, 1977)।

हेमलता, बी. : लाइफ इन मेडायवल नॉर्दर्न आन्ध्र (नयी दिल्ली : नवरंग, 1991)।

हेनरिक्स, फर्नान्डो : स्ट्यूज एंड स्ट्रम्पेट्स : ए सर्वे ऑफ प्रोस्टिच्युशन, दो खंडों में, (लंदन : मैकगिब्बॉन एंड की, 1961)।

हिल्टबेटेल, आल्फ (सं.) : क्रिमिनल गॉड्स एंड डेमन डिवोटीज : एसेज ऑन दी गार्जन्स ऑफ पोपुलर हिन्दुईज्म (अल्बेनी : स्टेटयुनिवर्सिटी ऑफ न्यूयॉर्क प्रेस, 1989)।

हिल्टबेटेल, आल्फ (सं.) : 'सेक्सुअलिटी एंड सैक्रिफाईस : कन्वर्जेन्ट सब करैन्ट्स इन दी फायर वाकिंग कल्ट ऑफ द्रौपदी', फ्रेड डब्ल्यु. क्लोदी द्वारा सम्पादित इमेजेज ऑफ मैन : रिलीजन एंड हिस्टोरिकल प्रोसेस इन साउथ एशिया (मद्रास : न्यू एरा पब्लिकेशन्स, 1982)।

हॉशमिथ, ज्युडिथ एंड अमिता स्प्रिंग्सः वीमेन इन रिचुअल रोल्स (न्यूयार्क : प्लेनम प्रेस, 1978)।

हॉपकिन्स, ई. विल्बर्न : (दी रिलीजिअन्स ऑफ इंडिया नयी दिल्ली : मुंशीराम मनोहर लाल, 1970), (1885 में प्रथम प्रकाशन)।

हॉर्नर, आई. बी. : वीमेन अंडर प्रिमिटिव बुद्धिज्म : ले वीमेन एंड आल्म्स वीमेन (दिल्ली : मोतीलाल बनारसीदास, 1975), (प्रथम संस्करण, 1930)।

हडसन, डेनिस : 'शिव, मीनाक्षी, विष्णु—रिफ्लेक्शन्स ऑन ए पोपुलर मिथइन मदुरई', इंडियन इकोनोमिक एंड सोशल हिस्ट्री रिव्यू, खंड-14, अंक-1, (1977)।

ह्युमैन राइट्स वाच : ब्रोकन पीपुल : कास्ट वायलेंस अगेन्स्ट इंडियाज 'अनटचेबुल्स' (न्यूयॉर्क : ह्युमैन राइट्स वाच, 1999)।

हंटर, डब्ल्यू. डब्ल्यू. : रिपोर्ट ऑफ दी इंडियन एजुकेशन कमीशन, (कलकत्ता : 1883)।

हटॉन, जे. एच. : कास्ट इन इंडिया : इट्स नेचर, फंक्शन एंड ऑरिजिन (बम्बई : OUP, 1969)।

इंडेन रोनाल्ड : 'रिचुअल, ऑथोरिटी एंड सायकलिक टाईम इन हिन्दू किंगशिप', जे. ई. रिचर्ड्स द्वारा सम्पादित 'किंगशिप एंड ऑथोरिटी इन साउथ एशिया (मैडिसन : यूनिवर्सिटी ऑफ विस्कॉनसिन पब्लिकेशन्स सीरीज, 1978)।

इशिक, युजिन एफ. : पॉलिटिक्स एंड सोशल कन्फ्लिक्ट इन साउथ इंडिया : दी नन-ब्राह्मिण मूवमेण्ट एंड तमिल सेपरेटिज्म, 1916-1929 (बम्बई : 1969)।

इशरन, के. ए. : रिलिजन एंड सोसाइटी अमांग दी लिंगायत्स ऑफ साउथ इंडिया (लेडेन : ब्रिल, नयी दिल्ली : विकास, 1983)।

इस्माइल, के. : कर्नाटक टेम्पुल्स (दिल्ली : संदीप प्रकाशन, 1984)।

ऐयर, एल. अनंतकृष्ण : 'देवदासीज इन साउथ इंडिया : देयर ट्रेडिशनल ऑरिजिन एंड डेवलपमेण्ट', मैन इन इंडिया, खंड-6, अंक 1 (1927)।

ऐयर, एल. अनंतकृष्ण और एच. वी. नन्जुंडप्पा : दी मैसूर ट्राइब्स एंड कास्ट्स, 4 खंडों में (मैसूर गवर्नमेण्ट प्रेस, 1928-36)।

ऐयर, रंगा : फादर इंडिया (लंदन : सेल्विन एंड ब्लाउण्ट लि., 1927)।

जाम्बगी, एस. : 'ए स्टडी ऑफ प्रॉस्टिच्यूट्स इन बेलगाम', सोशल वेलफेयर, खंड-17, अंक-6 (1970)।

जेम्स. ई. ओ. : प्रिहिस्ट्रीक रिलीजन (न्यूयॉर्क : 1957)

जेम्स. ई. ओ. : कल्ट ऑफ दी मदर गॉडेस (लंदन : 1959)।

जयप्रसाद राव, एकेर्ला : 'देवदासी', गृह लक्ष्मी, फरवरी (1941)।

जेफ्री, रॉबिन (सं.) : पीपुल, प्रिसेज एंड पैरामाउण्ट पावर : सोसाइटी एंड पॉलिटिक्स इन इंडियन प्रिंसली स्टेट्स (दिल्ली : OUP, 1978)।

झा, डी.एन. : 'टेम्पुल्स एज लैंडेड मैग्नेट्स इन अर्ली मेडाइवल साउथ इंडिया' (700 ई. 1300 ई.), आर. एस. शर्मा द्वारा संपादित 'इंडियन सोसाइटी : हिस्टोरिकल प्रोबिंग्स, (नयी दिल्ली : पीपुल्स पब्लिशिंग हाउस, 1974)

झा, मनोरंजन : कैथरिन मायो एंड इंडिया, (नयी दिल्ली : पी. प. हा., 1971)।

जॉनसॉन, जिल : 'दी मिथ ऑफ वैंजिनल ऑर्गेज्म', मैरी इवान्स द्वारा सम्पादित दी वीमेन क्वेश्चन : रिडिंग्स ऑन दी सबऑर्डिनेशन ऑफ वीमेन (ऑक्सफोर्ड : फोण्टाना पेपरबैक, 1982)।

जोर्डर, बी : प्रॉस्टिच्यूशन इन हिस्टोरिकल एंड मॉडर्न पर्सपेक्टिव (नयी दिल्ली : इंटर इंडिया पब्लिकेशन्स, 1994), (1944 में प्रथम प्रकाशन)।

जोगडंड, पी. जी. (सं.) : दलित वीमेन : इशूज एंड पर्सपेक्टिव्स (नयी दिल्ली : ग्यान, 1995)।

जोशी, माधव शास्त्री (सं.) : भारतीय संस्कृत कोश (पुणे, भारतीय संस्कृत कोश मंडली, 1972)।

कदम, वी. एस. : 'दी डांसिंग गर्ल्स ऑफ महाराष्ट्र' एनी फेल्डायस द्वारा संपादित 'इमेजेज ऑफ वीमेन इन महाराष्ट्र सोसाइटी (न्यूयॉर्क : अल्बेनी स्टेट यूनिवर्सिटी प्रेस, 1998)।

कडेहॉड, एन. के. : येल्लम्मा जोगतीयरु हैगु देवदासी पड़ाथी। (जोगतीस ऑफ येल्लम्मा एंड दी देवदासी कस्टम), (धारवाड़ : कर्नाटक यूनिवर्सिटी, 1983)।

कामत, एस. बी. (सं.) : कर्नाटक स्टेट गैजेटियर (बंगलोर : सूभिया एंड सन्स, 1987)।

काम्बले, उत्तम : देवदासी अनि नग्न पूजा (मुम्बई, लोक वाङ्मय गृह, 1988), (मराठी)।

काने, पी. वी. : हिन्दू कस्टम्स एंड मॉडर्न लॉ (बम्बई : यूनिवर्सिटी ऑफ बम्बई, 1950)।

कन्नाबिरन, कल्पना : 'ज्युडिसियरी, सोशल रिफॉर्म एंड डिबेट ऑन रिलिजस प्रॉस्टिच्यूशन इन कोलोनिअल इंडिया', EPW (स्त्री-विशेषांक), खंड-30, अंक-43 (1995)।

काटकर, सरजू : देवरैया : ए लाइफ ऑफ देवरैया इंगिल (अथनी : विमोचन प्रकाशन, 2002), (कन्नड़)।

कावलेकर, काशीनाथ के. : नन-ब्राह्मिण मूवमेण्ट इन साउदर्न इंडिया (1873-1949), (कोल्हापुर, शिवाजी विश्वविद्यालय प्रेस, 1979)।

केली, जॉन : वीमेन, हिस्ट्री एंड थियरी (कैथरिन आर. सिम्पसन द्वारा संपादित), (शिकागो एण्ड लंदन : दी यूनिवर्सिटी ऑफ शिकागो प्रेस, 1984)।

केरसेनबुम-स्टोरी, सस्किया सी. : 'दी ट्रैडिशनल रिपोर्टायर ऑफ दी तिरुत्तनी टेम्पुल डान्सर्स', जुलिया लेजेली द्वारा संपादित 'रोल्स एंड रिचुअल्स फॉर हिन्दू वीमेन', (लंदन : पिन्टर पब्लिशर्स, 1991) में संकलित।

केरसेनबुम-स्टोरी, सस्किया सी. : नित्यसुमंगली : देवदासी ट्रेडिशन इन साउथ इंडिया (दिल्ली : मोतीलाल बनारसी दास, 1987)।

खरे, जी. एच. : 'खंडोबा : ए पोपुलर डिटी ऑफ दी साउथ इंडिया', प्रोसिडिंग्स ऑफ दी इंडियन हिस्ट्री कांग्रेस (त्रिवेन्द्रम : 21 वाँ सत्र, 1958)

किंग्सले, डेविड : 'डिवोशन एज एन अलटर्नेटिव टु मैरिज इन दी लाइव्स ऑफ सम हिन्दू वीमेन डिवोटीस', जर्नल ऑफ एशियन एंड अफ्रीकन स्टडीज, खंड-15, अंक-1-2 (1980)।

किंग्सले, डेविड : हिन्दू गॉडेसस : विजन ऑफ दी डिवाइन फेमिनिन इन दी हिन्दू रिलिजस ट्रेडिशन (नयी दिल्ली : आर्काइव्स पब्लिशर्स, 1987)।

किंग्सले, डेविड : तांत्रिक विजन्स ऑफ दी डिवाइन फेमिनिन, (दिल्ली : मोतीलाल बनारसी दास, 1997)।

कोलेन्डा, पॉउलिन : 'दी आइडियोलॉजी ऑफ प्युरिटी', दीपांकर गुप्ता द्वारा संपादित 'सोशल स्ट्रेटिफिकेशन' (दिल्ली : OUP, 1992) में संकलित।

कृष्णा शास्त्री, एच. : साउथ इंडियन इमेजेज ऑफ गॉड एंड गॉडेसेस (मद्रास : गवर्नमेण्ट प्रेस, 1916), (भारतीय पब्लिशिंग हाउस, वाराणसी द्वारा 1974 में पुनर्मुद्रित)।

कृष्णामूर्ति, वैदेही : सोशल एंड इकोनोमिक कंडिशन इन ईस्टर्न डक्कन (मद्रास : कबीर प्रिंटिंग वर्क्स, 1970)।

क्षीरसागर, आर. के. : दलित मूवमेण्ट इन इंडिया एंड इट्स लीडर्स (1857-1956), (नयी दिल्ली : एम. डी. पब्लिशर्स, 1994)।

कुमार, धर्म मेघनाद देसाई (सं.)	:	दी कैम्ब्रिज इकोनोमिक हिस्ट्री ऑफ इंडिया, खंड-2 (हैदराबाद : ओरिएण्ट लौंगमैन एण्ड OUP, 1984)।
लक्ष्मीकान्त शास्त्री, सिस्ता	:	तंजवरु तेलुगु कवुलु (तेलुगु), (मद्रास : श्री अरुण बुक हाउस, 1921)।
ललिता, वी.	:	'येल्लम्मा वर्शिप-विलेज डिटी (ए केस स्टडी ऑफ जोगिन्स इन आन्ध्र प्रदेश)', प्रोसिडिंग्स ऑफ आन्ध्र प्रदेश हिस्ट्री कांग्रेस, (वारांगल : 1990)।
लेवाइन, फिलिपा	:	'री-रीडिंग दी 1890 : वेनरल डिजीज एज कंस्टिच्यूशनल क्राइसिस' इन ब्रिटेन एंड ब्रिटिश इंडिया, जर्नल ऑफ एशियन स्टडीज, खंड-55, अंक-तीन (1996)।
लेविन्सन, रिचर्ड	:	ए हिस्ट्री ऑफ सेक्सुअल कस्टम्स, (अलेक्जेंडर माइसी द्वारा अनूदित), (न्यूयॉर्क : हार्पर एंड ब्रॉस, 1958)।
लिबी, मायकल जे एंड डेविड ई. सोफर	:	'मैरिज, माइग्रेशन इन रूरल इंडिया' लेसेक ए. केसिनॉस्की और आर. मैनसेल ऑथेरो द्वारा सम्पादित 'पीपुल ऑन मूव : स्टडीज ऑन माइग्रेशन' (लंदन : मेथ्यून एंड कं. 1971) में संकलित।
लिक्ट, हन्स	:	सेक्सुअल लाइफ इन एनसिएण्ट ग्रीस (कलकत्ता : 1852)।
लिली, विलियम सेमुअल	:	इंडिया एंड इट्स प्रॉबलेम्स (इलाहाबाद : चुग पब्लिकेशन, 1975), (प्रथम प्रकाशन, 1901 में)।
मैक कॉरमैक, डब्ल्यू	:	'लिंगायत एज ए सेक्ट', जर्नल ऑफ दी रॉयल एंथ्रोपोलिजकल इंस्टीच्यूट, खंड-93, अंक-1 (1963)।
माडविया, ए.	:	'दी मताँगी', क्रिश्चियन कॉलेज मैगजिन, खंड-23, (नयी सीरीज, खंड-5), (जुलाई 1905-जून 1906)।
महालिंगम, टी. वी.	:	एडमिनिस्ट्रेशन एंड सोशल लाइफ अंडर विजयनगर एम्पायर (मद्रास : मद्रास विश्वविद्यालय, 1975)।

मैंडेलबॉम, डी. जी. : सोसाइटी इन इंडिया (बर्कले : यूनिवर्सिटी ऑफ कैलिफॉर्निया प्रेस, 1970)।

मजिक्कम, वी. टी. : 'हार्लोट्स इन एनसिएण्ट तमिल लिट्रेचर', प्रॉसिडिंग्स ऑफ दी फर्स्ट इंटरनेशनल कान्फ्रेंस सेमिनार ऑफ तमिल स्टडीज, (कुलालम्पुर (मलेशिया) : इंटरनेशनल एसोसिएशन ऑफ तमिल रिसर्च, अप्रैल 1996), खंड-1।

मनोरमा, रुथ : 'दलित वीमेन : डाउनट्रोडेन एमांग डाउनट्रोडेन', जेम्स मसे द्वारा सम्पादित 'इंडिजिनियस पीपुल : दलित्स', (दिल्ली : ISPCK, 1998)।

मार्गलिन, फ्रेडरिक अफेल : 'हायरोडोलिआ' इन मर्सिया एलियेड (सं.), दी एनसाइक्लोपिडिया ऑफ रिलिजन (न्यूयॉर्क : मैकमिलन, 1987)।

मैरिऑट, मैकिम : 'लिटिल कॉम्युनिटीज इन एन इंडिजिनियस सिविलाइजेशन', मैकिम मैरिएट द्वारा सम्पादित 'विलेज इंडिया' (शिकागो : यूनिवर्सिटी ऑफ शिकागो प्रेस, 1955)।

मार्टिन मॉन्टोमेरी : पैनोरमा ऑफ ब्रिटिश इंडिया,(दिल्ली : इंटर इंडिया प्रेस, 1984)।

मैरी सर्ल-चटर्जी : रिवर्सिबुल सेक्स रोल्स, (ऑक्सफोर्ड : पर्गेमॉन प्रेस, 1981)।

मस्तानिया, बी. : 'वीमेन एज सब्जेक्ट्स ऑफ सोशल एविल', सोमा रेड्डी, एम. राधाकृष्ण शर्मा और ए. सत्यनारायण द्वारा सम्पादित 'सोशल एविल्स इन आन्ध्र देस' (हैदराबाद : उस्मानिया यूनिवर्सिटी, 1999)।

मतिलाल, बिमल कृष्णा : कन्फ्रॉन्टेशन्स ऑफ कल्चर्स (कलकत्ता : के. पी. बागची एण्ड कं., 1988)।

मायो, कैथरिन : मदर इंडिया (लन्दन : 1927)।

मायो, कैथरिन : स्लेव्स ऑफ गॉड्स (लन्दन : हचिन्सन, 1929)।

मायो, कैथरिन : दी केस ऑफ मदर इंडिया (लंदन : हमिश हैमिल्टन लि., 1930)।

मेयर, जेम्स : पॉलिटिकल चेंज इन एन इंडियन स्टेट, (नयी दिल्ली : मनोहर, 1977)।

मेहता, रमा : सोशियो-लीगल स्टैट्स ऑफ वीमेन इन इंडिया, (दिल्ली : मित्तल पब्लिकेशन्स, 1987)।

मेनन, निवेदिता (सं.) : जेन्डर एंड पॉलिटिक्स इन इंडिया, (नयी दिल्ली : OUP, 1999)।

मेटकाफ, थॉमस : 'रूरल सोसाइटी एंड ब्रिटिश रूल इन नाईन्टिन्थ सेन्चुरी इंडिया', दी जर्नल ऑफ एशियन स्टडीज, खंड-39, अंक-1 (1979)।

मिशे, जे. : हिस्टोयर डेस प्रोग्रेस इट डे ला चुटे डे मैसुर, साउस लेस रेऐग्नेस, डिहायडर एलाइ इट टिपू साइब (पेडिस : 1801)।

मि-की : अनचैस्टिटी सैक्सन्ड बाइ रिलिजन एंड मिस्टिक फीयर्स (इलाहाबाद : 1963)।

मिश्रा, बाबा : मेडायवल उड़ीसा एंड कल्ट ऑफ जगन्नाथ (दिल्ली : नवरंग, 1995)।

मित्तर, दिवाकर नाथ : दी पोजिशन ऑफ वीमेन इन हिन्दू लॉ (नयी दिल्ली, इंटर इंडिया पब्लिकेशन्स, 1984)।

मूर, एडगर : दी हिन्दू पैंथन (नयी दिल्ली : मुंशीराम मनोहरलाल, 1970)।

मुदलैयर, चन्द्रा वाई. : दी सेकुलर स्टेट एण्ड रिलिजस इस्टीच्यूशंसल इन इंडिया : ए स्टडी ऑफ दी एडमिनिस्ट्रेशन ऑफ हिन्दू पब्लिक रिलिजियस ट्रस्ट्स इन मद्रास (विसबैडेन : फ्रांज स्टेनर, 1974)।

मुदलैयर, चन्द्रा वाई. : स्टेट एंड रिलिजियस एंडोमेण्ट्स इन मद्रास (मद्रास : मद्रास विश्वविद्यालय, 1976)।

मुखिया, हरवंश : 'पीजैंट प्रोडक्शन एंड मिडाइवल इंडियन सोसाइटी', टी. जे. बायर्स और हरवंश मुखिया द्वारा सम्पादित 'फ्यूडलिज्म एंड नन-यूरोपियन सोसाइटीज', (लंदन : फ्रैंक क्लास एंड कं., 1985)।

मुखोपाध्याय, एम. : सिल्वर शैकल्स, वीमेन एंड डेवलपमेण्ट इन इंडिया (ऑक्सफोर्ड : ऑक्सफैम, 1984)।

मुरली, एटलुरी : 'पर्सपेक्टिव्स ऑन वीमेन्स लिबरेशन : आन्ध्र इन नाइन्टिन्थ एंड अर्ली ट्वेन्टीथ सेन्चुरीज', स्टडीज इन हिस्ट्री (एन. एस.), खंड-3, अंक-1, (1987)।

मुथुलक्ष्मी रेड्डी, एस. : ऑटोबायोग्राफी ऑफ डॉ. एस. मुथुलक्ष्मी रेड्डी (मद्रास : ऑथर, 1964)।

नाडकर्नी, विट्ठल सी. : 'देवदासी-मैरिड टु गॉड एंड मैम्मोन', दी इल्युस्ट्रेटेड वीकली ऑफ इंडिया, 14-20 दिसम्बर (1975)।

नायर, जानकी : 'दी देवदासी, धर्म एंड दी स्टेट', EPW, खंड-29, अंक-50 (1994)।

नायर, जानकी : 'वीमेन एंड लॉ इन कोलोनियल इंडिया : ए सोशल हिस्ट्री, (नयी दिल्ली : काली फॉर वीमेन, 1996)।

नंदी, रनेन्द्र नाथ : रिलिजियस इंस्टीच्यूशन्स एंड कल्ट्स इन दी डक्कन (दिल्ली : मोतीलाल बनारसी दास, 1973)।

नंदी, रनेन्द्र नाथ : स्टेट फॉर्मेशन, एग्रेरियन ग्रॉथ एंड सोशल चेंज इन फ्यूडल साउथ-इंडिया ईसा पू. -600-1200 ई. (नयी दिल्ली : मनोहर, 2000)।

नंदी, आर. एन. : 'ऑरिजिन्स ऑफ वीर शैव मूवमेण्ट', डी. एन. झा द्वारा सम्पादित 'दी फ्यूडल ऑर्डर : स्टेट, सोसाइटी एंड आइडियोलॉजी इन अर्लीमेडायवल इंडिया', (नयी दिल्ली : मनोहर, 2000)।

नारायण, शंकर : श्रीचक्र (पांडिचेरी : दीप्ति पब्लिशर्स, 1979)।

नारला, वी. आर. : मेकर्स ऑफ इंडियन लिट्रेचर : गुर्जद (नयी दिल्ली : साहित्य अकादमी, 1997), (1977 में प्रथम प्रकाशन)।

नायक, एच. एम. (सं.) : डी. वी. जी. : क्रुतिस्रेनी, खंड-1 (मैसूर : दी डायरेक्ट्रेट ऑफ कन्नड एंड कल्चर, गवर्नमेण्ट ऑफ कर्नाटक, 1996)।

नीलकान्त शास्त्री, के. ए. : ए हिस्ट्री ऑफ साउथ इंडिया (मद्रास : OUP, 1966)।

ओ' फ्लैर्टी, विंडी डोनिगर : एसेटिसिज्म एंड इरोटिसिज्म इन दी माइथॉलॉजी ऑफ सिवा, (ऑक्सफोर्ड : OUP, 1973)'

ओ' फ्लैर्टी, विंडी डोनिगर : हिन्दू मिथ्स (हारमोन्ड्सवर्थ : 1975)।

ओ' फ्लैर्टी, विंडी डोनिगर : दी ऑरिजिन्स ऑफ एविल इन हिन्दू माइथोलॉजी (बर्कले : यूनि-ऑफ कैलिफोर्निया प्रेस, 1976)।

ओ'फ्लर्टी, विंडी डोनिगर : वीमेन, एंड्रोजिन्स एण्ड अदर मीथिकल बीस्ट्स, (शिकागो : 1980)।

ओ' फ्लैर्टी, विंडी डोनिगर : सेक्सुअल मेटाफोर्स एंड एनिमल सिम्बॉल्स इन इंडियन मायथोलॉजी (दिल्ली : मोतीलाल बनारसीदास, 1981), (इसका अमेरिकी संस्करण 'वीमेन, एंड्रोजिनीस एंड अदर मीथिकल बीस्ट्स') नाम से प्रकाशित।

ओ' हैनलॉन, रोजालिंड : कास्ट कन्फ्लिक्ट एंड आइडियोलॉजी : महात्मा फुले एंड दी लो कास्ट प्रोटेस्ट इन नाइन्टिन्थ सेंचुरी वेस्टर्न इंडिया (हैदराबाद : ओरिएन्ट लांगमैन एंड CUP, 1985)।

ओ'मैली, एल. एस. एस. : पोपुलर हिन्दुईज्म (कैम्ब्रिज : CUP, 1935)

ओडी, जी. ए. (सं.) : रिलिजन इन साउथ एशिया : रिलिजियस कन्वर्सन एंड रिवाइवलिस्ट मूवमेण्ट्स इन साउथ एशिया इन मेडाइवल एंड मॉडर्न टाइम्स, (नयी दिल्ली : मनोहर, 1991)।

ओडी, जी. ए. (सं.) : 'क्रिश्चियन कन्वर्सन इन दी तेलुगु कंट्री, 1860-1900, ए केस स्टडी ऑफ वन प्रोटेस्ट मूवमेण्ट इन दी गोदावरी कृष्णा डेल्टा', IESHR, खंड-12, अंक-1 (1975)।

ओडी, जी. ए. : 'हुक स्विंगिंग एंड पोपुलर रिलिजन इन साउथ इंडिया ड्यूरिंग दी नाइन्टिन्थ सेन्चुरी', IESHR, खंड-23, अंक-1 (1986)।

ओडी, जी. ए. : सोशल प्रोटेस्ट इन इंडिया : ब्रिटिश प्रोटेस्टैन्ट मिशनरीज एंड सोशल रिफॉर्म, 1850-1900 (दिल्ली : मनोहर, 1979)।

ओलिविया, हैरिस : 'हाउसहोल्ड्स एज नैचुरल युनिट्स' केट यंग कैरोल वोल्कोगिज और रोसलिन मैकुला द्वारा सम्पादित, 'ऑफ मैरिज एंड दी मार्केट' (लंदन : CSE, 1981)।

ऑम्वेत, गेल : दलित्स एंड दी डेमोक्रेटिक रिवोल्यूशन डॉ. अम्बेदकर एंड दी दलित मूवमेण्ट इन कोलोनियल इंडिया (दिल्ली : सेज, 1994)।

पाई, डी. ए. : मोनोग्राफ ऑन दी रिलिजियस सेक्ट्स इन इंडिया एमांग दी हिन्दूज (बम्बई : दी टाइम्स प्रेस, 1928)।

पाई, विनीता : 'देवदासी—ए विक्टिम ऑफ पैट्रियार्किकल सोसाइटी', दी जर्नल ऑफ कर्नाटक यूनिवर्सिटी सोशल साइंसेस (1997)।

पाल, डी. ए. : रिलिजियस सेक्ट्स इन एनसिएंट इंडिया, (दिल्ली : ईस्टर्न बुक लिंकर्स, 1928), (प्रथम संस्करण)।

पाल, डी. पी. : मोनोग्राफ ऑन दी रिलिजियस सेक्ट्स इन इंडिया एमांग दी हिन्दूस (बम्बई : दी टाइम्स प्रेस, 1928)।

पणिक्कर, के. एन. : 'प्रेसिडेंसियल एडरेस', मॉडर्न इंडियन सेक्शन, प्रॉसिडिंग्स ऑफ इंडियन हिस्ट्री कांग्रेस (अलीगढ़ : 1975)।

पणिक्कर, के. एन. : 'कल्चर एंड आइडियोलॉजी', EPQ, खंड-22, अंक-49 (1987)।

पणिक्कर, के. एन. : 'इंट्रोडक्शन', स्टडीज इन हिस्ट्री (N.S.) (स्पेशल इशू इन इंटेलेक्चुअल हिस्ट्री), खंड-3, अंक-1 (1987)।

पणिक्कर, के. एन. : 'सोशियो-रिलिजियस रिफॉर्म एंड इंडियन नेशनल अवेकनिंग' बिपन चन्द्रा इत्यादि द्वारा सम्पादित इंडियास स्ट्रगल फॉर इंडियन स्ट्रगल फॉर इंडिपेन्डेन्स (नयी दिल्ली : पेंगुइन, 1988)।

पणिक्कर, के. एन. : 'कल्चर एंड कन्शसनेस इन मॉडर्न इंडिया', सोशल साइंटिस्ट, खंड-18, अंक-4 (1990)।

पणिक्कर, के. एन. : कल्चर एंड कन्ससनेस इन मॉडर्न इंडिया (नयी दिल्ली : PPH, 1990)।

पणिक्कर, के. एन. : कल्चर, आइडियोलॉजी, हेजमनी : इंटेलेक्चुअल्स एण्ड सोशल कंससनेस इन कोलोनिअल इंडिया, (नयी दिल्ली : तुलिका, 1995)।

पणिकर, के. एन. : 'दी ग्रेट क्वेश्चन : ट्रेडिशन, लेजिटिमेसी एंड पावर इन कोलोनियल इंडिया', स्टडीज इन हिस्ट्री (एन.एस.), खंड-14, अंक-1 (1998)।

पराशर, आलोक और उषा नायक : 'टेम्पुल गर्ल्स ऑफ मेडायवल कर्नाटक', IESHR, खंड-23, अंक-1, (1986)।

पार्कर, कुनाल : 'ए कॉरपोरेशन ऑफ सुपरियर प्रॉस्टिच्युट्स', एंग्लो-इंडियन कंसेपशन्स ऑफ टेम्पुल डांसिंग गर्ल्स, 1800-1914, मॉडर्न एशियन स्टडीज, खंड-32, अंक-3 (1998)।

पति, बिस्वमाय : 'ऑफ देवदासीज, 'ट्रेडिशन एंड पॉलिटिक्स' EPW, खंड-30, अंक-43, (1995)।

पाटिल, बी. ए. : 'दी जोगती', मैन इन इंडिया, खंड-57, अंक-1 (1977)।

पाटिल, बी. आर. : 'दी देवदासीज', इंडियन जर्नल ऑफ सोशल वर्क, खंड-35, अंक-4 (1975)।

पावड़े, कुमुद : 'दी पोजिशन ऑफ दलित वीमेन इन इंडियन सोसाइटी', जेम्स मसे द्वारा सम्पादित 'इंडिजिनियस पीपुल : दलित्स' (दिल्ली : ISPCK, 1998)'

पेंजर, एम. एन. : 'दी ओसियन ऑफ स्टोरी' (सी. डब्ल्यू. टॅनेस द्वारा सामवेद के कटसरित्सर्ग का अनुवाद, दस खंडों में) (दिल्ली : मोतीलाल बनारसीदास, 1972), (मूलतः 1923 में लन्दन में प्रकाशित)।

फलानी, मुड्डु : राधिका सन्तवनमु (विद्यासुंदरी बंगलुरु नागरत्नम्मा द्वारा सम्पादित), (मद्रास : वैविल्ला रामास्वामी सास्त्रुलु एंड सन्स, 1950) (1910 में प्रथम प्रकाशन)।

पॉट्स, ई. डैनियल : 'मिशनरीज एंड दी बिगिनिंग्स ऑफ दी सेकुलर स्टेट इन इंडिया', विलियम्स डोनोवन विलियम्स और ई. डैनियल पॉट्स द्वारा सम्पादित 'एसेज इन इंडियन हिस्ट्री इन ऑनर ऑफ कुथबर्ट कोलिन्स डैविज' (न्यू यॉर्क : एशिया पब्लिशिंग हाउस, 1973)।'

प्रसाद, ए. के. : 'देवदासी इन कर्नाटक' प्रॉसिडिंग्स ऑफ इंडियन हिस्ट्री कांग्रेस (बर्दवान : 44वां सत्र, 1983)।

प्रसाद, ए. के. : देवदासी सिस्टम इन एनसिएंट इंडिया : ए स्टडी ऑफ टेम्पुल डांसिंग गर्ल्स ऑफ साउथ इंडिया (नयी दिल्ली : एच. के. पब्लिशर्स, 1991)।

प्रसाद, येतुकुरी : तापी धर्माराव : जीवितम-रचनालु (हैदराबाद : विसालांध्र, 1989)।

प्रेसलर, फैंकलिन : रिलिजन अंडर ब्यूरोक्रेसी : पॉलिसी एंड एडमिनिस्ट्रेशन ऑफ हिन्दू टेम्पुल्स इन साउथ इंडिया (मेलबॉर्न : CUP, 1987)।

प्रेस्टन, जेम्स : कल्ट ऑफ मदर गॉडेस (नयी दिल्ली : विकास, 1980)।

प्रियदर्शिनी, विजयश्री के. : 'ट्रासेन्डिंग दी देवदासी : रिफॉर्म्स एंड पैटर्न्स ऑफ सैकरेड प्रॉस्टिच्यूशन इन कोलोनिअल आन्ध्र', मानस राय द्वारा सम्पादित 'स्पेस, सेक्सुअलिटी एंड पोस्कोलोनिअल कल्चर्स : पेपर्स फ्रॉम दी कल्चरल वर्कशॉप' (कलकत्ता : सेण्टर फॉर स्टडीज इन सोशल साइंसेज, 2003)।

पुणेकर, एस. डी. एंड कमला राव : 'ए स्टडी ऑफ प्रॉस्टिच्यूशन इन बम्बई' (पारिवारिक पृष्ठ भूमि के सन्दर्भ में), (बम्बई : एलायड पब्लिशर्स, 1962)।

पुतली, कृष्णामूर्ति, वी. : 'दी चेंजिंग कंडिशस ऑफ वीमेन इन आन्ध्र : फ्रॉम दी मिडिल ऑफ दी नाइन्टिन्थ सेंचुरी टु दी मिडिल ऑफ ट्वेन्टीथ सेंचुरी' (हैदराबाद : नवयुग पब्लिशर्स, 1987)।

रघुवंशी, वी. : इंडियन सोसाइटी इन दी ऐटिन्थ सेंचुरी (नयी दिल्ली : एसोसिएटेड पब्लिशिंग हाउस, 1969)।

रायकर, सीताराम (सं.) : आम्ही पहिलेले फुले (मराठी), (पुणे : महात्मा जोतिराव फुले समता प्रतिष्ठान, 1981)।

रजा, वसन्त : देवदासी शोधअनि बोध (पुणे : सुगवा पब्लिकेशन्स, 1997)।

राजु, सारदा : 'सर्फडम इन साउथ इंडिया ड्यूरिंग दी रूल ऑफ दी ईस्ट इंडिया कम्पनी, इतिहास' (जर्नल ऑफ आन्ध्र प्रदेश स्टेट आर्काइव्स), खंड-1, अंक-1 (1973)।

राज्यलक्ष्मी, पी. एम. सूर्यनारायण एंड डी. पी. मुखर्जी : 'दी बासवीस इन चित्तूर डिस्ट्रिक्ट ऑफ आन्ध्र प्रदेश', मैन इन इंडिया, खंड-56, अंक-4, (1976)।

रामचंद्रराव, एम. एस. : 'दी देवदासीज इन मेडायवल सोसाइटी', प्रॉसिडिंग्स ऑफ आन्ध्र प्रदेश हिस्ट्री कांग्रेस, (तेनाली, 1994)।

रामकृष्ण राव, ए. (सं.) : युनिलिट—स्पेशल इशू, होमेज टु गुर्जदा, खंड-3 (हैदराबाद : आन्ध्र विस्व साहिती, 1963)।

रामकृष्णराव, वी. : 'रघुपति वेंकटरत्नम नायडु : मेसेज एंड मिनिस्ट्रेशन्स', 4 खंडों में (काकिन्ड : ऑथर, 1923)।

रामकृष्णा, वी. : 'बिबिलिओग्राफिकल सर्वे ऑफ वीमेन एंड सोशल रिफॉर्म इन आन्ध्र ड्यूरिंग दी नाइन्टिन्थ सेन्चुरी', प्रॉसिडिंग्स ऑफ आन्ध्र प्रदेश हिस्ट्री कांग्रेस (नगरम : 1987)।

रामकृष्णा, वी. : सोशल रिफॉर्म इन आन्ध्र (1848-1919) (नयी दिल्ली : विकास, 1983)।

राम कृष्णा, वी. : 'वीमेन्स जर्नल्स इन आन्ध्र ड्यूरिंग दी नाइन्टिन्थ सेंचुरी', सोशल साइंटिस्ट, खंड-19, अंक-5-6 (1991)।

रामास्वामी, विजय : 'एस्पेक्ट्स ऑफ वीमेन एंड वर्क इन अर्ली साउथ इंडिया', IESHR, खंड-26, अंक-1 (1989)।

रामास्वामी, विजय : वाकिंग नेकेड : वीमेन, सोसाइटी, स्प्रिचुअलिटी इन साउथ इंडिया (शिमला : IIAS, 1997)।

रानाडे, एम. जी. : 'एड्रेस एट द ट्वेल्फ्थ सोशल कान्फ्रेन्स-मद्रास—1898' सी. वाई. चिंतामणि द्वारा सम्पादित 'इंडियन रिफॉर्म : बीईंग ए कॅलेक्शन्स ऑफ एसेज, एड्रेसेज, स्पीचेज एंड सी., विथ एन एपेन्डिक्स, 4 भागों में। (मद्रास : थॉमसन एंड कं., 1901)।

रंजना : 'देवदासी—दी गर्ल्स डेडिकेटेड टु टेम्पुल्स', सोशल वेलफेयर, खंड-29, अंक-11-12, (1983)।

राउसेनबुस-क्लॉफ, एम्मा : व्हाईल स्यूईंग सैन्डल्स और टेल्स ऑफ ए तेलुगु परिया ट्राइब, (लन्दन : हॉडर एंड स्ट्रटन, 1899)।

रेड्डी, आर. सोमा एम. राधाकृष्ण शर्मा और ए. सत्यनारायण (सं.) : 'सोशल एविल्स इन आन्ध्र देस : 17वीं और 18वीं सदी (हैदराबाद इतिहास विभाग, उस्मानिया विश्वविद्यालय)।

रेडफील्ड, रॉबर्ट : 'दी सोशल ऑर्गेनाइजेशन ऑफ ट्रैडिशन' दी फार ईस्टर्न क्वार्टली खंड-15, अंक-1 (1955)।

रीस, जे. डी. : 'दी रियल इंडिया' (लंदन : मेथ्यून एंड कं., 1908)।

रिनॉल्ड्स, एच. बी. : 'दी ऑस्पिसियस मैरिड वीमेन', एस. वाडले द्वारा सम्पादित 'दी पावर ऑफ तमिल वीमेन', (न्यूयॉर्क : सायराक्यूज विश्वविद्यालय 1981)।

राईस, लेविस बी. : मैसूर गैजेटियर, खंड-1, (लंदन : वुडफॉल एंड किंडलर, 1897)।

राईस, स्टेनली : हिन्दू कस्टम एंड देयर ऑरिजिन (लंदन : जॉर्ज एलेन एंड अनविन, 1972) (1937 में प्रथम प्रकाशन)।

रिश्टर, जूलियस ए. : ए हिस्ट्री ऑफ मिशन्स इन इंडिया (लंदन : 1908)।

रॉब, पीटर (सं.) : दलित मूवमेण्ट एंड दी मीनिंग्स ऑफ लेबर इन इंडिया (नयी दिल्ली : OUP, 1996) (1993 में प्रथम प्रकाशन)।

रॉथफेल्ड, टी. : वीमेन ऑफ इंडिया, (बम्बई : डी. बी. तारापोर्वाला सन्स एंड कं., 1928)।

रुडोल्फ : ल्वायड आई. एंड सूजन होबर रुडॉल्फ, दी मॉडर्निटी ऑफ ट्रैडिशन : पॉलिटिकिल डेवलपमेण्ट इन इंडिया (शिकागो : यूनिवर्सिटी ऑफ शिकागो प्रेस, 1969)।

सेचरर : दी कंसेप्ट ऑफ गॉड एमाँग ए साउथ बॉर्निओ पीपुल (रोडनी नीदम द्वारा अनूदित), (दी हॉग : 1946)।

संगारी, कुमकुम एंड सुदेश वैद (सं.) : 'रिकास्टिंग वीमेन' (नयी दिल्ली, 1989)

सेंगर, विलियम डब्ल्यू. : 'दी हिस्ट्री ऑफ प्रॉस्टिच्यूशन : इट्स एक्टेन्ट, काउजेज एंड इफेक्ट्स थ्रूआउट दी वर्ल्ड, (नयी दिल्ली : इंटर इंडिया पब्लिकेशन्स, 1986), (1937 में प्रथम प्रकाशन)।

सत्यनारायण, ए. : 'कास्ट एंड क्लास इन रूरल आन्ध्र : ए हिस्टोरिकल पर्सपेक्टिव, के. एल. शर्मा द्वारा सम्पादित 'कास्ट एंड क्लास इन इंडिया', (नयी दिल्ली : रावत प्रकाशन, 1995)।

सक्सेना, आर. एन. : 'दी ट्रैडिशनल सिस्टम ऑफ एजुकेशन इन इंडिया', एम. एस. गोर, आई. पी. देसाई एंड सुमा चिटनिस द्वारा सम्पादित 'पेपर्स इन दी सोशियोलॉजी ऑफ एजुकेशन इन इंडिया (नयी दिल्ली : NCERT, 1967)।

सायना, वी. वी. : दी अग्रेरियन प्रॉब्लेम्स ऑफ मद्रास प्रोविंस, (मद्रास : 1949)।

स्कूटन, जैन पीटर : रिवोल्यूशन ऑफ दी मिस्टिक्स : ऑन दी सोशल एस्पेक्ट्स ऑफ वीरशैविज्म (कैम्पेन : कोक हारोस पब्लिशिंग हाउस, 1991)।

सील, अनिल : दी इमरजेन्स में इंडियन नेशनलिज्म : कम्पीटिशन एंड कोलेबोरेशन इन दी लेटर नाइन्टिन्थ सेंचुरी (लंदन : यूनिवर्सिटी प्रेस, 1968)।

सर्ल-चटर्जी, मैरी : 'रिवर्सिबुल सेक्स रोल्स : दी स्पेशल केस ऑफ बनारस स्वीपर्स', वीमेन इन डेवलपमेण्ट, खंड-1 (1981)।

सेन, एस. पी. (सं.) : सोशल एंड रिलिजियस रिफॉर्म मूवमेण्ट्स इन दी नाइन्टिन्थ एंड दी ट्वेन्टिएथ सेंचुरीज (कलकत्ता : इंस्टीच्यूट ऑफ हिस्टोरिकल स्टडीज, 1979)।

सेशाग्री राव, आन्द्र : आन्ध्र कीर्ति ग्रध परम्परा : आन्ध्र विदुषी मनुलु (हैदराबाद : ऑथर, (1995)
सीवेल, आर. : ए फोरगोटेन एम्पायर (नयी दिल्ली : इंडियन बुक हाउस, 1970)।

सिमॉर, रोसामुंद : स्ट्यूज एण्ड स्ट्रम्पेट्स : ए सर्वे ऑफ प्रॉस्टिच्यूशन, (लंदन, 1961)।

शमा राव, एम. : मॉडर्न मैसूर फ्राम दी कोरोनेशन ऑफ चामराजा वोडेयार-10 इन 1868 टू दी प्रेजेंट टाइम्स, (बंगलोर : हिगिन बोथम्स, 1936)।

शंकर, जोगन, देवदासी कल्ट : 'ए सोशियोलोजिकल एनेलिसि', (नयी दिल्ली : आशिष प्रकाशन भवन, 1990)।

शर्मा, आर. एस. : 'शूद्राज इन एनसिएण्ट इंडिया' (दिल्ली : 1958)।

शर्मा, आर. एस. : 'मेटेरियल माइल्यू ऑफ तंत्रिसिज्म', आर. एस. शर्मा एण्ड वी. झा (सम्पादक), इंडियन सोसायटी : हिस्टोरिकल प्रोबिंग्स इन मेमोरी ऑफ डी. डी. कोसम्बी (नयी दिल्ली : आई सी एच आर, 1974)।

शर्मा, आर. एस. : 'इंडियन फ्यूडलिज्म' टी. जे. बायर्स एण्ड हरबंस मुखिया (सम्पादक), फ्यूडलिज्म एण्ड नन-यूरोपियन सोसाइटीज, (लंदन : फ्रैंक क्लास, 1985)।

शर्मा, यू. एम. : 'दी प्रॉबलेम ऑफ विलेज हिन्दुईज्म : 'फ्रेगमेण्टेशन एण्ड इण्ट्रीग्रेशन', कण्ट्रीब्यूशन्स टू इंडियन सोसियोलोजी, (एन. एस.), खंड-4 (1970)।

शास्त्री, सिस्ता लक्ष्मीकांत : तंजाबरु तेलुगु कवुलु (मद्रास : श्री अरुणा बुक भवन, 1981)।

शास्त्री, के. वी. टी : 'प्रॉस्टिच्यूशन अण्डर दी ऐजीज ऑफ रिलिजन', वीमेन्स इरा (सितम्बर, 1987)।

शेरिंग, मैथ्यू एटमोर : 'दी ट्राइब्स एण्ड कास्ट्स ऑफ मद्रास प्रेसीडेंसी' (लंदन : 1906)

शिन्दे, वी. आर. : 'भारतीय अस्पृस्यतेन्चा प्रश्न (बम्बई : महाराष्ट्र सदन, 1973)।

शरोट, जे. : 'दी बायाडरे : और डांसिंग गर्ल्स ऑफ साउदर्न इंडिया', मेमोवाइर्स रीड बीफोर दी एन्थ्रोपोलोजिकल सोसायटी ऑफ लंदन, खंड-3 (1870)।

शुलमन्न, डेविड : 'तमिल टेम्पुल मिथ्स' (प्रिक्कटन : प्रिन्सटन विश्वविद्यालय प्रेस, 1980)।

शुलमन्न, डेविड : 'दी किंग एण्ड दी क्लाउन इन साउथ इंडियन मिथ एण्ड पोएट्री (प्रिंसटन : प्रिंसटन विश्वविद्यालय प्रेस, 1985)।

सिंगर, मिल्टन : व्हेन ग्रेट ट्रेडिशन मॉर्डनाइज, (न्यू यार्क : प्रेजर, 1972)।

सिंह, नागेन्द्र कुमार : 'डिवाइन प्रॉस्टिच्यूशन, (नयी दिल्ली : ए. पी. एच. प्रकाशन निगम, 1997)।

सिन्हा, एस.एन. और एन. के. वसु : 'दी हिस्ट्री ऑफ मैरेज एण्ड प्रॉस्टिच्यूशन (वैदिक ऐज टू दी वात्स्यायन ऐज), (रीता डी. सिल द्वारा सम्पादित), (नयी दिल्ली : खामा प्रकाशक, 1992)।

सरकार, डी. सी. : 'शक्ति पीठ' जर्नल ऑफ रॉयल एशियाटिक सोसायटी ऑफ बंगाल (1948)।

सिवा राव, डी. वी. : 'दी बिगिनिंग्स ऑफ तेलुगु जर्नलिज्म', जर्नलिज्म इन आन्ध्र प्रदेश (ए ब्रीफ सर्वे प्रीपेअर्ड एण्ड पब्लिस्ड बाई हैदराबाद यूनियन ऑफ जर्नलिस्ट, (हैदराबाद : 1987)

स्मिथ, डोनाल्ड : युजिन, रिलिजन एण्ड पॉलिटिकल डेवलपमेण्ट, (बॉस्टन : लिटिल ब्राउन एण्ड कं., 1970)।

सॅनथेयर : गुन्थर-डेट्ज एण्ड एस. सत्तार (संपा.) मेमोरियल स्टोन्स : ए स्टडी ऑफ देअर ओरिजिन, सिगनिफिकेन्स एण्ड वैरायटी, साउथ एशियन सिरीज स. 22 (धारवाड़ : इंस्ट्रिच्यूट ऑफ इंडियन आर्ट हिस्ट्री, कर्नाटका यूनिवर्सिटी, हेडेलबर्ग : साउथ एशियन इंस्टिच्यूट, 1982)।

स्पीअर, टी. जी. : दी नबाव : ए स्टडी ऑफ लाइफ ऑफ दी इंगलिश इन दी एटीन्थ सेन्चुरी इंडिया (लंदन, ओ. यू. पी., 1994)

श्रीनिवास, एम. एन. : एम. एन, 'संस्कृताइजेशन एण्ड वेस्टर्नाजेशन', ए. आयप्पन एण्ड एल. के. बाला (सं.) रिलिजन, सोसाइटी इन इंडिया, (मद्रास : 1958)।

श्रीनिवास मुर्त्ती, एच. वी. : 'सोशियो-रिलिजियस रिफॉर्म मूवमेण्ट्स इन दी नाइनटिन्थ एण्ड ट्वेनटिन्थ सेन्चुरी' एस. पी. सेन (सम्पादक), सोशल एण्ड रिलिजियस रिफार्म मूवमेन्ट्स इन नाइनटिन्थ एण्ड ट्वेन्टिन्थ सेन्चुरीज, (कलकत्ता : इंस्टीच्यूट ऑफ हिस्टोरिकल स्टडीज, 1979)।

श्रीनिवासन, अमृत : 'रिफॉर्म एण्ड रिवाइवल : दी देवदासी एण्ड हर डान्स', इकॉनोमिक एण्ड पॉलिटिकल वीकली, खंड-20, अंक-44 (1985)

श्रीनिवासन, अमृत : 'रिफार्म ऑर कनफॉर्मिटी : टेम्पुल प्रॉस्टिच्यूशन एण्ड दी कम्यूनिटी इन दी मद्रास प्रेसीडेंसी', बीना अग्रवाल (सम्पादक), स्ट्रक्चर्स ऑफ पैट्रियार्की : स्टेट, कम्युनिटी एण्ड हाउसहोल्ड इन मोडर्नाइजिंग एशिया (नयी दिल्ली : काली फार वीमेन, 1988)

श्री निवासन, के. आर. : सम एसपेक्ट्स ऑफ रिलीजन एज रिविल्ड बाइ अर्ली मूवमेण्ट्स एण्ड लिट्रेचर आफ दी साउथ (मद्रास : मद्रास विश्वविद्यालय, 1960)।

स्टेनली, जॉन एम. : 'स्पेशल टाइम, स्पेशल पावर : दी फ्लुडिटी ऑफ पावर इन ए पॉपुलर हिन्दू फेस्टिवल', जर्नल ऑफ एशियन स्टडीज, खंड-37, (1977)।

स्टेनली, जॉन एम. : 'दी कैपिच्यूलेशन ऑफ मनी : ए कनवर्सन मिथ इन दी कल्ट ऑफ खनडोबा', ऑल्फ हिल्टबिटेल (सम्पादक), क्रिमिनल गॉड्स एण्ड डेमन डिवोटीस : एसेज उमान दी

गार्डियन्स ऑफ पॉपुलर हिन्दुज्म (अलबेनी : स्टेट यूनिवर्सिटी ऑफ न्यूयार्क प्रेस, 1989)।

स्टेन, बर्टान : 'दी इकॉनोमिक फंक्शन ऑफ ए मिडाइवल साउथ इंडियन टेम्पल', दी जर्नल ऑफ एशियन स्टडीज, खंड-19 अंक-2 (1960)

स्टेन, बर्टान : 'दी सिगमेनटरी स्टेट इन साउथ इंडियन हिस्ट्री', आर. जी. फाक्स (सम्पादक), रील्म एण्ड रिजन इन ट्रेडिशनल इंडिया, (दुरहाम : ड्यूक विश्वविद्यालय, 1977)।

स्टेन, बर्टान : पिजेन्ट, स्टेट एण्ड सोसाइटी इन मिडाइवल साउथ इंडिया (नयी दिल्ली : ओ. यू. पी., 1980)।

स्टेन, बर्टान : 'पॉलिटिक्स, पिजेन्ट एण्ड दी डिकन्सट्रक्शन ऑफ फ्यूडिलिज्म इन मिडाईवल इंडिया', टी. जे. बाइरीज एण्ड हरबंस मुखिया (सम्पादक), फ्यूडिलिज्म एण्ड नन-यूरोपियन सोसाइटीज (लंदन : फ्रैंक क्लास, 1985)।

सुब्बा राव, तनजीराला वी. : 'दी बलाद साइकल ऑफ शक्ति इन आन्ध्रा' प्रॉसिडिंग्स ऑफ दी ऑल-इंडिया ओरियण्टल कान्फ्रेन्स (26वां सत्र), विक्रम विश्वविद्यालय (1972)।

सुब्रमण्यम, चित्रा : 'देवादासीज : गॉड्स मिस्ट्रेस', इंडिया टुडे, खंड-8 (1983)।

सुब्रमण्यम, वी. : मदर गॉडेस एण्ड दी अदर गॉडेस (दिल्ली : अजन्ता प्रकाशन, 1993)।

सुमति, एम. : 'सोशल स्टेट्स ऑफ कॉर्टिजन्स इन केरला', प्रोसिडिंग्स ऑफ इंडियन हिस्ट्री कांग्रेस, (हैदराबाद : 1978)।

सुन्दर राज, एम. : प्रॉस्टिच्यूशन इन मद्रास : ए स्टडी इन हिस्टोरिकल प्रर्सपैक्टिव (दिल्ली : कोणार्क प्रकाशक, 1993)।

सुर, ए. के. : सेक्स एण्ड मैरेज इन इंडिया (बम्बई : एलाइड प्रकाशक, 1973)।

तैलबॉट, सिन्थिया : 'टेम्पुल्स, डॉनर्स एण्ड गिफ्ट्स : पैटर्न्सस ऑफ पैट्रोनेज इन थर्टीन्थ सेन्चुरी साउथ इंडिया', जर्नल ऑफ एशियन स्टडीज, खंड-50, अंक-2 (1991)।

तानक, एम. : सैकरीफाइस फॉर पॉवर : हिन्दू टेम्पुल रिचुअल एण्ड विलेज फेस्टिवल्स इन ए फिशिंग विलेज, श्रीलंका (सेनरी : नेशनल म्यूजियम ऑफ एन्थोलॉजी, 1987)।

टैपर, ब्रुश : 'एलोट राइवलरी एण्ड ट्रिब्यूट : सोसायटी एण्ड रिचुवल इन ए तेलुगु विलेज इन साउथ इंडिया' (दिल्ली : हिन्दुस्तान पब्लिशिंग कॉर्पोरेशन, 1987)।

ताराचन्द, के. सी. : देवदासी कस्टम : रूरल सोशल स्ट्रक्चर एण्ड फ्लेश मार्केट (नयी दिल्ली : रिलायन्स प्रकाशन भवन, 1992)।

ताराकम : 'कण्ट्रीब्यूशन ऑफ तेलुगु जर्नलिज्म टू दी सोशल एण्ड रिलिजियस रिफार्म' के. आर. शेषाग्री राव (सम्पादक), स्टडीज इन दी हिस्ट्री ऑफ तेलुगु जर्नलिज्म, (नयी दिल्ली : 1968)

टेम्पल, रिचर्ड : इंडिया इन 1880 (लन्दन : जान मरी, 1880)।

थापर, रोमिला : ए हिस्ट्री ऑफ इंडिया (इंग्लैंड : पेंगुइन बुक्स, 1968), (प्रथम प्रकाशन, 1966)।

थारु, सुजी एंड ललिता (सं.) : वीमेन राइटिंग इन इंडिया : 600 बी सी. टू दी प्रेजेण्ट, (न्यूयार्क : फेमिनिस्ट प्रेस, 1991)।

दी मद्रास कोड, खंड-3 (मद्रास : गवर्नमेण्ट प्रेस, 1953)।

थॉमस, पी. : कामकल्प आर दी हिन्दू रिचुअल ऑफ लव ! ए सर्वे ऑफ दी कस्टम्स, फेस्टिवल्स, रिचुअल्स एण्ड बिलीफ्स कनसर्निंग मैरेज, मोरल्स, वीमेन, दी आर्ट एण्ड साइंस ऑफ लव एण्ड सेक्स सिम्बोलिज्म इन इंडिया फ्राम रिमोट एन्टीक्युटी टू दी प्रेजेण्ट डे, (बम्बई : डी. बी. तारपोरेबाला सन्स एण्ड कं., 1959)।

थॉमस, पी. : हिन्दू रिलीजन, कस्टम्स एण्ड मैनर्स : डिसक्राइबिंग दी कस्टम्स एण्ड मैनर्स, रिलिजियस, सोशल एण्ड डोमेस्टिक लाइफ, आर्ट्स एण्ड साइन्स ऑफ दी हिन्दूज, (बम्बई : डी. बी. तारपोरेबाला सन्स एण्ड कं., 1960)।

थॉम्पसन, जॉर्ज : दी ह्यूमैन इसेन्स : दी सोर्स ऑफ साइन्स एण्ड आर्ट (कलकत्ता : न्यू बुक सेण्टर, 1985)।

थॉम्पसन, एम. : अचायलस ऑफ एथेंस (लंदन, 1941)।

थर्स्टन, एडगर एण्ड के. रंगाचारी : कास्ट्स एण्ड ट्राइब्स ऑफ साउदर्न इंडिया (मद्रास : गवर्नमेण्ट प्रेस, 1909)।

थर्स्टन, एडगर : एथोनोग्राफिक नोट्स साउदर्न इंडिया (नयी दिल्ली : कॉसमस प्रकाशन, 1994), (प्रथम प्रकाशन, 1913)।

ट्रेवेर्नियर : जीन बपसाइट, ट्रेवलर्स इन इंडिया (वी. भट्ट द्वारा सम्पादित), (ऑक्सफोर्ड : 1925)।

ऊलरीच हेलेन ई. : 'कास्ट डिफरेन्सेज बीटवीन ब्राह्मण एण्ड नन-ब्राह्मण वोमेन इन साउथ इंडियन विलेज', इन एलिश श्लेगेल (सम्पादक), सेक्सवल स्टाइटीफिकेशन (न्यूयार्क, कोलंबिया विश्वविद्यालय प्रेस, 1977)।

वालवर्ट, विनाद एम. : गॉड्स एण्ड टेम्पुल्स इन साउथ इंडिया (नयी दिल्ली : मनोहर, 1995)।

वारालक्ष्मी, आर. : 'पाजिशन आफ वोमेन इन मिडाइवल आन्ध्रा (1300-1500) : एज रिफ्लेक्टेड इन क्रिडाभिरामामम', प्रोसिडिंग ऑफ आन्ध्र प्रदेश हिस्ट्री कांग्रेस (श्री साईलम : 1989)।

वारालक्ष्मी, आर. : 'दी कॉटेन्स इन आन्ध्रा ड्यूरिंग सेवेन्टीन्थ सेन्चुरी' इन आर. सोमा रेड्डी, राधाकृष्ण शर्मा एण्ड ए. सत्यनारायण (सम्पादक), सोशल इविल्स इन आन्ध्र देश ड्यूरिंग सेवेन्टीन्थ एण्ड ऐटीन्थ सेन्चुरीज (हैदराबाद : डिपार्ट ऑफ हिस्ट्री, उस्मानिया विश्वविद्यालय, 1999)।

वेंकटरतनम, वी. डब्ल्यू. एच. कैम्पबेल एण्ड के. वी : 'चार्ल्स फ्लीप ब्राउन्स तेलुगु इंगलिश डिक्शनरी, (मद्रास : एशियन एजुकेशनल सर्विसेज, 1999)', (फर्स्ट पब्लिश्ड इन 1903), द्वितीय सत्र।

वेंकटरंगैह, एम. (संपा.) : 'दी फ्रीडम स्ट्रगल इन आन्ध्र प्रदेश, (आन्ध्रा) खंड-4 (हैदराबाद : डाइरेक्टर ऑफ प्रिंटिंग, 1965)।

वेंकटरतनम नायडू, आर. : 'सोशल ब्यूरिटी एण्ड एण्टी नाउच मावमेण्ट' इन सी. वाई. चिन्तामणि (सम्पादक), इंडियन सोशल रिफार्म (मद्रास : थम्पिसन एण्ड कं., 1901)।

वेंकटरतनम, एम. डब्ल्यू. एच. कैम्पबेल एंड के. विरसालिंगम (सं.), : 'चार्ल्स फ्लीप ब्राउन्स तेलुगु इंग्लिश डिक्शनरी, (मद्रास : एशियन एजुकेशनल सर्विसेज, 1999), (द्वितीय सत्र, 1903)।

वेंकटरत्नम्मा, दिवाला पाली : 'देवदासी' गृह लक्ष्मी, जुलाई (1940)।

वेंकटस्वामी, पी. आर. : आवर स्ट्रगल फार इमेनीसिपेशन, (सिकन्दराबाद : 1955)।

वेंकटेश्वर राव, नरला : मैकर्स ऑफ इंडियन लिट्रेचर : गुर्जर (नयी दिल्ली : साहित्य एकेडमी, 1997)

वेंकटेश्वर राव, नरला : (नयी दिल्ली : साहित्य एकेडमी, 1998)।

विजय मोहन, टी. के. : 'द इंस्टीच्यूशन ऑफ देवदासीज इन त्रावनकोर', जर्नल ऑफ केरल स्टडीज, खंड-5, संख्या-2-4 (1978)।

विरम्मा : 'जोशियेन रिसाइन एण्ड जीन-लूक रिसाइन, विरम्मा : लाइफ ऑफ ए दलित' (नयी दिल्ली, 2000)।

वीरराघवाचार्य, टी. के. टी. : हिस्ट्री ऑफ तिरुपति (दी त्रिवेन्द्रम टेम्पल), (तिरुपति : सी. अन्ना राव आन बीहाफ ऑफ दी बोर्ड ऑफ दी ट्रस्टीज ऑफ टी. टी. डी., 1953)।

विरसालिंगम, कान्डूकुरी : 'वैश्यप्रिय प्रहंसनम' इन के. विरसालिंगम कम्प्लाइड वर्क्स, खंड-1 (रजाहमन्दरई, 1917), तीसरा सत्र।

वाडली, एस. एस. : शक्ति : पावर इन दी कनसेपचूवल स्ट्रक्चर ऑफ करीमपुर रिलीजन (चिंकागो : डिपार्टमेण्ट ऑफ एन्थ्रोपोलोजी, चिंकागो विश्वविद्यालय, 1975)।

वाडली, सुसान (संपा.) : दी पावर आफ तमिल वीमेन (न्यूयार्क : 1980)।

वाघमारे, चन्द्रकान्त : 'देवार्य इंगल : चरित्र अनी कविता', (एथिनी : विमोचना प्रकाशन, 1997)।

वाघमारे, राजू : 'देवदासिला एब्यूनेट अमी आशायम' ऐनाडू, (10वीं सितम्बर, 1998)।

वाली, सलैविया : 'थ्योराइजिंग पत्राचार्य' (ऑक्सफोर्ड : बासिल ब्लैकवेल, 1990)।

वांगले, एन. के. (संपा.) : 'रिलीजन एण्ड सोसायटी इन महाराष्ट्र', (टोरन्टो : ब्टोरन्टो विश्वविद्यालय प्रेस, 1987)

वाशब्रुक, डेविड : 'दी इमरजेन्स ऑफ पूर्वांचल पालिटिक्स, दी मद्रास प्रेसीडेंसी 1870-1920' (कैम्ब्रिज : सी. यू. पी., 1976)।

वाशब्रुक, डेविड : 'लैण्ड एंड लेबर इन लेट एटीन्थ सेंचुरी साउथ इंडिया : दी गोल्डेन एज ऑफ परिआ?' पीटर रॉब द्वारा सम्पादित संकलन 'दलित मूवमेण्ट्स एण्ड दी मीनिंग्स ऑफ लेबर इन इंडिया (दिल्ली : ऑक्सफोर्ड यूनिवर्सिटी प्रेस, 1993)।

वेबर, मैक्स : दी सोशियोलॉजी ऑफ रिलीजन (बॉस्टन : बीकॉन प्रेस, 1963)।

व्हीलर, जे. टॉलबॉय : एनल्स ऑफ दी मद्रास प्रेसीडेंसी, दो खंडों में (नयी दिल्ली : लो प्राइस पब्लिकेशन्स, 1990), (पहली बार 1861 में प्रकाशित)।

व्हाइटहेड, हेनरी : 'दी विलेज गॉड्स ऑफ साउथ इंडिया (कोलकाता : ऑ. वि. प्रेस, 1921)।

विल्किन्स, डब्ल्यू. जे. : 'मॉडर्न हिन्दूइज्म : बीइंग एन एकाउण्ट ऑफ दी रिलीजन एण्ड लाइफ ऑफ दी हिन्दूज इन नॉर्द इंडिया', (कोलकाता : थैकर, स्पिंक एंड कम्पनी, 1887)।

विलियम्स, एम. : रिलिजियस थाऊट एंड लाइफ इन इंडिया : एन एकाउण्ट ऑफ दी इंडियन पिपुल्स बेस्ड ऑन देयर लाइव्स स्टडी ऑफ देयर लिटरेचर एंड ऑन पर्सनल इनवेस्टिगेशन्स इन देयर ऑन कंट्री (लंदन : जॉन मरे, 1885)।

विल्सन, एच. एच. : एसेज एंड लेक्चर्स : चीफली ऑन दी रिलीजन ऑफ दी हिन्दूज, संकलन और सम्पादन-रिनॉल्ड रॉस्ट, दो खंडों में (लंदन : ट्रबनर एंड कम्पनी, 1862)।

वुडरॉफ, जॉन : तन्हराज तंत्रा (मद्रास : 1952)।

वुडरॉफ, जॉन : हाइम टू काली (मद्रास : 1953, द्वितीय संस्करण)।

वुडरॉफ, जॉन : दी गारलैण्ड ऑफ लेटर्स (मद्रास : 1955)।

वुडरॉफ, जॉन : प्रिंसपुल्स ऑफ तंत्रा (मद्रास : 1955, पुनर्मुद्रित)।

वुडरॉफ, जॉन : शक्ति एण्ड शक्ता (मद्रास : गणेश एंड कम्पनी, 1956), पहली बार 1918 में प्रकाशित।

वुडरॉफ, जॉन : दी ग्रेट लिबरेशन (मद्रास : 1958)।

वुडरॉफ, जॉन : दी सर्पेण्ट पावर (मद्रास : 1958)।

यशोदा देवी, वाई. : 'हिस्ट्री ऑफ दी आन्ध्रा कंट्री सन 1000-1500', जर्नल ऑफ दी आन्ध्र हिस्टोरिकल रिसर्च सोसाइटी, खंड-25, (1957)।

यशोदा देवी, वाई. : 'सोशल एंड रिलीजस रिफॉर्म मूवमेण्ट्स इन आन्ध्र प्रदेश इन दी नाइन्टीन्थ एंड ट्वेंटिएथ सेंचुरी', एस. पी. सेन द्वारा सम्पादित संकलन 'सोशल एंड रिलीजस रिफॉर्म मूवमेण्ट्स, (कोलकाता : इंस्टीच्यूट ऑफ हिस्टोरिकल स्टडीज-1997)।

जिलियट, एलनर : 'फ्रॉम अनटचेबुल्स टू दलित : एसेज ऑन अम्बेदकर मूवमेण्ट' (दिल्ली, मनोहर, 1992)।

❑❑